# 最高人民法院
# 公司法解释（四）
## 理解适用专题讲座

主编　邓峰　许德峰　李建伟

执行主编　周轩宇　任孝民　张巍　雷宇京

中国法制出版社
CHINA LEGAL PUBLISHING HOUSE

# 新公司法背后的故事*

朱弢/文　靳丽萍/编辑

2017年8月28日，最高人民法院全文公布了《公司法司法解释（四）》，并宣布从9月1日开始实施。这部司法解释起草前后历时五年，于2016年12月获得“原则通过”，但至今方得面世。

解释包括27条规定，涉及决议效力、股东知情权、利润分配权、优先购买权和股东代表诉讼等五方面纠纷案件审理中的法律适用问题。

“近年来，随着公司数量的快速增长，这两类纠纷（公司治理和股东权利纠纷）案件逐年上升，在公司纠纷案件中占比高达60%多。一些大型公司的决议效力纠纷，甚至成为舆论焦点和热点，引发社会各界对公司法相关规定的广泛关注，被舆论称为中国公司治理的标志性事件。”最高人民法院审判委员会专职委员杜万华在司法解释的新闻发布会上表示，在此背景下，制定新司法解释是出于处理公司治理和股东权利纠纷的迫切需要。

一直以来，企业界对更多保护股权，还是给公司更多自由存在对立观点。如今，司法解释的出台就意味着司法干预。问题也随之而来，司法干预会不会捆住公司自治的手脚？如何平衡保护股东权利与促进公司发展的关系？新司法解释能否解决现实矛盾？

围绕着这些问题，《财经》记者专访了最高人民法院民事审判第二庭庭长贺小荣和北京大学法学院教授邓峰，以期挖掘出新司法解释背后的故事。

## 着眼中小股东保护

**《财经》**：公司法第四部司法解释的出台，有什么样的宏观政策背景？在新

---

* 本文刊发于2017年9月4日出版的《财经》杂志。

形势下，司法解释的施行有什么样的意义？

**贺小荣：**这次司法解释的发布实施，主要有三个方面的宏观政策背景：

一是中央作出深入推进供给侧结构性改革的战略部署。公司是最主要的市场主体，治理规范了，投资者积极性提高了，公司才能提高经营管理水平，并持续稳定发展，才有可能提供优质的市场供给。司法解释通过加大对中小股东权利的保护力度，可以激发广大中小投资者的创业热情，最大范围吸引民间资本，形成推动经济持续发展的强大动力。

二是习近平在中央财经工作领导小组第十六次会议上强调，要营造稳定公平透明、可预期的营商环境。按照世界银行对世界上190多个经济体营商环境的评判标准，对中小股东权利的保护是一个重要因素。因此，加大对中小股东权利的关注，真正实现对股东权利的平等保护，是改善营商环境的应有之义。新司法解释的发布实施，对于改善中国的营商环境，加快建设开放型经济新体制，提高中国公司制度的国际竞争力具有重要意义。

三是中央反复强调要加强产权保护，规范公司治理。股权已经成为国民财富重要形态，是产权保护重要对象，公司法是保护股东权利和规范公司治理最主要的法律依据。司法解释分别在股东权利保护和完善公司治理方面有较明显进步。

**邓峰：**我补充一些社会现实层面的背景，解读一下这部司法解释的意义。

据我所知，最高人民法院制定司法解释时，会进行大量调研、访谈，摸清情况：哪些问题发生频率高、实践中存在困惑？哪些是社会现实中比较重要的？然后会依据相应的法律原理来制定规则。

《公司法司法解释（四）》包括五个部分，但遵循一条主线——股东的集体性权利。比如，决议、分配和派生诉讼是典型的集体性权利，而知情权和优先购买权也和集体权利关系紧密。很显然，司法解释所要面对的现实问题，就是公司的集体性决策，以及内部的权利行使。

应该看到，社会生活中的纠纷类型，会随着财产形态、社会观念和人们的合作方式不断扩充发展。放在十年前，经济纠纷更多是以房产、合同等为主，当时，人们的财产更多表现为不动产和银行存款，分别对应着物权和债权。

但是，随着国企公司制改革、公司注册不断放松，再加上双创、鼓励小微企业发展等经济政策推动，公司数量以每年百万计增加，股权日益成为中国社会财产的一种重要形态。举例来说，现在的合作、转让等市场交易，人们都习惯采用股权联合、交易等方式来完成，这就导致了相关纠纷越来越多。这是社会财产形态变化带来的客观现象。不仅如此，随着资本市场发展和公司运作的规范，股东之间的纠纷不仅局限于转让、出资等领域，也越来越多地产生了公司控制权如何取得、行使、转让等新型纠纷，包括公司控制权的行使、决策程序、步骤、依据、效力等方面。新的公司法司法解释就是应社会需求变化而出台的。

公司运作是一种集体活动，没有规则就无法完成，因为你不知道采用何种方式来完成合作。合作各方的权利明确了，资本市场、社会合作、经济发展才能更有效率。著名的法律与发展学派经过验证提出，越是富国，中间层组织——主体就是公司，就发展越充分，反之亦然。中国现在的经济转轨，对生产、流通的组织、协作方式都提出相应要求，对公司法规则的需求就应运而生，新司法解释的出台和这一趋势是一致的。

如我前面提到的，新司法解释主线是股东的集体性权利，这一权利除了涉及公司和各方利益之外，最直接的应用和控制权有关系。未来没有控制权的股东想获得这种权利，比如想要查账获得信息，想要对公司利润分配政策提出异议，想要对公司决议提出质疑，甚至还想要追究管理者过失，这些都和新的司法解释有关。对近年不断涌现的公司控制权之争，我想很多人都有深刻感受，新司法解释面对的正是这些焦点问题。

**《财经》**：贺小荣庭长刚才谈到世行的营商环境评价，那么，中国在当下应当如何参与公司制度的国际竞争？

**贺小荣**：公司富则国富，公司强则国强。现代世界各国的经济竞争，除了科技创新的要素之外，公司制度也是其中十分重要的竞争内容。

纵观整个公司法历史，就是一部法律规则的竞争史。清末学者薛福成就明确提出，“公司不举，则工商之业无一能振；工商之业不振，则中国终不可以富，不可以强”。好的公司法规则和实施是营商环境的重要内容。美国经济的竞争力与其50个州的公司法之间的相互竞争有着紧密的联系，各国在今天也在不断吸收借鉴他国发展的规则和经验。我国从改革开放初的中外合资经营企业法到今天不断成熟的公司法，完全可以勾勒出中国经济发展变化的基本轨迹。

科学合理的公司制度，可以吸引投资、激励创新、促进创业，有效整合资本、土地、智力等社会资源，实现资源价值最大化。公司资本的跨国流动是一个国家和地区公司制度是否合理的晴雨表。中国作为世界第二大经济体，占据世界500强公司中的115家，理应在公司治理方面走在世界前列，为建立稳定公平透明、可预期的营商环境贡献智慧。

## 兼顾公司各方平衡

**《财经》：**据我所知，去年底就“原则通过”了新的公司法司法解释草案，为什么这么久才正式颁布？

**贺小荣：**《公司法司法解释（四）》与广大公司的生产经营密切相关，承载着司法机关对公司营利活动和商业行为的诸多价值判断，备受企业界、法律界及其他各界的广泛关注，因此我们必须对这一司法解释持格外审慎的态度。

特别值得一提的是，在司法解释原则通过后不久，《民法总则》正式颁布，一些对公司法具有重要影响的原则和理念发生了变化，司法解释必须与其内在精神保持高度一致。为此，我们在对《民法总则》进行系统学习和研究的基础上，比照《民法总则》对司法解释进行了认真校核和反复论证，以确保司法解释内容与新法规定保持一致，因此相应推迟了发布实施的时间。

从内容上看，正式发布的司法解释贯彻了《民法总则》的立法精神，并与其保持高度一致。比如，根据《民法总则》将法人决议行为纳入民事法律行为制度的规定，将决议不存在和未形成有效决议等情况统一规定为决议不成立。再如，就如何处理营利法人内部与外部关系的问题，贯彻了《民法总则》确立的内外有别原则。

**邓峰：**好的规则，关键是要凝聚最大多数的共识。这次的司法解释广泛征求了各方意见。同时，最高法院的司法解释也需要履行公开程序，体现了凝结共识的必要性。除在时间和法理的逻辑顺序上需要照顾到上位法，我个人觉得，公司法新司法解释的出台并不容易，因为涉及多个层面的争议。

首先，不要小看这几个条文，这是新中国历史上首次对集体决策进行司法审查提出系统性解释。关于集体决策，比如股东会、董事会如何开，哪些规则是必要的，哪些应该有弹性，在中国特有的法律文化传统下，每个人脑子里面的参照系不同，因此争议也就比较大。

其次，司法解释通常带有司法政策趋势，需要适应当下的经济形势。一直以来，企业界对更多界定和保护股权，还是保护公司不受过多干预，哪种更有利于经济发展，存在着对立的观点。所以说，新司法解释能够以利益平衡的方式出台，还是很不容易的。

**《财经》**：这部司法解释在起草、征求意见和颁布过程中有哪些公众较为关注的焦点问题？

**贺小荣**：在司法解释起草过程中，讨论的焦点问题很多，但最主要的是如何妥善处理好以下几个关系的问题：一是股东权利保护与促进公司发展的关系；二是公司自治与司法介入的关系；三是法律效果与社会效果的关系；四是公司治理手段与公司发展目标的关系；等等。对此，我们始终坚持平衡协调原则，本着实事求是的精神，妥善兼顾各方面关系。

比如，我们在强调保护中小股东权利的同时，也同样重视公司正常经营和长远发展的整体利益，丝毫没有忽略相关制度保障。新司法解释对股东滥用权利的各类情形以及法律后果也作出了明确规定，如对请求撤销股东会、股东大会以及董事会决议的原告资格予以必要的规范；明确了股东行使知情权的“不正当目的”；对股东请求公司分配利润的条件进行了较为严格的限定；对股东滥用优先购买权的法律责任予以必要规制。可以说，司法解释兼顾了公司、股东、董事、债权人、职工等多方面的利益平衡。

**邓峰**：作为研究者，我认为新司法解释有一些突出的亮点：第一，和公司法本身的发展趋势高度吻合，比如要求公司遵守程序、尊重公司章程的自行安排等；第二，比较法做得比较扎实，除了个别条文基于现实条件有所创新，大部分规定都有明确的比较法参照，比如强制分红是各国都有的规定和做法；第三，宽松适度。考虑到中国法学界，包括理论研究和司法实践的很多问题还需要通过具体案例验证，在很多问题上允许下级法院进行探索。像集体权利行使、集体决策的作出这些问题，是非常新鲜的知识，司法解释做到了“抓大放小”。

具体的争议在大多数条文上都表现得很充分，起草中，公司决议的分类和效力、强制分红、知情权作为固有权、查阅范围、侵犯优先购买权的法律效力、双重派生诉讼等，都曾是争议的重点。

另外，司法解释在中国现有的公司治理水平上，还是很有针对性的，比如强制分红、信息查阅、优先购买权的行使方面，都有一些非常有特色的规定，而且贯彻了权责一致原则，不当行使权利、滥用权力或者权利，这些方面都有明确的责任规则，这是非常值得赞许的。

## 尊重公司章程和自治

**《财经》：**作为最重要的企业组织形式，公司是基本的市场元素，对其进行规制的法律自然也受到重点关注。公司法新司法解释对公司治理将带来哪些影响？

**贺小荣：**新司法解释以股东权利保护为主线，涉及决策、执行、监督等各公司治理环节，施行后将对公司治理的法治化产生积极作用。

首先是促使公司更加依法尊重中小股东权利。从法律原则上讲，股东权利应当是平等的，但事实上中小股东的权利不仅容易被忽视，而且常常处于弱势地位。司法解释加强了对中小股东权利的司法救济，将有效遏制大股东滥用股东权利，损害中小股东合法权利的现象，引导公司更加公平地对待中小股东。

其次是促使公司更加注重程序在公司治理中的价值。司法解释通过对决议效力的司法审查、对知情权等权利行使的程序规则完善等，强调了公司程序的重要性，促使公司更注重依法依章履行程序事项，从而规范公司治理。

最后是促使公司更加重视章程和自治。司法解释坚持对公司章程和公司自治的尊重，尽可能减少司法介入，多处规定“公司章程另有规定或者全体股东另有约定的除外”，充分肯定公司章程的优先效力。这些规定将促使公司更加重视公司章程的“意思自治”，逐步改变公司章程千篇一律的现状，使公司治理实现规范化与个性化的统一，有效提高公司治理的内在活力。

**邓峰：**公司治理是公司法的核心内容，权力的分配和行使又是公司治理的核心所在。现行公司法虽经过2005年大修，基础还是1993年的版本，具有相当大的延续性。这种延续性也表现在过去被学界批评的“重股权、轻治理”的裁判思维上。公司法的前三个司法解释，主要侧重于股权的财产属性。而新的司法解释可以说是一个公司法的升级，将法律中原本赋予股东集体性权利的诉权，变得有据可依。

贺庭长已经说得非常全面了，我再补充一下。新的司法解释首先是扩展了股东参与公司治理的途径，尤其体现在集体决策、董事和高管人员的诚信义务上。股东因为获得诉讼权利，从而会大幅度提高平等、民主参与公司治理的机会。其次，公司应当注重自己制定规则，不能再忽略法律、章程中相关规则了。新司法解释释放出明确信号，要求公司在实际运作中，需要重视程序和形式，以及权力行使和分配方式。最后，不当损害公司利益、集体利益的行为都应当承担相应责任，比如，虽然股东拥有知情权，但是如果泄露公司秘密，就要被追责。

总之，新司法解释强调公司自治，允许公司章程对治理规则进行自主安排。我想，这部司法解释出台后，一个明确的激励就是公司会开始认真对待章程了。

## 明确裁判标准

**《财经》：**下一个问题给邓峰教授，作为一个研究者，能不能谈一下新司法解释都针对哪些具体现实矛盾？

**邓峰：**前面说过司法解释通常是在调研的基础上，针对现实需要而作出的规定。

大致上，涉及股东权利保护和公司治理的诉讼案件达到公司纠纷案件的60%以上。2014年与公司有关的纠纷案件近1.7万件，2015年是近1.8万件，粗略统计，其中涉及新司法解释的，大概要占到60%。

同时，司法解释的很多规则，是针对裁判标准不够统一而作出的。从裁判标准看，如股东知情权纠纷案件的既有判决，有未明确是否可以委托他人查阅的，有明确可以委托律师、会计师查阅，有认为属于执行事项未予处理的。再如侵犯股东优先购买权的案件，有判无效的，有判撤销的，有认为不影响合同，有不支持的。新司法解释有助于明确裁判标准，至少是明确裁判原则。

现行公司法在2005年经过大修，但现实情况已经很大程度上突破了12年前的框架，实践中大股东独大、内部人控制等导致的中小股东参与管理权、知情权、利润分配请求权等得不到有效保护的问题比较突出。虽然上市公司为代表的各类公司治理均日趋规范，水平有所提高，但在非上市公司治理实践中，漠视公司法规定、架空法律实施，以及名为公司实为合伙、公司章程千篇一律等现象仍然普遍存在。公司纠纷案件呈现上升趋势，而且往往事实难以查明、案件审理难度较大。新司法解释的出台，一方面可以有助于这类案件的审理标准或者原则明确化，也可改变长期以来股东诉权只有公司法条文而很难落实的局面。

**《财经》**：能不能谈一下中国公司法规则的发展趋势？

**邓峰**：公司法从2005年到现在有过一些小的修订。上市公司有些规则还在不断完善中，最高法院陆续就公司自行清算、出资和股权等财产纠纷出台了司法解释二和司法解释三，现在针对集体性权利进行规定，可以说进行了系统化的努力。不过还有很多重大的公司法命题需要细化，有些也存在着很大争议，包括股权转让规则、担保效力、并购重组、刺破公司面纱、员工持股、公司融资、董事和高管人员责任等。也就是说，现有的规则主要还是集中在股东和股权这个层面，公司、董事和高管人员这些层面未来还有继续补充完善的空间。

# 依法保护股东的利润分配权*

许德峰**

为保护股东依法获得公司利润分配并分享公司长期发展利益的权利，《最高人民法院关于适用〈中华人民共和国公司法〉若干问题的规定（四）》明确规定“股东未提交载明具体分配方案的股东会或者股东大会决议，请求公司分配利润的，人民法院应当驳回其诉讼请求，但违反法律规定滥用股东权利导致公司不分配利润，给其他股东造成损失的除外”。

《公司法司法解释（四）》第十五条规定：“股东未提交载明具体分配方案的股东会或者股东大会决议，请求公司分配利润的，人民法院应当驳回其诉讼请求，但违反法律规定滥用股东权利导致公司不分配利润，给其他股东造成损失的除外。”这是以我国公司法第二十条第一款为基础而作出的解释。

原则上，是否分配利润属于股东/经理人的商业判断范畴，司法一般不应干预，当股东在未提交载明具体分配方案的股东会/股东大会决议的情况下，对个别股东要求公司分配利润的请求，原则上应不予支持。但在我国司法实践中，由于大股东排挤、压榨其他股东，以及董事会等内部人控制等原因导致公司不分配利润并引发诉讼的情况越来越多，在一些争议中，股东之间的利益安排往往已严重失衡，非公司自治所能解决，必须通过外部力量依据强制性规定加以干预。

依公司法现有规定，若出现上述股东合法利益受压制的情形，受压制股东只能在公司连续五年具备分配利润条件而不分配利润的情况下，请求公司回购其股份，或者以出现公司僵局为由，请求解散公司。从实施效果来看，这些规

---

* 原文刊载于《人民法院报》2017 年 9 月 1 日。

** 北京大学法学院教授。

定无法充分保护股东依法获得公司利润分配并分享公司长期发展利益的权利。《公司法司法解释（四）》第十五条规定表明，在特殊情形下，抽象的利润分配权也并非完全不具有可诉性。

在《公司法司法解释（四）》起草过程中，有学者认为，是否分配利润属于专业的业务判断，法院无权也没有能力代替股东会决定是否应当分配利润——只有股东、公司董事、公司经理才是商业上的专家，法官介入公司事务不但不会取得良好的经济效果与社会效果，反而会损害公司效率，进而损害公司利益。我们认为，公司是法律拟制的产物，公司法相应的规则设计既有具体条文，又有抽象原则。二者应相辅相成方能贯彻法律的价值。在这一背景下，公司法第二十条关于禁止股东滥用权利的条文是一项原则性规定，而本司法解释是对该规定的具体化。另外，应当认识到的是，在公司法裁判实践中，很多争议都要求法官关注公司经营，探寻商业逻辑并据此作出居中裁判。当然，此种裁判与进行商业决策仍有较大区别：法官的裁判是对业已发生的事实进行认定，并解决两造争议；而商业决策更多是面向未来，对不确定事项的判断和选择。实践中，法官在相当多争议中都未必是有关领域的专家，但这并不妨碍法官作出公正的裁决。法律禁止控制股东权利滥用，赋予股东在一定情形下的强制利润分配权，是法律对公司自治的必要限制和有益干涉，有利于公司制度的正常运作和健康发展。

就构成要件而言，股东向法院请求公司分配利润的，原则上需要提交载明具体分配方案的股东会或者股东大会决议；未提交载明具体分配方案的股东会或者股东大会决议的，法院应驳回其诉讼请求。具体而言，股东既可能没有提交任何股东会或者股东大会决议（情形一）；也可能提交了仅决议分配利润但未制作具体分配方案的股东会或者股东大会决议（情形二）；或者提交了股东会或者股东大会关于不分配利润的决议（情形三）。以上三种情形均属于未提交载明具体分配方案的股东会或者股东大会决议，原则上应当驳回诉讼请求。

《公司法司法解释（四）》第十五条“但书”部分规定了特定情形下对股东关于分红的诉讼请求可予支持，其核心要件有以下两个方面：其一，股东滥用股权作出不分配利润的决议，或者不就利润分配问题作出任何决议，同时通过其他方式实质性的获得利润分配。包括：（1）公司不分配利润，而通常由控股股东、实际控制人担任或者委派的董事、高级管理人员等领取过高薪酬；（2）公司不分配利润，而控股股东、实际控制人等操纵公司购买车辆、房产等财产或者服务，用于其自身使用或者消费；（3）公司不分配利润，而个别股东、实际控制人或董事、高级管理人员操纵公司隐瞒或者转移利润。其二，给其他股东造成损失。需要特别说明的是，这是一个排除性的要件，对该要件的适用尺度应当适当宽松把握。原则上，滥用股东权利的行为本身，可推定出对其他股东股权的侵害，进而造成了其他股东的损失，即只要证明滥用股东权利即可。

总体而言，在作出有关利润分配的裁判时，法院应当兼顾公司、股东以及公司债权人等多方利益的平衡，考虑股东的近期利益与长远利益。若公司积累或收获了可分配利润，但其他股东滥用股东权利不分配利润的行为已违反了禁止股东权利滥用原则，导致股东之间的利益严重失衡，则须通过司法等外部机制加以干涉。人民法院判决的方式包括径行判决公司分配一定数额的利润或判决公司作出分配利润的决议等。具体判决方式和尺度取决于原告的诉请及案件的实际情况，并留待审判实践探索。

# 确立了商业集体决策司法审查的新规则*

邓　峰**

《公司法司法解释（四）》是新中国成立以来第一次针对集体决策机制进行司法审查作出的司法解释，确立了具有中国特色的、理论上章法严谨、实践上张弛有度的规则体系。其所传递和表达的尊重公司自治，允许通过章程探索中国式的集体决策；要求公司尊重程序和权力分配形式，以体现集体决策所必需的公开、透明、规范；保护公司的集体利益和正常商业运作等方面的公司治理价值理念，是非常清晰的，也是值得充分肯定的。

新出台的《公司法司法解释（四）》所制定的规则，开篇就是公司决议，这是标准的集体决策活动的司法规则。《公司法司法解释（四）》的制定，遵循了基本的理论框架，主线是股东的泛集体性权利。《公司法司法解释（四）》针对公司决议的六条规定，虽然用笔不多，但具有鲜明的特点和重大的意义。简而言之，就是新中国成立以来第一次针对集体决策机制进行司法审查作出系统的司法解释，确立了具有中国特色的、理论上章法严谨、实践上张弛有度的规则体系。

首先，这是新中国成立以来第一次系统地明确规定集体决策机制的司法审查规则。作为民商合一的国家，在我国法学理论和司法实践中，法律人对私人权利的界定更为熟悉，而对集体权利则较为陌生。商业实践也是如此，如果放在十年前，决议行为甚至可能都只是公司内走个过场。但是今天，“宝万之争”在某种程度上成了全民普及公司法的机会，其中的焦点就是华润和万科对董事会决议的效力争议。公司法兼具公与私的特点，甚至被视为是小型民主的组织。

---

* 原文刊载于《人民法院报》2017年9月1日。

** 北京大学法学院教授。

尽管集体决策无论在任何一个组织、集体或者国家内都会存在，但是对决议的效力以法院提供司法救济的方式来解决，是前所未有的挑战。在这样的背景下，制定对决议行为的司法审查规则，可以说是开辟性的。如果从未来回望，《公司法司法解释（四)》的这一尝试和努力，至少在知识上是极具开创价值和意义的。

对决议效力的司法审查，不仅仅对当下日益成为焦点的公司控制权力的商业争夺，为公司的投资者、管理者乃至企业家们提供了一个司法救济的手段，而且对我国法院而言，也因为《公司法司法解释（四)》提供了框架并开放了诉讼，会对自身知识体系的完善提供强有力的激励。《公司法司法解释（四)》系统性地确立对决议效力的司法审查规则只是一小步，但对中国的商业界和法学界，却是重大的一步。

其次，没有一个法律规则体系可以穷尽组织活动的模式、方式和具体细节，大量的细节来源于我们的生活、实践和文化。美国的标准商业公司法也仅仅是原则性的规则，细节仍然有待于具体情境下，通过人们对合议、投票等民主规则的理解来填充。这一问题，在中国尤其突出，缺乏先例和政治传统，而学界的思想源泉众多，每个参与建议者都在用自己脑海中的集体决策“模板”来提出不同的意见。缺乏本国的固有模式，是《公司法司法解释（四)》起草和制定时遇到的最大挑战。今天沿用的2005年公司法规则，在当时就决议问题本身规则的规定，也存在着诸多缺陷，最典型的如确认决议无效的起诉主体没有限定，但是撤销决议的主体反而仅限于股东。理论研究可以天马行空，但司法解释却要在现行规则下贯彻执行。从这个角度来看，《公司法司法解释（四)》制定的规则，可以说是既充分地吸收了比较法上的框架，又在现行规则和共识下，最大限度地填补了司法裁判的标准。比如，相关规则对最重大的几个疏漏进行了明确回答，细化了决议无效、不成立和撤销之诉的主体，对轻微瑕疵进行了界定，区分了事实层面和效力层面的决议不适格，以及决议效力认定本身的效力范围；再比如，对不成立的规定中，也从不需要、未召开、到数票、投出票等方面进行了表述，可谓清晰严谨。

再次，更值得称道的是，《公司法司法解释（四)》并没有过多地在各种具体细节上纠缠，而更多以留白的方式，抓大放小，允许各地法院进一步自行探索。既符合这一问题上的背景特点，更切合了这一问题在实践中具体情形的复杂、多变。公司法的规定本身比较粗疏，工商部门过去推行的“标准章程”，又加剧了这种粗疏，各种各样的章程细则、补充案、修正案、议事规则，对公司决议的程序、形式、步骤等有着多种多样的补充，如何在一个具体案件中作出判断，《公司法司法解释（四）》的六条虽少，但是把握住了决议作出的关键判断标准。从这个意义上说，这是一个既符合当下国情，又张弛有度，保持了开放性、包容性和灵活性的规则体系。

最后需要强调的是，《公司法司法解释（四）》决议效力部分的六条规定，当然也包括其他部分，所传递和表达的公司治理价值观，也是非常清晰的：尊重公司自治，允许通过章程探索中国式的集体决策；要求公司尊重程序和权力分配形式，以体现集体决策所必须的公开、透明、规范；保护公司的集体利益和正常商业运作。这样的价值表达，不仅符合过往数十年整个国际范围内的公司法发展趋势，也和当下经济政策、商业环境和需求是一致的。

# 各方权责利平衡，股东知情权诉讼规则的核心

李建伟*

## 一、股东知情权的重要性

股东知情权在股东权利体系与公司治理结构中扮演着重要而又独特的功能，它既是一项基本股东权，同时也是行使其他股东权的前提与基础。如有股东对董事会的某份决议提起无效之诉、撤销之诉，手中却不掌握该份决议的复印件，恐怕连立案都是困难的。我国现行公司法第三十三条、第九十七条对于有限公司、股份有限公司的股东知情权设有基本规定，股东可以通过查阅、复制公司决议、财务会计报告、会计账簿等方式积极获取公司信息，知情权如遭受侵害，股东也得提起知情权之诉。自2005年修订公司法以来，股东知情权诉讼成为各级人民法院受理的常见且活跃的公司诉讼之一，人民法院积累了较丰富的裁判经验，大量裁决对维护股东知情权、规范我国公司治理意义巨大。但由于公司法的上述规定比较抽象与原则，裁判规范供应不足，各级法院面临一些共同的困惑，包括已转让股权的原股东可否提起知情权诉讼、公司抗辩股东行权的"不正当目的"如何判断、股东查账可否委托代理、限制股东查账的公司章程规定的效力判断等。裁判规范的缺失不仅带来裁判的困难性，也导致了裁判结果的不一。所以，制定关于股东知情权诉讼的司法解释，完善与丰富更具操作性的裁判规则，势在必行。

实证研究表明，股东知情权诉讼绝大多数发生在中小型的有限公司，尤其股权比例相对悬殊的公司，这类公司易于发生股东欺压，知情权往往是控制股东侵害少数股东的第一步。以此衡量，司法应该积极保护中小股东的知情权；但另一方面，少数股东利用知情权获取公司核心经营信息后损害公司利益的现

---

* 法学博士，中国政法大学民商经济法学院教授。原文刊载于《中国审判》2017年第10期。

象也时有发生。所以在表象的背后，司法解释需要明确裁判者协调平衡各方利益相关者之间的利益冲突时秉持的司法立场。这是股东知情权诉讼规则建构中更深层次的问题，同时也是社会各界对于司法解释的期待之所在。

## 二、《公司法司法解释（四）》确立的股东知情权诉讼基本规则

最高人民法院《关于适用〈中华人民共和国公司法〉若干问题的规定（四）》（以下称《公司法司法解释（四）》）用了6个条文（第七条到第十二条），回应了上述期待与关切。择其要点，主要内容及立法性成就可以概括为五个方面。

1. 明确与适当扩张了原告股东范围。根据公司法的规定，股东知情权的原告应当在起诉时具备股东资格，这无疑是一个基本原则；但在坚持尊重知情权人身属性的同时，根据诉的利益原则，也应对原股东享有的合法权利依法予以适当保护。为此，《公司法司法解释（四）》第七条再一次强调这一原则，但又增加一项例外规则：起诉时不具有公司股东资格的人有初步证据证明在持股期间其合法权益受到损害的，也得起诉请求查阅、复制其持股期间的特定文件材料，法院依法予以支持。

2. 进一步界定“不正当目的”的内涵。公司法第三十三条第二款规定，公司有理由认为股东查阅会计账簿具有“不正当目的”，可以拒绝其请求。如何认定此处的“不正当目的”，成为股东知情权的核心——公司会计账簿查阅权能否获得实质性保护的关键，也是庭审中各方当事人辩论、质证的焦点。由于公司法未提供认定“不正当目的”的标准，导致各方认识分歧较大，亟须司法解释的清晰界定。《公司法司法解释（四）》第八条采用列举加概括式的方式，明晰了“不正当目的”的三种常见情形：股东自营或者为他人经营与公司主营业务有实质性竞争关系业务的，公司章程另有规定或者全体股东另有约定的除外；股东为了向他人通报有关信息查阅公司会计账簿、可能损害公司合法利益的；股东在向公司提出查阅请求之日前的三年内曾通过查阅公司会计账簿、向他人通报有关信息损害公司合法利益的。

3. 明确公司限制股东知情权的意思自治边界。按照《公司法司法解释（四）》第九条规定，公司章程、股东之间的协议等实质性剥夺股东的法定知情

权，并以此为由拒绝股东行权的，不予支持。本条是立足于司法裁判经验的扩张性规定，源于实践中的迫切需求。实务中常有公司出示公司章程、全体股东间协议等自治性文件关于限制、取消股东知情权的约定，来抗辩原告股东的诉请，法院需要审查这些约定的合法性进而认定其效力。一般认为，股东可通过章程、股东间协议自行约定公司内部治理事项，但另一方面，章程、股东间协议并非经由股东自由约定即为生效，其合法性应受到司法审查。知情权为股东固有权之一，公司法关于股东知情权的规定在性质上属于强制性规定，章程、股东间协议如构成实质性剥夺股东知情权，即不再具有合法性。基于此，第九条一方面肯定股东可通过章程、股东间协议限制知情权的享有与行使，但又相对抽象地界定了这些约定的意思自治边界：实质性剥夺了股东的法定知情权的约定无效。至于何为“实质性剥夺”，则留给审理个案的法官自由裁量。

4. 明确裁决书的主要内容，强化可执行性，支持专业的查阅代理。以往的司法实践中，人们发现如股东知情权判决书的内容不具体、不完整，会给判决的执行带来极大困难，胜诉的原告股东前往公司查阅特定文件资料时易受刁难。为此，《公司法司法解释（四）》第十条明确要求人民法院应当在原告股东知情权胜诉判决书的主文中写明行权的时间、地点和文件范围等三要素。执行中的另一个常见关切是，股东可否委托他人代理查阅？对此问题的回答需要衡量多方的利益因素。一方面，由于绝大多数自然人股东不具备会计、审计、法律的专业知识，如概不允许查阅代理，则实质上剥夺其查阅权，再考虑到法人股东实质上具备专业知识（委托其具备专业知识的工作人员），也会造成自然人股东与法人股东的实质不平等。另一方面，如不加限制地允许查阅代理，则受托人难免鱼龙混杂，甚至发生具有不纯动机的原告股东聘请公司竞争对手的专业人员查阅的情形，对公司利益的威胁与损害极大。有鉴于此，《公司法司法解释（四）》第十条第二款规定，“股东依据人民法院生效判决查阅公司文件材料的，在该股东在场的情况下，可以由会计师、律师等依法或者依据执业行为规范负有保密义务的中介机构执业人员辅助进行。”显然，这一规定首先支持胜诉原告股东可以委托代理查阅，但又有两个限制，一是股东本人（自然人股东）或其代表人（法人股东）在场，二是受托人仅限于“会计师、律师等依法或者依据执业行为规范负有保密义务的中介机构执业人员”，此举是寄望于依托上述专业人士负有的特定行业职业道德、承担特定执业资格惩罚责任，也即较高的违法成本的威慑力，来降低公司商业秘密被侵害的可能性，可谓用心良苦。

5. 构建各方滥用权利者的赔偿责任机制。根据以往的司法经验，尽管有“不正当目的”抗辩程序的过滤机制，怀有各色不纯动机的原告股东通过知情权这一通道获取公司商业秘密后损害公司利益的现象，仍有发生，包括上述查阅专业代理人的侵权行为在内。另外，也有公司以特定文件资料未制作、遗失为由拒绝原告股东的诉请，导致胜诉判决事实上无法执行。对于因此受害的上述公司与股东，《公司法司法解释（四)》第十条、第十一条规定了三类损害赔偿责任：(1）股东行使知情权后泄露公司商业秘密损害其合法利益的，公司有权请求赔偿损失；(2）辅助股东查阅的会计师、律师等泄露公司商业秘密损害公司合法利益的，公司有权请求赔偿损失；(3）董事、高级管理人员等未依法履行职责，导致公司未依法制作、保存法定文件材料，造成股东损失的，股东有权请求赔偿。

## 三、平衡各方的责权利是股东知情权诉讼规则的制度核心

### （一）为什么要平衡各方的责权利

如前所述，保护股东对公司必要信息的知情权具有重大意义。在现代公司治理“所有权与管理权”分立的语境下，行使知情权是股东对公司行使“所有者”权利的重要途径和体现。尤其在封闭性强烈、人身信任关系强烈的有限责任公司，股东知情权具有特别的价值与意义。但在另一方面，完全不受约束地查阅、复制公司文件的权利不仅可能会给公司带来极大的负担，可能会被滥用以至于损害公司的利益。因此，为了形式上平衡股东与公司的利益——其实背后是少数股东与控制股东、实际控制人以及管理层等控制人的利益，法律在保障查阅权的同时也需要对查阅权的行使设定一些限制，例如主体方面对于持股时间与持股数量的要求，程序上先向公司提出申请、公司有权抗辩等限制，以防止查阅权被滥用而危害公司利益。股东不受限制地查阅公司记录的权利称为“绝对查阅权”，即任何股东可以在公司营业时间内在合理地点不需阐述理由即

可查阅公司特定资料，受到某些实质限制的查阅权称为“相对查阅权”。在我国公司法中，有限责任公司的公司章程、股东会会议记录、董事会与监事会会议决议和财务会计报告等特定文件资料属于绝对查阅权的对象。但是，会计账簿属于相对查阅权的对象，《公司法》第三十三条第二款对有限责任公司股东的会计账簿查阅权的行使设置了前置性程序限制，以及“正当目的”的实质性限制措施。

股东查阅会计账簿需要“具有正当目的”之要件，在比较法上早有规定，如美国普通法上的正当目的指“与股东利益有合理关联之目的”：如果为了获取与该股东利益有关的信息，或者是为了保护该股东的利益以及公司其他股东的利益，那么目的就是正当的。这种定义具有浓厚的判例法特色。也有日本等国家通过列举的方式规定了“不正当目的”的具体情形，以降低公司证明股东主观目的的难度，为法院判断股东是否具有不正当目的提供认定标准上的明确指导。我国公司法第三十三条第二款只是概念性地设置“正当目的”限制，但对于何为“正当目的”抑或反向的“不正当目的”，并无任何指向性的规定，这一方面的规则供给任务就留给了司法解释文件。

### （二）如何平衡各方的责权利

《公司法司法解释（四）》关于股东知情权诉讼规则的六个条文，可以说都深刻的体现或者蕴含了平衡各方责权利的理念与精神，或者说都是在各方利益博弈之下的、为实现平衡各方责权利这一立法理念而设计的。这一点，前文关于六个条文的基本内容的介绍中已有集中分析，不再一一展开，此处仅就第八条关于“正当目的”的规定作进一步的分析。

第八条列举了“不正当目的”的三种具体情形，最后有一个兜底性情形，这是参照比较法的相应规则，并结合我国法院的审判实践经验作出的规定，旨在为法院认定股东存在“不正当目的”提供更明确的裁判标准，提高第三十三条在实践中的可操作性。纵观各国公司法，关于股东知情权“正当目的”的规定主要存在两种模式：一是概括式，即立法只提出正当目的的原则性要求，具体标准由司法实践把握，如美国《标准商事公司法》、德国《有限责任公司法》，从反面规定若股东具有“不正当目的”，公司可以拒绝查阅，但并未给出

“不正当目的”的明确标准。二是列举式，即列举构成不正当目的的具体情形，如《日本商法典》、《日本公司法典》。现在《公司法司法解释（四）》作为司法解释文件在公司法典的概括性规定基础上，审慎而开放性地列出了三种情形。实际上，关于这三种情形的制订过程中都存在很多的争议，其中主要集中于两个问题：(1) 是否应该限制与公司存在竞争关系的股东的知情权；(2) 是否可以因为股东之前曾有过损害公司合法利益的行为而剥夺其知情权。下面对这两个问题的学术争论进行简要的回顾，以有助于理解最终的解释文件如何平衡各方责权利的。

首先，需要限制与公司存在竞争关系的股东的知情权吗？根据本条第一款第一项规定，股东若有“股东自营或者为他人经营与公司主营业务有实质性竞争关系的业务的”情形的，应该认为具有不正当目的。对该规定存在两种不同的观点。一方认为，如股东与公司存在着竞争关系，那么此类股东无权就有关信息行使知情权，应该对这类股东的知情权加以刚性的限制（也即剥夺），因为该类股东极有可能为了他方利益而损害公司利益，这种损害的严重性可能更甚于来自外部的损害。另一方则认为，即使股东自营或者为他人经营而与公司之间产生竞争关系，也不应完全剥夺此类股东的知情权，知情权是法律规定股东享有的一项独立的、固有的、基础性、工具性的权利，无知情权，其他股东权利也就无从谈起；且就公司法原理而言，股东对公司并不负竞业禁止的义务。故而，不应该一刀切地直接剥夺此类股东的知情权，而是对其加以适当限制，究竟应该如何限制？应该留给法官自由裁量权。于是，该项最后规定的“章程另有规定或者全体股东另有约定”作为除外规定，在体现了充分尊重公司意思自治的精神，添加这一规定更具有妥当性与周适性。

其次，是否可以因为股东之前曾有过损害公司合法利益的行为而限制其知情权？这是该条起草中最具争议的问题。一般来说，要由某种客观事实的存在推定股东具有某种主观目的，二者之间必须具有经验上高度盖然的关联关系。例如，若能证明“股东在向公司提出查阅请求之日前的三年内，曾通过查阅公司会计账簿，向他人通报有关信息损害公司合法利益的”的事实，则一般正常的理性人都有理由相信股东本次的查阅请求有很大可能也具有向第三人通报获利的不正当目的。且只有在客观事实与主观目的具有高度关联性的情况下，才能合理推定股东具有不正当目的。反之，公司即使证明股东曾有某行为导致公司遭受损害，但该行为并非通过查阅公司会计账簿来实施，与股东查阅会计账簿的主观目的无关，则不能认定股东具有不正当目的。因而，在此情形下不应该彻底剥夺此类股东的知情权，只需要对其施加某种限制。如果其可以举证证明本身并不存在该条所规定的情形，那么自然不受该条的约束。如借用诉讼法上的概念，该规定涉及的其实是对举证责任的分配。

**四、结语**

总之，《公司法司法解释（四）》关于知情权诉讼的规定，立足于公司法的基本法理与裁判经验，回应了司法审判面临的挑战，完善了相关裁判标准，为各级人民法院提供了更具合理性、操作性的裁判规则。纵观其规定，不仅对公司法的若干抽象概念与原则规定进行了更具体的解释，很多内容更不乏建构性与前瞻性。或许更大的法治意义在于，围绕公司经营信息保密与公开义务的合理维度与限度，以及股东行使知情权的合理维度与限度，在各方利益相关者之间构筑了一套基于权利、义务、责任相平衡的规则体系，无疑将有利于规范公司治理、强化股权保护，也有助于公开、公平、公正的法律价值的实现。

# 简　目

## 第一部分　公司决议效力诉讼



## 第二部分　股东知情权诉讼

## 第三部分　利润分配请求权诉讼



## 第四部分　优先购买权诉讼



## 第五部分　股东代表诉讼

# 目 录 contents



## 第一部分　公司决议效力诉讼

## 第二部分　股东知情权诉讼

## 第三部分 利润分配请求权诉讼

## 第四部分　优先购买权诉讼

## 第五部分　股东代表诉讼

# 第一部分　公司决议效力诉讼

## 引　言

《公司法》[①] 第二十二条规定了公司决议无效及可撤销的情形，但规则较为简陋粗疏，难与司法实践中纷繁复杂的公司决议效力瑕疵诉讼相适应。同时，公司决议效力纠纷也是当下我国商业实践的热点问题之一，比如上市公司中频繁出现的“双头”董事会现象和一些重大的社会焦点问题。从国美的大股东和董事会之争，到万科的董事会决议有效还是无效的争议，这种集体行为的司法裁量和判断，以及法律救济的提供和实现，对经济生活和商业实践的影响不断深入，亟待法院对此类问题进行明晰。在此背景下，最高法院通过《公司法解释（四）》，结合既有的股东会、董事会决议效力的司法裁判经验，对这类案件审理中的实体规则和司法程序予以统一，确立了商业集体决策司法审查的规则，是对现实问题的积极回应。具体而言，

① 如无特别说明，本书中《公司法》均指2013年版本的《公司法》。

《公司法解释（四）》中有关公司决议纠纷的条文，可以大致分为实体规则和程序规则两部分。实体判断方面：第五条明确了决议不成立的事由、将“不成立”从“无效—可撤销”的瑕疵二分格局中分离出来；第四条则明确了可撤销决议的裁判尺度、赋予了法院自由裁量的权力。程序规则方面：第一条划定了对公司决议享有诉权的主体范围、以“利益相关”为核心判断标准；第二条明确了请求撤销公司决议需以享有股东身份为前提；第三条是对公司及其他利益相关人诉讼地位的安排；第六条是对司法裁判既判力范围的规定，与《民法总则》相衔接。

《公司法》第二十二条所规定的司法救济是针对作为一个社团的公司，其内部公司机关的合议行为的效力问题。这种司法救济更多带有一定的准“公法”司法救济的特点，与已经广为熟悉的纯粹私权的救济存在着不同，因此有必要对缺乏此类知识的司法机关提供规则和指导。具体而言，我国《公司法》第二十二条所提供救济方式，带有以下明显特点，也将成为理解本部分的重要前提和关键点：

1. 公司法的立法模式的制约

英美法国家对公司行为的司法审查和救济的区分模式与我国所采用的方式并不相同，首先司法救济是全方面的，凡是权利受到损害，或者出现不公平的情形，均可以请求法院予以救济。在这种逻辑下，基于诉权而产生的划分就成为第一位的划分原则。因此，利益相关者、利害关系人提起诉讼，在法律制度中首先应当考虑是直接诉讼还是间接诉讼。而如何划分直接诉讼和派生诉讼是英美公司法中的重大问题，甚至是存在着许多模糊边界的。但是，划分直接诉讼和派生诉讼的标准仍然是个体性权利还是集体性权利，而对股东会、董事会决议的诉讼，受制于个体和集体的划分，显然是需要区分决议内容和事项的。这就形成了和我国模式的根本不同。

我国并没有采用基于诉权而产生的基于个体性权利还是集体性权利的划分作为主要的划分标准和基础，而是更加注重决议作出的社团行为特性，进而将其划分为实体（内容）和程序、方式，同时还基于立法法确立的模式，复合了违反规则的层次标准，即将其区分为违反法律或行政法规，还是违反公司章程。

这样的复合标准，体现了典型的中国特色。

由于集体行为或者社团行为而作出决议的行为，其标准划分上也存在着实践中出现的模糊地带的特性，如何区分内容与程序、方式，在实践中存在着困难。同时，由于集体行为或者社团行为也是一个规则下的行为而不是一个自然行为，必须结合规则来加以判断，这和其他的民事活动的判断原则相比，多了一个判断标准。因此，就会出现事实判断和法律判断的分离问题，比如会议召开人数不足究竟是一个合法与否的问题（无效），还是一个事实问题（不存在着有效会议），在逻辑上就会有不同的理解。因此，《公司法解释（四）》借鉴了一些大陆法国家的做法，将无效的决议，区分为不存在、可撤销和无效不同的情况。这不同于英美法的做法，仅仅是关注其是否具有约束力。不过这种结构并不影响实质性的不具有效力，不能产生社团意志或者部分意志，乃至产生社团行为的约束力的结果。

区分为不存在、可撤销和无效，除了与我国现行的民事行为制度相衔接，追求概念体系的逻辑之外，实际上也是在解决现实的问题。无论是制定法律，还是各国公司法的教材里，东亚对这个问题讨论比较多，日本、韩国，尤其是日本对于决议的可撤销和不存在之诉的细分和对法律的讨论，讨论得十分精细且无微不至。或可猜测这种不同，是基于文化的特殊性，不开会就形成决议，以及开会压制而没有讨论、没有表决、伪造签名等，以上情况的泛滥，导致我国针对中国的现实情况确实要进行别开生面的或者特殊的规定来解决中国特殊的问题。在早期的征求意见稿中，出现“表见决议”这种类型，可能也是为了解决现实存在的问题。

**表1－德、日、韩对公司决议之诉的规定**

| 比较事项 | 撤销之诉 | 确认无效之诉 | 确认不存在之诉 | 撤销、变更不当决议之诉（仅韩国） |
|---|---|---|---|---|
| 诉的原因 | 程序上的瑕疵（决议程序，决议方法违反法令、章程或者显著不公平）或决议内容违反章程 | 内容上瑕疵（决议内容违反法令、社会秩序、股份有限公司本质） | 程序上瑕疵（撤销原因过分，可以视为决议不存在） | 内容上瑕疵（排除特别利害关系之股东而作出的决议内容显著不当时） |

**续　表**

| | | | | |
|---|---|---|---|---|
| 诉的性质 | 形成之诉 | 形成之诉说、确认之诉说 | 形成之诉说、确认之诉说 | 形成之诉 |
| 提诉权人 | 股东、董事、监事 | 有诉的利益者 | 有诉的利益者 | 没有形式表决权之特别利害关系股东 |
| 起诉期间 | 自决议日起一至三个月 | 德国规定为一个月，日本、韩国没有明确规定 | 没有明确规定 | 自决议日起两个月 |
| 程序 | 基本相同（被告、专属管辖、起诉公告、合并审理、败诉原告的责任、股东的提供担保义务、登记等） | | | |
| 法院的裁量驳回 | 可 | 不可 | | |
| 既判力范围 | 对世性效力 | | | |

2. 公司治理上的差异

社团行为的作出，需要符合社团的特性，同时，这种集体行为的判断，也应当遵循一定的程序和形式。而这种程序和形式一方面需要遵循现有的规则体系，包括《公司法》第二十二条所规定的法律、行政法规以及公司章程。公司章程又是一个开放的体系，包括各种附件，甚至具体的议事规则。这些已经成为了我国的法律制度。

但是，另一方面和其他国家不同，我国公司法律制度之中并无一个明确的自然人主体（公司秘书）看护这种社团应当具有的程序和形式。以英美法为例，法律提供了一个默认的、可以由公司自行排除的标准章程，同时存在着明确的作为高管人员的公司秘书，公司秘书以个人向法律负责的方式，确定公司行为的程序和形式。因此，在英美法上，公司的社团行为有标准格式，存在着一个自然人看护公司社团行为的程式。这就意味着，公司如果作出股东会决议或者董事会决议，一方面有参照的样本格式，另一方面在程序、方式上存在着一个监督者。这个监督者可以弥补股东会、董事会的决议很多规则的缺失，比如超越权限、程式不当。而我国的公司治理不仅没有明确设定看护公司程序和形式的人，也没有明确界定一个标准的“作业格式”。司法实践和律师实务之中，更容易受到诸如将章程等同于合同的观念影响，造成一方面强调“章程自治”，另一方面如果决议、章程出现了问题又不知道如何处理的情形。所以，中国的公司治理中既没有标准的“作业方式和流程”，也没有看护这样的程式，这就制约着司法机关的规则制定、解释和实际裁判。

股东会、董事会决议的作出，包括决议的内容范围、召集程序、表决方式，如果存在着一个标准模式，就比较容易结合其他的司法裁量因素，例如是否造成了他人的权利受损，情节（过错）是否严重，作出判断；如果存在着一个看护者，大多数决议行为就不会存在许多常见的担心，例如是否会造成“滥诉”，是否会阻碍公司正常意志、意思表示和行为的作出。但是因为我国没有这样的公司治理，在起草中就会存在着究竟是“充分提供救济”还是“防止滥诉”的争议，这也表现在许多具体规则的起草、修改和争议之中。

3. 我国法院司法救济的特色

我国的法院并没有明确约定凡是权利受到损害等就可以请求法院救济，因此提供的是法定救济，只有法律明确赋予了诉权才能提起诉讼。这种情形下，司法解释就会面临着一个政策性选择：诉权的范围究竟是提供充分救济（宜宽）还是提高门槛防止滥诉（宜窄）？这种政策性考量上的分歧在《公司法解释（四)》的起草过程中也是一个争论的焦点问题。

同时，司法解释的一种实际功能是统一裁判标准和尺度，因此，对于司法裁判所需考量因素不多的法律制度，比如物权法、合同法等，相对较为容易。但是作为公司法律制度，一方面《公司法》规定的比较粗疏，许多问题没有明确的标准，另一方面本身公司法进行司法裁判所需要的考量因素较多。这就形成了司法解释制定中的另一个政策性选择：给予下级法院，尤其是裁判法官的自由裁量权是大还是小？这些体制性的问题，也体现在《公司法解释（四)》的许多具体条文之中。

## 第一篇

# 公司决议效力瑕疵的判断

股东会、董事会属于集体合议行为，是形成组织、公司的意志，乃至意思表示的必要条件。决议作为公司内部自治机关的股东会和董事会依照少数服从多数的原则和议事程序所产生的内容，被视为公司的意思表示，不仅对公司和股东有约束力，视情况而定有时间接影响到债权人、劳动者和其他第三人。因而，公司的决议行为，一方面享有经营运行和管理决策的自由，有权根据商业情形采取相应的行动，另一方面其行为也受到法律、行政法规的限制。具体到违反不同层次的限制而出现的决议效力争议，即《公司法》第二十二条所规定的确认决议无效和可撤销之诉。但这两类诉讼均系针对已经成立的决议，未涵盖决议不成立的情形，因而《公司法解释（四)》第五条对决议不成立的情形作出了规定，构成了决议瑕疵“三分法”的格局。此种划分方法，也是对我国公司治理中普遍存在的不遵守程式、对社团行为理解不足等现实问题的针对性回应，从法律效果上看，不成立的决议当然不具有法律约束力，应属《公司法》的默示性规定。

至于决议撤销与决议无效，二者虽然规定在同一条，但却承担着不同的制度宗旨，决议撤销重在股东个体权利保护并赋予其自由决定是否行使撤销权的权利，而决议无效之诉则超出公司自治及股东个体权利处分的范畴。无效决议（不成立决议）诉讼，在决议内容方面以维护外部人及公共利益为核心，在决议程序方面应以确保最基本的决议形成程式（程序与形式）的遵守为宗旨。而立法上创设撤销公司决议诉讼制度的目的，则在于否定以违法程序假借多数决的公正意思而形成的决议效力。尽管理论上区分内容与程序、严重与轻微简洁明了，但具体到实践中，何种情形属于轻微程序瑕疵，何种情形属于对公司法所追求的决议形成的基本程序的违反，却难以进行完全的类型化与明文规定，细究之，均是以把握“决议可撤销”为核心的。因此，《公司法解释（四)》第四条专门规定了“仅有轻微瑕疵，且对决议未产生实质影响的”不予支持，在个案中赋予法院一定的自由裁量权，给出原则性指导，以避免形式主义的刚性。

# 专题一　决议不成立的事由

决议的效力争议，以决议的成立为前提，“不成立的决议”作为公司决议瑕疵的一种，将其从现行《公司法》第二十二条所确立的无效和可撤销的“二分法”中分离出来，实质上包含了对股东大会决议新的理解。依照“三分法”的思路，股东大会决议是一种法律行为。而法律行为的成立和生效是两个不同的概念，因此，股东大会决议的成立和生效也应与法律行为的理论相吻合。依此推论，所谓决议的不成立，是指不具备股东大会或股东大会决议成立要件的决议。法律行为欠缺成立要件时，为法律行为不成立。同理，当股东大会决议欠缺成立要件时，应称为“决议不成立”①，这也与《民法总则》第一百三十四条的规定相衔接。从比较法的视角来看（参见表1），虽然多数公司立法例采用“二分法”，但也有类似情形可资借鉴，比如日本采用“三分法”、韩国甚至采用“四分法”，德国、我国台湾地区判例上也均承认决议不成立之诉。这或许与东亚国家公司治理中普遍存在的，对程式遵守有所欠缺的现实有关。

## 核心条文

**《公司法解释（四）》**

**第五条**　股东会或者股东大会、董事会决议存在下列情形之一，当事人主张决议不成立的，人民法院应当予以支持：

（一）公司未召开会议的，但依据公司法第三十七条第二款或者公司章程规定可以不召开股东会或者股东大会而直接作出决定，并由全体股东在决定文件上签名、盖章的除外；

① 钱玉林：《股东大会决议瑕疵研究》，法律出版社2005年版，第278页。

（二）会议未对决议事项进行表决的；

（三）出席会议的人数或者股东所持表决权不符合公司法或者公司章程规定的；

（四）会议的表决结果未达到公司法或者公司章程规定的通过比例的；

（五）导致决议不成立的其他情形。

## 关涉条文

1.《民法总则》

**第一百三十四条** 民事法律行为可以基于双方或者多方的意思表示一致成立，也可以基于单方的意思表示成立。

法人、非法人组织依照法律或者章程规定的议事方式和表决程序作出决议的，该决议行为成立。

2.《公司法》

**第二十二条** 公司股东会或者股东大会、董事会的决议内容违反法律、行政法规的无效。

股东会或者股东大会、董事会的会议召集程序、表决方式违反法律、行政法规或者公司章程，或者决议内容违反公司章程的，股东可以自决议作出之日起六十日内，请求人民法院撤销。

股东依照前款规定提起诉讼的，人民法院可以应公司的请求，要求股东提供相应担保。

公司根据股东会或股东大会、董事会决议已办理变更登记的，人民法院宣告该决议无效或者撤销该决议后，公司应当向公司登记机关申请撤销变更登记。

## 条文理解

### Ⅰ条文演变

**［表格1］《公司法解释（四）》第五条的演变过程**

| 征求意见稿（2012） | 征求意见稿（2016） | 正式稿　法释〔2017〕16号 |
|---|---|---|
| 第四条（表见决议、决议不存在的处理）<br>原告起诉请求认定股东会或者股东大会、董事会决议无效或者撤销案件，原告主张事由符 | 第四条（决议不存在）<br>本规定第一条规定的原告有证据证明系争决议存在下列情形之一，请求确认决议不存在的，应予支持： | 第五条（决议不成立）<br>股东会或者股东大会、董事会决议存在下列情形之一，当事人主张决议不成立的，人民法院应当予以支持： |

续表

| 征求意见稿（2012） | 征求意见稿（2016） | 正式稿　法释〔2017〕16号 |
|---|---|---|
| 合下列情形之一的，人民法院应认定相关决议文件无效或者伪造的相关内容无效：<br>（一）决议内容违反法律、行政法规强制性规定；<br>（二）公司未召集会议或者召集了会议但未进行表决或者表决人数未达到法定多数即形成了决议文件；<br>（三）公司虽然召集了会议，但会议决议与会议记录不符，且公司不能证明会议记录内容存在错误；<br>（四）会议决议的股东或者董事签名系伪造或者其他伪造会议或会议决议的情形。<br><br>第五条（未受通知股东权利之行使）<br>原告股东以未收到开会通知而对会议的召开不知情为由起诉请求认定股东会、股东大会决议无效或者请求撤销股东会、股东大会决议的，人民法院应当受理。<br>公司未履行通知义务召集的股东会、股东大会形成的决议，人民法院应认定无效；公司虽未履行通知义务，但原告股东参加了会议或者参加了投票表决，原告起诉时间符合《公司法》第二十二条第二款规定的，人民法院应判决撤销股东会或者股东大会决议；<br>公司有证据证明已经向原告股东履行了通知义务，且通知方法符合法律及股东与公司事先约定的，人民法院应裁定驳回起诉；<br>公司向原告股东履行了通知义务，但股东会、股东大会决议存在其他无效情形或者符合可撤销条件的，人民法院应认定股东会、股东大会决议无效或者撤销股东会、股东大会决议。 | （一）公司未召开股东会或者股东大会、董事会，但是公司按照《公司法》第三十七条第二款或者公司章程规定不召开股东会或者股东大会而直接作出决定，并由全体股东在决定文件上签名、盖章的除外；<br>（二）公司召开股东会或者股东大会、董事会，但是未对决议进行表决。<br>第五条（未形成有效决议）<br>公司召开股东会或者股东大会、董事会并作出决议，但是本规定第一条规定的原告有证据证明存在下列情形之一，请求确认未形成有效决议的，应予支持：<br>（一）出席会议的人数或者股东所持表决权不符合公司章程的规定；<br>（二）决议通过比例不符合公司法或者公司章程的规定；<br>（三）决议上的部分签名系伪造，且被伪造签名的股东或者董事不予认可；<br>另一种观点：决议上的部分签名系伪造，且被伪造签名的股东或者董事不予认可，在去除伪造签名后通过比例不符合公司法或者公司章程的规定；<br>（四）决议内容超越股东会或者股东大会、董事会的职权。 | （一）公司未召开会议的，但依据《公司法》第三十七条第二款或者公司章程规定可以不召开股东会或者股东大会而直接作出决定，并由全体股东在决定文件上签名、盖章的除外；<br>（二）会议未对决议事项进行表决的；<br>（三）出席会议的人数或者股东所持表决权不符合公司法或者公司章程规定的；<br>（四）会议的表决结果未达到公司法或者公司章程规定的通过比例的；<br>（五）导致决议不成立的其他情形。<br><br>**【演变概述】**<br>决议不成立的事由在最初的《征求意见稿（2012）》中即已存在，一部分从裁判结果出发，与无效事由规定在了一条，一部分则规定在股东表决权受损的情形及法律后果之中；后来的《征求意见稿（2016）》，立法思路较为明晰，采用了“四分法”，将“不存在决议”和“未形成有效决议”的情形分别单列；正式稿，则将上述所有情形以列举加兜底条款的方式，合并归为一条，即现在的第五条，决议不成立，形成了决议瑕疵的“三分”格局。<br>《公司法解释（四）》就决议不成立的情形作出规定实际上是明确了公司法的默示规则，是对公司法立法原意的合理解释，也解决了司法实践中裁判规则的缺失问题。 |

## Ⅱ主要争议

### 一、效力瑕疵的划分方式

1. “二分法”还是“三分法”

对“不成立的决议”是单列一类，还是归入无效、保持现行法“二分”的格局，存在相反观点。支持“二分法”的观点，多是从尊重现行法角度出发，认为不成立之决议因其不成立而无法撤销，可归入决议无效，在未修订《公司法》的前提下，《公司法解释（四）》增加对“不成立的决议”的规定有超越权限之嫌。但大部分观点是支持“三分法”的，认为由“二分法”向“三分法”的转变是《公司法解释（四）》的一大亮点，“三分法”将股东会决议看作一种法律行为，依照法律行为的成立和生效将股东会决议瑕疵进行分类，对实践中确实存在的有关决议不存在情形（特别是伪造、虚构相关决议）作出认定，避免了形式主义的僵化，后期随着《民法总则》的颁布出台，“三分法”显然与整个民事行为制度更相匹配。具体到支持“三分法”的意见，还可以再进一步细分，主要基于表述的区分。一种思路是，为了避免司法解释超越权限，将“不存在”和“未形成决议”两种情形合称为“不发生法律效力”；另一种意思路是，决议和其他民事法律行为一样，其成立也需要一般要件，因而可直接比照民事法律行为瑕疵——未成立、可撤销、无效的基本样态——作出规定。

2. “三分法”还是“四分法”

在《征求意见稿（2016）》中，“未形成有效决议”的情形被单列一条（第五条），构成了决议瑕疵“四分法”的格局，涉及的主要事由为出席数、表决权数与公司法/章程不符，伪造签名，决议内容超越职权。除决议内容超出职权外，其他几项和“决议不存在”中规定的情形相似，均是程式瑕疵。故而，占据多数的观点是，“未形成有效决议”的情形实质上属于“决议不成立”，可以被其涵盖，因而采取“三分法”已经足够，并无再加以细分的必要。同时，也有观点认为，鉴于瑕疵之诉在实践中的表现样态本就复杂，“未形成有效决议”更是一个复杂、轻微、很难在逻辑上判断边缘所在的制度，这样的制度会误导法官形成更加混杂的甚至很多错误的认识，“未形成有效决议”和“决议不存在”二者除了表现形式不同，诉讼主体、法律效果等并没有实质区别。在区分标准不明确、区分效果不明确的情况下，不宜再作区分。

## 二、决议不成立的具体情形

公司决议效力瑕疵的具体表现形式，在实践中非常多样，两个版本的征求意见稿中对各种情形的列举即为明证。因而，在整个司法解释的起草过程中，对决议不成立的情形范围及表述，也存在不同意见，主要围绕两项内容，一是“决议上的部分签名系伪造，且被伪造签名的股东或者董事不予认可”，二是“决议内容超越股东会或者股东大会、董事会的职权”。对于第一种情形所涉及的“虚假决议”“表见决议”，支持者认为有必要保留以对公司治理中的现实问题做出回应；反对者则考虑到，伪造签名本质上属于署名问题，至于如何界定伪造，又涉及股东事后同意、事后补签等事实判断，也可能构成《公司法解释（四）》第四条所指的“仅存在程序瑕疵，未对决议产生实质影响”而列归“决议可撤销”，应该说，反对意见的理由是较有说服力的，最终稿未列此项，或许也是为避免决议瑕疵分类上的含混交叠，是比较合理的。至于第二种情形所涉及的内容超越会议职权/章程，按照前述“三分法”的立法思路，此种实质判断当属无效和可撤销的范围，未列入“不成立的决议”也是比较恰当的安排。概括而言，《公司法解释（四）》第五条的“决议不成立”主要是指“未开会”“未表决”“未达到出席数/表决数”等不符合“会议”“决议”程式的情形。

Ⅲ条文要点

## 一、对“会议”的理解

何为会议、如何做出决议等问题，在我国的公司治理实践及学理研究中都较少受到关注，大量出现的“虚假决议”也反映了公司成员对“会议”这一集体行为的理解不足。

1. 股东会

公司股东以集体的方式来行使对公司的管理性权利，这被称为股东会

(Shareholder Meetings)。股东会是一个通过开会和投票方式存在的机关，而不是常设性的。

传统上，股东之间即使以多数同意，也不能在股东会之外作出决定。如果没有依据法律或章程的明确规定、按照标准程式、符合法定人数开会并作出决议，该决议并不能对公司产生约束力。这是为了保证公司程式的履行，使得所有的股东都得到通知、参加会议的机会、讨论和投票。不过现代公司法出于简化公司程序的目的，也会认可公司股东以一致书面同意的方式来作出决议。比如美国法上，大部分州的法律都允许公司采用这种方式。其中，《美国标准商事公司法》要求如果不开会，只能采用书面的一致同意[①]，但特拉华州就允许多数股东的书面同意[②]，有些州[③]也和特拉华州的规定类似，但是要求在这种情况下，所有的股东应当迅速地得到通知。这种同意，也适用投票权征集，也是可以通过正式会议废止的。一旦生效之后，必须将这种书面同意决议加入正式会议的记录，并且一旦通过之后，必须通知所有的股东。书面一致同意在20世纪80年代之后，变成了一把双刃剑，因为收购者可以采用这种方式去绕开公司董事会发动直接面向股东的收购行动。这导致许多美国的公众公司修改自己的章程，禁止这种方式的使用。

---

① 第7.04条 无须会议的行为，参见沈四宝编译：《最新美国标准公司法》，法律出版社2006年版，第65~66页。

② 第228条："股东或者成员出具书面同意代替召开会议"，参见徐文彬等编译的《特拉华州普通公司法》，中国法制出版社2010年版。

③ e. g. NY BUS CORP § 615. Written consent of shareholders, subscribers or incorporators without a meeting
《纽约商事公司法》第615条 未召开会议时的书面同意

（a）根据本章规定，股东被要求或允许通过投票表决采取任何行动，此种会议可以不经召开而以书面同意的方式进行，书面同意中规定采取的行动，并经所有有投票权的发行股股东签署，或者如果公司注册证书允许，由不低于最低投票数的发行股股东签署，就足以授权或采取所有有投票权的股东在场并投票赞成的行动。此外，本款不得被解释为改变或修改与本章不相抵触的公司注册证书中的任何条款或者任何章节中的条款，在该章节下低于全部发行股股东的书面同意足以形成公司行为。

（b）未经书面同意所采取的本法所提及的公司行为是无效的，除非在最初的60天内，签署日期的书面同意以本款要求的方式提交给公司，由持有足够数量股份的股东签署的书面同意交送给公司在本州的注册办事处、主要营业地，或者对股东会会议记录有保管权的公司高级管理人员或者代理人。交付给公司的注册办事处应该亲自提交或者以注册邮件的方式提交，并要求回执。

（c）未经召开股东会而以低于全体一致的书面同意采取的公司行为，应立即通知未以书面方式进行同意的股东。

译自 http：//codes. findlaw. com/ny/business – corporation – law/bsc – sect – 615. html

原则上，股东会决议的做出必须要经过表决，除了上述书面形式之外，在普通法上还存在例外，有一些非正式的决议，有时候也被法院确认有效。美国法上的典型案例是 Phillips Petroleum Co. v. Rock Creek Mining Co. ①，非公开公司的两个股东持有三分之二的股份，两个股东一致同意将公司的所有资产出售给其中一个股东，被法院确认为有效。至于股东的表决权被剥夺，大多出现在应当开会而未开会的情形下，股东可以提起对公司的直接诉讼。

2. 董事会

美国法上，大量的早期案例确立了这样一个规则，董事控制与管理公司事务的权力不是连带责任（joint and several），而仅是共同责任（joint）。这便意味着董事们的决策必须是在一个“合法召开的会议上以整体的方式做出”。它的理论基础是，股东有权期待董事会只有在集体讨论和商议后才做出一项决定。讨论可以改变看法，共同商议可以使想法敏锐，这些都能改善决策的进程。从这一理论中引申出了几个结论：一是每名董事独自地、连续地批准某项行为而不是在会议上批准的，不是有效的董事会行为；二是董事不可以授权他人代其投票；三是必须严格遵守通知、法定人数和其他相似事项的法律程序。②

董事会的共管模式，意味着董事之间应当存在着经常性的交流、通信或者其他的互动，彼此建立信任。但仅日常的交流达成了一致，不得认为产生了董事会决议。传统上董事会必须遵守一定的程式，以此区分日常交流和正式决议之间的不同约束力。如果董事会未对决议进行表决而直接作出“决议”，则违背了董事会的程式要求。当董事的表决权受到限制或剥夺，以及在召开正式会议的情形下，不足数（法定人数或表决数的欠缺）的决议通常是无效的（void）。不过一些成文法（比如特拉华州及加州）也赋予了衡平法院在当事人请求时，对决议效力（包含对法定人数、表决数）进行审查的权利。普通法上甚至有规则③，拓展了这一程序边界而直接延伸到实体判断，认定董事违反信义义务的决议本质无效（per se invalidity）。

① UNITED STATES COURT OF APPEALS FOR THE NINTH CIRCUIT, 449 F. 2d 664.

② ［美］罗伯特·W. 汉密尔顿：《美国公司法》，齐东祥等译，法律出版社 2008 年版，第 234 页。

③ See Canadan Southern Oils, Ltd. v. Manabi Exploration Co., 96 A. 2d 810 (Del. Ch. 1953); Condec Corp. v. Lunkenheimer Co., 230 A. 2d 769 (Del. Ch. 1967).

3. 董事会与股东会的关系

两会决议成立与否，除了涉及社团行为的满足，还涉及两会权力的划分，即某一决策（或行为）应由董事会还是股东会作出，由此引发应否开会、是否有权投票、规则选用、适用比例等一系列对程序问题的争论，甚至是对既有“自治规则”的衡平审查。以美国法为例，从诉因上看，在未付诸行动之前，针对决议效力的诉讼，都属于对公司的直接诉讼①，而具体的诉请背后可能是各种各样的程式问题；从结果上看，认定决议不成立（无效）大多是中间判断，救济是视当事人的请求而定的。同时，以董事会为中心的美国公司法背景下，法院对董事会权力的限制也发展了一些衡平规则。比如，出现管理层自我强化（self – entrenchment）②、发行或回购某类证券的决议损害特定股东表决权③、业务行为与出售公司资产之间的区分④等。

4. 美国法上会议瑕疵的处理方式

通知不足剥夺了股东就提出的事项参加会议、辩论、投票的机会，导致股东会采取的行动自前述股东未参加股东会会议时无效。如果所有未收到通知的股东出席股东会并参与股东会，这构成放弃通知权，无论他们还是公司都不能质疑股东会授权的公司行为的有效性。仅仅为了反对通知而出席股东会不构成放弃通知权。股东会的会议记录应该表明进行了适当的通知，提供以邮寄或者其他方式进行通知的证明，或者以会议记录或公司记录的附随证据表明放弃通知权。在 Darvin v. Belmont Indus⑤ 案中，法院认为，股东会会议通知的目的之一当然是允许股东有充足的时间为参加会议做准备。尽管公司未按照要求对股东会召开的时间进行通知，如果股东事实上参加了会议，法院合理推断该参加会议的股东并未受到损失，因为他仍然能够参加会议。股东会会议的通知也服务于另一个目的，它为股东提供充足的时间研究股东会上讨论的行为及其合法

---

① See Reifsnyder v. Pittsburgh Outdoor Advertising Co. , 405 Pa. 142, 173 A. 2d 31 (1961).

② See Moran v. Household International, Inc. (490 A. 2d 1059); Duman v. Crown Zellerbach Corporation 107 F. R. D. 761 (N. D. Ill. 1985).

③ See Condec Corp v. Lunkenheimer Co. , 43 Del. Ch. 353, 230 A. 2d 769 (1967).

④ See Yanow v. Teal Industries, Inc. , 178 Conn. 262, 422 A. 2d 311 (1979); Crain v. Electronic Memories & Magnetics Corp. , 50 Cal. App. 3d 509, 123 Cal. Rptr. 419 (1975).

⑤ Darvin v. Belmont Indus. , 199 N. W. 2d 542 (1972).

性。当股东知道股东会特别会议的目的时，他可以研究提案，形成立场，赞成或者反对提案。

大多数州的法律允许股东放弃通知权。这种弃权必须以书面的方式而且在任何时候都能被执行，如果所有享有通知权的股东以书面弃权或者以出席并参加会议的方式不接受通知，例如，在 Block v. Magee① 案中，根据《纽约州商事公司法》第六百零六条，如果股东亲自或者由他人代理参加会议而未在会议结束前抗议未收到会议的通知，视为对通知的放弃，股东会决议不会因为缺少通知而无效。

为了保证有效性，弃权必须由登记股东而不能由股份的收益所有者行使。通知须向登记股东发出。法律授权董事会或者章程细则确定股权登记日期，以确定谁有权被通知，谁有权在股东会上投票。②

一个有效召开的股东会可以被推迟。许多州法明确了是否需要对被推迟的股东会召开的时间、地点进行通知。法律对此问题有不同的处理。一些法律规定，只要被推迟的股东会在特定的时间内召开，则不需要进行通知。另外一些法律规定如果新的登记日期确定，则须进行通知。③

全体董事成员的多数构成法定人数以实现商事交易，除非法律、公司章程或者章程细则规定更高或者更低的人数要求。即使董事会有职务空缺，法定人数要求不变。

除非法律、公司章程、章程细则授权，低于董事会多数的董事不能召开董事会并做出约束公司的决议。如遇低于董事会多数的情形，只能休会，未休会而在此种“董事会会议”上采取的行动是无效的，即使低于法定人数可能随后被合法的董事会会议或者股东会会议认可。

与会董事必须亲自在场并代表自己行动。董事会会议上的投票权不得由他人代理，除非公司章程或者章程细则授权。尽管大多数司法管辖区没有确立这一规

---

① Block v. Magee, 537 N. Y. S. 2d 215 (1989).

② James D. Cox, Thomas Lee Hazen, *Corporations*, second edition, New York: Aspen Publishers, 2003, p. 337.

③ James D. Cox, Thomas Lee Hazen, *Corporations*, second edition, New York: Aspen Publishers, 2003, p. 341.

则，但是会议开始召开时达到法定人数要求，即使中途有董事退出，只要董事会的任何行动都由董事会会议的法定人数的多数批准，应该能够继续进行交易。

现代公司法通常规定章程细则等确定的多数董事构成法定人数，与会董事的多数董事如果达到法定出席人数，则其行动被视为董事会的行动。然而，法律允许章程细则规定更高的法定人数或者更多的投票权，或者更为宽松地允许此类条款规定在公司章程或章程细则中，甚至更宽松的情形是，允许此类条款规定在公司章程、章程细则或者股东协议中。一些法律允许公司章程或者章程细则确定公司法定人数低于董事会半数，但是不得低于三分之一。①

## 二、"决议"的含义

对决议的效力进行判断应当首先准确理解"决议"。决议是社团法下共益权的产物，决议不同于章程，决议行为的根本特征在于其根据程序正义的要求采取多数决的意思表示形成机制，决议结果对团体全体成员都具有法律约束力。② 决议的内涵在中国法上并不明确，在法学界也存在着对"决议"性质认定的争议，如关于股东大会决议的"意思形成说"与"法律行为说"的争议③，在法律行为说的内部也存在着分歧：有观点认为决议行为可以被归入民法中的共同法律行为④，而也有观点认为决议行为不同于共同法律行为，决议行为扩充了民事行为的类型，应当成为一种与单方民事行为、双方民事行为、共同行为并列的独立的民事法律行为类型⑤。

不论如何概念化决议的性质，对决议的理解都无法僵硬地套用传统民事法律行为的框架，公司决议效力的扩张，例如决议对第三人发生效力等情形都无

---

① James D. Cox, Thomas Lee Hazen, *Corporations*, second edition, New York: Aspen Publishers, 2003, p. 157.

② 参见王雷：《论民法中的决议行为——从农民集体决议、业主管理规约到公司决议》，载《中外法学》2015 年第 1 期，第 79 页。

③ 具体争议可参见吴高臣：《论股东大会决议的性质》，载《首都师范大学学报（社会科学版）》2014 年第 6 期，第 46～51 页。

④ 参见许中缘：《论意思表示瑕疵的共同法律行为——以社团决议撤销为研究视角》，载《中国法学》2013 年第 6 期，第 56～66 页。

⑤ 参见王雷：《论民法中的决议行为——从农民集体决议、业主管理规约到公司决议》，载《中外法学》2015 年第 1 期，第 82～83 页。

法用传统的民事法律行为理论进行解释。公司决议性质的争议更多地体现在学者的学理概括中，而在公司法的实践中，股东（大）会、董事会会议的目的是作出对公司或股东有约束力的决议，决议是对公司自身及其股东具有约束力的意思表示这一点是无可争议的。

需要进一步明确的是，公司决议必须通过股东（大）会、董事会形成，但股东（大）会会议、董事会会议并不一定会产生决议；决议行为是和社团成员的表决、表决权联系在一起的，是和公司民主联系在一起的。在现实生活中，股东（大）会、董事会召开时也存在着许多决议之外的行为，比如“吹风会”“征求意见会”等，这些行为形成的文件也可能会叫作决议，但其更多是一种宣言、宣示性的内容。因此，应当注意，决议并不能简单地从内容上进行判断，而是需要从表决与否来进行判断。

### 三、“三分法”的理论基础

学理上将“决议不成立”的内涵表述为：公司股东大会会议召集程序、决议方式存在着可视为会议不存在的重大瑕疵。会议存在需满足以下要件：(1) 有会议召开的事实要件。(2) 具备会议召集程序要件，包括：由召集权人召集；向全体股东发出召集通知；决议事项限于会议通知事项。(3) 具备决议程序要件，即达到法定的表决权数，符合团体法律行为之逻辑。对“三分法”的合理性的论证包括：(1) 从法律行为理论看，“三分法”在逻辑上更周延。大陆法系民法一向严格区分法律行为的成立与生效，“二分法”无法涵盖决议不成立。(2) 决议不成立具有独立的制度价值，决议无效与可撤销无法予以替代。比如，认定决议不成立的，股东大会还可以再次作出相同内容的决议；如认定无效，股东大会不可以这样做。(3) 符合现实生活的逻辑。公司实践中确实存在决议不成立的情形，法律不能假装没看见[①]。“三分法”将决议不成立界定为作为法律行为的决议缺乏成立要件[②]。

---

① 李建伟：《公司法学（第二版）》，中国人民大学出版社2011年版，第311、312页。

② 钱玉林：《股东大会决议瑕疵研究》，法律出版社2005年版，第277～280页；许中缘：《论意思表示瑕疵的共同法律行为》，载《中国法学》2013年第6期；张旭荣：《法律行为视角下公司会议决议效力形态分析》，载《比较法研究》2013年第6期。

## 四、决议不成立与决议无效的区别

依据“三分法”的观点，决议不成立主要是指欠缺决议的成立要件；决议无效则是在通过股东会、股东大会和董事会的表决基础上，满足了成立要件，但因内容违反法律和行政法规而不满足生效要件。两者对比如下：（1）决议无效是自始的、当然的、确定的无效，因此，决议无效一般无法得到补救，也不能因为其他股东的追认而生效；而决议不成立则不尽相同，部分情况下其他股东对决议予以追认，可以使决议得到补救，从而成立并生效。当然，如果成立后的决议在内容上违反了法律法规的强制性规定，则仍应认定为无效。（2）决议无效是因为决议的内容违反了法律法规的强制性规定或者侵害了社会公共利益，此无效是绝对的，是可以由任何人在任何时候主张的，但是决议不成立本身并不涉及公共利益，只要决议内容没有违反法律法规的强制性规定，一旦股东对其进行了追认，嗣后再行使撤销诉权或者要求确认不成立乃至无效，则违反了商法的禁反言原则以及诚实信用原则，不应得到法院的支持①。

## 五、决议不成立与决议可撤销的区别

决议不成立的原因中也有程序上的瑕疵，与可撤销的决议中的程序上的瑕疵有一定关联，司法实践中也存在法院对于决议不成立的情形适用决议可撤销的规则的案例。根据“三分法”的观点，决议不成立时，是因欠缺股东大会或决议成立的要件；而决议存在撤销原因时，股东大会及其决议都满足了成立要件和生效要件，只是因股东大会决议程序或内容上存在较轻微的瑕疵，影响了决议的公正性或正当性，使该决议处于可撤销的状态②。具体而言，决议是否成立主要应该考虑的程序事项包括：召集权人的问题、召集对象的问题和召集内容的问题，即要保障会议由召集权人召集，并向全体股东或董事发出，召集时需要披露所有会议议题。公司机关的相关会议应该由召集权人召集才能成立，这是为了保障公司更加有效的治理，防止日常经营中被过度地干扰和过高的治

① 袁辉根：《伪造公司决议的效力认定》，载《人民司法（案例）》2010年第6期。

② 钱玉林：《股东大会决议瑕疵研究》，法律出版社2005年版，第282页。

理成本，这也是召集人制度设立的根本初衷和制度意义。保障召集对象（包括所有的股东或董事）既涉及股东自身权利的保障问题，也涉及公司机关会议表决基础的有效性问题。而召集内容需要披露所有会议需要决议的事项，能够保障股东等会议参与人在选择是否出席时能更准确地表达其真实的意思。除此之外，对决议所涉事项是否真实存在的考察作为行为标的要件也应该纳入我们的视野之中。

相比可撤销的决议有60日的除斥期间，决议不成立能更全面地保护因程序上的重大瑕疵导致利益受到影响的股东或董事，股东或董事可以随时地提起诉讼要求确认决议不成立。

## 六、决议不成立的情形

学界对决议不成立的情形的细化，分为两类。

一种划分是对决议不成立进行了详细的列举，所谓决议不成立包含以下情形：（1）根本未召开会议而伪造的“决议”；（2）显然无召集权人召集会议作出的“决议”；（3）故意未通知大部分股东而召开的会议作出的“决议”；（4）就召集通知未列明的事项作出的“决议”；（5）从形式上看未达到法定的表决权数而当场未通过的“决议”[①]。另一种划分是将作出决议的会议存在瑕疵和决议本身存在瑕疵进行区分，认为存在两类决议不成立，即：（1）会议机关不具备决议能力或资格，例如股东大会是由全体股东构成的集会，对全体股东当然应赋予出席股东大会的资格或机会，同时，股东大会必须经有召集权人的召集、通知或公告召开股东大会的决议事项，符合出席法定数要求，这是股东大会的最低构成要件。因此无召集权人召集的股东大会、完全无股东大会开会的事实以及对全部股东未发出召集通知等的情形下，股东大会没有作出决议的能力或资格，因此决议不成立。（2）决议本身欠缺成立要件。各国公司法对于普通决议或者特别决议都规定了最低表决权数，该表决权数不同于出席法定数，出席最低数是股东大会成立的构成要件，而表决权数是股东大会决议的成立要件，

① 李建伟：《公司法学（第二版）》，中国人民大学出版社2011年版，第312页。

如果股东大会对决议事项的表决同意数未达最低表决权数，则股东大会决议不成立①。

本条司法解释中的决议不存在的情形列举为五项，第一项为未实际召开会议，但也对除外情形作出了规定，这与现代公司法出于简化公司程序的目的，认可公司股东以一致书面同意的方式来作出决议的趋势是相一致的；第二项为未对决议进行表决，第五项为兜底性规定，其他两项为出席数与表决数的不足。本条在制定思路上，更靠近第二种分类方法。

**典型案例**

## 一、未召开会议、会议程式瑕疵

1. 刘某诉刘某红等公司决议效力确认纠纷案②

**【焦点问题】** 未召开会议而委托第三方公司代为制作的决议，效力如何认定？

**【裁判立场】** 第三方公司已经取得了股东的授权，可以认定决议有效。

**【案例简介】** 2007年3月16日，刘某红与刘某共同出资成立驻马店市飞翔门业有限公司（以下简称“飞翔公司”），公司注册资本为20万元，刘某出资5万元，出资比例为25%，刘某红出资15万元，出资比例为75%，刘某为公司的执行董事及法定代表人。2007年7月3日，飞翔公司变更刘某红为公司执行董事及法定代表人。于2008年9月10日，2008年12月22日，2009年12月7日，2010年1月28日，2011年1月20日，飞翔公司五次股东会决议分别将飞翔公司注册资本从20万元变更为120万元、320万元、550万元、888万元、1188万元，并由刘某红和刘某分别追加出资。五次飞翔公司注册资本变更中所需的工商登记材料及文件，系由驻马店市懿通会计咨询有限公司（以下简称“懿通公司”）代飞翔公司制作完成，包括为增加注册资本制作的股东会决议及在股东会决议上两个股东的签名；同时，五次增加注册资本的变更登记也由懿

① 钱玉林：《股东大会决议瑕疵研究》，法律出版社2005年版，第282、283页。

② 河南省高级人民法院（2015）豫法民提字第00098号。

通公司代飞翔公司完成。刘某红起诉至驻马店市驿城区人民法院，请求依法确认飞翔公司五次为增加注册资本的股东会决议无效。

**【裁判要旨】**一审法院认为该股东会决议系懿通公司代飞翔公司制作完成，两位股东未召开股东会，也未在股东会决议上签名，两位股东就增加注册资本没有召开股东会及形成决议，因此确认五份为增加注册资本的股东会决议无效。刘某不服一审判决，提起上诉，二审法院由于飞翔公司五次变更公司注册资本的股东会决议上“刘某红”三字均非刘某红本人所签，在其本人对决议的内容不予认可的情况下，不能认定上述股东会决议为有效的决议，因此驳回上诉、维持原判。刘某提起再审。

再审法院查明在飞翔公司为办理变更登记手续而出具的指定代表或共同委托代理人的五份证明上均附有刘某红与原件一致的身份证复印件；且根据每份增资决议上记载的增资数额，飞翔公司均变更了相应的营业执照，最后一次换发营业执照的时间是2011年1月24日。再审法院认为，指定代表或共同委托代理人的五份证明上均附有刘某红与原件一致的身份证复印件，且刘某红在五次增资期间担任法定代表人，存在其他管理行为，却对增资事项不予认可，不符合常理，且未能提供证据证明自己不知情。因此应认定为刘某红对决议知情。依据《公司法》第二十二条第一款对决议无效的规定，五次增资协议并不违反法律、行政法规的规定，因此不存在决议无效事由。再审法院判决撤销一审判决和二审判决，驳回刘某红的诉讼请求。

**【案例评析】**本案中比较特殊的一点是，股东会决议的制成和股东的签名都是由第三方公司代为制成。一审法院和二审法院都严格认定了本案的股东会决议事实上不存在、股东的签名事实上非本人签名；再审法院则认为委托第三方公司的证明文件有刘某红的身份证明，从而肯定了证明文件的效力，进一步肯定了委托第三方公司代为制作股东会决议和股东签名的效力，从而认定股东会决议存在。

2. 三亚保力房地产投资开发有限公司等诉宝恒投资有限公司公司决议撤销纠纷案①

**【焦点问题】**决议的程序瑕疵可能同时涉及“不成立”“可撤销”两种效力状态，应如何认定？

**【裁判立场】**欠缺会议或决议成立的要件，应当认定为不成立。

**【案例简介】**宝恒投资有限公司（以下简称“宝恒公司”）及海南天久置业有限公司（以下简称“天久公司”）为三亚保力房地产投资开发有限公司（以下简称“保力公司”）的股东。保力公司2013年5月22日召开临时股东会，但未向宝恒公司发出通知，保力公司董事长双某川主持临时股东会，天久公司委托朱某参会，宝恒公司未参会。该次临时股东会决议记载，双某川等四人辞去董事职务，双某川辞去董事长职务，朱某、马某等五人组成第二届董事会，杨某强、朱某华等三人组成第二届监事会。保力公司2013年5月22日第二届董事会第一次会议，董事会参会董事为朱某等四人，马某未参会；该次董事会决议记载，朱某任保力公司的董事长及总经理。保力公司2013年9月29日第二届董事会第二次临时会议，董事会参会董事为朱某等四人，马某未参会；该次董事会决议记载，董事会批准了八项经营管理事宜。保力公司2013年11月7日股东会临时会议，临时股东会出席股东代表为天久公司法定代表人朱某，宝恒公司未参会；该次临时股东会决议记载，同意《关于修改〈保力公司章程〉修正案》，批准2013年9月29日公司二届二次董事会决议。

2014年1月，保力公司以在《西藏日报》刊登通知的方式向宝恒公司、马某及朱某华发出《关于召开保力公司董事会、监事会、2013年度股东会的通知》，通知宝恒公司、董事马某、监事朱某华于2014年1月17日分别参加二届三次董事会、2013年度股东会及二届二次监事会，审议事项为2013年工作总结和2014年工作规划，该通知落款时间为2014年1月4日。保力公司2014年1月17日2013年度股东会会议签到簿记载，该次股东会出席股东代表为天久公司法定代表人朱某，宝恒公司未参会；该次股东会决议记载，批准董事长兼

① 海南省高级人民法院（2015）琼民二终字第18号。

总经理关于公司2013年工作总结和2014年工作规划的报告。

2014年3月，保力公司以邮寄函件及在《西藏日报》《北京青年报》刊登通知的方式向宝恒公司发出《关于召开保力公司2014年临时股东会议通知》。宝恒公司接到该通知后，向保力公司发出《关于要求取消召开保力公司2014年临时股东会议的函》，表示已对保力公司提起公司解散之诉而拒绝参会。保力公司2014年3月28日召开2014年第一季度股东临时会议，该次股东临时会议出席股东代表为天久公司法定代表人朱某，宝恒公司未参会；该次股东临时会议决议记载，批准公司进行增资的方案，批准公司2014年全年工作计划和安排；保力公司2014年3月26日《增资方案》记载，注册资本增资额为3000万元，天久公司增资额为2700万元、宝恒公司增资额为300万元。此后，保力公司向宝恒公司发出《关于增加注册资本和产品分割原则方案的函》，告知已于2014年3月28日召开了保力公司临时股东会，通过了增加注册资本方案和产品分割原则方案，要求宝恒公司在2014年4月27日前缴纳增资款300万元。宝恒公司请求撤销以上决议。

**【裁判要旨】**一审法院认为，在召集程序上，2013年5月22日临时股东会会议未向宝恒公司发出通知；2014年1月17日股东会临时会议决议前虽于2014年1月4日在《西藏日报》刊登通知，但距离召开临时股东会已不足15日；在会议形式上，保力公司仅有两名股东的情况下，宝恒公司均未出席，则股东会会议不能召开，因此2013年5月22日临时股东会决议、2013年11月7日股东会临时会议、保力公司2014年1月17日2013年度股东会会议及保力公司2014年3月28日2014年第一季度股东临时会议均未实际召开。由于四次股东会决议系保力公司及天久公司所虚构，不能成立，由此选举出的董事不能依法取得董事身份，因此由这些董事参加的会议不具备董事会会议的性质，因此保力公司2013年5月22日第二届董事会第一次决议及2013年9月29日第二届董事会第二次临时会议决议均不成立。一审法院判决以上决议不成立。保力公司提起上诉。

二审法院认为一审法院认定事实清楚，但适用法律错误。二审法院认为，以上六份股东会决议和董事会决议均未实际召开，应当撤销六份决议；保力公司主张撤销六份决议已经超过60日的期限，二审法院认为，60日应当针对实际召开股东会或董事会而作出的决议，本案中六份决议并未实际召开会议，故不适用。

**【案例评析】**本案中一审法院直接作出了决议不成立的判决，二审法院则认为此时应当适用撤销决议的判决。决议不成立主要是“召集程序、决议方式”上的瑕疵，类似的，决议可撤销也包含“召集程序、表决方式”违反法律、行政法规或章程，即均为程序上的瑕疵，那么两者应当如何进行区分？持“三分法”理论的学者认为，理论上决议不成立，是因欠缺股东大会或决议成立的要件；而决议存在撤销原因时，股东大会及其决议都满足了成立要件和生效要件，只是因股东大会决议程序或内容上存在较轻微的瑕疵，影响了决议的公正性或正当性①。因此，在司法实践中，出现《公司法解释（四）》第五条下的情形的，不宜再认定为决议撤销之诉。

3. 孙某志等与大同市亿安房地产开发有限责任公司公司决议效力确认纠纷上诉案②

**【焦点问题】**会议事实上未召开的情形下，决议效力判断。

**【裁判立场】**在认定会议事实上未召开、决议未形成的情况下，不可适用无效规则。

**【案例简介】**2009年8月31日，大同市亿安房地产开发有限责任公司注册成立，公司注册资金1000万元，其中孙某志出资600万元，王某诚出资400万元，法定代表人为郑某和，孙某志为公司执行董事。2011年1月4日，在孙某志不知情的情况下，王某诚召开亿安公司（原）股东会会议，冒用原告之名签署了亿安公司原股东会决议，股东会决议同意原股东孙某志放弃优先受让权，同意原股东王某诚将持有的400万元之股权全部转让给新股东斯某用，同意变更公司章程。后被告斯某用又在原告不知情的情况下召开亿安公司（新）股东会会议，冒用原告之名签署了亿安公司新股东会决议及法定代表人任免职文件，

---

① 钱玉林：《股东大会决议瑕疵研究》，法律出版社2005年版，第282页。

② 山东省高级人民法院（2015）晋商终字第90号。

股东会决议同意股东斯某用出资200万元增加公司注册资本，由原1000万元增加至1200万元，同意选举斯某用为公司法定代表人，免去孙某志公司执行董事，郑某和法定代表人职务。2011年7月5日，在斯某用不知情的情况下，孙某志召开了亿安公司临时股东会议，冒用斯某用之名签署了亿安公司临时股东会决议及法定代表人任免职文件，股东会决议同意免去斯某用亿安公司法定代表人职务，并选举孙某志为该公司法定代表人。

**【裁判要旨】**孙某志请求确认2011年1月4日（新）股东会决议无效，并请求以200万元认购亿安公司的新增注册资本。一审法院认为，2011年1月4日（新）股东会决议伪造了孙某志的意思表示，剥夺了孙某志的优先认缴新增资本的权利，违反法律，故判决决议中与此相关的内容无效；但是股权变动已经过了四年，不利于交易安全和公平，故驳回其他诉讼请求。孙某志和斯某用均提起上诉。二审法院认为，一审法院认定事实不清、证据不足，二审法院认为2011年1月4日决议和2011年7月5日决议上的签名经鉴定均非本人签名，即股东们都没有参会，决议没有形成。因此，二审法院撤销一审判决，并发回重审。

**【案例评析】**本案中，一审法院虽肯定了会议事实上未召开却通过决议，违反优先认缴权的规定认定为违反法律规定、从而适用决议无效的规定；二审法院却在认定会议事实上未召开、决议未形成的情况下，发回重审。在《公司法解释（四）》第五条的规定下，二审法院可径行改判。

4. 武威市浙江村实业有限责任公司与胡某森等股东会决议效力纠纷上诉案①

**【焦点问题】**签名系伪造的、形式不合法的股东会决议的效力如何？

**【裁判立场】**两审法院作出了无效的认定，但均是按照决议不成立的逻辑进行了说理。

**【案例简介】**钱某挺、陈某丰、胡某森、陈某平为武威市浙江村实业有限责任公司（以下简称“浙江村公司”）股东。浙江村公司2005年5月14日股

① 甘肃省高级人民法院（2010）甘民二终字第83号。

东会决议将股东修改为钱某挺、张某朝、马某瑞、胡某森、陈某平五人，并随后修改章程，决议上胡某森签名非本人签名。浙江村公司2006年11月14日召开临时股东会，参加人为张某朝、陈某平、马某瑞、钱某挺，决议内容为张某朝接替钱某挺继任公司董事长。同日，浙江村公司以董事会名义作出同意钱某挺辞去董事长职务，张某朝继任公司董事长的董事会决议、以股东会名义书面形式作出增加公司注册资本及修改公司章程的决议。浙江村公司于2006年12月10日依据该决议修改公司注册资本由600万元变更为720万元，修改各股东的出资额。胡某森、陈某平在上述决议文件上均没有签字确认。2009年3月24日，胡某森起诉要求确认被告浙江村公司于2005年5月14日的股东会作出的决议无效，该案经历二审后被甘肃省高级人民法院作出（2010）甘民二终字第92号民事判决确认自始无效。胡某森、陈某平对2006年11月14日临时股东会的效力、新增股东张某朝、马某瑞及选举张某朝为董事长的真实性、合法性问题提起诉讼，要求确认临时股东会决议无效。

**【裁判要旨】**一审法院认为，2006年11月14日临时股东会的会议记录只记载了董事长由张某朝继任的决议，修改公司章程、增加公司注册资本和同意钱某挺与张某朝股金转让协议并未在该次股东会上进行表决。二原告作为公司的股东并未在书面决议上签字确认，之后二原告亦没有予以追认，应当视为二原告没有一致表示同意被告浙江村公司以书面形式作出的上述几项股东会的决议，2006年11月14日临时股东会决议欠缺股东一致同意的成立及生效要件，故决议自始无效。浙江村公司提起上诉。

二审法院认为，2006年11月14日临时股东会不符合公司召开股东会形成决议的情形，即必须召开股东大会或全体股东形成决议一致同意并签名。第一，2005年5月14日股东会决议已经被判决确认无效，张某朝、马某瑞不具备浙江村股东的身份，组成人员不合法。第二，作为股东的胡某森、陈某平并没有被通知会议，也未在决议和会议纪要上签名，根本不知道决议的事情。因此判决决议无效，驳回上诉、维持原判。

**【案例评析】**本案案情包含几层问题。首先是2005年5月14日股东会决议，决议上股东胡某森的签名系伪造，决议本身的效力也被甘肃省高级人民法院确认为无效，这与《公司法解释（四）》第五条相关。继而由于2005年5月14日股东会决议无效，张某朝、马某瑞也就并未依据该决议而取得股东身份。因此，在2006年11月14日，在未通知胡某森、陈某平两名股东的情况下，由非股东的张某朝、马某瑞所召集并举行的临时股东会，由于组成人员不合法和股东未被通知且出席会议，所谓的临时股东会根本不具备《公司法》上对股东会、股东大会的形式要求，其作出的所谓决议也就不符合《公司法》上的成立要件，自始不存在。本案的两级法院判决虽认定为决议无效，但实际上都是按照决议不成立的思路进行了说理。

## 二、未对决议进行表决

贵州省台江县日月矿业有限公司等与沈思婷公司决议效力确认纠纷上诉案①

**【焦点问题】**未表决的决议，效力如何？

**【裁判立场】**股东自行作出的决议不具有股东会决议的构成要件，不是股东会决议。

**【案例简介】**沈思婷与李某志共同出资注册设立台江县日月矿业有限公司（以下简称“日月公司”），沈思婷持股20%并任法定代表人，李某志持股80%。2012年8月14日，沈思婷向李某志寄送召开股东会的通知，讨论议题涉及公司财务状况和工作计划，李某志偷拿公司印章、对公司的损害赔偿、公司对沈思婷的借款偿还问题等；沈思婷于8月20日向李某志寄送与以上议题有关的文件。2012年9月10日日月公司召开股东会议，《会议记录》表明股东会没有形成决议。2012年11月8日，李某志向沈思婷寄送《股东会决议》，决议记载2012年9月10日召开会议，股东会不同意上述文件内容，并决议要求沈思婷将公司财务账册和档案转移给李某志，并由李某志对公司财务进行审查。沈思婷对决议有异议，提起确认决议无效之诉。

**【裁判要旨】**一审法院认为，根据《会议记录》，股东未对《股东会决议》

① 贵州省黔东南苗族侗族自治州中级人民法院（2014）黔东民商终字第2号。

的议题进行表决，会议未形成结论，故判决《股东会决议》无效。日月公司和李某志不服一审判决并提起上诉，主张一审法院只能就决议是否违反法律、行政法规的强制性规定进行审查，混淆了确认决议效力之诉和决议撤销之诉的区别。

二审法院认为，李某志寄送的《股东会决议》涉及的议题并不属于《会议记录》中记载的议题，李某志自行作出的决议不具有股东会决议的构成要件，不是股东会决议。一审法院认为该决议为股东会决议并为无效决议，二审法院撤销一审法院判决并驳回沈思婷的诉讼请求。

**【案例评析】**本案案情包含了典型的公司未对决议进行表决的情形，通常来说股东会应当按照召集股东会的通知涉及的议题进行表决，并根据多数决规则通过或者不通过某项议题。超出了通知涉及的议题范围所作出的表决都不符合股东会决议的实体要件，即使符合多数决的要求也不能将该表决认定为是“股东会决议”。二审法院从决议的构成要件的角度出发，认定本案中的《股东会决议》属于决议不存在的情形，值得肯定。

## 三、出席会议的人数或者股东所持表决权不符合公司章程的规定

1. 上海博拉什塑料建材有限公司与上海方汀瓦特建筑新材料有限公司决议撤销纠纷上诉案①

**【焦点问题】**章程规定“未达到法定出席人数的董事会决议无效”是否有效？未达到法定出席人数的董事会决议是否有效？

**【裁判立场】**章程的规定违反《公司法》而无效，本案法院支持了股东对“未达到法定出席人数的董事会决议”提起的撤销之诉。

**【案例简介】**上海方汀瓦特建筑新材料有限公司（以下简称“方汀瓦特公司”）为上海博拉什塑料建材有限公司（以下简称“博拉什公司”）股东，持有24.5%的股权。博拉什公司的最高权力机构为董事会，董事会由五人组成，其中方汀瓦特公司委派2人，另一股东水甲委派3人。公司章程约定：董事长

---

① 上海市第二中级人民法院（2011）沪二中民四（商）终字第618号。

应在董事会开会前十五天书面通知各董事，写明会议内容、时间和地点；董事未出席也未委托他人出席，则作为弃权；出席董事会会议的法定人数为全体董事的三分之二，不足三分之二人数时，其通过的决议无效。

2010年12月20日，博拉什公司及水甲向方汀瓦特公司发出通知，称公司将于2011年1月上旬召开董事会。2011年1月1日，博拉什公司及水甲向方汀瓦特公司发函称公司将于2011年1月7日召开董事会。2011年1月7日，博拉什公司召开董事会，出席人员为水甲及其委派的陈某某和张某某，并形成董事会决议。方汀瓦特公司请求撤销博拉什公司于2011年1月7日作出的董事会决议。

**【裁判要旨】**一审法院认为：1. 博拉什公司系外商投资的有限责任公司，适用我国《公司法》的相关规定。有关外商投资的法律另有规定的，适用其规定。我国《中外合资经营企业法实施条例》规定董事会会议应当有三分之二以上董事出席方能举行，故博拉什公司章程中对于董事会会议出席人数的约定符合法律规定，应为有效。2. 我国《公司法》规定“公司股东会或者股东大会、董事会的决议内容违反法律、行政法规的无效”，此规定为强制性规定。博拉什公司章程中约定未达到法定出席人数的董事会决议无效，而出席人数与决议内容无关，故章程中“不足三分之二人数的，其通过的决议无效”的约定与法律规定不一致，且当事人无权对决议的法律效力自行约定，现方汀瓦特公司以未达到法定出席人数为由提起撤销之诉符合法律规定。3. 博拉什公司董事会由五人组成，三分之二人数至少应超出三人，现博拉什公司于2011年1月7日作出的董事会决议仅有三人出席，不符合章程约定。另按章程约定，董事长应在董事会开会前十五天书面通知各董事，写明会议内容、时间和地点，而水甲仅在2011年1月1日发给方汀瓦特公司的开会通知中写明了开会时间和地点，通知不足十五天，且未写明会议内容，故其召集程序也违反了公司章程。现方汀瓦特公司在决议作出后60日内提出了撤销之诉，法院予以支持。

**【案例评析】**按照《公司法解释（四）》第五条的规定，法院可直接确认董事会决议不成立，因而股东不受撤销之诉60日的期间限制。二审裁判思路与一审相同，维持原判。

2. 北京金冠汽车服务有限公司与东联科技有限公司董事会决议撤销纠纷上诉案[①]

**【焦点问题】**召集程序、出席人数和表决方式上都不符合章程规定的临时董事会决议，效力瑕疵状态如何？

**【裁判立场】**法院认定决议可撤销。

**【案例简介】**中国车辆进出口公司（以下简称“中国车辆公司”）、北京市兴盛实业公司（以下简称“兴盛公司”）和东联科技有限公司（以下简称“东联公司”）依据《中华人民共和国中外合资经营企业法》设立北京金冠汽车服务有限公司（以下简称“金冠公司”）。公司章程约定，董事会由5名董事组成，其中中国车辆公司委派2名、兴盛公司委派1名、东联公司委派2名；董事长应在董事会开会前三十天书面通知；董事因故不能出席董事会会议，可以书面委托代理人出席董事会，如届时未出席也未委托他人出席，则作为弃权；出席董事会会议的法定人数为全体董事的三分之二，且应包含各方至少1名董事，不够三分之二人数或缺少一方时，其通过的决议无效。2008年6月2日，金冠公司董事长罗某新向金冠公司董事发出关于召开临时董事会的通知，称其拟于2008年6月4日在金冠公司召开临时董事会，讨论金冠公司房租问题。东联公司委派董事陈某、陈某志称会议通知时间不足。2008年6月4日，金冠公司董事长罗某新及董事王某拴、鞠某昌称房租事宜紧急，共同提议于2008年6月12召开临时紧急董事会，陈某、陈某志表示不同意。2008年6月12日召开临时董事会并决议通过房租问题。东联公司请求确认撤销2008年6月12日董事会决议。

**【裁判要旨】**一审法院认为，临时董事会决议在召集程序、出席人数和表决方式上都不符合章程规定，出席人数未达到公司章程规定的比例，且缺少一方股东委派董事参加，因此判决撤销董事会决议。金冠公司提起上诉。二审法院维持原判。

**【案例评析】**与前一案例相类似，本案涉及的公司章程也对出席人数作出

---

① 北京市高级人民法院（2009）高民终字第1147号。

了约定，并约定未达到章程约定的出席人数将会导致决议无效。两份判决中，法院均将出席人数不足视为程序瑕疵，没有按照章程约定确认决议无效，而是适用决议瑕疵的有关规定。但是，作为决议作出的民主程序的股东会或者股东大会、董事会，在章程约定的出席人数未达到时，其作出的表决事项不能根据多数决规则具备决议的效力，因此按照《公司法解释（四）》第五条的规定，此类案件应判令为决议不成立。

## 四、决议通过比例不符合公司法或者公司章程

黄某钦、何某博诉江苏众联纺织发展有限公司股东会决议效力确认案①

**【焦点问题】**决议通过比例不符合公司章程，效力如何？

**【裁判立场】**通过比例不符合公司章程的决议，事实上不成立。

**【案例简介】**黄某钦、何某博与江苏众联纺织发展有限公司（以下简称“众联公司”），世和公司持股51%，黄某钦持股29%，何某博持股20%。2010年6月28日，众联公司股权重组协议约定，由各股东组成董事会；同时约定，股东会会议对所议事项形成决议，必须经代表三分之二以上表决权的股东一致同意通过。2011年8月27日，众联公司由董事长徐某法召集召开股东会，三股东均到会。股东会在股东世和公司的提议下，讨论了七项议题，其中涉及免去黄某钦、何某博的董事职务，以及要求黄某钦、何某博为侵占公司财产、造成公司损失对公司进行赔偿等五项提议，黄某钦、何某博均投票表示否决。世和公司以代表众联公司过半数表决权通过了该五项提议并作出了股东会决议（以下简称“8.27决议”）。黄某钦、何某博曾于2011年10月21日提起诉讼，要求确认“8.27决议”无效，后撤诉；又于2011年12月15日提起诉讼，要求确认“8.27决议”无效并予以撤销。

**【裁判要旨】**一审法院认为，“8.27决议”因表决方式存在重大瑕疵，故该决议自始就未成立，可以视为不存在，在此情况下应判决驳回原告诉讼请求。后经研究认为，“8.27决议”内容违反了公司章程的相关规定，因此只能请求

---

① 江苏省盐城市中级人民法院（2012）盐商终字第0467号。

法院撤销决议，由于2011年10月21日的诉讼请求为请求决议无效，故撤销权因超过法定期限而消灭，因此驳回黄某钦、何某博的诉讼请求。众联公司提起上诉，认为股东会决议不成立的判决实际上支持了黄某钦、何某博的诉讼请求。

二审法院认为，本次股东会部分决议并非股东黄某钦、何某博的真实意思表示，故该股东会决议不属于可撤销，而应从有效或无效予以审查。“8.27决议”涉及黄某钦、何某博侵犯公司权利的问题超出了股东多数决能表决决定的事项；且51%的股权比例不符合公司章程三分之二多数同意的规定，故判决无效。

**【案例评析】**一审法院和二审法院实际上都已经注意到决议未成立或不存在，本案中公司章程对股东多数决的规定与《公司法》的规定不一致，法院尊重了公司章程的规定，在事实上认定了决议不成立，但在法律上限于无效和可撤销的决议瑕疵二元划分，导致分别作出了适用撤销的判决和适用无效的判决，但实质上应当归为决议不成立，即《公司法解释（四）》第五条所指的情形。

## 五、其他可能导致决议不成立的情形

### 1. 李某毅诉北京慈铭生物医药技术有限公司公司决议效力确认纠纷案[①]

**【焦点问题】**涉及处分股权的决议，被处分股权的股东签名系伪造，对与处分股权相关的决议效力如何，与处分股权无关的部分决议效力如何？

**【裁判立场】**本案法院认为，与处分股权相关的决议无效，与处分股权无关的决议属于程序瑕疵，属可撤销决议。

**【案情简介】**2003年5月30日北京慈铭生物医药技术有限公司（以下简称“慈铭公司”）通过了股东会决议，决议同意李某毅将其全部股份5万元（占注册资本10%）转让给新股东韩某红等人，并退出公司股东会。2003年6月3日，在股东胡某的主持下将李某毅的全部股权转让给胡某之妻韩某红，并签署了《股权转让协议》。李某毅声称决议及《股权转让协议》上均非其本人签字，请求判决决议无效。

---

① 北京市第二中级人民法院（2012）二中民终字第17626号。

**【裁判要旨】**一审法院判决2003年5月30日决议无效，二审法院驳回上诉，维持原判。就本案伪造签名而形成的股东会决议，如经过超过表决比例的股东同意，其效力应根据决议内容分别判断：如果决议事项属于股东会职权范围，且被伪造签名的股东是否参加该次会议均不影响表决结果，则伪造签名的行为属于会议召集程序或者表决方式存在瑕疵，该决议事项属于可撤销范畴；如果股东会的决议事项属于处分股东私权利，必须经被伪造签名的股东同意方为有效，则该决议事项因并非股东本人真实意思表示而无效。本案因涉及处分股东的股权，伪造签名不属于李某毅的真实意思表示，违反法律强制性规定，决议无效；决议其他内容，李某毅的签名不真实属于会议召集程序或者表决方式存在瑕疵，属于可撤销。

**【案例评析】**本案判决认为，部分签名系伪造的决议的效力取决于决议的内容是否涉及处分股东私权利、是否违反法律强制性规定，否则仅为程序上的瑕疵从而适用可撤销的决议的规定。这种裁判思路本质上还是回归到决议无效和决议可撤销的二分体系内进行判定，并且认为原则上因属于程序瑕疵并适用决议可撤销的规定。判决注意到伪造签名意味着不是股东或董事本人的真实意思表示，但没有进一步指出股东真实意思表示是决议有效的构成要件。决议可撤销的前提是决议在被撤销前是有效的，在伪造签名、意思表示不真实的情况下，决议本身并不具备有效性，因此符合《公司法解释（四）》第五条的规定，宜认定为决议不成立。

2. 崔某侠与淮安市禾力机械制造有限公司等确认公司决议无效纠纷上诉案①

**【焦点问题】**伪造签名是否一定导致决议无效？

**【裁判立场】**股东对签名系伪造的决议的认可既可以是明示的、也可以是默示的，只要签名被伪造的股东表示认可，决议仍可认定为有效。

**【案情简介】**薛某兰、崔某侠为淮安市禾力机械制造有限公司（以下简称“禾力公司”）股东，注册资本300万元，薛某兰出资80万元，崔某侠出资220

① 江苏省淮安市中级人民法院（2009）淮中民一终字第15号，载《人民司法·案例》2010年第6期。

万元，薛某兰任法定代表人。2007 年 1 月 16 日薛某兰召集股东会，形成决议由股东崔某侠、薛某兰于 2007 年 1 月 19 日分别增资 530 万元、170 万元，增加公司注册资本至 1000 万元。崔某侠签字为薛某兰伪造。截至 2007 年 1 月 19 日止，禾力公司已收到股东崔某侠、薛某兰缴纳的新增注册资本 700 万元。在王某与禾力公司借款合同纠纷中，因抽逃出资崔某侠、薛某兰被追加为被执行人，在抽逃注册资本 530 万元和 170 万元范围内承担责任。崔某侠在撤销追加其为被执行人的裁定的异议被驳回后，起诉确认 2007 年 1 月 16 日公司章程修正案和股东会决议无效。

**【裁判要旨】**一审法院认为，崔某侠作为禾力公司的股东，且为监事，实际参与公司的经营管理，明知营业执照已经变更，却长期不提异议，应视为对增资变更登记的认可。此外，撤销公司决议应在决议作出之日起 60 日内申请，确认决议无效应当证明决议的内容违法，但原告起诉时早已超过 60 日的期限，且决议内容为变更注册资本，也不属于法律禁止的内容，因此驳回崔某侠诉讼请求。二审法院判决驳回上诉，维持原判。

**【案例评析】**本案虽然从决议无效和决议可撤销的二分法视角进行裁判，但判决中的主要理由是股东在明知决议上签名系伪造的情况下不反对，构成默示追认，从而补足决议效力的瑕疵，实际上运用了决议不成立的有关内容。并且从该案可以看出，对签名系伪造的决议的认可既可以是明示的，也可以是默示的。

# 专题二　可撤销决议的裁量

## 核心条文

**《公司法解释（四）》**

**第四条**　股东请求撤销股东会或者股东大会、董事会决议，符合公司法第二十二条第二款规定的，人民法院应当予以支持，但会议召集程序或者表决方式仅有轻微瑕疵，且对决议未产生实质影响的，人民法院不予支持。

## 关涉条文

### 一、既有相关规范

**《公司法》**

**第二十二条第二款、第三款**　股东会或者股东大会、董事会的会议召集程序、表决方式违反法律、行政法规或者公司章程，或者决议内容违反公司章程的，股东可以自决议作出之日起六十日内，请求人民法院撤销。

股东依照前款规定提起诉讼的，人民法院可以应公司的请求，要求股东提供相应担保。

### 二、地方司法实践

**《山东省高级人民法院关于审理公司纠纷案件若干问题的意见（试行）》（鲁高法发〔2007〕3号）**

**第六十条**　公司召集股东会或股东大会，未按照《公司法》第四十二条、第一百零三条之规定履行通知义务，但未被通知的股东已经实际参加会议并表决的，其以未被通知为由申请撤销决议的，人民法院不予支持。

## 条文理解

### Ⅰ条文演变

[表格2]《公司法解释（四）》第四条的演变过程

| 征求意见稿（2012） | 征求意见稿（2016） | 正式稿　法释〔2017〕16号 |
|---|---|---|
| 第六条（事后以行为或者意思表示同意决议）<br>原告起诉请求撤销股东会或者股东大会、董事会决议案件，公司有证据证明存在下列情形之一的，人民法院应驳回原告的诉讼请求：<br>（一）股东会或者股东大会、董事会形成决议后，原告股东又作出明确的意思表示，同意相关会议决议内容；<br>（二）股东会或者股东大会、董事会形成决议后，原告股东又有明确的自主行为，接受了相关会议决议内容；<br>（三）公司股东会或者股东大会、董事会又形成了新的决议，变更了原告起诉涉及的相关内容；<br>（四）原告股东的起诉不符合法律规定的其他情形。<br>第五条（未受通知股东权利之行使）<br>原告股东以未收到开会通知而对会议的召开不知情为由起诉请求认定股东会、股东大会决议无效或者请求撤销股东会、股东大会决议的，人民法院应当受理。<br>公司未履行通知义务召集的股东会、股东大会形成的决议，人民法院应认定无效；公司虽未履行通知义务，但原告股东参加了会议或者参加了投票表 | 第七条（决议撤销事由）<br>《公司法》第二十二条第二款所称的“召集程序”和“表决方式”，包括股东会或者股东大会、董事会会议的通知、股权登记、提案和议程的确定、主持、投票、计票、表决结果的宣布、决议的形成、会议记录及签署等事项。<br>修改公司章程的有效决议不属于《公司法》第二十二条第二款所规定的“决议内容违反公司章程”。<br>第八条（事后同意决议）<br>股东起诉请求撤销股东会或者股东大会、董事会决议，公司有证据证明存在下列情形之一的，应当驳回诉讼请求：<br>（一）决议作出后，股东明确表示同意决议内容；<br>（二）决议作出后，股东以自己的行为明确表示接受决议内容；<br>（三）作出新的决议，实质认可股东诉讼请求的内容。 | 第四条（决议可撤销）<br>股东请求撤销股东会或者股东大会、董事会决议，符合《公司法》第二十二条第二款规定的，人民法院应当予以支持，但会议召集程序或者表决方式仅有轻微瑕疵，且对决议未产生实质影响的，人民法院不予支持。<br><br>**【演变概述】**<br>决议可撤销的裁量，在最初的《征求意见稿（2012）》中即已存在，主要表现在第六条，通过事后的行为或意思确认决议瑕疵的补足；后来的《征求意见稿（2016）》，也保留了事后同意决议这一条，并对可撤销决议的内涵单列一条做出解释；正式稿，则将两种情形合并，赋予法院自由裁量的权力，相较于“无效”和“不成立”这两种严重且较为刚性的瑕疵，“可撤销”的范围更广、情形更为多样，应结合具体案情进行衡平判断。 |

续表

| 征求意见稿（2012） | 征求意见稿（2016） | 正式稿 法释〔2017〕16号 |
| --- | --- | --- |
| 决，原告起诉时间符合《公司法》第二十二条第二款规定的，人民法院应判决撤销股东会或者股东大会决议；<br>公司有证据证明已经向原告股东履行了通知义务，且通知方法符合法律及股东与公司事先约定的，人民法院应裁定驳回起诉；<br>公司向原告股东履行了通知义务，但股东会、股东大会决议存在其他无效情形或者符合可撤销条件的，人民法院应认定股东会、股东大会决议无效或者撤销股东会、股东大会决议。 | | |

Ⅱ主要争议

起草过程中，对赋予法院处理决议可撤销之诉的自由裁量权的争议不大，不同意见主要集中于规定的技术问题：

## 一、是否应当对不予支持的事由进一步类型化

有观点认为应当将会议的发起、召集、投票、表决的程序列为绝对不予支持的事由；有观点认为重点考虑参加人数/票数和通过比例；有观点认为应当列出许多简易、临时程序的例外规则，比如临时股东会可以采用更为简单的召集方式。《征求意见稿（2016）》采取了类似的思路，对程序性要素进行了列举，试图对“召集程序”和“表决方式”进行定义，以利于人民法院在司法实践中统一法律适用尺度。《公司法解释（四）》最终采用目前的表述方式，是可以理解的，程序瑕疵大小的判断相当复杂，类型化的规定也可能难以适应丰富的公司实践，容易挂一漏万，故赋予人民法院根据具体的情形作出具体判断的裁量权，便于法官结合具体案件中程序瑕疵的情节轻重和后果严重程度决定是否支持撤销决议的诉请。

## 二、新决议的作出如何理解

《征求意见稿（2016）》将“事后同意决议”单列一条作为不予支持的情形，并存在“作出了新的决议，实质认可股东诉讼请求的内容”的表述。支持此种规定的理由是，股东会、董事会的行动方式就是以决议的方式作出公司机关的意思表示，因此实际上涵盖、改变、认可、替换、更改、废止系争决议的行为，也仍然应当通过新的决议的方式。类似的，有意见提出，还应当包括否决了系争决议的内容的情形。《公司法解释（四）》最终未列明对“新决议”的处理规则，可能是考虑到，即使形成新的决议，其有效与否都可能需要进一步对新决议内容进行审查，并且可能原被告双方会有不同的解释，所以仍然需要法院通过审查决议内容、原被告双方的主张、解释来综合判断。如果实质上存在撤销原决议的含义，那么自然构成不予支持的情形。

## 三、与决议作出过程相关的股东行为

起草过程中，有意见提出，股东可能在作出决议的过程中，即表达了反对的意思表示，包括股东收到通知之后拒绝参加会议，或者股东在决议的作出过程中，明确对决议内容表示反对或者程序上提出异议，那么此类情形是否应当在司法解释中予以进一步单独规定。反对意见则认为，已经在决议作出过程中表达了异议进而如何认定决议效力的问题是比较普遍和常见的股东间的争议，并不需要单独列明规定如何处理，因为股东的反对、异议最终需要归入：第一，是否属于决议内容违反法律、行政法规而属于无效的范畴；第二，是否属于可撤销情形，以及是否属于本条所规定的“仅有轻微瑕疵，且对决议未产生实质影响的”的情形。

Ⅲ条文要点

## 一、可撤销决议的类型

《公司法》第二十二条第二款对决议撤销事由规定了三个，召集程序违反法律、行政法规或者公司章程，表决方式违反法律、行政法规或者公司章程，决议内容违反公司章程，理论上并无争议，而对于每个事由下的具体情形，学者往往通过列举式的方式。值得注意的是，在“三分法”的框架下，决议可撤销需以决议的成立为前提，且存在可撤销的事由。

1. 召集程序

包括召集、通知和主持会议等事项。具体包括：（1）董事会召集程序的瑕疵，例如董事会作出的召集股东会议的决议本身效力存在瑕疵；（2）召集人不适格，由无召集权人召集会议；（3）未召集部分股东；（4）通知时间、通知方式不合法，例如未按照《公司法》和公司章程规定的期间提前通知股东，未按照公司章程规定的书面形式而是用电子邮件或电话的方式进行通知；（5）通知内容不齐全，例如通知中记载会议目的，但会议对超出会议目的的议案进行表决①。

其中，召集人适格问题需要进行区分，《公司法》上规定之董事会（或不设董事会的有限责任公司的执行董事）、监事会（或不设监事会的有限责任公司的监事）、代表十分之一以上表决权的股东或单独或者合计持有公司百分之十以上股份的股东，以及章程规定的有权主体有召集权。无召集权的情形则具体细分为三种情况：（1）召集人是前述有召集权的主体之一，但在召集权的行使上有程序上的先后顺序，违反先后顺序的召集行为在程序上有瑕疵。（2）公司作出召集公司会议的决议，但发出召集通知的并非召集权人。（3）公司既未作出召集的决议，召集的主体又不属于前述召集主体。前两种情况属于召集程序瑕疵，适用决议可撤销的规则；第三种情况下的会议不能满足会议召开的程序要件，应适用决议不存在的规则②。

2. 表决方式

包括表决过程、表决结果、会议记录等内容。具体包括：（1）表决权计算违法；（2）由于股东会或董事会现场对参会者或其代理人身份查验不严，非股东或非董事的代理人参与了表决；（3）违反了章程关于表决代理人仅限于股东或董事的规定；（4）会议主持人拒绝适格代理人行使表决权；（5）负有说明义

---

① 赵旭东：《公司法学（第四版）》，高等教育出版社 2015 年版，第 289 页；刘俊海：《公司法学（第二版）》，北京大学出版社 2013 年版，第 299、300 页。

② 李建伟：《公司法学（第二版）》，中国人民大学出版社 2011 年版，第 311、312 页。

务的董事、监事对于股东的质询拒绝作出说明或说明不充分；（6）股东会或董事会主席无正当理由限制或剥夺股东的发言权或辩论权①。关于表决程序上的瑕疵，往往需要根据具体案件进行判断。

3. 决议内容

通常认为，公司章程属公司自治文件，规范公司内部人员，决议内容违反公司章程时内部人员外的第三人往往无从知晓，从尊重公司自治和确保交易稳定性的角度来看，适宜作为决议撤销而非决议无效的原因②。公司决议虽违反公司章程，但不能违反法律和行政法规，否则决议属无效。决议内容违反公司章程，通常是公司章程在自治范围内赋予股东或董事权利或义务，而决议违反公司章程的约定，从而导致决议可撤销，体现了公司自治的内涵③。

## 二、“轻微”和“实质影响”的含义

对“轻微”与“实质影响”的标准与尺度的把握是本条理解的关键。“轻微”与“实质”都是程度的描述，“轻微”是指行为本身程序违法的程度，而“实质影响”则是行为程序违法的后果的程度。在司法实践中，应将会议召集程序或者表决方式违反法律、行政法规或者公司章程的“轻微瑕疵”，与“未对决议产生实质影响”两个方面综合起来判断。

“轻微瑕疵”，如：（1）公司法和公司章程规定董事长负责召集董事会，某次会议虽然由副董事长召集，但董事长事后表示同意并参加会议，没有影响决议形成的；（2）虽违反应当提前通知的期限（如章程规定提前十五天通知，实际提前十四天通知），或者通知的议案缺失非主要部分，未影响股东或者董事参加会议、行使表决权的；（3）虽然采取签字表决的方式，违反了公司章程关于应当现场表决的规定，但并未影响股东之间进行磋商并行使表决权的；（4）虽然计票人、监票人的选拔有失公正或者未公开计票，但未影响票数的真

---

① 赵旭东：《公司法学（第四版）》，高等教育出版社 2015 年版，第 289 页；刘俊海：《公司法学（第二版）》，北京大学出版社 2013 年版，第 299、300 页。

② 钱玉林：《股东大会决议瑕疵研究》，法律出版社 2005 年版，第 263～265 页。

③ 赵旭东：《公司法学（第四版）》，高等教育出版社 2015 年版，第 289 页；刘俊海：《公司法学（第二版）》，北京大学出版社 2013 年版，第 299、300 页。

实统计的；等等。

“未对决议产生实质影响”，其含义不仅要考虑是否影响表决结果达到法律或者公司章程规定的通过比例，而且要考虑对股东参加会议、行使表决权等相关权利行使的实质性影响；要结合对决议结果的影响和对股东权利的影响两个方面判断是否产生“实质影响”。比如，有限公司通常在股东会或者董事会会议通知上采取比较灵活和具有弹性的规定和做法，虽然通知形式、时间、期限等采用了非正式方式，但是如果修正了这些程序上的、原告所指称的瑕疵，而决议的作出结果没有变化，即属于本条所规定的情形。但是，不应当包括以下的情形：（1）影响到个体股东的实体性权利，包括法定权利受到程序影响或者意定权利受到程序和决议内容影响。比如尽管某个股东持有股权的比例较低，但是公司作出决议的时候，未采用合理方式作出通知，从而实质上剥夺了该股东的参会权利。即便按照“假定再次开会”不影响决议的作出结果，但是因为实质上侵害了股东的表决权，则不应当属于本条的情形。（2）不存在事前的虚假陈述而损害程序的进行，或者故意在事后扭曲程序相关的文件、证明材料的事项，比如伪造文件、登记、记录等。（3）不存在歧视性、排挤性的程序事实，比如对不同的股东、董事提供不同的材料或者信息。

### 三、“轻微”和“实质影响”的具体判断

在司法实践中，判断“仅有轻微瑕疵，且对决议未产生实质影响”，可以遵循以下思路：

第一，结合规则解释和实施情况进行判断。公司的决议行为，首先应当依据有效规则来组织程序，这里的有效规则既包括法律和行政法规所规定的程序，也包括公司章程中的程序规则；如果属于公司章程规定的实体内容，属于公司可以自行规定的范畴，应当按照公司章程的规定来作出解释和实施。此外，有效规则还应当包括“准章程”（如章程补充案、细则、修正案等）。其次，应当依据规则来具体展开实施。因此，作出决议所涉及的具体程序、形式以及董事会和股东会之间的权力分配问题，既涉及规则及其解释，也涉及具体的依照规则而进行的组织程序的实施活动。从通常的决议程序来看，决议的作出包括会

议的通知、有权参加会议的人的身份的确定（包括股东的股权登记、董事的确认、列席会议的人员的确认），有权参与表决的人应当获得会议所要表决事项的信息，会议议程和时间的确定，会议的召开及其召开过程之中的主持、异议、投票、计票，表决结果的宣布，决议的形成，会议记录的记录、保存，会议决议的签署、确认等多个步骤。因此，判断系争决议是否构成可撤销，涉及的情形非常具体和复杂。本条规定所界定的“仅有轻微瑕疵，且对决议未产生实质影响”，应当从上述的不同层面进行考察。

第二，不能先入为主地判断程序要素是否重要，而应当严格把握是否有实质影响这一判断标准。和程序相关的，通常认为最为核心的程序因素是到会人数、票数和通过比例，召集、主持、发起、投票和表决一般视为是最为重要的形成决议的程序步骤，其他的程序要素则可能被视为次要的。不过程序要素的重要性并非始终不变的，在不同的案件中可能存在不同的影响，因此并不能直接决定是否构成“仅有轻微瑕疵，且对决议未产生实质影响”，对此必须始终根据具体情形进行判断。

第三，应当充分考虑公司对程序瑕疵的处理和抗辩。“仅有轻微瑕疵，且对决议未产生实质影响”不仅包括违反了具体规则，还包括在程序的进行之中的程序异议、抗辩和解释。如果在决议过程中，存在着程序问题，并且该程序有参与者提出了异议或者抗辩，而程序义务人（比如召集过程中的召集人、会议进行中的主持人）对异议或抗辩提起了相应的处理程序，也可以属于减少影响的抗辩理由之一。此外，由于社团的决议行为，在中国法上缺乏政治传统，因此在决议程序上通常会存在着许多不够清晰的实践细节，可能会出现法律、行政法规或者公司章程均未规定的情形。如果在会议的进行之中，基于有明确的程序异议，并且会议按照通常的、合理的方式，进行了相应的处理，亦不属于本条意义的程序上的瑕疵。

如果存在着程序瑕疵，尤其是法律、行政法规和章程所规定的规则不清，但是在程序的进行过程中，参会人员并没有就程序瑕疵提出异议，并且没有损害到任何有权参与会议的个人的实体性权利，也不会造成假定再次开会情况下的实质不同，这也可以推定为“仅有轻微瑕疵，且对决议未产生实质影响的”。

## 四、瑕疵决议的治愈

《征求意见稿（2016）》曾将“事后同意的决议”单列一条，而其中所列情形，其实也包含在本条的“不予支持”的范围之内。

“股东起诉请求撤销股东会或者股东大会、董事会决议，公司有证据证明存在下列情形之一的，应当驳回诉讼请求：

（一）决议作出后，股东明确表示同意决议内容；

（二）决议作出后，股东以自己的行为明确表示接受决议内容；

（三）作出新的决议，实质认可股东诉讼请求的内容。”

以上所列举的情形即学理上所称的“决议瑕疵的治愈”或“决议瑕疵的补救”[①]。首先是程序上的瑕疵，股东会或者股东大会、董事会的决议被视为一种法律行为，当存在程序上的瑕疵时可以通过追认或事后同意弥补程序上的瑕疵；也可以通过作出另一决议将前决议变更或撤销，只须后一会议的召集程序及其决议方法符合《公司法》的规定，其所为变更或撤销前决议的决议行为即属有效。其次是内容上的瑕疵，只要决议内容未违反法律、行政法规的强制性规定，仅仅是违反了公司章程，那么就属于公司内部自治的范畴，股东当然可以自己处分其权利，决定是否认可决议。在作出新的决议，实质认可股东诉讼请求内容的情况下，实际上是由后一决议替代前一决议的内容，因此也消灭了前一决议在内容上的瑕疵。

## 典型案例

### 一、撤销之诉予以支持的情形

1. 刘某诉科普诺（北京）科技发展有限公司撤销股东会决议案[②]

**【焦点问题】** 召集人和主持人的身份存在瑕疵，作出的决议是否可撤销？

**【裁判立场】** 关于召集和主持的顺序是股东会、股东大会和董事会会议程

---

① 钱玉林：《股东大会决议瑕疵研究》，法律出版社2005年版，第289～293页。

② 北京市第一中级人民法院（2009）一中民终字第929号。

序的法定内容，违反以上程序要求的决议则可被撤销。

**【案情简介】**刘某为科普诺（北京）科技发展有限公司（以下简称“科普诺公司”）股东，持有48%的股份，任执行董事、经理、法定代表人；喻某持有52%的股份，任监事。2008年6月23日，刘某接到喻某邮寄的通知，通知要求刘某于6月25日参加临时股东会会议，议题为“保障公司股东合法权益及公司资产管理办法”。刘某因有事情要求将临时股东会会议召开日期改为6月29日上午。6月29日，刘某参加了临时股东会会议，就会议议题与喻某进行了商讨，随后离开公司。2008年7月，刘某得知临时股东会作出了免去刘某的公司执行董事、经理职务，任命喻某为新任执行董事和经理的决议。刘某认为临时股东会会议的召开程序、表决方式和决议内容有瑕疵，故请求法院判决撤销临时股东会决议。

**【裁判要旨】**一审法院认为，喻某作为公司监事召集并主持临时股东会会议，不符合《公司法》规定。监事可以向执行董事提议召开临时股东会会议，如果执行董事予以拒绝、不能履行或不履行召集和主持会议的职责，监事才可以自行召集和主持。因此，判决撤销2008年6月29日临时股东会决议。

**【案例评析】**本案中被撤销的决议主要是召集人和主持人的身份存在瑕疵，根据《公司法》第一百条和第一百零一条的规定，尽管喻某作为持股52%的股东有权请求召开临时股东会，但召集和主持临时股东会的权限在董事会或执行董事，只有在董事会或执行董事不能履行或者不履行召集股东大会会议职责的，才由监事会或监事自行召集和主持；只有在监事会或监事不召集和主持的情况下，才由连续九十日以上单独或者合计持有公司百分之十以上股份的股东自行召集和主持。以上关于召集和主持的顺序是股东会、股东大会和董事会会议程序的法定内容，违反以上程序要求的决议则可被撤销。

2. 淄博市临淄区公有资产经营公司诉山东齐鲁乙烯化工股份有限公司等股东请求撤销董事会决议案[1]

**【焦点问题】**通知程序中存在瑕疵，作出的决议是否可撤销？

---

[1] 山东省淄博市中级人民法院（2007）淄民四终字第33号。

**【裁判立场】**通知程序会直接影响股东表决权的行使。通知过程中可能的瑕疵，如对象瑕疵、内容瑕疵、时间瑕疵等，均可成为决议被撤销的事由。

**【案情简介】**淄博市临淄区公有资产经营公司（以下简称“临淄资产”）为山东齐鲁乙烯化工股份有限公司（以下简称“齐鲁乙烯”）的股东。齐鲁乙烯董事会成员为：马某祥、蒋某辉、蒋某明、盛某军、罗某、王某、杨某川。2006年6月5日，蒋某明、罗某、盛某军提议，因齐鲁乙烯经营管理混乱，近期召开董事会。同年6月9日，蒋某明、蒋某辉、罗某、盛某军以齐鲁乙烯经营管理混乱，董事长马某祥长期不能履行职责为由，推举盛某军召集并主持临时董事会会议。同年6月12日，会议通知杨某川2006年6月14日召开临时董事会，会议议题为“规范公司管理，改善公司现状”。杨某川回函称因此次临时董事会议通知上无董事长签字等原因，拒绝参加本次临时董事会。同年6月14日，齐鲁乙烯临时董事会召开，由盛某军主持，罗某参加，通过了临时董事会决议，成立齐鲁乙烯清产核资工作小组并由盛某军担任组长；改选盛某军为董事长，马某祥不再担任公司董事长。临淄资产以程序违法为由要求撤销该决议。

**【裁判要旨】**一审法院认为本次临时董事会会议的通知无具体议题；根据公司章程“经理列席董事会会议”，“监事列席董事会会议”，而该临时董事会召集人并未通知经理、监事参加；在决定召开临时董事会时，并未将推举情况告知杨某川，使杨某川知道盛某军有权召集本次临时董事会，在杨某川以召集程序违反章程规定，从而表示拒绝参加时，也未给予解释，并且通知时间短，并未给杨某川充分表达意见、行使董事权利的机会。因此，2006年6月14临时董事会在通知程序上存在瑕疵，予以撤销。二审法院驳回上诉，维持原判。

**【案例评析】**本案集中表现了通知程序中可能存在的瑕疵，具体包括通知对象的瑕疵，即未通知必要的参会人员，必要参会人员由《公司法》和公司章程的规定加以确定；通知内容的瑕疵，即未在通知中明确会议议题；通知时间的瑕疵，即未在规定的期间内进行通知。

3. 亚太迪趣（上海）投资有限公司与上海景合投资管理有限公司、合肥富邦置业有限公司等公司决议撤销纠纷上诉案①

**【焦点问题】**召集程序存在瑕疵，作出的决议是否可撤销？

**【裁判立场】**违反《公司法》规定的程序，作出的决议可撤销。

**【案情简介】**亚太迪趣（上海）投资有限公司（以下简称“上海亚太公司”）现有股东为孙某军、李某其、亚太迪趣（北京）投资有限公司、上海景合投资管理有限公司（以下简称“景合公司”）、合肥富邦置业有限公司（以下简称“富邦公司”）。2015 年 10 月 9 日，孙某军提议召开临时股东会，若提议一周内董事会未召集并发出通知，视为不履行召集临时股东会会议义务。2015 年 10 月 21 日，上海亚太公司为召开临时股东会向各股东发出《通知》，《通知》记载根据股东孙某军提议召开临时股东会，召集人为董事长康某飞。景合公司以回函的形式、孙某军以电子邮件的形式回复，认定召集程序不合法而不参会。2015 年 11 月 25 日，临时股东会召开，记载景合公司书面形式表示不参会，孙某军及富邦公司无正当理由缺席，视为弃权，会议达成多项决议。孙某军、景合公司、富邦公司认为召集程序违法，提起诉讼，要求撤销 2015 年 11 月 25 日决议。

**【裁判要旨】**一审法院认为，第一，根据《公司法》和公司章程，临时股东会需由董事会通过召开会议的方式进行召集，而不能由董事长直接召集，召集程序存在瑕疵；第二，股东提议召集临时股东会的事实不能替代由董事会召集并由董事长主持临时股东会决议的规定；第三，董事会与股东会虽然成员一致、表决方式一致，但两者是由不同主体构成、行使不同职权、代表不同意志的法人机关。因此一审法院判决撤销 2015 年 11 月 25 日决议，二审法院支持一审判决。

**【案例评析】**本案的焦点在于召集程序是否符合规定，根据《公司法》第四十条的规定，召集人和主持人由不同的主体担任，并且有不同的先后顺序。对于召集人而言，主体首先是董事会和不设董事会的执行董事，因此必须遵守董事会的程序规定，未召开董事会的情况下进行的召集活动具有程序上的瑕疵。

① 上海市第二中级人民法院（2016）沪 02 民终 4436 号。

## 二、撤销之诉不予支持的情形

### 1. 杨某林等诉国信新城投资开发有限公司公司决议撤销纠纷案①

**【焦点问题】**程序瑕疵的决议，股东未对此提出反对的，是否可撤销？

**【裁判立场】**在程序瑕疵的情况下，股东或董事并未事前或会议进行中表示异议，可以视为瑕疵治愈，构成撤销之诉不予支持的情形。

**【案情简介】**国信国际投资有限责任公司（以下简称“国信国投公司”）、杨某林、于某鹏均为国信新城投资开发有限公司（以下简称“国信新城公司”）股东。公司章程关于召开临时股东会的程序与《公司法》一致。监事于某鹏于2015年6月18日发出于2015年7月1日召开临时股东会的提议，并于2015年6月18日、6月28日两次电话通知杨某林临时股东会事宜。2015年6月29日杨某林出具授权书，委托张某明出席临时股东会。2015年7月1日临时股东会召开，张某明出席会议、行使表决权并于决议上签字。杨某林认为2015年7月1日临时股东会未提前15日通知，要求撤销该决议。

**【裁判要旨】**一审法院认为，本案通知确实未提前15日，但《公司法》第四十一条对提前15日通知的召集程序有除外规定，即全体股东另有约定的情况。本案杨某林于2015年6月29日对张某明进行授权，表明其对临时股东会的召开时间和议题内容知晓并同意，张某明于2015年7月1日当天也并未对程序瑕疵提出反对。杨某林在同意程序瑕疵的情况下参加临时股东会，又要求撤销决议，有悖禁反言原则，不予支持其诉讼请求。二审法院维持一审判决。

**【案例评析】**本案的关键之处在于，在存在程序瑕疵的情况下，股东或董事并未事前或会议进行中表示异议，法院认为这些情况下股东或董事同意或认可了这些程序瑕疵，从而对程序瑕疵进行了治愈。那么，股东或董事在事后提出程序上有瑕疵，从而撤销决议，无法得到法院的支持。

### 2. 陈某海与浙江天电通科技股份有限公司等公司决议纠纷上诉案②

**【焦点问题】**股东主张决议不存在，但其参与到了决议的实施之中，决议

---

① 上海市第二中级人民法院（2016）沪02民终940号。

② 浙江省高级人民法院（2015）浙商终字第8号。

效力如何？

**【裁判立场】**虽然决议成立要件欠缺，但股东的事后履行行为，可以视为其对程序上瑕疵予以追认或认可。

**【案情简介】**陈某海与天电通（北京）科技有限公司（以下简称“天电通北京公司”）、林某清、陈某彬、王某、梁某珠、陈某、王某辉共同设立浙江天电通科技股份有限公司（以下简称“浙江天电通公司”）。2012年7月14日，陈某海向全体发起人和董事发送会议文件，其中购买知识产权的事项被列入2012年7月28日董事会的议题。2012年7月28日，公司全体发起人召开会议，全体发起人在《股东会决议》上签章确认，陈某海、陈某、梁某珠、林某清、方某铮在《董事会决议》上签字确认。《股东会决议》和《董事会决议》中不含有向北京天电技术有限公司（以下简称“北京天电公司”）购买知识产权的内容。2012年7月29日，天电通北京公司、林某清、陈某彬、王某、梁某珠形成《股东会议决议》，确认向北京天电公司购买专利使用权和商标使用权，该些股东拥有公司股份总数的70%，陈某海、陈某、王某辉未在该决议上签字。此后，陈某海与天电通北京公司有邮件往来，内容涉及购买知识产权的价款支付和陈某海的佣金。陈某海认为，2012年7月29日的《股东会议决议》系天电通北京公司、林某清、陈某彬、王某、梁某珠害怕被追究挪用公司资金行为的法律责任而联合串通编造的，且决议内容侵害陈某海的合法权益，故请求判令2012年7月29日《股东会议决议》无效。

**【裁判要旨】**一审法院认为，购买知识产权的议题是由陈某海发送给全体发起人的，并且陈某海在2012年7月29日《股东会议决议》后参与到知识产权的价款支付过程中，对于2012年7月29日《股东会议决议》的内容是知情且完全认可的，因此2012年7月29日《股东会议决议》有效，驳回陈某海诉讼请求。陈某海提起上诉，主张2012年7月29日《股东会议决议》没有履行通知义务、没有召集人、没有表决、没有签章、没有妥善保管而形成，请求撤销2012年7月29日《股东会议决议》。二审法院支持一审关于决议是否无效的判决，并且认为陈某海于2014年3月6日向法院起诉，决议于2012年作出，已超出法定期限。故二审法院维持原判。

【案例评析】本案中陈某海的诉讼请求主要是确认2012年7月29日《股东会议决议》无效，又在上诉中请求撤销2012年7月29日《股东会议决议》，二审法院通过法定期限驳回了陈某海撤销决议的诉讼请求。但2012年7月29日《股东会议决议》缺少陈某海、陈某、王某辉签字，尤其是缺少作为召集人的陈某海的签字，在无其他证据支持的情况下，这天所召开的股东会已经超出了召集会议中关于开会时间的约定，可能存在程序上的瑕疵。不过，即使在撤销权的法定期限内，决议处于可撤销的状态，但基于相同的逻辑，即陈某海在事前对购买知识产权事项知情，事后也参与到交易过程中并获取交易佣金，显然对决议内容是知情并认可的，通过行动明确接受决议内容，也可以认定为陈某海对该程序上有瑕疵的决议予以追认或认可，进而驳回陈某海的诉讼请求。

3. 广州市锦桂房地产开发有限公司等诉林某森确认纠纷案①

【焦点问题】伪造签名的决议，是否一定无效？

【裁判立场】签名虽系伪造，但股东的后续行为明确接受了决议内容，因此补足了决议成立要件上的瑕疵，仍认定为有效。

【案情简介】广州市汤始投资实业有限公司（以下简称“汤始公司”）、林某森和曾某坚均为广州市锦桂房地产开发有限公司（以下简称“锦桂公司”）股东，林某森持有28%股权，曾某坚持有1%股权，汤始公司持有71%股权。2006年6月10日，林某森和曾某坚向汤始公司共同出具《确认书》，确认两人均为名义股东，所持股权和权益均属于汤始公司。2006年6月13日，锦桂公司召开股东会，决议同意林某森、曾某坚将持有股权转让给汤始公司，经表决权100%通过；同日，汤始公司与林某森签订《股东转让出资合同书》。林某森主张并未参加2006年6月13日股东会，提起诉讼要求确认2006年6月13日《股东会决议》无效。经鉴定2006年6月13日《股东会决议》并非林某森本人签名，但2006年6月10日的《确认书》、2006年6月13日的《股东转让出资合同书》上均为林某森本人签名。

【裁判要旨】一审法院认定《股东会决议》并非林某森真实意思表示，故

① 广东省广州市中级人民法院（2013）穗中法民二终字第1400号。

支持林某森请求，确认2006年6月13日《股东会决议》无效。二审法院认为，《股东会决议》上并非林某森签名，未经其本人同意，该涉及林某森所持有的股权转让的决议本应对林某森本人不发生法律效力；但2006年6月10日《确认书》和2006年6月13日《股东转让出资合同书》均为本人签名，内容与《股东会决议》一致，林某森已明确表示其同意将其所持有的锦桂公司28%的注册资本转给汤始公司，股东会决议并没有侵害林某森的实体权益，因此2006年6月13日《股东会决议》有效，撤销一审判决并驳回林某森的诉讼请求。

**【案例评析】**本案即《股东会决议》上的签名系伪造，股东虽未直接对《股东会决议》予以认可，但在内容相同的《确认书》和《股东转让出资合同书》上进行签字，实际上明确接受了《股东会决议》的内容，因此补足了决议成立要件上的瑕疵，仍可以认为《股东会决议》属于有效的决议。从本案可以看出，决议不成立与决议可撤销之间的界限并非泾渭分明，股东事后明示或默示的追认行为，可使不成立、可撤销的决议，因瑕疵补足而有效成立。

4. 球皇有限公司与上海银涛高尔夫有限公司公司决议效力确认纠纷上诉案①

**【焦点问题】**伪造签名的决议是否必然不成立？不成立的决议是否必然无效？无效之诉的原告范围？

**【裁判立场】**伪造签名并不必然导致决议不成立，需要综合判断；只要证明有诉的利益即可成为无效之诉的原告，本案的情形是认可了原股东的原告资格。

**【案情简介】**原告球皇有限公司系银涛公司股东。2002年6月，银涛公司合资公司登记注册资金为2100万美元，北京温榆河高尔夫俱乐部有限公司（以下简称“温榆河公司”）（中方）占5%，计105万美元，球皇公司（外方）占95%，计1995万美元；同时登记的章程中与董事会相关的条款为：第十三条，合资公司注册资本的增加、转让，经董事会一致通过后，报原审批机关批准，并向上海市工商行政管理机关和税务机关办理变更登记手续；第二十一条，董

① 上海市第二中级人民法院（2016）沪02民终7043号。

事长应在董事会召开前三十天，以书面形式将会议时间、地点、内容通知各董事；第二十二条，董事会会议应有三分之二以上董事出席方能举行，不足三分之二人数时，其通过的决议无效；第二十三条，下列事项必须由出席董事会议的董事一致通过，方可做出决议：1. 合资公司合同、章程的修改；2. 合资公司注册资本的增加、转让……章程另对利润分配等事项进行了规定。

2010年8月10日，球皇公司作为甲方、全信开发建设股价有限公司（TRUE TRUST DEVLOPMENT ING，以下简称“全信公司”）作为乙方，双方签订股权转让协议书一份，约定甲方拟转让其合法持有的标的公司95%的股权，乙方拟受让该股权且同意享受并承担受让前及受让后依该股权产生的所有债权、债务及其他权责，标的公司另一股东同意甲方转让该股权给乙方，并同意放弃该标的股权之优先购买权。协议后方有甲乙双方、温榆河公司的盖章及代表人签字。同日，双方签署补充协议一份，约定上述协议的有效期为18个月，有效期内乙方承诺保证处理好甲方与元盛公司股权债务纠纷事宜，并向甲方融投资5000万美元，至2012年2月11日止，若乙方失信违反本补充协议条款，则所签股权转让协议自动终止，乙方立即无条件归还甲方的银涛股权，工商再作变更。补充协议下方有甲乙双方盖章及代表人签字。

同日，银涛公司作出董事会决议，决议事项为：1. 同意球皇公司将其所持有的本公司95%的股权转让给全信公司，公司变更后的股东：全信公司出资1995万美元，占注册资本的95%，温榆河公司出资105万美元，占注册资本的5%……决议下方有包括刘某生在内的全体董事共七人的签名。

同日，银涛公司形成新的公司章程，明确合资的股权结构及其他修订事项。同年，上海市商务委出具沪商外资批［2010］2765号批复，认可了上述股权转让行为，并且上海市工商局出具了准予变更（备案）登记通知书，银涛公司将住所、法定代表人、经营范围、股东等事项进行了变更。目前该公司工商登记股东为温榆河公司及全信公司，其中温榆河公司认缴及实缴出资105万美元，全信公司认缴及实缴出资1995万美元。

涉案董事会决议作出时，球皇公司委派的董事为卢某庆、刘某生、王某庆，温榆河公司委派的董事为许某莹、杨某慧、许某、杨某。

球皇公司在上诉中表示，该系争董事会决议除了董事刘某生的签名系伪造外，决议上代表银涛公司股东温榆河公司委派的董事杨某慧、杨某、许某的签名也均系伪造，该三名董事也未参加过该董事会，对决议内容也不知晓。根据银涛公司的章程和相关法律规定，将银涛公司大部分股份转让应经过董事会成员一致通过，显然系争董事会决议在大部分董事都不知情的情况下，应属无效。本案的争议是公司内部形成董事会决议的效力问题，一审却以商事外观主义作为肯定决议效力的裁判理由，混淆了公司内部治理和外部合同的不同法律关系。另，上诉人一审中就申请追加有利害关系的温榆河公司为第三人，一审不予追加亦属程序错误。故上诉坚持其诉讼请求。

被上诉人银涛公司辩称，刘某生对系争董事会决议及股权转让的情况是知情的，其通过现在控制的球皇公司起诉确认董事会决议无效没有道理。系争董事会决议内容与球皇公司将股权转让给全信的行为相互关联，银涛公司在股权转让之后至今已经营多年，为维护交易关系的稳定，也不应再否定董事会决议的内容和股权转让行为。故不同意上诉请求，要求维持原判。

**【裁判要旨】**一审法院认为，通常情况下，在决议上的部分签名系伪造，且被伪造签名的董事不予确认的情况下，应认定为涉案决议在其作出之时未能形成有效决议，而非原告所述的决议无效。但更为重要的是，一旦公司长期依据有瑕疵的决议运行，而股东、董事都将决议内容视为既成事实，长期不要求确认决议无效或者不成立，在决议登记于公司登记机关甚至公司营业执照时，第三人亦对此产生合理信赖，基于商事外观主义原则和合理信赖原则，法律赋予当事人通过明示同意、事实追认等行为使不违反法律规定的决议得以维持，即：如决议作出之后，股东或董事明确表示同意决议内容，或以自身行为接受决议内容的，应确认决议发生法律效力。结合本案案情，不宜认定涉案董事会决议无效，分析如下：

第一，从本案诉讼的起因而言，系因刘某生对于股权转让存在异议而引发。因本案原告并非刘某生本人，从原告球皇公司的角度来讲，其自始至终对于股权转让、法定代表人变更等事实知情且至今基本维持董事会决议之后的运营状态。因球皇公司与全信公司之间股权转让与本案系属不同的法律关系，故法院对股权转让的法律效力不作评判。球皇公司在内部控制权发生更迭之后才行诉讼，在无证据表明股权转让并非球皇公司真实意思表示的情况下，不足以否定球皇公司之前对外民事行为的效力，否则有违第三人信赖利益原则且不利于维护商事交易稳定性。

第二，从刘某生的陈述而言，其存在前后矛盾之处，有违禁反言原则。2014 年 11 月，根据其在公安机关的自述，早在 2010 年从台湾地区到银涛公司处准备打球时，就发现银涛公司股权变更及自身被解除股东（董事）身份的事实，但基于与师傅许某莹的感情，一直希望通过协商途径解决问题，许某莹过世后，在卢某庆不愿与之协商的情况下，才通过法律途径主张权利。但在本案诉讼过程中，在法院询问刘某生何时知道解除董事职务及股权转让事实时，刘某生认为在 2014 年 11 月。其前后陈述不一，应以其在公安机关的陈述为准。据此，即便在作出董事会决议之时刘某生不知情，但刘某生自涉案股权转让之后的当年就知道或应当知道股权转让及董事会决议的事实，但无证据表明刘某生在长达四年多的时间内对股权转让及董事会决议的事实表示过异议，现刘某生以球皇公司名义提出决议无效之诉，一审不予支持。

第三，从维护公司内外关系稳定角度而言，也不宜否定系争董事会决议之效力。因系争董事会决议将股权转让给全信公司，所形成新的公司组织架构、经营地址、经营范围等内容随时间延续已发生重大变化，且在本案涉诉时，股权转让、章程修改均已审批生效。为维护交易和法律关系的稳定，也不应否定该决议的效力。且即便否定该决议效力，也不当然产生公司股权转让及经营行为无效后果，因系争董事会决议是为形成公司意思，而对外股权转让则是基于股东行为，二者虽有联系，但非完全对应。

综上所述，公司决议属于团体法律行为，会议成本巨大，其生效与否关系到公司经营效率、团体法律关系的稳定与安全。公司长期依据有瑕疵的决议运行，而股东、董事都将此决议内容视为既成事实，长期不要求确认决议无效或者不成立的，应视为决议有效。从另一方面来讲，涉案董事会决议与股权转让相互关联，在股权转让协议效力未经司法认定时，不宜认定董事会决议属于无效决议。

二审法院认为，本案系争董事会决议的主要内容是将占银涛公司95%的股权对外转让，以及变更法定代表人、董事会成员等，涉及公司结构的重大调整，必然会导致公司章程的修改，而当时银涛公司有7名董事，至少应有5名董事出席董事会并一致通过，该董事会决议才能生效。而鉴定意见表明，当时的董事刘某生、杨某慧、杨某均未在该董事会决议上签过名，结合此三人的出庭或书面的证言等其他证据，在2010年8月10日银涛公司是否召开过该董事会亦很值得怀疑。故本案系争董事会决议不符合生效条件，并且此三人的行为尚不足以认定对系争董事会决议的追认。另外，北京市高级人民法院（2015）高民（商）终字第2720号判决确认球皇公司之前受让银涛公司股权的《股权转让合同》已解除，该判决内容对本案应具有一定的拘束力，本案的处理应当予以考虑。本院认为本案系争的董事会决议依法应属无效。至于球皇公司与全信公司签订的股权转让协议的效力，本案不作评价，由另案处理。

**【案例评析】**一审法院的说理值得关注。虽然为适应司法实践的需要且与《民法总则》相衔接，《公司法解释（四）》将决议“不成立”从“无效或可撤销”的二分法中剥离出来，但伪造签名的决议是必然不成立还是可能成立是存在争议的，一种观点认为股东表决权被剥夺，不满足会议、决议的一般程式，因而不成立，另一种观点认为，剔除伪造签名的比例，如果符合法律、章程规定的通过比例，则决议成立。同时，不成立的决议是否可以通过后续的行为补足也有不同观点。本案一、二说理的不同即是上述争议的体现，决议有效与否应综合评判而非仅仅是基于形式和要件的。关于股权转让效力的评价，一、二审并无本质分歧，与《公司法解释（四）》第六条的思路相似。

### 三、决议撤销之诉的司法审查范围

李某军诉上海佳动力环保科技有限公司公司决议撤销纠纷案[①]

**【焦点问题】**撤销公司决议的纠纷，法院进行司法审查的范围应当如何确定？

---

① 上海市第二中级人民法院（2010）沪二中民四（商）终字第436号《最高人民法院关于发布第三批指导性案例的通知（法〔2012〕227号）》指导案例10号（最高人民法院审判委员会讨论通过，2012年9月18日发布）。

**【裁判立场】**人民法院在审理公司决议撤销纠纷案件中应当审查：会议召集程序、表决方式是否违反法律、行政法规或者公司章程，以及决议内容是否违反公司章程。在未违反上述规定的前提下，解聘总经理职务的决议所依据的事实是否属实，理由是否成立，不属于司法审查范围。

**【案情简介】**原告李某军系被告上海佳动力环保科技有限公司（以下简称“佳动力公司”）的股东，并担任总经理。公司章程规定：董事会行使包括聘任或者解聘公司经理等职权；董事会须有三分之二以上的董事出席方才有效；董事会对所议事项作出的决定应由占全体股东三分之二以上的董事表决通过方才有效。2009 年 7 月 18 日，佳动力公司董事长葛某乐召集并主持董事会，三位董事均出席，会议形成了“鉴于总经理李某军不经董事会同意私自动用公司资金在二级市场炒股，造成巨大损失，现免去其总经理职务，即日生效”等内容的决议。该决议由葛某乐、王某胜及监事签名，李某军未在该决议上签名。

原告李某军起诉认为，免除其总经理职务的决议所依据的事实和理由不成立，且董事会的召集程序、表决方式及决议内容均违反了《公司法》的规定，请求法院依法撤销该董事会决议。被告佳动力公司辩称：董事会的召集程序、表决方式及决议内容均符合法律和章程的规定，故董事会决议有效。

一审法院判决撤销了董事会决议，二审改判驳回了原告的诉讼请求。

**【裁判要旨】**法院生效裁判认为，根据《公司法》第二十二条第二款的规定，董事会决议可撤销的事由包括：一、召集程序违反法律、行政法规或公司章程；二、表决方式违反法律、行政法规或公司章程；三、决议内容违反公司章程。从召集程序看，佳动力公司于 2009 年 7 月 18 日召开的董事会由董事长葛某乐召集，三位董事均出席董事会，该次董事会的召集程序未违反法律、行政法规或公司章程的规定。从表决方式看，根据佳动力公司章程规定，对所议事项作出的决定应由占全体股东三分之二以上的董事表决通过方才有效，上述董事会决议由三位股东（兼董事）中的两名表决通过，故在表决方式上未违反法律、行政法规或公司章程的规定。从决议内容看，佳动力公司章程规定董事会有权解聘公司经理，董事会决议内容中“总经理李某军不经董事会同意私自动用公司资金在二级市场炒股，造成巨大损失”的陈述，仅是董事会解聘李某军总经理职务的原因，而解聘李某军总经理职务的决议内容本身并不违反公司章程。

董事会决议解聘李某军总经理职务的原因如果不存在，并不导致董事会决议撤销。首先，《公司法》尊重公司自治，公司内部法律关系原则上由公司自治机制调整，司法机关原则上不介入公司内部事务；其次，佳动力公司的章程中未对董事会解聘公司经理的职权作出限制，并未规定董事会解聘公司经理必须要有一定原因，该章程内容未违反《公司法》的强制性规定，应认定有效，因此佳动力公司董事会可以行使公司章程赋予的权力作出解聘公司经理的决定。故法院应当尊重公司自治，无需审查佳动力公司董事会解聘公司经理的原因是否存在，即无需审查决议所依据的事实是否属实，理由是否成立。综上，原告李某军请求撤销董事会决议的诉讼请求不成立，依法予以驳回。

**【案例评析】**做出决议的事实依据，除非存在违反法律、行政法规强制性规定的情形，一般属于公司自治的范围，司法机关原则上不予介入，因而也不能成为审查决议撤销与否的依据。但是，如果原告基于董事会决议损害其合法利益的理由，请求确认决议无效，法院或许可以按照《公司法解释（四）》第一条的思路，进而进行实质认定。

# 第二篇

# 决议效力诉讼的当事人

# 专题三　无效之诉的原告

与其他民事法律行为相同，任何自由意志都有其边界，公司决议的内容和程序也必须合法、公正。如果决议的内容违反法律、行政法规的强制性规定，以及公共利益、公共政策、公序良俗时，一方面可能对股东、尤其是中小股东、少数股东的利益产生不利的影响，另一方面视决议内容的违法程度，可能对债权人、劳动者乃至社会公众的利益产生消极影响[①]。因而，《公司法解释（四）》允许与决议有利害关系、决议内容侵害其利益的主体提起确认决议无效之诉，以寻求救济。

## 核心条文

**《公司法解释（四）》**

**第一条**　公司股东、董事、监事等请求确认股东会或者股东大会、董事会决议无效或者不成立的，人民法院应当依法予以受理。

## 关涉条文

理解决议无效的诉权主体，取决于三方面，一是对《公司法》第二十二条第一款的理解；二是对《公司法》第三十七条（股东会权限）、第四十六条（董事会权限）、第九十九条、第一百零八条的解释；三是常见的股东会决议和董事会决议所涉及的主体范围，比如《公司法》第十六条、第五十三

① 赵旭东：《公司法学（第四版）》，高等教育出版社2015年版，第288页。

条第四项等。

除诉权主体外，无效之诉还涉及诉讼时效、确认之诉的类型等问题。

## 一、既有相关规范

**《公司法》**

**第十六条** 公司向其他企业投资或者为他人提供担保，依照公司章程的规定，由董事会或者股东会、股东大会决议；公司章程对投资或者担保的总额及单项投资或者担保的数额有限额规定的，不得超过规定的限额。

公司为公司股东或者实际控制人提供担保的，必须经股东会或者股东大会决议。

前款规定的股东或者受前款规定的实际控制人支配的股东，不得参加前款规定事项的表决。该项表决由出席会议的其他股东所持表决权的过半数通过。

**第二十条第一款** 公司股东应当遵守法律、行政法规和公司章程，依法行使股东权利，不得滥用股东权利损害公司或者其他股东的利益；不得滥用公司法人独立地位和股东有限责任损害公司债权人的利益。

**第三十七条** 股东会行使下列职权：

（一）决定公司的经营方针和投资计划；

（二）选举和更换非由职工代表担任的董事、监事，决定有关董事、监事的报酬事项；

（三）审议批准董事会的报告；

（四）审议批准监事会或者监事的报告；

（五）审议批准公司的年度财务预算方案、决算方案；

（六）审议批准公司的利润分配方案和弥补亏损方案；

（七）对公司增加或者减少注册资本作出决议；

（八）对发行公司债券作出决议；

（九）对公司合并、分立、解散、清算或者变更公司形式作出决议；

（十）修改公司章程；

（十一）公司章程规定的其他职权。

对前款所列事项股东以书面形式一致表示同意的，可以不召开股东会会议，直接作出决定，并由全体股东在决定文件上签名、盖章。

**第四十六条** 董事会对股东会负责，行使下列职权：

（一）召集股东会会议，并向股东会报告工作；

（二）执行股东会的决议；

（三）决定公司的经营计划和投资方案；

（四）制订公司的年度财务预算方案、决算方案；

（五）制订公司的利润分配方案和弥补亏损方案；

（六）制订公司增加或者减少注册资本以及发行公司债券的方案；

（七）制订公司合并、分立、解散或者变更公司形式的方案；

（八）决定公司内部管理机构的设置；

（九）决定聘任或者解聘公司经理及其报酬事项，并根据经理的提名决定聘任或者解聘公司副经理、财务负责人及其报酬事项；

（十）制定公司的基本管理制度；

（十一）公司章程规定的其他职权。

**第五十三条第四项**　监事会、不设监事会的公司的监事行使下列职权：

（四）提议召开临时股东会会议，在董事会不履行本法规定的召集和主持股东会会议职责时召集和主持股东会会议；

**第九十九条**　本法第三十七条第一款关于有限责任公司股东会职权的规定，适用于股份有限公司股东大会。

**第一百零八条**　股份有限公司设董事会，其成员为五人至十九人。

董事会成员中可以有公司职工代表。董事会中的职工代表由公司职工通过职工代表大会、职工大会或者其他形式民主选举产生。

本法第四十五条关于有限责任公司董事任期的规定，适用于股份有限公司董事。

本法第四十六条关于有限责任公司董事会职权的规定，适用于股份有限公司董事会。

## 二、地方司法实践

### 1.《上海市高级人民法院关于审理公司纠纷案件若干问题的解答（沪高法民二〔2006〕8号)》

**第一、二部分**　一、股东依据新修订的《公司法》第二十二条第一款规定，请求法院确认公司股东会或者股东大会、董事会决议无效，是否必须在决议作出之日起60日内行使的问题。

旧《公司法》对此未作规定。高院民二庭曾在2003年12月18日印发的沪高法民二〔2003〕15号《关于审理涉及公司诉讼案件若干问题的处理意见（二)》［以下简称《原执法意见

（二）》］第三条第2项规定，“有限责任公司股东主张撤销股东会决议或者认定股东会决议无效的，应当自股东会议结束之日起60日内提起诉讼；逾期起诉的，人民法院不予受理”。

新修订的《公司法》第二十二条对股东会或股东大会、董事会决议无效和撤销情形分别作了规定。根据该条第二款的规定，符合决议撤销情形的，股东可以自决议作出之日起60日内请求法院予以撤销。超过该规定期限提起的诉讼，法院不予受理。因此，该60日的规定仅是针对股东提起决议撤销诉讼而设定。对符合决议无效的情形，新修订的《公司法》未对股东提起诉讼的期限作出限制规定，故对于股东依据新修订的《公司法》第二十二条第一款规定提起的确认股东大会或股东会、董事会决议无效的诉讼，不应受60日的限制。《原执法意见（二）》第三条第2项的规定已与新修订的《公司法》该条规定不相符合，故不再适用。

二、上市公司股东请求确认公司股东大会或董事会决议无效或要求撤销股东大会或董事会决议的纠纷是否受理的问题。

我院曾在2003年6月13日印发的沪高法〔2003〕216号《关于审理涉及公司诉讼案件若干问题的处理意见（一）》［以下简称《原执法意见（一）》］第二条第2项规定：“对于股东起诉上市公司股东大会或董事会决议无效的案件暂不受理。”

新修订的《公司法》第二十二条规定，公司股东会或者股东大会、董事会决议存在无效或撤销情形的，股东可依法提起诉讼，请求法院确认决议无效或撤销决议。因此，上市公司股东有权依照该规定，请求法院确认股东大会、董事会决议无效或撤销股东大会、董事会决议。对此，人民法院应当予以受理。《原执法意见（一）》第二条第2项的规定与新修订的《公司法》规定不相符合，故不再适用。

鉴于上市公司股东请求确认股东大会、董事会决议无效或申请撤销决议的诉讼，属于新类型纠纷案件，且可能引发群体性诉讼和证券市场的不稳定问题，本市法院对此类案件的受理应持慎重态度，必要时应当请示上级法院后决定是否受理。上市公司股东向法院提起确认股东大会决议无效或撤销诉讼时，应当提交决议存在无效或撤销情形的相关证据，以防止股东不适当行使诉权。

**2.《北京市高级人民法院关于审理公司纠纷案件若干问题的指导意见（试行）》（京高法发〔2004〕50号）**

**第一部分第二条**　职工持股会是否具备诉讼主体资格？

凡经过核准登记，取得社团法人资格的职工持股会即具有诉讼主体资格；未经登记而以职工持股会名义进行集资入股活动的，以负责组织、发起人为诉讼主体。

**3.《北京市高级人民法院关于审理公司纠纷案件若干问题的指导意见》（京高法发〔2000〕127号）**

**第十条**　股东仅请求确认股东会决议、董事会决议有效的，人民法院应裁定不予受理。

## 【条文理解】

### Ⅰ条文演变

［表格3］《公司法解释（四）》第一条的演变过程

| 征求意见稿（2012） | 征求意见稿（2016） | 正式稿　法释〔2017〕16号 |
|---|---|---|
| 第一条（无效之诉的原告）<br>与股东会或者股东大会、董事会决议内容有利害关系的公司股东、董事、监事、公司职员，可以请求确认股东会或者股东大会、董事会决议无效。 | 第一条（确认之诉的原告）<br>公司股东、董事、监事及与股东会或者股东大会、董事会决议内容有直接利害关系的公司高级管理人员、职工、债权人等，依据《公司法》第二十二条第一款起诉请求确认决议无效或者有效的，应当依法受理。<br><br>第六条（决议无效事由）<br>股东会或者股东大会、董事会决议存在下列情形之一的，应当认定无效：<br>（一）股东滥用股东权利通过决议损害公司或者其他股东的利益；<br>（二）决议过度分配利润、进行重大不当关联交易等导致公司债权人的利益受到损害；<br>（三）决议内容违反法律、行政法规强制性规定的其他情形。 | 第一条（无效之诉的原告）<br>公司股东、董事、监事等请求确认股东会或者股东大会、董事会决议无效或者不成立的，人民法院应当依法予以受理。<br><br>**【演变概述】**<br>关于无效之诉的当事人规定，主要有两点变化：一是对确认有效之诉的规定，二是原告范围大小的变动。此外，《征求意见稿（2016）》还对决议无效的事由做出了规定，其他两稿无此规定。 |

Ⅱ主要争议

从条文的演变过程即可看出本条的变化较大，涉及的争议也较多。

## 一、是否可以提起确认决议有效之诉

《公司法》第二十二条第一款仅规定了确认决议无效的权利，权利主体是否有权确认决议有效，存在截然不同的两种观点，既有的司法裁判也呈现不同立场。一种观点认为，首先，从诉讼法的基本原理出发，积极和消极确认都是被允许的，否认权利主体提起确认有效之诉的权力，相当于挑战确认之诉和一般诉讼原理，公司法没有做出规定，也并不意味着禁止；其次，请求确认决议有效在实践中是较多存在的，司法解释不应对现实问题置之不顾。另一观点则认为，首先，一旦做出确定决议有效的判决，则裁判会产生对世的效力，但相关第三人没参加，有串通和滥诉的风险；其次，从一般法理上讲，公司一旦做出决议，就应推定有效，除非有相反判决推翻，否则法院一般不得受理，特殊情况应当受理的也属于例外情形，而不应在司法解释中被确认为一般规则。

## 二、提起确认之诉的主体范围

关于无效、不成立之诉的起诉主体，存在两种截然相反的思路。

一种思路认为，公司法对决议无效之诉的原告范围未作限制，而决议不成立之诉与此类似。根据诉的利益原则确定该两类诉讼原告范围可以有效防止滥诉，因此依法不应过多限制。理论上不论公司内外的人，只要与公司决议有直接利害关系即可成为该两类诉讼的原告。但为了防止公司以外的人对公司内部关系的过度介入，因此对公司内外关系作出必要区分仍然是必要的，应当对此处的“直接利害关系”作必要限制。由于公司决议的功能主要是对公司经营管理作出决定，因此提起确认决议无效或者不成立之诉，主要是指原告依据公司法、公司章程的规定或者合同的约定，享有参与或者监督公司经营管理的权利，决议内容与该权利直接相关的情形。另一种思路则认为，公司决议属于公司经营管理的内部事务，应当严格按照内外有别的原则，仅允许股东、董事、监事就公司决议效力提起确认之诉，以防止对公司正常经营秩序的过度干扰，否则公司将疲于应付各种决议效力诉讼，而无法专心于公司经营。公司以外的人员即使与公司决议内容有直接利害关系，亦应根据其与公司之间的合同或者其他法律关系，另循其他诉讼类型解决，而非直接提起公司决议效力确认之诉。现行规定实际上采取了折中的思路，既明确列举了三类适格原告，又通过“等”字给司法实践探索留下了空间。

相关的，还有一些意见认为，应当区分股东会或者股东决议与董事会决议，就原告范围分别作出规定，即董事仅有权提起董事会决议效力之诉。持此观点的主要理由是，确认之诉具有形成权的性质，股东会是公司的权力机关，董事作为执行机关不是股东会成员，无权就股东会决议效力起诉，但其作为董事会成员，有权对与自己有直接利害关系的董事会决议的效力提起确认之诉。相反的立场是，允许董事作为公司权力的行使者，监督公司决议行为的合法性，同时当其与公司权力行使者的身份相联系的个体权利遭到侵害的时候，通过司法审查确定是否可以提供救济，既符合比较法上的立法例规定，也符合现有的商业实践做法。

## 三、是否对确认决议无效施加时效限制

原则上，无效之诉可随时提起，不成立之诉的性质和诉讼后果与之类似，所以也不受时效限制。但也有相对的意见认为，应当作出适当的限制，例如无效之诉的诉讼时效一般为两年，涉及侵害公共利益的，可以不受时效的限制。理由是，首先，在决议已经开始执行的情形下，确认无效之诉的可行性是受限的，其次，确认之诉没有诉讼时效、除斥期间的限制，如果因关联交易而赋予公司债权人对决议效力的诉权会影响到关联交易本身，于关联交易相对方的债权人而言，其交易安全的法律保障上则难免会有所失衡。

## 四、是否对决议无效的事由做出规定

《征求意见稿（2016）》第六条曾将“决议无效的事由”单列一条，共有三项，分别与《公司法》第二十条、第一百六十六条、第七十四条对应。对该条的争议较大，反对意见也较多，主要是因为利润分配及关联交易均是公司内

部的管理性事务，不宜由司法干涉过多。具体而言，又有两种思路，一种思路是，本条没有存在的必要，条文本身逻辑混乱，缺乏法律依据，且有超越《公司法》任意造法之嫌。具体理由是：（1）决议的无效只能依据《公司法》第二十二条第一款，内容违法法律、行政法规的决议方能认为为无效，不可随意扩大无效的范围；（2）公司决议无效的情形广泛，既有的列举还是较为抽象，也并非无效的典型情形，考虑到列举的困难，如果不能归纳出典型代表性情形，可以不列。另一种思路是，如果保留本条，各项的规定仍需作出调整，也有两种不同建议：一种建议仅对何为“法律、行政法规的强制性规定”作出细化，无须保留关于利润和关联交易的两项；另一种建议主要是针对第二项利润分配的，认为，股东会决议利润分配方案只要符合法律（如《公司法》第一百六十六条规定）和公司章程，均是股东自由意志选择，司法不应予以干预。提出该项动议的一般应当是对利润分配持有异议的股东，但资本规制的本意却是保护债权人的，法理不通。并且何为“过度”还不能界定，要么删除此项，要么修改表述。《公司法解释（四）》正式稿最终选择了删除“决议无效的事由”这一条。

《公司法》第二十二条第一款所规定的决议无效的情形只有一种，即内容违反法律、行政法规。学界较少对内容违反法律、行政法规进行类型化地梳理，主要理由是法律、行政法规中的强制性规定比较清晰，人民法院较容易判断，例如公司决议责令全体股东按持股比例增资扩股或为公司举债提供担保，例如董事会决议开除董事资格，而董事应当由股东会予以任免[①]。从举例来看，决议内容违反法律、行政法规的情形，通常与股东、董事、公司、债权人的权利和利益乃至公共利益相关，不可概一而论。

## Ⅲ条文要点

### 一、确认之诉的原告范围

1. 基本原理

对于原告，由于决议无效或不成立之诉在性质上属于确认诉讼，立法上并

① 刘俊海：《公司法学（第二版）》，北京大学出版社2013年版，第297~298页。

无起诉权人的规定。理论上，不论何人，只要存在诉讼利益，都可以提起确认无效或不成立之诉。股东大会决议有效成立后，对股东、董事会以及监事会发生法律上的拘束力，因此，股东大会决议存在无效或不成立的原因时，股东、董事会以及监事会有起诉请求确认该决议无效或不成立的法律上利益。第三人是否可以成为决议无效或不成立诉讼适格的原告，不能一概而论。理论上，第三人有无确认之诉的起诉权，仍然取决于第三人对决议无效或不成立之诉是否存在法律上的利益。原则上，股东大会决议仅限于公司内部约束股东、董事以及监事，对公司外的第三人并不直接发生法律关系，因此，第三人对介入决议效力的纷争无现实的法益。但如果股东大会决议成为公司与第三人之间法律关系的成立或生效要件时，第三人对股东大会决议的无效或不成立有法律上利益。换言之，当第三人的权利或利益因决议无效或不成立而受到侵害或者直接受严重影响时，第三人可以成为适格的原告。[1]

对于决议确认之诉的原告范围，学理上都同意以利害关系人、是否存在利害关系或诉的利益为标准进行确定，但对哪些人是利害关系人的界定却不尽相同。最狭窄的范围是仅允许有直接利害关系的股东、董事和监事提起决议确认无效之诉[2]；折中的范围是除了股东、董事和监事外，还允许受决议约束的高级管理人员和职工成为决议确认之诉的原告[3]；最宽泛的范围则进一步包含公司以外的第三人，主要是债权人，债权人可以提起诉讼、请求确认债务人公司股东会违反法定分红条件和做出的分红决议无效[4]。

股东会或股东大会、董事会的决议通常仅具有内部效力，理论上股东、董事和监事对决议具有固有的利害关系，故无须限制为具有“直接利害关系”即可成为适格原告；决议是否约束高级管理人员和职工，通常需要进行个案审查，

---

① 钱玉林：《股东大会决议瑕疵研究》，法律出版社2005年版，第298页；丁勇：《公司决议瑕疵诉讼制度若干问题反思及立法完善》，载《证券法苑》2014年第2期。

② 赵旭东：《公司法学（第四版）》，高等教育出版社2015年版，第289页；丁勇：《公司决议瑕疵诉讼制度若干问题反思及立法完善》，载《证券法苑》2014年第2期。

③ 范健、王某文：《公司法（第四版）》，法律出版社2015年版，第341～342页；胡田野：《公司法律裁判》，中国法制出版社2012年版，第497～498页。

④ 刘俊海：《公司法学（第二版）》，北京大学出版社2013年版，第298页；钱玉林：《股东大会决议瑕疵研究》，法律出版社2005年版，第298页。

因此需要有“直接利害关系”作为限定。债权人作为公司外部人，理论上是不受公司内部决议的约束，但实际上公司的决议可能对债权人的利益有直接影响，例如公司对股东过度分配利润导致债权人的债权事实上无法清偿；例如银行与公司签订贷款协议时，可能会要求对公司的重大资本变动决议事项有否决权，公司在未依据合同约定而决议时，可能会影响债权人的利益。因此，本条司法解释采取较为宽泛的界定，在具体适用上应以有“直接利害关系”来限定诉的利益，从而允许高级管理人员、职工、债权人成为决议确认之诉的适格原告。

2. 范围划定

本条所界定的主体范围包括以下几类：（1）股东，对公司的非法行为，作为公司的社员，可以起诉请求确认股东会和董事会的决议违法。（2）董事，作为公司权力的行使者，尽管我国公司法理论上并没有明确地对董事权力地位的界定，但是董事对股东会决议、董事会决议的非法性有权单独以诉讼的方式起诉，可以视为对公司合法性的监督。（3）监事，依据《公司法》第五十三条和第一百一十八条，监事可以直接制止董事和高管人员的非法行为，以起诉的方式纠正股东会决议和董事会的非法性，也属于对公司合法性的监督。上述三类主体的诉权，既包括个体性权利，股东会决议和董事会决议通常会涉及上述三类主体的个体权益，也包括对股东会和董事会合法性的监督权力，属于公司监督权力。（4）“等”包括与股东会或者股东大会、董事会决议内容有直接利害关系的其他人，这一类和前述行使公司权力并对公司行为的合法性负有责任的情形不同，主要是股东会决议、董事会决议通常会涉及的主体：①高级管理人员。股东会或者股东大会决议和董事会决议通常会设定与高级管理人员相关的权利义务，因此高级管理人员在该决议与其个人相关的时候，构成“直接利害关系”，即民事诉讼法中的“诉因”的条件，因此可以进行起诉。②公司员工。公司员工不属于公司内部人员，理论上与公司之间仅仅构成合同关系。但是在两种典型情况下，员工与股东会或者股东大会决议、董事会决议具有直接利害关系，第一种是通常常见的设定员工的义务，比如竞业禁止、保密等义务。此类设定员工的义务行为，是否有效，在理论上和实践上都可能存在着争议，但的确存在着可能会构成对员工权利的侵害。这种内部决议的行为是否可以构成对员工与公司的合同关系的损害，是否必须通过对股东会或者股东大会决议、董事会决议的诉讼来提供救济确有进一步分析的必要，但此种以股东会或者股东大会、董事会决议的方式做出的限制员工权利的行为，通常会涉及集体，而直接通过提起决议效力之诉可以降低员工的救济成本。第二种是员工持股，包括高管人员的管理股，通常是由公司以公司政策的方式，并且以董事会决议或/和股东会决议的方式作出的，通过本条的界定可以直接赋予员工持股不受非法状态的侵害的权利。③公司的债权人。通常情形下，公司的债权人，诸如银行，只是通过合同与公司之间存在着利益关系，而此时的债权人和公司员工的第一种情形类似，即通过对合同的合法性审查即可提供对债权人的救济。本条规定下，可能成为“与股东会、董事会决议有直接利害关系”的债权人是指以下：第一，债券持有人，债券持有人的权利是作为一种公开发行合约所界定的，股东会或者股东大会决议和董事会决议对债券发行，以及可能在发行后通过股东会或者股东大会、董事会决议形成对发行合约的修改，这种情况下，直接赋予债券持有人的诉权就可以为其提供较为快捷、直接的救济；另外一种情形则是，如果损害到债券持有人的权利，应当取得债券持有人的投票同意。另外，随着我国公司法规则的完善，双重融资不断地进入公司法之中，诸如优先股等非普通股的证券持有人，在其财产权利保护的时候，也会被看成是债权人。同样，员工持股计划公布之后，在员工持股行权之前，员工依据持股计划或者期权合同所拥有的权利，也属于债权的范畴。第二，可能拥有投票权安排的债权人，随着融资方式的多元化，混合型的证券或者合同安排日益增多，多元融资方式的不断涌现，最典型的是优先股等在股权和债权之间属于“过渡”或者“变色”性质的权利。[①] 同时，我国商业实践已经在现实中出现了基于合同而产生的特定情形下的参与决策或者限制公司行为的情形。如果不赋予拥有此类权利的债权人以诉权，这种合同中的约定就不能实现，而合同债权人只能拥有请求损害赔偿的权利，这在逻辑上和此类债权应当依据合同法等法律规则得到保护是相悖的。

---

① See Lawrence E. Mitchell, The Puzzle Paradox of Preferred Stock (And Why We Should Care About It), *Business Lawyer*, Vol. 51, 1995, p. 443.

本条中“等”字实际上涵盖了上述直接利害关系，是基于民事诉讼的一般起诉规则进行的设定，在本条的内容中，直接利害关系意味着高级管理人员、职工和债权人，若其权益受到股东会决议、董事会决议的侵害，那么该侵害应当与该决议具有内容上的相关性。高级管理人员、职工和债权人在一般情形中，只是与作为主体的公司之间存在着劳动合同关系或者债权债务类的合同，这类合同属于两个独立主体之间的合同，适用合同法或者撤销权等既有的法律制度就可以实现保护；而公司的股东会或者董事会决议，通常认为属于社团内的行为，属于公司单方主体的意志乃至意思表示的形成过程。因此，在理解本条的“等”字时，应坚持以“直接利害关系”为限定，就是试图将这种公司与高级管理人员、职工和债权人之间的一般合同争议情形排除在外。

同时，基于上述考虑，起草过程中曾在本条设置了第二款，将高级管理人员、职工和债权人作为适格原告的特殊情形，即与决议有直接利害关系界定为“依据公司法、公司章程的规定或者合同的约定享有参与或者监督公司经营管理的权力”，其实质含义在于上述高级管理人员、职工和债权人，包括期权、管理股、员工股、优先股、可转换权利的债券持有人、债券持有人等，其权利会受到股东会决议、董事会决议的侵害；同时，此类主体通常会基于公司法、公司章程规定，或者合同约定，而具有两种类型的权利，第一种情形是和公司进行分配的权力联系在一起的，比如股东会决议或者董事会决议通过决议进行分配的时候造成对债券持有人的损害，或者公司通过决议改变员工期权的设定标准，这种不受决议侵害的权利，通常是消极性的参与公司决策的权利。比如债券持有人的权利，这种权利通常会和债券的发行合约联系在一起，但是债券利息的支付，以及债券权利，会受到董事会决议或者股东会决议的影响，此类决议损害到债券持有人、优先股股东的股息分配、管理股或员工股的行权标准等。第二种情形是债权人依据合同而产生的积极性参与权利，比如债权人在签订合同的时候对股息分配的限制，可能会以债权人对股东会或董事会决议的否决权方式出现。考虑到这两种权利的特性，第二款的表述用于界定此类主体在特定情形下享有与股东会决议或者董事会决议有关的这种参与式的或者监督式的权利。

本条规定的适格原告范围，实际上是在股东会或者股东大会、董事会的行为边界并没有法律规则的明确约束的前提下，基于常见的股东会或者股东大会、董事会决议可能涉及的主体范围而作出的规定。但是，本条规定并不是封闭的，通过前述“直接利害关系”的诉因判断，本条实际上可以被视为，吸收了英美法的因素，为受到不规范的股东会或者股东大会、董事会决议损害的人提供了救济途径。

## 二、确认决议有效之诉

对于是否存在确认有效之诉，理论上并无统一的观点。在司法实践中，法官往往根据具体情况得出是否支持提起确认决议有效之诉的结论，分别有不同的判例反对或支持确认有效之诉。

反对确认有效之诉的观点认为，一方面，决议一经作出即为有效，无须司法确认；另一方面，公司决议是公司自治的范畴，《公司法》及其他法律法规均未肯定确认决议有效之诉，故司法机关不宜介入公司内部事务中[①]。类似的，《北京市高级人民法院关于审理公司纠纷案件若干问题的指导意见》第十条规定：“股东仅请求确认股东会决议、董事会决议有效的，人民法院应裁定不予受理。”裁定不予受理和裁定驳回起诉，都是在否定程序上的起诉权，即是在否定诉的利益。

支持确认决议有效之诉的观点则认为《公司法》并未否定确认决议有效之诉，从逻辑上可以推出确认决议有效是法院的受理范围；如果股东与公司之间对决议效力存在争议，使股东的权利或法律效力处于不安状态中，就存在相应的诉的利益，应当认可确认决议有效之诉[②]。

《公司法解释（四）》最终并未对确认有效之诉做出规定。

## 三、确认决议无效之诉

公司一方面享有经营运行和管理决策的自由，有权根据商业情形采取相应的行动，另一方面其行为也受到法律与行政法规的限制。由作为公司内部自治

---

① 俞巍：《股东请求确认股东会决议有效的诉讼不宜受理》，载《法学》2008年第9期。

② 范黎红：《股东请求确认股东会决议有效并非一律不具有诉的利益》，载《法学》2008年第9期。

机关的股东会和董事会依照少数服从多数的原则和议事程序所产生的决议内容，被视为公司的意思表示，不仅对公司和股东有约束力，视情况而定有时间接影响到债权人、劳动者和其他第三人。决议内容和程序必须合法、公正，如果决议的内容违反法律、行政法规的强制性规定，以及公共利益、公共政策、公序良俗时，一方面可能对股东、尤其是中小股东、少数股东的利益产生不利的影响，另一方面视决议内容的违法程度，可能对债权人、劳动者乃至社会公众的利益产生消极影响①。因此，《公司法》设置了确认决议无效之诉，允许与决议有利害关系、决议内容侵害其利益的主体提起确认决议无效之诉，以寻求救济。

公司决议一旦被法院确认无效，即意味着公司决议自始、确定、当然、绝对不发生法律效力。“自始”无效意味着，公司决议自其作出开始时就不发生表决力占优势地位的股东或董事欲发生的效力。“确定”无效意味着，公司决议不仅自作出时不生效，而且日后也无生效之可能。“当然”无效意味着，无效公司决议无须任何人主张，理所当然不发生效力，而且任何人均可主张其无效。“绝对”无效则是对前述三个含义的强调②。

如果决议的部分内容无效，其效力是否及于整个股东会决议？这取决于，倘若决议各项内容不具有可分性，则部分决议事项无效将导致整个决议当然无效；倘若决议各项内容具有可分性，则部分决议事项无效并不必然导致决议中的其他事项无效，在除去无效决议事项后，股东会决议认可成立③。

### 四、美国法上的决议无效之诉

我国针对公司决议效力瑕疵的立法思路和大陆法国家更为类似，即按照瑕疵分类的方法进行，这与普通法国家的做法有所不同，以下仅以美国法为例进行简述。

作为事前的预防机制，公司秘书对公司决议和公司文件内容的确认具有决定性的效力，使得他人合理地信赖决议和公司文件是符合程式及法律的。④ 作

---

① 赵旭东：《公司法学（第四版）》，高等教育出版社 2015 年版，第 288 页。

② 刘俊海：《公司法学（第二版）》，北京大学出版社 2013 年版，第 298 页。

③ 赵旭东：《公司法学（第四版）》，高等教育出版社 2015 年版，第 289 页。

④ James D. Cox，Thomas Lee Hazen，*Corporations*，second edition，New York：Aspen Publishers，2003，p. 127.

为事后的应对机制，如果决议的内容违反法律、行政法规的强制性规定，可以提起诉讼，请求法院判决决议无效。美国法学会《公司治理原则》在处理公司董事和高级管理人员故意从事违法行为时，态度很坚定。违法行为不在商业判断规则的保护范围之内，也不在豁免董事赔偿责任的章程条款允许的范围内。[①] 在 American Telephone & Telegraph Company 案[②]中，法院总结认为，商业判断规则对正当性的假定并不延伸至故意违反《刑法》的董事。当董事会决议违反了法律、行政法规的强制性规定，董事违反了更广义范围的诚信义务，也与公共政策相悖，法院对此类案件，一般不会承认该决议的效力。

## 典型案例

### 一、股东是否可以提起确认有效之诉

1. 杨某权等与济南新恒金科技有限公司等公司决议效力确认纠纷上诉案[③]

**【焦点问题】**股东是否有权请求确认公司决议有效?

**【裁判立场】**《公司法》仅赋予了股东针对瑕疵决议提起诉讼的权力，无瑕疵的决议，一经作出即为有效，无须司法确认。

**【案例简介】**杨某权、魏某瑞和王某善为济南新恒金科技有限公司股东，王某善为法定代表人和执行董事。杨某权、魏某瑞认为王某善未履行职责，通过股东会决议变更法定代表人和执行董事。决议后王某善未交付印章，未协助办理工商变更等手续。杨某权、魏某瑞以济南新恒金科技有限公司和王某善为被告，请求确认变更法定代表人的决议有效，并要求对公司印章、财务账目等经营手续确权。

**【裁判要旨】**一审法院认为，《公司法》以及其他法律法规均没有规定股东有权提起确认股东会决议有效之诉；对确认决议无效和撤销决议的规定旨在赋予可能受瑕疵决议损害的股东行使法定的股东救济权利，以保护其合法利益。

---

① 参见楼建波等译：《公司治理原则：分析与建议》，法律出版社2006年版，第167~170页。

② 507 F. 2d 759, p. 762~763 (3rd Cir. 1974).

③ 山东省济南市中级人民法院（2015）济商终字第60号。

如果该股东不主动依据《公司法》的上述规定提起诉讼，法院则不应通过国家强制力直接干预公司自治范畴内的事务。因此，杨某权、魏某瑞不具有诉的利益，裁定驳回起诉。杨某权、魏某瑞不服一审裁定，提起上诉。二审法院认为如果当事人对某一法律关系无争议即无须进行司法确认；一项法律关系在成立后即为有效，在未经司法裁判宣布无效之前，其效力是法定的，无须进行确认；而《公司法》第二十二条规定仅适用于不服公司决议的股东以公司为被告提起无效或撤销之诉。因此，二审法院驳回上诉，维持原裁定。

**【案例评析】**对于是否存在确认有效之诉，理论上并无统一的观点。在司法实践中，法官往往根据具体情况得出是否支持提起确认决议有效之诉的结论。本案法官显然是持反对立场，认为决议一经作出即为有效，无须司法确认，且公司决议乃公司自治范畴，司法机关不宜介入。

2. 长沙德高液压机械有限公司等与李某新公司决议效力确认纠纷上诉案[①]

**【焦点问题】**股东要求确认股东会决议有效，是否应当受理？

**【裁判立场】**由于公司未按股东会决议履行，损害了股东的利益，利益受损的股东提起诉讼要求确认决议有效具有诉的利益，符合立案条件。

**【案例简介】**德高公司股东为李某新持股55%，徐某持股45%。徐某为德高公司执行董事、法定代表人、经理，李某新为德高公司监事。2013年11月16日，李某新向徐某邮寄股东会通知，提议于2013年12月3日上午9时在长沙经济技术开发区星沙大道东、开元路北尚城B栋1115号公司办公室召开临时股东会，讨论德高公司在长沙租赁办公室、法定代表人及执行董事变更等事宜。2013年12月3日，在徐某缺席的情况下，李某新在德高公司住所地召开股东会会议并对上述事宜做出决议。2013年12月10日，李某新向徐某邮寄德高公司关于确定办公地址、选举法定代表人、执行董事、监事、经理等的股东会决议，德高公司未按照2013年12月3日临时股东会决议办理工商登记手续。李某新起诉长沙德高液压机械有限公司、徐某，要求确认2013年12月3日临时股东会决议有效。

① 湖南省长沙市中级人民法院（2014）长中民四终字第05640号。

**【裁判要旨】**一审法院认为，认可公司决议的一方在相对方不履行决议内容时，要求相对方按照公司决议履行义务，必须以公司股东会决议有效为前提。本案中，由于德高公司未能按照股东会决议内容办理法定代表人变更的工商登记手续，损害了股东李某新的利益，故李某新提起诉讼要求确认涉案公司股东会决议有效，具有诉的利益，符合人民法院受案范围。德高公司、徐某不服，提起上诉。二审法院认为，我国现行《公司法》或者《民事诉讼法》并未将确认股东会决议有效排除在法院的受理范围之外，由于德高公司及徐某未按股东会决议履行，损害了李某新的利益，李某新提起本案诉讼要求确认涉案股东会决议有效具有诉的利益，符合法院立案条件。

**【案例评析】**不同法院对于是否受理确认决议有效之诉，有不同立场。本案法院基于诉的利益，受理了确认有效之诉。

3. 金某子诉漳州三成农产品加工有限公司等公司决议效力确认纠纷案①

**【焦点问题】**股东是否有权请求确认公司决议有效？

**【裁判立场】**如果对决议的有效性存在争议，那么提请确认决议有效之诉，或者作为被告提请确认决议有效的反诉时，法院可以受理。

**【案例简介】**三成公司系韩国人金某培、朴某泰投资设立的外商合资有限责任公司，注册资金为143万美元。公司股东及股权比例为：金某培占51%，朴某泰占49%。公司设董事会，董事会由金某培、朴某泰、吴某顺三名成员组成，由金某培担任公司董事长。2007年11月5日，金某培、金某子、大桥美某男、金某锡、邱某栋、南某浩在三成公司召开会议，作出《会议纪要》：一、增加董事会成员：金某子、大桥美某男、金某锡、邱某栋。二、新董事会决议：1. 原股东朴某泰先生在书面材料上写明，将其拥有的49%股价中的25%委托给金某子女士，其余24%的股份转让给大桥美某男（香港公司）。各股东经审核属实，并同意朴某泰先生的意愿。2. 变更公司股东成员、股东股份、修改公司章程，股份分配：金某子44.5%、金某培25.5%、大桥美某男（香港公司）25%、金某锡5%。3. 任命金某培先生为公司董事长。2009年5月，金某子以

① 福建省漳州市中级人民法院（2009）漳民初字第93号。

被告三成公司及金某培不履行董事会决议，不到工商部门办理股东变更登记手续为由，将三成公司等诉至法院，请求依法确认2007年11月5日三成公司董事会《会议纪要》所形成的决议合法有效。被告三成公司及金某培辩称，2007年11月5日的《会议纪要》只是企业工作的意向，并非董事会决议，公证书没有改变《会议纪要》的性质。原告还未与金某培、朴某泰等签订股权转让协议，未交纳股权转让费，无权要求三成公司、金某培为其办理股权变更登记手续。请求驳回金某子的诉讼请求。被告大桥美某男、金某锡则辩称：同意原告金某子的诉讼请求。

**【案例评析】**本案最后以原告撤诉而结案，但主审法官却以此引申出对公司决议效力案件的形式问题的探讨。该案主审法官认为，《公司法》并未排除利害关系人诉请确认决议有效的权利，另外，单独提起确认决议有效之诉可以使决议的效力得到确定，对提起履行决议之诉有利；而且公司不履行决议会损害部分股东权利，股东具备诉的利益[①]。以诉的利益角度出发，如果对决议的有效性存在争议，那么提请确认决议有效之诉，或者作为被告提请确认决议有效的反诉时，法院可以受理[②]，因此，在缺少诉的利益，就决议的效力本身存在争议或者公司拒不履行决议提起确认有效之诉是不成立的。

## 二、除股东之外的其他主体，提起决议无效之诉

### 1. 张某熹与健康活水世界（南京）有限公司董事会决议效力确认纠纷上诉案[③]

**【焦点问题】**以债权人身份，是否可以主张董事会决议无效？

**【裁判立场】**需以有证据表明其利益可能受到决议损害为前提。

**【案情简介】**2003年8月22日，张某熹（甲方）、郑某元（乙方）、黄某珍（丙方）及江苏华亚星塑胶管道有限公司（以下简称“华亚星公司”，丁方）四方签署合营合同，约定四方合资成立健康活水公司。公司章程第二十二

---

① 俞志凌：《公司决议效力确认纠纷的形式及原告资格》，载《人民司法（案例）》2010年第16期。
② 胡田野：《公司法律裁判》，中国法制出版社2012年版，第503页。
③ 江苏省高级人民法院（2008）苏民三终字第0224号。

条规定：董事会会议（包括临时会议）应当有3名以上董事出席方能举行。每名董事享有一票表决权。（章程中有关董事会通知规定同合营合同的规定。）章程第六十条规定：本章程没有具体规定的事宜应按合营合同中的规定、董事会通过的决议和中国的有关法律法规规定实施。如果本章程与合营合同有冲突，则以合营合同规定为准。健康活水公司成立后，依照合营合同及章程规定成立董事会，张某熹、郑某元、黄某珍、戴某香及吴某明（后两人系华亚星公司委派）为董事，其中吴某明担任董事长。

2007年4月28日，健康活水公司召开董事会临时会议，参加会议的有董事长吴某明与董事戴某香。董事长吴某明认为张某熹、郑某元、黄某珍三名董事同时作为公司股东，因未按照合营合同和公司章程履行出资义务，且经催告仍未履行，故根据《中外合资经营企业合营各方出资的若干规定》（编者注：现已失效）第七条等有关规定，未予通知参加此次董事会临时会议。出席会议的两名董事经表决，一致通过以下事项，形成了董事会临时决议。

原告张某熹认为，公司从未通知过其他董事召开2007年4月28日的董事会，作出2007年4月28日的董事会决议应认定为不存在或无效，从而《健康活水公司关于成立清算委员会的决定》无效。更进一步，目前的健康活水公司清算委员会非依法成立，无权代表健康活水公司为法律行为。健康活水公司的违法行为已严重侵害了其作为公司原股东及债权人的合法权益，也使其作为健康活水公司债权人合法权益保护处于一种不确定状态。因而提起确认决议无效之诉。并且在上诉过程中，再次重申，起诉是以公司董事及债权人的身份，而非以股东身份，认为一审判决关于上诉人现仍是被上诉人股东的认定超出上诉人原审诉讼请求。

**【裁判要旨】**一审法院认为，《公司法》第二十二条第一款规定，公司股东会或者股东大会、董事会的决议内容违反法律、行政法规的无效。该法条并未对提起诉讼确认决议无效的主体加以限定，故可理解为相应利害关系人。而从现有的工商登记资料来看，张某熹仍然是健康活水公司的股东、董事，另外，张某熹还是公司的债权人，无论其以何种身份，其应有权对该董事会决议的效力提出异议，由此就本案纠纷而言，张某熹主体身份是适格的，健康活水公司关于张某熹主体身份不适格的抗辩于法有悖，不能成立。但原告张某熹提出的有关决议的三大“瑕疵”事项，均系决议可撤销的范围，不可纳入内容瑕疵之中而请求确认决议无效。由此张某熹有关该董事会临时决议无效的主张，因无事实与法律依据，不予支持。

二审法院则认为，根据《中外合资经营企业合营各方出资的若干规定》（编者注：现已失效）第七条第一款的相关规定，合营一方未按照合营合同的规定如期缴付或者未缴清其出资的，即构成违约。守约方应当催告违约方在一个月内缴付或缴清出资，逾期仍未缴付或者缴清的，视为违约方放弃在合营合同中的一切权利，自动退出合营企业。双方所签订的合营合同中亦有类似内容的约定。本案中，张某熹一直未按健康活水公司合营合同的规定如期缴付出资，且在收到华亚星公司的催告函后仍未及时缴付出资，对照上述规定和合营合同的约定，应视为其已放弃在健康活水公司合营合同中的一切权利。即其已不享有向健康活水公司派出董事的权利。因此，张某熹以其在健康活水公司的董事权利未能得到保障为由，主张涉案健康活水公司董事会临时决议及成立清算委员会的决定无效的理由，本院不予采纳。另，张某熹于2007年6月6日向健康活水公司清算委员会申报了债权并被登记在册。现并无证据表明涉案健康活水公司董事会临时决议的内容及清算委员会的成立损害其债权，故其以健康活水公司债权人的身份，主张涉案健康活水公司董事会临时决议及成立清算委员会的决定无效的理由，本院同样不予支持。

**【案例评析】**本案的特点在于原告同时具有股东、董事、债权人三种身份，并且原告在上诉阶段，明确表示，以公司的董事及债权人身份，而非以股东身份提起诉讼。一、二审法院的判决结果虽然相同，但裁判思路有所不同。一审法院从“相应利害关系人”的角度出发，原告系被告公司的股东、董事、债权人，无论以何种身份，其应有权对该董事会决议的效力提出异议，因而确认了原告的主体身份。简言之，一审法院认可了在存在利害关系的情况下，债权人提起董事会无效之诉的主体资格。二审法院则认为，原告的股东和董事身份不成立，作为债权人，在并无证据证明董事会决议内容损害其债权的情况下，主张决议无效的请求不予支持。相较而言，二审法院对无效之诉原告范围的论述是较为简略的，但对债权人提起的决议无效之诉，至少需以有证据证明其利益受决议损害为前提。

2. 朱某娜、方某、施某君与舟山市普陀城市建设开发有限公司董事会决议效力确认纠纷上诉案①

**【焦点问题】** 作为职工持股会会员的公司员工，是否可以提起董事会、股东会决议无效之诉？

**【裁判立场】** 提起董事会、股东会决议无效之诉，需以具备股东身份为前提。

**【案情简介】** 1998年原舟山市普陀城市建设开发公司转制设立舟山市普陀城市建设开发有限公司（以下简称“城建开发公司”）时，5名原告通过职工持股会分别对公司出资5000元。公司章程经15名自然人股东及职工持股会签名及盖章确认，5名原告均不在15名自然人股东之列。1998年10月15日，城建开发公司以股权证书的形式给5名原告出具了股权证书，载明股东姓名、股金总额、每股金额、持股数。2003年10月10日，2004年5月14日，2004年7月9日，城建开发公司三次召开股东会并作出决议，将部分公司股东的股权及职工持股会部分会员股转让，同时修改公司章程第10条各股东的出资方式及出资额，依照股东会形成的决议，公司相应的股东的股权以协议的形式进行转让。2008年5月，朱某、朱某娜、方某、施某君、庄某芬5名原告认为城建开发公司未经法定程序并伪造签名或未经部分股东签名，制作股东会决议转让股权，侵害其优先购买权，遂向原审法院起诉要求确认股东会决议无效。

**【裁判要旨】** 一审法院认为，提起股东会决议无效之诉，应当以具备公司股东身份为前提，朱某、朱某娜、方某、施某君、庄某芬并不是公司股东，因此无权要求确认股东会决议无效。

二审法院认为，本案诉因为股东大会、董事会决议效力确认纠纷，根据《公司法》第二十二条的规定，请求确认股东会决议效力或撤销股东会决议的主体应为公司全体股东。由此，本案争议的焦点为如何认定三名上诉人的主体

---

① 浙江省舟山市中级人民法院（2008）舟民二终字第43号。

身份，其系公司股东还是公司持股会会员。根据原审双方提供的证据，城建公司设立时工商部门公示的公司章程、验资报告、股东名册均载明城建公司的股东为15名自然人股东和职工持股会。经查明，提起诉讼的朱某娜、方某、施某君等原审5名原告均非15名自然人股东。而民政部门登记的持股会名单、持股会章程、社团主要成员名册等文件中均载明朱某娜等人为城建开发公司持股会会员。且2001年至2003年的持股会红利分配表载明朱某娜、方某、施某君等人以持股会会员的身份领取红利款。故城建开发公司原审提供的公司设立时及公司经营过程中形成的证据材料，构成较为完整的证据链，对其抗辩的朱某娜、方某、施某君等上诉人非城建公司股东，其身份应为公司持股会会员的主张有证明力。三名上诉人仅以持有公司名义发放的股权证而主张股东权，明显缺乏证据支持。据此认定，朱某娜、方某、施某君等上诉人非城建开发公司股东，其身份应为公司持股会会员。综上，因上诉人朱某娜、方某、施某君不具有城建开发公司股东身份，不符合《公司法》规定的确认股东大会决议效力纠纷的法律要件，三上诉人的上诉请求本院不予支持。

**【案例评析】**本案是较为典型的员工与股东会或者股东大会决议、董事会决议具有直接利害关系的情形。原告通过员工持股会的方式持有公司“股权”，而公司政策对公司的股权结构作出了调整，并且是以董事会决议、股东会决议的方式作出的，事实上直接影响了原告的利益。所以，本案情形符合《公司法解释（四）》第一条的规定，可以直接赋予员工持股不受非法状态的侵害的权利。

3. Jaczen Yu 余某生与广州富斯乐有限公司公司决议撤销纠纷上诉案①

**【焦点问题】**作为公司的董事和高级管理人员，是否可以提起董事会决议无效之诉？

**【裁判立场】**撤销之诉的主体仅限于股东。

**【案情简介】**原告余某生原系被告富斯乐有限公司董事、董事长、法定代表人，富斯乐公司于2016年1月15日作出决议免除了余某生的董事、董事长、

① 广东省广州市中级人民法院（2016）粤01民终17760号。

法定代表人职务，又于同月20日作出决议免除余某生总经理职务。余某生认为，前述股东决议、董事决议是不真实的，更违反了公司章程和《中华人民共和国中外合作经营企业法实施细则》的规定，是无效决议，当然侵犯了余某生的权利，作为被侵权一方，余某生当然有权作为原告起诉富斯乐公司，要求其撤销免除其总经理职务的决议。《中华人民共和国民事诉讼法》第一百一十九条是对起诉条件的规定，其中规定“原告是与本案有直接利害关系的公民、法人和其他组织”，也就是指当事人自己的民事权益受到侵害或者与他人发生争议时，为保护自己的民事权益提起诉讼的人才是合格原告。

**【裁判要旨】**一审法院认为，《公司法》第二十二条第二款明确规定，提起公司决议撤销之诉的原告限于公司股东，而余某生并非富斯乐公司的股东，其无权提起公司决议撤销之诉，其起诉应予驳回。鉴于余某生的起诉应予驳回，对本案是否超过诉讼时效和富斯乐公司的董事会决议是否应予撤销等问题，均无须再行审理。

二审法院的裁判说理和判决结果与一审相同。

**【案例评析】**值得注意的是，本案原告的起诉理由与《公司法解释（四)》第一条的思路是相符的。原告基于诉的利益请求法院认可其原告身份，并且直接提起了确认无效之诉。审理法院的思路与当事人的请求似乎是不相符的，直接转向了决议可撤销，而据成文法对决议撤销主体的规定驳回了原告的诉讼请求。在《公司法解释（四)》的规定下，本案原告的请求应当进行实质审理，而不应简单基于主体资格而予以驳回。

# 专题四 可撤销之诉的原告

## 核心条文

《公司法解释（四）》

**第二条** 依据公司法第二十二条第二款请求撤销股东会或者股东大会、董事会决议的原告，应当在起诉时具有公司股东资格。

## 关涉条文

### 一、既有相关规范

《公司法》

**第二十二条第二款、第三款** 股东会或者股东大会、董事会的会议召集程序、表决方式违反法律、行政法规或者公司章程，或者决议内容违反公司章程的，股东可以自决议作出之日起六十日内，请求人民法院撤销。

股东依照前款规定提起诉讼的，人民法院可以应公司的请求，要求股东提供相应担保。

### 二、地方司法实践

**1.《山东省高级人民法院关于审理公司纠纷案件若干问题的意见（试行）》（鲁高法发〔2007〕3号）**

57. 股东超过《公司法》第二十二条第二款规定期限申请人民法院撤销股东会、股东大会、董事会决议的，人民法院不予受理。

59. 股东丧失股东资格后对股东会、股东大会、董事会决议申请撤销的，人民法院不予受理。但剥夺其股东资格的决议除外。

2.《**关于审理涉及公司诉讼案件若干问题的处理意见（二）**》（**沪高法民二〔2003〕15号**）

**第三部分第二条**　有限责任公司股东主张撤销股东会议决议的，应当自股东会议结束之日起60日内提起诉讼；逾期起诉的，人民法院不予受理。

## 条文理解

### Ⅰ条文演变

[表格4]《公司法解释（四）》第二条的演变过程

| 征求意见稿（2012） | 征求意见稿（2016） | 正式稿　法释〔2017〕16号 |
|---|---|---|
| 第二条（撤销之诉的原告股东身份）<br>提起股东会或者股东大会、董事会决议撤销之诉的原告，应在会议决议形成并至起诉时持续具有公司股东身份。<br>原告起诉时应提交公司股东名册、公司登记机关登记、公司发行的记名股票及无记名股票，或者在证券交易场所开立的证券账户，证明其股东身份。<br>原告提交其他书面文件证明其股东身份且公司予以认可的，人民法院应允许其以股东身份起诉。<br>公司有证据证明原告已经不具有公司股东身份的，人民法院应裁定驳回起诉。 | 第二条（撤销之诉的原告）<br>依据《公司法》第二十二条第二款起诉请求撤销股东会或者股东大会、董事会决议的原告，应当在起诉时具有公司股东身份。案件受理后不再具有公司股东身份的，应当驳回起诉。 | 第二条（撤销之诉的原告）<br>依据公司法第二十二条第二款请求撤销股东会或者股东大会、董事会决议的原告，应当在起诉时具有公司股东资格。<br><br>**【演变概述】**<br>关于撤销之诉的当事人规定，主要有两点变化，一是股东身份的保持，两份征求意见稿除了要求起诉时具有股东身份外，还要求或在决议时或在受理后同时具有股东身份，这一限制在最终稿中被取消；二是股东身份的确认方式，《征求意见稿（2012）》做出了明确规定，正式稿也未予采纳。 |

### Ⅱ主要争议

本条的主要争议涉及两个方面：

#### 一、主体范围能否扩张

有意见主张董事、监事应享有撤销权，并且从域外立法例来看，董事、监事大多可以成为撤销之诉的原告。理由是，董事负有执行股东会、董事会决议的义务，如执行可撤销的股东会、董事会决议，可能就因此造成的损害而对公司承担赔偿责任；监事作为公司的监督机关，为维护股东的利益理应监督股东会、董事会决议的合法与否，同时，股东会决议可能会影响到董事、监事的薪酬、任期以及其他与公司事务相关的事项，因而两类主体均有可能对决议撤销之诉享有“诉讼利益”，更进一步讲，公司决议本质上属于公司的意思表示，因而决议撤销之诉，并不单纯为了股东的利益，更是为了公司的利益，这种带有一定“公益性”的诉讼，仅将撤销权人限制于公司股东显然是不合适的[①]。这种观点与前文第一条“无效之诉的原告”中所涉及，并被正式稿所吸纳的观点是相似的，都是从决议可能影响的主体范围及是否享有诉的利益出发，主张对诉权主体进行扩张。《公司法解释（四）》最终未对撤销之诉的主体做出扩张，可能是受限于《公司法》第二十二条第二款的明确规定，即提起撤销之诉以股东资格为必须，并且从体系上来看，《公司法解释（四）》第三条的“其他利害关系人”似乎为董事、监事等主体参与诉讼提供了途径。

## 二、股东身份的持续

如表格4所示，两份征求意见稿除了要求原告在起诉时具有股东身份外，均附加了额外的限制，《征求意见稿（2012）》要求提起诉讼的股东在决议时即已具有股东身份，而《征求意见稿（2016）》则是要求股东在整个诉讼过程中保持股东身份。这两种限制都未被正式稿所采纳，起草过程中的反对意见也颇多，概括而言，股东在诉讼中保持身份这一规定没有必要且可操作性不强，如果在诉讼过程中，原告丧失被告公司的股东身份（例如公司被兼并），法院是否应当驳回起诉？民事诉讼法已规定了诉讼承担制度，驳回起诉显然是没有必要的。至于决议时是否需要具备股东身份，对此学界的讨论争议由来已久，下文将详细展开。

① ［韩］李哲松：《韩国公司法》，吴日焕译，中国政法大学出版社2000年版，第418页。

## Ⅲ条文要点

### 一、“决议时”是否必须具备股东身份

对于“决议时”是否必须具备股东身份，学界占据上风的意见认为“决议时”具有股东身份的股东可以当然地成为适格原告；“决议后”取得股权的股东存在继受取得和原始取得两种情况。对于继受取得的情况，如果前手即出让股份之股东，于股东会决议时具有股东资格并取得撤销诉权时，其诉权应不因股份之转让而消灭，得由继受人即起诉时之股东行使撤销诉权而提起撤销决议之诉①。继受取得股权的股东，是否能够继受撤销权，取决于出让股东的撤销权是否有效。

第一，出让股东的撤销权受到除斥期间的影响，在除斥期间内继受取得股权的股东，在除斥期间内提起撤销之诉，可以成为适格原告；反之，超出除斥期间而继受取得股权的股东，或者虽在除斥期间内继受取得股权，但在超出除斥期间后提起撤销之诉的，法院仍可以驳回起诉。需注意，继受取得股权不中断除斥期间的计算。

第二，关于出席股东未当场表示异议是否影响其撤销权的取得，对此存在争议。持反对态度的观点认为，如果此时仍可取得撤销权，将允许这些股东任意反复，影响公司安定，法律秩序亦不允许任意干扰。这样，既可消除个别股东见风使舵的投机心理，也可督促股东对股东会或董事会召集程序和决议方法方面的瑕疵当场提出反对意见，从而便利股东会或董事会及时修正瑕疵，最终提高公司决议的效率和稳定性②。或者认为，该类股东的默示行为即未当场表示异议可以被推定为放弃撤销请求权③。持肯定态度的观点认为，这样可以保护那些尽管在表决中同意议案，但当时并不知道召集程序，表决方法有瑕疵的股东，且能督促内部人严格按照程式要求进行会议的召集、主持与表决行为④。

---

① 柯芳枝：《公司法论》，中国政法大学出版社2004年版，第234页。

② 刘俊海：《公司法学（第二版）》，北京大学出版社2013年版，第300页。

③ 范健、王某文：《公司法（第四版）》，法律出版社2015年版，第342页。

④ 李建伟：《公司法学（第二版）》，中国人民大学出版社2011年版，第358页。

持折中态度的观点认为，应当将未当场明示反对从而视为同意决议的股东范围，限制在对起诉股东个人存在的程序瑕疵而未当场提出异议者。其理由是，股东大会不同于董事会，董事会成员精通经营事务，对公司业务经营作出决议时，反对决议的董事应在董事会议事录上表明反对意思，从而可以免责。但股东只是一般投资者，对股东大会决议程序和决议事项未必熟稔和知情，特别是对利害关系人参加表决、对部分股东漏发通知以及表决权不统一行使等可撤销原因难以当场发现，因此，要求出席会议的股东须一律当场提出异议，方具备提起撤销股东大会决议的原告资格，未免过于苛刻[①]。

第三，缺席股东是否具有撤销权。股东未出席股东大会的情形有三种：一是未给予会议通知；二是收到会议通知，但被不当拒绝出席股东大会；三是收到会议通知，但未参加会议。对于前两种情形，缺席股东对基于自己存在的程序瑕疵享有撤销权，没有任何疑问。但对于第三种情形，即放弃出席股东大会的股东是否可以成为适格的原告，有不同的见解[②]。通常认为，股东是否缺席不影响其是否具有撤销权[③]。放弃出席股东会的股东，只是放弃了表决权的行使，但并不意味着股东大会决议与缺席股东毫无关系。事实上，股东大会决议作成后，对出席股东和缺席股东均发生效力，缺席股东虽未出席股东大会，但股东大会决议涉及其权益，缺席股东对瑕疵决议存在法益，因此缺席股东应享有撤销权[④]。

综上，对于继受取得股权的股东而言，不影响其享有撤销权并提起撤销之诉。但原告股东须对继受负举证责任[⑤]。

对于原始取得的情况，即公司发行新股而取得股权的股东，是否对其取得股东身份之前的瑕疵决议存在撤销权，一般认为不享有撤销权，但如果瑕疵决议影响其利益的，应赋予其撤销权[⑥]。

---

① 钱玉林：《股东大会决议瑕疵研究》，法律出版社 2005 年版，第 298 页。

② 钱玉林：《股东大会决议瑕疵研究》，法律出版社 2005 年版，第 301 页。

③ 范健、王某文：《公司法（第四版）》，法律出版社 2015 年版，第 342 页；李建伟：《公司法学（第二版）》，中国人民大学出版社 2011 年版，第 358 页。

④ 钱玉林：《股东大会决议瑕疵研究》，法律出版社 2005 年版，第 302 页。

⑤ 刘俊海：《公司法学（第二版）》，北京大学出版社 2013 年版，第 300 页。

⑥ 钱玉林：《股东大会决议瑕疵研究》，法律出版社 2005 年版，第 301 页。

## 二、“起诉时”是否必须具备股东身份

从比较法的视角来看，日本学者认为，提起撤销之诉的股东并非一定为参加决议的股东，但从起诉时到判决确定为止应保持股东资格①。韩国的学者则认为，不要求股东为决议之际的股东，只要是提诉时的股东即可②。在我国台湾地区也存在不同看法，有的学者认为：“若决议时尚未取得股东地位者，纵股东会决议具有瑕疵，因未涉及其权益，自无从取得此形成权，因此，决议时具有股东身份者，始得起诉。”③ 而有的判例则认为，提起撤销决议之诉的原告在起诉时须具有股东身份，其当事人之适格始无欠缺④。还有的判例进一步认为，原则上提起诉讼的原告，在“股东会决议时”及“起诉时”都应具有股东身份，而且在决议时当场表示异议，取得了撤销权。从具有撤销权的股东受让股份而取得股东资格的，不影响撤销权的行使⑤。

有的观点表述为股东资格从“起诉时到判决生效期间始终具备”⑥，但是这种表述未能完全涵盖所有的情况，例如有的决议撤销之诉可能因为其他程序性原因而被裁定驳回起诉，可能判决已经作出而尚未送达时或尚在上诉期间内原告丧失股东身份，此时也不宜再作出裁定驳回起诉，否则存在法院裁判的冲突。考虑到案件审理过程中比较难界定，本条界定为受理案件后必须持续具有股东身份，至于作出判决或其他裁定的情况则按照民事诉讼法的规定进行协调，避免冲突。

在英国、我国台湾和香港地区等，包括无表决权股东在内的所有股东均有权获得股东大会会议通知；而在美国、日本、韩国、加拿大等，仅有表决权的股东有权获得会议通知，无表决权股东被排除在会议通知对象之外。这样，无表决权股东是否具有瑕疵决议的撤销权，就成了研讨的问题。德国一般学说认

---

① ［日］末永敏和：《日本现代公司法》，金洪玉译，人民法院出版社2000年版，第128页。

② ［韩］李哲松：《韩国公司法》，吴日焕译，中国政法大学出版社2000年版，第417页。

③ 杨建华：《民事诉讼法问题研析（三）》，台北1989年自印版，第177页。

④ 我国台湾地区“最高法院”1968年台上字的第3381号判决。

⑤ 我国台湾地区“最高法院”1983年9月6日第九次民事庭总会决议。

⑥ 刘俊海：《公司法学（第二版）》，北京大学出版社2013年版，第300页。

为，提诉权不是表决权的附属物或其要素，而是与表决权不同的股东权[①]，从而承认了无表决权股东享有决议撤销权。但多数学者认为，决议撤销之诉是以表决权为前提的，因此持有无表决权股份的股东不能提起撤销之诉[②]。无表决权股东除表决权外，享有一切股票上的其他权利。虽然在有些国家无表决权股东没有受会议召集通知的权利，但并不能排除股东大会决议对无表决权股东的效力和影响，尤其是当有特别利害关系的股东参加表决形成显著不公的决议，或者决议内容违反章程而具有撤销原因时，剥夺无表决权股东的撤销权显然是不公正的。我国有学者主张撤销权的法理基础在于股东资格，而非表决权，因此，无表决权股东对瑕疵决议存在诉益，可以成为撤销权人。[③]

概括而言，中国学界占据上风的观点是，是否持有无记名股、有无表决权不影响股东成为决议撤销之诉的原告[④]。

## 典型案例

1. 志达纺织品（香港）有限公司、周黎明公司决议撤销纠纷案[⑤]

**【焦点问题】** 通过持股公司“持股”的实际出资人，是否有权撤销公司决议？

**【裁判立场】** 股东资格判断上，公司的营业执照和工商公示信息的效力优先于内部股权证书。仅持有内部股权证书，不足以提起撤销公司决议之诉。

**【案例简介】** 上诉人志达纺织品（香港）有限公司上诉称：一、根据工商登记公示信息等证据就足以清楚显示，被上诉人不是原审被告宁波志达纺织品有限公司（以下简称“宁波志达公司”）的股东，其仅是上诉人的股东。根据《民事诉讼法》第一百一十九条的规定，本案主体资格审查是法院受理案件的首要形式审查要素，这仅涉及法院对原告主体资格的审查，不需要涉及实体审查问题。二、被上诉人的身份是上诉人的原股东，不是宁波志达公司的股东，

① ［韩］李哲松：《韩国公司法》，吴日焕译，中国政法大学出版社2000年版，第417页。

② ［韩］李哲松：《韩国公司法》，吴日焕译，中国政法大学出版社2000年版，第417页。

③ 钱玉林：《股东大会决议瑕疵研究》，法律出版社2005年版，第302、303页。

④ 刘俊海：《公司法学（第二版）》，北京大学出版社2013年版，第300页；范健、王某文：《公司法（第四版）》，法律出版社2015年版，第342页；李建伟：《公司法学（第二版）》，中国人民大学出版社2011年版，第358页。

⑤ 浙江省宁波市中级人民法院（2016）浙02民辖终814号。

其仅能针对上诉人提起公司决议撤销之诉。根据《民事诉讼法司法解释》第二十二条“因股东名册记载、请求变更公司登记、股东知情权、公司决议、公司合并、公司分立、公司减资、公司增资等纠纷提起的诉讼，依照民事诉讼法第二十六条规定确定管辖”以及《民事诉讼法》第二十六条“因公司设立、确认股东资格、分配利润、解散等纠纷提起的诉讼，由公司住所地人民法院管辖”，《民事诉讼法司法解释》第三百三十一条“人民法院依照第二审程序审理案件，认为第一审人民法院受理案件违反专属管辖规定的，应当裁定撤销原裁判并移送有管辖权的人民法院”的规定，股东会决议撤销之诉应专属于作出股东会决议的公司住所地法院专属管辖，本案应以上诉人所在地香港特别行政区有管辖权的法院管辖。三、被上诉人不是宁波志达公司的股东，没有资格对其提出公司决议撤销权纠纷之诉，对此，仅对被上诉人是否具有原告诉讼主体资格进行审查即可确定，并不需要涉及实体审查。而被上诉人之所以将宁波志达公司作为本案被告，其目的是规避法律关于管辖的强制性规定，但是原审法院对于这一恶意企图却没有注意。

被上诉人周某明书面答辩称：被上诉人实际系宁波志达公司的持股平台，上诉人及其他实际出资人是宁波志达公司的股东，这一事实在股东会决议中明确而无任何争议，也是宁波志达公司成立以来的事实。

**【裁判要旨】**生效判决裁定认为，起诉请求撤销决议的原告，应当在起诉时具有公司股东身份。本案系公司决议撤销纠纷，被上诉人虽向原审法院提供了上诉人出具的内部股权证书，但根据宁波志达公司的营业执照和工商公示信息显示，宁波志达公司系台港澳法人独资的有限责任公司，其仅有上诉人一个股东；同时被上诉人亦未提供其为上诉人的股东的相应证明，即现有证据表明，在向原审法院提起诉讼时被上诉人既非宁波志达公司的股东亦非上诉人的股东，被上诉人不具备起诉请求依法撤销2016年8月10日的《志达纺织品（香港）有限公司暨宁波志达纺织品有限公司股东会决议》中的相关内容的原告主体资格，原审法院立案受理本案不当，应予以纠正。

**【案例评析】**本案法院在确认股东资格时，以营业执照和工商公示信息为判断标准。

2. 洛阳特耐实验设备有限公司与杨某、罗某伟公司决议撤销纠纷再审复查案①

**【焦点问题】**因继承而获得股东资格的，是否可以在未办理变更登记前，提起决议撤销之诉？

**【裁判立场】**无须办理变更登记即可提起决议撤销之诉。

**【案情简介】**胡某、洛阳特耐衬里有限责任公司（罗某伟是该公司法定代表人）和郭某丽共同出资50万元注册成立了特耐公司，胡某在贵州出差期间意外摔伤后死亡，就此问题，各方经协商后于2014年12月29日签订了一份《工伤赔偿协议》，主要内容：胡某出差期间意外殉职，经特耐公司股东会协商，同意家属54万元的赔偿申请，由胡某妍作为家属代表全额领取。2015年1月15日，被告特耐公司召开了临时股东会议，召集人是被告罗某伟和被告郭某丽，主持人是被告罗某伟，实际到会股东是被告罗某伟和被告郭某丽。临时股东会形成一份股东会决议，其中第五项为，待财务审计工作完成后，再决定胡某股权的转让问题。

胡某和杨某系夫妻关系，二人有一女儿胡某妍。胡某的父亲是胡某玉，母亲是李某兰。2015年2月26日，胡某妍和李某兰分别声明放弃继承胡某所有的股权，并经过洛阳市涧西区公证处公证。2015年3月9日，杨某和胡某玉在洛阳市涧西区人民法院的主持下达成调解协议，杨某继承胡某在被告特耐公司的股权。三被告没有提供证据证明已经通知原告或胡某的其他继承人参加2015年1月15日召开的临时股东会，杨某因此提起决议撤销之诉。

**【裁判要旨】**一审法院认为，《公司法》第七十五条规定："自然人股东死亡后，其合法继承人可以继承股东资格；但是，公司章程另有规定的除外。"被告特耐公司的章程中并没有对此作出限制性的规定，故胡某死亡后其合法继承人依法可以继承股东资格。继承股东资格也就意味着各继承人不仅继承了股权，而且继承了股东的身份，故三被告有关取得股东身份需要提出申请，并经其他股东同意的辩称，不予支持。2015年1月15日股东会召开时，各继承人

① 河南省高级人民法院（2016）豫民申1537号。

虽然没有对胡某的股权进行遗产分割，使得该部分股权处于一种共有关系，但相关的权利主体是明确的，依法也享有参与重大决策和选择管理者的权利。被告罗某伟是公司监事，其与被告郭某丽合计的持股比例已经达到了58%，两人在法定代表人胡某意外死亡后，提议召开临时股东会符合法律和章程规定。但是，三被告仍应当依据法律和公司章程的规定，提前十五日通知继承胡某股权的各共有人或推选的代表人参加股东会。三被告没有证据表明已经依法履行了通知义务，故应当承担不利的法律后果。鉴于继承人胡某妍和李某兰已经声明放弃了对股权的继承，继承人胡某玉又与原告于2015年3月9日达成由原告继承全部股权的调解协议，故胡某在被告特耐公司42%的股权已经全部由原告继承。现原告单独提起诉讼，以股东会召集程序违反了法律和章程规定，申请撤销2015年1月15日股东会决议，符合法律规定，应予支持。

二审法院认为，被上诉人杨某拥有涉案公司即上诉人特耐公司股东资格是基于原公司去世股东法定继承人身份以及该去世股东所有法定继承人协商一致的结果。至于是否在工商行政管理部门变更股东登记，从而产生对外的公信、公示效力，则并不影响其内部股东权利的正常行使。而三上诉人特耐公司、罗某伟、郭某丽亦非《公司法》第三十二条中所称的“第三人”。故被上诉人杨某作为上诉人特耐公示股东行使公司决议撤销权于法有据，鉴于上诉人罗某伟、郭某丽未依照法定程序及时通知被上诉人参加股东会议，一审撤销特耐公司2015年1月15日股东会决议正确，本院予以维持。

再审法院认为，股权就其本质属性来说，既包括股东的财产权，也包括基于财产权产生的身份权即股东资格，该身份权体现为股东可以就公司的事务行使表决权等有关参与公司决策的权利。杨某因继承而取得的股东资格，其权利义务与原股东是一样的，虽然在胡某死亡后，特耐公司的工商登记基本情况未变更为杨某，但这并不影响其作为继承人而继承的股东资格，故一、二审法院认为杨某可以行使公司决议撤销权并无不当，特耐公司的再审理由不能成立。

3. 金某玉与中国星岛（延边）绿色产业有限公司公司决议撤销纠纷上诉案①

**【焦点问题】** 董事是否有权提起董事会决议撤销之诉？

**【裁判立场】** 根据《公司法》的规定，撤销决议之诉的提诉主体只能是股东。

**【案情简介】** 原告金某玉于2011年被任命为被告星岛公司董事长，2016年6月17日星岛公司在韩国首尔召开董事会，形成解聘金某玉的董事会决议。金某玉认为，其在任期间无任何过错，被告却在其完全不知情的情况下解聘她，该决议对金某玉显失公平，严重地侵害了金某玉的合法权益，因而向法院提起了决议撤销之诉。

**【裁判要旨】** 一审法院认为，本案纠纷的起源是作为被告公司原董事长的原告金某玉认为该公司于2016年6月17日作出的董事会决议在召开程序、表决方式和决议内容方面违反法律及公司章程规定，要求撤销被告星岛公司于2016年6月17日形成的董事会决议，本案是公司决议撤销纠纷。根据《公司法》第二十二条第二款之规定，虽原告金某玉于作出董事会决议之日起六十日内提起诉讼，但上述法律条文明确规定提起公司决议撤销之诉的原告必须具有作出该决议的公司股东身份，而本案原告金某玉并非被告星岛公司的股东，其无权提起公司决议撤销之诉，依照法律规定，其不具有提起本案诉讼的主体资格，依法应驳回起诉。

二审法院的说理思路及裁判结果与一审相同。

**【案例评析】** 本案实质上与《公司法解释（四）》第一条更为相关，虽然原告的诉讼请求为撤销董事会决议，但其主张的理由是该决议显失公平、侵害原告的合法权益，因而提起决议无效之诉，更为恰当。裁判法院认定撤销之诉的提诉主体只能是公司股东，而驳回原告的诉讼请求，也是合乎法律规定的。

---

① 吉林省延边朝鲜族自治州中级人民法院（2017）吉24民终636号。

# 专题五　其他诉讼当事人及判决效力

## 核心条文

**《公司法解释（四）》**

**第三条**　原告请求确认股东会或者股东大会、董事会决议不成立、无效或者撤销决议的案件，应当列公司为被告。对决议涉及的其他利害关系人，可以依法列为第三人。

一审法庭辩论终结前，其他有原告资格的人以相同的诉讼请求申请参加前款规定诉讼的，可以列为共同原告。

**第六条**　股东会或者股东大会、董事会决议被人民法院判决确认无效或者撤销的，公司依据该决议与善意相对人形成的民事法律关系不受影响。

## 关涉条文

### 一、既有相关规范

**1.《公司法》**

**第二十二条第二款、第三款**　股东会或者股东大会、董事会的会议召集程序、表决方式违反法律、行政法规或者公司章程，或者决议内容违反公司章程的，股东可以自决议作出之日起六十日内，请求人民法院撤销。

股东依照前款规定提起诉讼的，人民法院可以应公司的请求，要求股东提供相应担保。

**2.《民事诉讼法》**

**第五十六条第二款、第三款**　对当事人双方的诉讼标的，第三人虽然没有独立请求权，但案件处理结果同他有法律上的利害关系的，可以申请参加诉讼，或者由人民法院通知他参加诉讼……

3.《民法总则》

**第八十五条** 营利法人的权力机构、执行机构作出决议的会议召集程序、表决方式违反法律、行政法规、法人章程，或者决议内容违反法人章程的，营利法人的出资人可以请求人民法院撤销该决议，但是营利法人依据该决议与善意相对人形成的民事法律关系不受影响。

## 二、地方司法实践

**1.《上海市高级人民法院关于审理涉及公司诉讼案件若干问题的处理意见（一）沪高法〔2003〕216号》**

**第二部分** 股东诉股东大会决议无效并要求承担赔偿责任的案件中诉讼主体应如何确定的问题

股东大会决议是公司权力机关作出的代表公司意志的决策行为，其法律后果应由公司承担，因此，此类案件应以公司为被告。原告起诉被告主体不符的，法院应告知原告予以变更；原告不予变更的，应裁定驳回原告的起诉。

对于股东起诉上市公司股东大会或董事会决议无效的案件暂不受理。

**2.《山东省高级人民法院关于审理公司纠纷案件若干问题的意见（试行）》（鲁高法发〔2007〕3号）**

56. 股东、董事、监事申请确认股东会、股东大会、董事会决议无效，或者股东申请撤销股东会、股东大会、董事会决议的，应以公司为被告。

公司法定代表人对公司股东会、股东大会或董事会决议申请确认无效或撤销的，由公司推荐认可上述决议效力的其他股东、董事或者监事代表公司参加诉讼。

58. 当事人对股东会、股东大会、董事会决议申请确认无效或撤销，人民法院驳回其诉讼请求的，他人以相同的事实和理由再次起诉的，人民法院不予受理。

**3.《北京市高级人民法院关于审理公司纠纷案件若干问题的指导意见（试行）（京高法发〔2004〕50号）》**

**第一部分第三条** 涉及股东会议、董事会议的诉讼如何确定被告？

涉及因股东会议、董事会议而提起的诉讼包括要求召开股东会议、董事会议，请求确认股东会议、董事会议决议效力，请求撤销股东会议决议、董事会议决议案件。股东会是公司的权力机构，代表公司行使法定的和公司章程所规定的职权；董事会对股东会负责，是公司的执行机构。股东会议、董事会议的召开及决议均属于公司法人行为，此类诉讼，应当以公司为被告。

根据无效的股东会议、董事会议决议取得财产利益的当事人可以列为共同被告或第三人。

**4.《江苏省高级人民法院关于审理适用公司法案件若干问题的意见（试行）》（苏高法审〔2003〕2号）**

8. 股东会议表决权纠纷

因表决权效力发生争议的，以公司为被告，其他利害关系人为第三人。

股东会议侵害股东表决权的，股东可以公司为被告提起侵权之诉。

12. 公司决议侵害股东权纠纷

因股东会决议、董事会决议受到侵害的公司股东请求确认股东会决议或董事会决议无效或撤销的，应列公司为被告。

**5.《浙江省高级人民法院民事审判第二庭关于商事审判若干疑难问题理解（浙法民二〔2010〕15号）》**

**问题5**　有限责任公司的不同股东分别针对股东会决议的效力提起诉讼，两个诉讼中一位股东要求确认股东会决议无效，另有一位股东请求撤销股东会决议。对该两个案件中不同的请求如何处理？是否应由法院对股东会决议效力进行释明？（杭州西湖法院）

撤销之诉和无效之诉同属形成之诉类型，但二者的实体权利基础、程序发动的条件和诉讼目的不同。违反法律强制性规定的股东会决议应依法确认无效，而撤销之诉针对的决议只是在程序上存在瑕疵，在没有被撤销之前决议是有效的。人民法院应结合《公司法》第二十二条、最高人民法院发布的法释〔2001〕33号《关于民事诉讼证据的若干规定》第三十五条和本院浙高法〔2009〕419号《关于规范民商事案件中法官释明的若干规定（试行）》有关“诉讼请求及法律问题的释明”的相关意见，向当事人作出适当释明。股东会撤销之诉和股东会决议无效之诉不宜由不同法院分别受理。

**6.《广东省高级人民法院关于民商事审判实践中有关疑难法律问题的解答意见》**

**第三部分问题（十一）**　（十一）股东请求确认股东会或者股东大会、董事会决议无效的被告如何确定？

股东会或董事会决议均形成公司意志，为公司决议，确认会议无效之诉的被告为公司。

## 条文理解

### Ⅰ条文演变

［表格5］《公司法解释（四）》第三条的演变过程

| 征求意见稿（2012） | 征求意见稿（2016） | 正式稿　法释〔2017〕16号 |
|---|---|---|
| 第三条（无效和撤销之诉当事人的诉讼地位）<br>原告起诉请求确认股东会或者股东大会、董事会决议无效或者请求撤销上述会议决议案件，应当列公司为被告，对决议涉及的相对利害关系人，可以列为共同被告或者第三人。<br>公司其他股东以与原告相同理由请求参加诉讼的，应当列为共同原告。但申请参加撤销上述会议决议案件的公司其他股东，提交申请的时间不符合《公司法》第二十二条第二款规定或者未持续具有公司股东身份的，人民法院应不予准许。 | 第三条（当事人诉讼地位）<br>原告起诉请求确认本规定第四条规定的决议不存在、本规定第五条规定的未形成有效决议，以及确认决议无效、有效或者撤销决议案件，应当列公司为被告。<br>他人在一审法庭辩论结束前以与原告相同的诉讼请求申请参加诉讼，其诉讼主体资格符合民事诉讼法、公司法规定的，应当列为共同原告。 | 第三条（其他当事人的诉讼地位）<br>原告请求确认股东会或者股东大会、董事会决议不成立、无效或者撤销决议的案件，应当列公司为被告。对决议涉及的其他利害关系人，可以依法列为第三人。<br>一审法庭辩论终结前，其他有原告资格的人以相同的诉讼请求申请参加前款规定诉讼的，可以列为共同原告。<br><br>**【演变概述】**<br>关于决议纠纷当事人的规定，变化不大，主要是表述上的调整：一是由于撤销与无效之诉的提诉主体范围不一致，因而后两稿突出了主体资格的符合；二是应当和可以的区别，2012年征求意见稿和最终稿均表述为“可以”，2016年征求意见稿则表述为“应当”。 |

［表格6］《公司法解释（四）》第六条的演变过程

| 征求意见稿（2012） | 征求意见稿（2016） | 正式稿　法释〔2017〕16号 |
|---|---|---|
| 第九条（判决的溯及力）<br>人民法院判决股东会或者股东大会、董事会决议无效或者撤销上述决议时，该决议自始没有法律约束力，但公司依据该决议设立的对外法律关系，不当然失去法律效力。<br>当事人因股东会或者股东大会、董事会决议设立的其他法律关系发生争议时，可以请求与决议无效或者撤销之诉案件合并审理，也可以另行提起诉讼。 | 第十一条（判决的溯及力）<br>人民法院判决股东会或者股东大会、董事会决议不存在、未形成有效决议、决议无效或者撤销决议的，该决议自始没有法律约束力。 | 第六条（判决的既判力）<br>股东会或者股东大会、董事会决议被人民法院判决确认无效或者撤销的，公司依据该决议与善意相对人形成的民事法律关系不受影响。<br>**【演变概述】**<br>本条的意旨，从一般法理上即可推知，条文本身变化不大。最终稿的表述方式是与《民法总则》的出台相关的，对公司内外部关系进行了区分、明确了善意第三人保护原则。 |

Ⅱ主要争议

《公司法解释（四）》第三条本质上是对民事诉讼规则的重述，第六条则是对裁判既判力的确认，与《民法总则》第八十五条相一致，因而，起草过程中出现的意见，并无太多实体性的，而是主要集中于表述。

## 一、法条顺序与体系逻辑

有意见认为，第三条应规定在第四条、第五条之后，因为第三条需以第四条、第五条为前提，尤其是《征求意见稿（2016）》的表述，第三条中提到了第四条，先出现的法条指引到后出现的法条，逻辑关系不合理，结构不严谨。最终稿并未进行顺序的调整，虽然无碍理解与裁判实质，但本书在体例上还是采取了先对第四条、第五条进行介绍，而后对第三条进行分析的方式。

## 二、“被告”的表述方式

有意见认为，第三条增加规定两类特殊情形下的被告公司主体身份的认定：第一，原告作为公司法定代表人；第二，目标公司具有处于清算或者被吊销营业执照等特定情形。理由是该两类情形下公司作为被告，主体资格如何认定需要进一步明确。

涉及的另一个问题是，对决议效力瑕疵负有责任的股东，是否可以列被告。实践中，往往存在起诉股东在起诉公司决议无效、不成立、可撤销之诉的同时，以损害公司（股东）利益责任纠纷之诉的情形，请求负有责任的股东、董事承担相应民事责任的情况。所以，有意见认为《公司法解释（四）》第三条应增加一款，“起诉股东在起诉公司决议无效、可撤销之诉的同时，提起请求负有责任的股东、董事承担相应民事责任的损害公司（股东）利益责任纠纷之诉的，告知其另行起诉”，理由是考虑到公司决议无效、可撤销之诉与损害公司（股东）利益责任纠纷之诉二者之间适用的条件、判处的依据以及责任承担的方式不同，不宜同案处理。

以上两种意见，实际上是对民事诉讼规则进行了公司法上的细化，《公司法解释（四）》最终未做规定也无碍于审判，前述意见可作为司法实务的参考。

## 三、“共同原告”的范围

关于“共同原告”，出现过几种不同的表述方式，一种是“其诉讼主体资格符合《民事诉讼法》《公司法》及本解释规定的，应当列为共同原告”；另一种是，在前一种表述上再附加程序性限制“在一审法庭辩论结束前以与原告相同的诉讼请求申请参加诉讼”。这两种表述其实是对本条解释的细化，无本质不同，是内含于其中的。

## 四、“其他利害关系人”的含义

与“其他利害关系人”相关的意见，主要是认为“其他利害关系人”一词的含义过于含糊、不明确，在实务中可能无法统一确定具体范围，将导致判决结果不统一，因而意见多是集中于列举的，具体列举了可能成为“其他利害关系人”的主体。

第一类主体是，异议股东，建议将持相反诉讼主张的股东列为第三人，理由主要是考虑到节省诉讼的时间和费用，避免法院作出相互矛盾的判决，也可以且应该合并审理。

第二类主体是，董事、监事等高级管理人员、职工、债权人等，建议“人民法院可以依当事人申请追加原告以外的与决议内容有直接利害关系的公司董事、监事等高级管理人员、职工、债权人等，以无独立请求权的第三人身份参加诉讼”。理由主要有三：第一，当涉诉决议的内容对除股东、董事之外的公司高级管理人员、职工、债权人产生直接利害关系时，该等利害关系人应当有权以第三人身份加入诉讼，但受限于他们不具有原告主体资格，该等第三人应无独立请求权。他们通过帮助原告或被告一方获得间接维护自身利益的诉讼救济机会。第二，由于《征求意见稿（2016)》第一条规定了确认有效之诉，所以有必要追加公司内外的其他利害关系人参加，是考虑到对公司具有实际控制权的股东或其他部分股东与公司恶意串通，以原告身份对公司提起确认决议有效的诉讼，以达到损害小股东或公司高级管理人员、职工、债权人等利害关系人的不当目的。决议有效性的司法判断相当程度上有赖于诉讼当事人的举证，而在确认公司决议有效的案件中原被告双方都天然地出于维护决议有效性的动机，对不利于决议有效性的证据不会主动提供，甚至故意隐匿，虽然最终稿删除了确认决议有效之诉，但这种思路仍值得注意。第三，由于公司决议属于公司私法范畴，决议内容对利害关系人的影响和关系人如何进行利害权衡，司法不应主动介入，因此，人民法院不宜依职权追加第三人加入此类诉讼。

除列举主体的思路外，还有建议认为，为免疑惑，应明确第三条所列举的诉讼属于普通共同诉讼。

以上意见虽未被《公司法解释（四)》最终吸纳，但本质上仍属于法院自由裁量的范围。

## 五、判决效力范围

起草过程中关于判决效力的意见，基本已被《公司法解释（四)》正式稿所吸纳。概括而言，大部分意见都是围绕着“涉及第三人的决议纠纷”的既判力展开的，要求区别公司内外关系、维护商业秩序。比较典型的建议，如在《征求意见稿（2016)》第十一条的基础上增加一款“因上述决议而设立的其他法律关系发生争议，应依据相关法律法规予以审查认定”或“公司决议无效或撤销后归于无效，属于相对无效，不得对抗公司外部的善意第三人”，以保护善意第三人，维护信赖利益。

此外，还有意见认为，应增加一款“公司根据股东会或者股东大会、董事会决议已办理变更登记的，人民法院宣告该决议无效、决议不存在或者撤销该决议后，人民法院应当依据原告股东的请求，判决公司在规定的时间内向公司登记机关申请撤销变更登记”，以完善《公司法》第二十二条第四款，因为该判决的发起应当依当事人的诉请，在当事人没有诉请的情况下，法院没有依职权直接判决撤销变更登记的法定义务。

## 六、行为保全与股东担保

《征求意见稿（2016)》第十条规定了决议瑕疵诉讼中的行为保全，由于反对意见较多且可操作性不强，正式稿予以删除。具体而言，反对意见主要是来自两个方面：一是第十条的立法目的是避免滥诉，但这并非公司诉讼所特有，而将恶意干扰或拖延诉讼决议实施的判断风险交由法院，实施难度很大，所以建议进一步考虑该条的必要性；二是公司行为的特性在于其意思自治来自集体合意，司法权的介入应慎重，即使要进行司法干预，除当事人提供担保外，或应责令其提供证据材料作初步审查，或对该条中“当事人、利害关系人”的范围予以界定。至于股东担保，虽然规定在《公司法》第二十二条第三款，但有待推敲的是，如果一般利害关系人无须提供担保即可对公司提起决议无效之诉，为何利害关系更近的股东却必须提供担保?

Ⅲ条文要点

## 一、决议瑕疵诉讼的被告与“其他利害关系人”

《公司法》第二十二条未界定决议瑕疵诉讼的被告，本条《公司法解释（四)》第三条第一款予以明确。

学理上通说认为决议瑕疵诉讼，包括确认决议无效之诉、撤销决议之诉的被告应当为公司。对此，通常的解释是认为通过资本多数决或民主原则，将股东会的意志拟制为公司的意志[①]；而且以公司作为被告，可以对公司的相关利害关系人都产生效果[②]。当然，也有观点认为决议涉及的相对利害关系人，可以被列为共同被告或者第三人[③]。本条司法解释并未规定共同被告。司法实践中，通常认可决议瑕疵诉讼的被告应当为公司，但对于决议有利害关系的人（例如实际作出决议的股东）处于何种诉讼地位的认定并不一致。至于“其他利害关系人”的判断，有待司法实践探索，也有前文主要争议部分的意见可供参考。

## 二、决议瑕疵诉讼的共同原告

本条《公司法解释（四）》第三条第二款是对《民事诉讼法》有关共同原告规定的复述。根据本款规定，决议瑕疵诉讼不是必要共同诉讼，法院无须通知其他与决议有利害关系的主体；但对于主动申请参加诉讼的，诉讼主体资格符合《民事诉讼法》《公司法》以及相关司法解释的规定的，法院应当列为共同原告。在司法实践中，法院可能会主动通知与决议有利害关系的主体作为共同原告参加诉讼[④]。同时，对于主动申请参加诉讼的，法院也将其列为了共同原告[⑤]。

## 三、判决的羁束力

由于我国《民事诉讼法》对判决的羁束力没有规定，所以学理上的判决效力通常就是指生效判决的效力，包括既判力（确定力）、形成力和溯及力。[⑥]《公司法解释（四）》第六条仅对原告胜诉的情形作出了规定，下文将对原告败诉的情形一并进行讨论。

---

① 刘俊海：《公司法学（第二版）》，北京大学出版社 2013 年版，第 300、301 页；赵旭东：《公司法学（第四版）》，高等教育出版社 2015 年版，第 290 页；范健、王某文：《公司法（第四版）》，法律出版社 2015 年版，第 342、343 页；李建伟：《公司法学（第二版）》，中国人民大学出版社 2011 年版，第 359 页；李东方：《公司法学》，中国政法大学出版社 2012 年版，第 335、336 页。

② 叶林：《公司法原理与案例教程》，中国人民大学出版社 2010 年版，第 135、136 页。

③ 范健、王建文：《公司法（第四版）》，法律出版社 2015 年版，第 343 页。

④ 浙江省高级人民法院（2015）浙商终字第 8 号。

⑤ 湖南省益阳市中级人民法院（2014）益法民二终字第 40 号。

⑥ 王娣、傅郁林、乔欣、张晋红、蔡虹著：《民事诉讼法》，高等教育出版社 2013 年版，第 403 页。

1. 原告胜诉的情形

首先是既判力的扩张，按照一般的民事诉讼法理，判决作出之后即具有法律上的效力，任何人不得随意撤销或者变更，且当事人不得再就同一诉讼标的再行起诉或者在其他诉讼中提出与确定判决相反的主张，此谓判决的既判力（确定力）。判决的既判力一般而言对非诉讼参加人无拘束，但在特殊情况下，为了使原告的诉讼变得有意义，有可能发生判决的既判力扩张现象。公司法理上认为决议诉讼具有类似必要共同诉讼的性质，判决既判力范围及于未参加诉讼的其他股东。①

其次是形成力，公司决议撤销（无效）之诉在原告胜诉时判决具有对世效力，即效力及于当事人及其外的任何第三人，这是公司决议判决撤销（无效）的一项基本原则，因为，公司决议具有固定多数人与公司建立同种法律关系的团体性特定，因此有必要对他们划一确定②。原告胜诉判决确定时，除确认原告形成权存在的既判力外，并有使公司决议失效的形成力，此项形成力，依其性质，其效力及于一切第三人。③

最后是溯及力，关于决议撤销或无效之诉判决的溯及力问题，学界存有不同看法。一种观点是撤销判决有溯及力，依据是，按照民法上的法律行为法理，被撤销的民事法律行为自始无效，以此推论，在公司决议被裁定无效后，即使善意第三人也不能主张其效力④。另一种观点是，无效的裁判并无溯及力，只能对未来发生效力，因为公司决议关系到社会交易的安全，为了商事关系的稳定，不能简单地套用法律行为的法理。商事交易特别注重外观主义与维护交易安全，在公司与第三人的交易中，第三人注意的是公司的意思表示外观，并依其外观确定法律后果，而无义务也无能力去调查该意思表示是如何形成的。⑤所以，公司决议存在瑕疵而归于无效的，原则上第三人的利益不应受其影响。

---

① 陈宗荣等：《婚姻无效与股东会决议无效之诉讼》，载《法学丛刊》第140期。
② ［韩］李哲松：《韩国公司法》，吴日焕译，中国政法大学出版社2000年版，第417页。
③ 柯芳枝：《公司法论》（上），三民书局2002年版，第278页。
④ ［韩］李哲松：《韩国公司法》，吴日焕译，中国政法大学出版社2000年版，第349页。
⑤ 参见王保树：《从法条的公司法到实践的公司法》，载《法学研究》2006年第6期。

还有一种折中的观点认为，应根据决议调整的对内和对外关系有所区别[①]，公司决议一经判决确认无效即具有溯及既往的效力，这是一项基本原则，不容质疑，否则撤销之诉就失去了其基本意义；但另一方面，公司决议具有团体法上的行为性质，判决的对世效力须谋求公司组织法律关系的整体性、稳定性，公司决议被确认无效的判决溯及力不能简单适用民事法律行为被判决撤销、无效而具有溯及既往的效力，因为以公司决议为基础的公司行为如被溯及无效，将产生公司组织法律关系的混乱，损害第三人利益。因此，公司法在处理瑕疵决议被确认无效后的溯及力问题上，应视具体情形尊重既成事实，注意对善意第三人的保护。

《公司法解释（四）》采取的即为折中观点，但需要注意的是，只有涉及对外关系的决议才有善意第三人保护的可能[②]。而这种涉外关系又需进一步地区分，即公司与第三人的交易是否以诉争决议的效力为前提：公司与第三人的交易不以决议有效为必要的，无效判决并不影响第三人利益，此时无须顾及保护交易安全，所以应当认可判决自始无效的溯及力；当公司与第三人的交易以股东大会决议为前提的，如与其他公司合并、转让公司重要营业资产等，此时如规定无效判决具有溯及力会损及善意第三人，[③] 同时如交易的履行已经产生一定的后果，此时客观上不可能因决议的无效而溯及回复原状，如新股发行事项，否则严重危及交易安全。所以，当公司与第三人的交易以公司的决议为前提时，讨论判决的溯及力要与善意第三人保护（也即交易安全）联系起来考虑。[④] 具体操作上，可以类推适用表见代理规则。

2. 原告败诉的情形

形成力又称判决的创设力或变更力，是指生效判决具有使原民事法律关系消灭或者使新的民事法律关系发生的效力，与确定力不同，形成力并非所有生效判决都具有的效力，只有形成判决才具有，这是因为形成判决本身就是对改

① 参见柯芳枝：《公司法论》（上），三民书局2002年版，第278页。
② 参见北京市第一中级人民法院（2016）京01民终337号。
③ 施天涛：《公司法论》，法律出版社2006年版，第376页。
④ 李建伟：《公司诉讼专题研究》，中国政法大学出版社2008年版，第212页。

变原民事法律关系状态的一种判断。[①] 故而，在原告败诉的情形下，法院的判决仅具有确定原告的形成之诉不成立的性质，此项判决的效力不及于原告之外的其他股东，其他股东仍可就此决议提起撤销或无效（不成立）之诉，只要其符合期间的限制。所以，其他股东及利害关系人通过《公司法解释（四）》第三条的规定共同参与诉讼，是节约诉讼成本、提高诉讼效率的最好方式。

## 典型案例

### 一、决议之诉被告的认定

1. 大连金华电器连锁有限公司诉陈某玲等决议效力确认纠纷案[②]

**【焦点问题】**决议无效之诉是否可以列负有责任的股东和公司为共同被告?

**【裁判立场】**公司决议效力确认纠纷，不应对股东提起，应当列公司为被告。

**【案例简介】**大连金华电器连锁有限公司（以下简称“金华电器”）有两位股东，陈某玲和王某成，2014年1月8日，金华电器股东会作出决议，决定变更公司营业期限至2029年12月17日，并以此办理了工商变更登记。该决议中全体股东签名处“王某成”“陈某玲”签名均不是本人所写，金华电器股东会并未实际召开会议。陈某玲以金华电器和王某成为被告，请求确认2014年1月8日股东会决议无效。王某成答辩主张不应列为本案被告，但对决议效力予以认可。

**【判决要旨】**一审法院认为，本案系公司决议效力确认纠纷，应当以公司为被告，对于原告以股东王某成为被告的起诉应予驳回；确认2014年1月8日股东会决议无效。金华电器提起上诉，二审庭审中，王某成又称案涉股东会决议上“王某成”的签名是其本人所签，二审法院认为金华电器2014年1月8日未实际召开股东会，同时决议上“陈某玲”签名并非本人所签，该决议对陈某玲不发生效力，维持原判。

---

① 王娣、傅郁林、乔欣、张晋红、蔡虹著：《民事诉讼法》，高等教育出版社2013年版，第409页。

② 辽宁省大连市中级人民法院（2014）大民三终字第844号。

【案例评析】虽然，本案中伪造签名的股东个人可能存在责任，但股东提起公司决议效力之诉，本质上是为解决股东个人与公司集体行为（决议）之间的关系，因而应以公司为被告。

2. 朱某与张某、杨某公司决议效力确认纠纷案①

【焦点问题】决议无效之诉是否可以列负有责任的股东和公司为共同被告？

【裁判立场】当事人提出主张的，予以追加。

【案情简介】2010年11月1日，被告杨某与案外人徐某共同发起设立被告曲阜新东源汽车销售服务有限公司，公司注册资本200万元，其中徐某出资150万元，占75%股份，被告杨某出资50万元，占25%股份。2012年2月20日，被告召开股东会议，并作出书面股东会决议，主要内容为：徐某将其在被告公司的股权150万元转让给原告朱某；公司股权变更后，股东为原告和被告杨某，原告出资额占注册资本的75%，被告杨某占25%。同日，被告公司股东制定新的曲阜新东源汽车销售服务有限公司章程。被告公司聘任被告张某为公司执行董事，即公司法定代表人。

在被告曲阜新东源汽车销售服务有限公司经营过程中，被告曲阜新东源汽车销售服务有限公司在未实际召开股东会会议及原告朱某不知情的情况下，伪造原告朱某的签名形成2012年7月3日曲阜新东源汽车销售服务有限公司股东会决议及2012年7月3日曲阜新东源汽车销售服务有限公司章程各一份。该伪造的股东会决议主要内容为：公司注册资本、实收资本均由200万元增加至1000万元，本次增加出资800万元，由新增股东张某、原股东朱某缴纳，其中张某认缴出资550万元，朱某认缴250万元，公司其他股东同意放弃优先出资权；变更后股东出资情况为张某出资550万元，占注册资本的55%，朱某出资400万元，占注册资本的40%，杨某出资50万元，占注册资本的5%，出资方式均为货币；废止原公司章程，通过新公司章程。该变更后的新公司章程中明确了被告曲阜新东源汽车销售服务有限公司股东为被告张某、杨某及原告三人，出资额、持股比例等同前伪造的股东会决议，出资时间为2012年7月4日。被

① 山东省曲阜市人民法院（2017）鲁0881民初323号。

告随即持前伪造的股东会决议、公司章程等材料向曲阜市工商行政管理局申请对股东、注册资本等内容进行了变更。

**【裁判要旨】**诉讼过程中，原告以曲阜新东源汽车销售服务有限公司与本案具有法律上直接的利害关系为由，申请追加曲阜新东源汽车销售服务有限公司为本案共同被告，本院依法通知曲阜新东源汽车销售服务有限公司作为本案共同被告参加诉讼。

法院裁判认为，被告曲阜新东源汽车销售服务有限公司在未实际召开股东会，也未通知或征得公司其他股东即原告书面同意的情况下，伪造原告签字虚构形成了2012年7月3日的曲阜新东源汽车销售服务有限公司股东会决议，该股东会及决议实际上并不存在，该股东会决议自然不能产生法律效力。同样，依据该虚构的股东会决议而重新制作的2012年7月3日的公司章程亦是在未征得原告同意并伪造原告签字的情况下制作的，亦属虚构，也不能产生约束力，其变更无效。因此，上述股东会决议不成立，公司章程变更无效，原告的诉讼请求应予支持。被告曲阜新东源汽车销售服务有限公司应当及时向公司登记机关申请撤销相应变更登记。

**【案例评析】**本案的裁判重点并不是关于当事人的诉讼地位，但呈现与前一案例不同的裁判立场。提起无效之诉的股东以负有责任的股东为被告，法院予以受理，在原告要求追加公司为被告时，又予以追加。

## 二、决议之诉共同原告的认定

1. 刘某坤、刘某忠与云南省机械设备进出口公司、云南世博大厦发展有限公司等公司决议效力确认纠纷上诉案[①]

**【焦点问题】**公司决议纠纷中，如何成为共同原告？

**【裁判立场】**应举证证明其具有相应原告资格。

**【案情简介】**世博公司的自然人股东刘某坤、刘某忠提起公司决议无效之诉，南山物资公司请求成为共同原告。

---

① 云南省昆明市中级人民法院（2016）云01民终2033号。

**【裁判要旨】**一审法院认为，公司决议纠纷是指公司股东会或股东大会、董事会决议内容或会议召集程序、表决方式违反法律、行政法规或者公司章程，股东向人民法院提起诉讼，要求确认股东会或股东大会、董事会决议的效力或者撤销股东会或股东大会、董事会决议而产生的纠纷，根据我国《公司法》第二十二条的规定，把公司决议瑕疵的诉讼区分为确认决议无效诉讼和撤销决议诉讼。在公司决议纠纷诉讼中，原告应具有股东身份，公司其他股东以与原告相同的理由请求参加诉讼的，应列为共同原告，股东会或股东大会、董事会为公司机关，因此被告为公司，对决议涉及的相关利害关系人，可以列为共同被告或者第三人。本案中，根据2015年7月6日的工商登记查询表明，世博公司股东为一名自然人及一名法人，没有云南南山物资贸易有限公司（以下简称“南山物资公司”），南山物资公司是否仍为世博公司股东、拥有股份，需要司法或行政登记确认。南山物资公司工商登记股东除原告外，还有一名自然人。本案中原告是否是被告世博公司股东、享有多少股权，还需要经过股东资格法定确认程序及其他公司法规定程序，故本案原告股东资格需要前置确认程序，现起诉不符合条件。另外，本案中涉及的公司决议有七项，决议内容不同，决议涉及的相关利害关系人不同，因此，属于不能合并审理的诉讼，应当按照一决议一个诉讼的原则，分别起诉和审理。综上，本案原告的起诉，目前不符合受理条件。

二审法院认为，根据《民事诉讼法》第一百一十九条第（一）项之规定，原告需是与本案有直接利害关系的公民、法人和其他组织，木案系基于世博公司作出的股东会决议、董事会决议违反法律规定而提起的公司决议效力确认之诉，理应由公司股东或与该决议有直接利害关系的主体提起。上诉人主张因南山物资公司系世博公司股东，在南山物资公司注销后承继了相应的权利，但根据本案查明的事实，南山物资公司并非世博公司登记在册的股东。上诉人虽然主张（1998）云高经终字第158号民事判决对南山物资公司股东身份进行过认定，但该判决仅只能证明在出具该判决的时间点上南山物资公司系世博公司股东，在世博公司作出本案决议之时以及提起本案诉讼之时，南山物资公司是否是世博公司的股东，上诉人未提交证据予以证明。同时根据南山物资公司工商登记资料显示，公司除了上诉人刘某坤、刘某忠之外还有另外一名自然人股东，南山物资公司现已注销，公司的权利承继关系处于何种状况上诉人亦未提交证据予以证明。在上诉人未举证证明南山物资公司系世博公司股东，以及上诉人在南山物资公司注销后已经承继了公司权利的情况下，其在本案中主张因承继了南山物资公司在世博公司的股东权利并提起本案诉讼无事实及法律依据。综上，驳回上诉，维持原裁定。

**【案例评析】**一审法院认为，公司决议纠纷诉讼中，原告应具有股东身份，与《公司法解释（四）》的规定相比，显然范围过窄，但本质上也认为，成为“共同原告”需符合应有的主体资格，同时，“公司其他股东与原告基于相同理由请求参加诉讼的，应列为共同原告”，和《公司法解释（四）》第三条的思路一致。二审法院明确了，主张成为共同原告的当事人应举证其在决议作出和起诉之时具有股东身份，即负有“具有原告资格”的证明责任。

2. 肖某文与益阳银天热处理有限公司、陶某基、周某新、黄某斌、陈某君、肖某男公司决议效力确认纠纷上诉案①

**【焦点问题】**原股东是否可能成为共同原告?

**【裁判立场】**可能。

**【案情简介】**2010 年 12 月 6 日银天公司的工商登记信息为，公司注册资本 210 万元，公司股东为陶某基、周某新、黄某斌、陈某君、肖某男、肖某言。2012 年 1 月 9 日，陶某基、周某新、黄某斌、陈某君在银天公司办公室召开股东会，会议形成的决议（以下简称“2012 年 1 月 9 日决议”）内容：一、职工工资，①无定额人员计算到 1 月 6 日止，②所有职工加班计清，③所有员工押金付清，④股东工资发到 2012 年 1 月底，⑤职工年终奖发放，每人 500 元，⑥曹某锋年终奖 8000 元整，⑦陈某君、周某新补发工资；二、股东分红，在结清员工工资、年终奖、各项加班等费用后，出纳现有 100 万元进行按股分红，造表分配。陶某基、周某新、黄某斌、陈某君在该决议上签名，陈某君代肖某男在该决议上签名。

---

① 湖南省益阳市中级人民法院（2014）益法民二终字第 40 号。

2012年1月11日，肖某文与银天公司股东陶某基、周某新、黄某斌、陈某君、肖某男、肖某言分别签订了《股权转让协议书》，肖某文受让陶某基、周某新、黄某斌、陈某君、肖某男、肖某言的全部股权。2012年2月9日，银天公司在益阳市工商局进行了变更登记，公司股东肖某文，公司类型为自然人独资有限责任公司。

2012年4月12日，肖某文向法院起诉，请求确认2012年1月9日决议的第二项决议无效。

立案受理后，肖某言以与肖某文相同的理由向赫山法院申请作为共同原告参加诉讼，赫山法院依法通知肖某言作为共同原告参加诉讼。

**【裁判要旨】**一审认为，银天公司股东陶某基、周某新、黄某斌、陈某君作出2012年1月9日决议时，肖某文并不是银天公司的股东。根据《公司法》第二十二条之规定，提起股东会决议效力纠纷之诉的原告，应限于公司股东。肖某文提起股东会决议纠纷之诉的主体资格不适格，应驳回肖某文的起诉。

二审认为，《公司法》第二十二条第一款对股东会决议效力确认之诉的原告资格没有作出明确规定，肖某文提起本案诉讼时，系银天公司的股东，与本案处理存在实际利益关系，有权对股东会决议提起效力确认之诉。至于"形成决议时"肖某文是否为公司股东，并不影响肖某文具有提起本案诉讼的主体资格，故对此本院不予审查。综上所述，一审适用法律错误，应予改正。

**【案例评析】**虽然法院裁判的说理主要集中于"决议"时不具有股东身份的人是否可以成为原告，但也同时确认了原股东成为共同原告的可能。

## 三、决议之诉第三人及生效裁判的既判力范围

1. 北京北辰创新高科技发展有限公司与中国技术创新有限公司等公司决议撤销纠纷案①

**【焦点问题】**对撤销公司决议持有异议的股东是否必须追加，法院裁决作出后，异议股东可否提起第三人撤销之诉？

① 北京市第三中级人民法院（2015）三中民（商）初字第02091号。

**【裁判立场】**异议股东并非公司决议效力纠纷中必须追加的当事人，但未能参加原案诉讼的异议股东，可以提起第三人撤销之诉。

**【案情简介】**北京北辰创新高科技发展有限公司（以下简称“北辰公司”）和世纪星源公司均系中国技术创新有限公司（以下简称“中创公司”）股东。2013年9月，中创公司其他几名股东和北辰公司向中创公司的各董事、股东及监事发函，提议召开中创公司2013年第一次临时股东会，并形成了第一次临时股东会决议。2013年底，世纪星源公司向北京市朝阳区人民法院（以下简称“朝阳法院”）起诉，要求撤销上述股东会决议。朝阳法院在未通知北辰公司参加诉讼的情况下，直接依据中创公司和世纪星源公司提供的陈述及相关证据进行了审理，并作出了朝阳法院（2014）朝民初字第02127号民事判决，判决撤销上述股东会决议。后中创公司不服该判决，向北京市第三中级人民法院提出上诉。在该案二审过程中，北辰公司通过中创公司递交材料，提出该案一审程序遗漏了必要当事人，北辰公司应当成为该案一审的诉讼当事人，并请求将该案发回朝阳法院审理。但经过审理，二审判决驳回了中创公司的上诉。

原告北辰公司认为，上述股东会决议涉及中创公司的人事、财务和财产方面的安排，北辰公司在参加股东会时投出赞成票，是行使中创公司股东权利的一种行为。如果撤销该股东会决议，势必侵害到北辰公司的股东权利，并导致北辰公司之前的意思表示被撤销。因此，世纪星源公司提出的上述案件审理结果与北辰公司有法律上的利害关系，北辰公司应当成为该案的当事人。

被告世纪星源公司答辩认为：一、北辰公司既不是有独立请求权的第三人，也不是必须参加诉讼的无独立请求权的第三人，不具备第三人撤销之诉的原告主体资格，北辰公司作为中创公司的股东，主张中创公司2013年第一次临时股东会决议不应被撤销，与另案中的被告中创公司的主张一致，对于该案的诉讼标的，北辰公司没有独立请求权，因此，不是有独立请求权的第三人；二、北辰公司未参加另案诉讼，不属于第三人撤销之诉要求的“因不能归责于本人的事由未参加诉讼”的情形：（1）北辰公司与原审被告中创公司的法定代表人是同一人即贾某明，北辰公司当然知道原审诉讼案件的进行；（2）北辰公司并未向原审法院提交作为第三人参加诉讼的申请，其应属于明知本案的诉讼而在两个公司的法定代表人为同一人且已指定代理律师的情况下主动选择不另行申请参加诉讼的情形；(3) 不存在任何“客观情况”致使北辰公司无法参加原审案件，北辰公司的法定代表人贾某明在另案中以中创公司法定代表人的身份委托代理人参加诉讼，且已经充分表达其意见；(4) 也不存在其他不能归责于北辰公司的事由致使其未参加诉讼的情况。北辰公司就本案提交的证据材料已在原审案件中被中创公司提交过，其在本案起诉状中提出的理由也在原审案件中被中创公司主张过并经过原审法院审理。

**【裁判要旨】**作出生效裁判的法院认为，提起第三人撤销之诉的原告应当是对原审诉讼标的有独立的请求权，或者虽然没有独立请求权，但案件处理结果同他有法律上的利害关系的第三人。现北辰公司就世纪星源公司与中创公司决议撤销纠纷一案提起第三人撤销之诉，该案中世纪星源公司的诉讼请求是要求撤销中创公司2013年第一次临时股东会会议决议，北辰公司作为中创公司的股东之一，参与了2013年第一次临时股东会议并对该会议决议进行了赞成票的表决。原审诉讼撤销了中创公司于2013年10月25日作出的2013年临时股东会决议，使中创公司股东会作出的该项决议效力发生了改变，因北辰公司作为股东对公司该项决议的效力有法律上的利害关系，所以，北辰公司是世纪星源公司与中创公司公司决议撤销纠纷一案有法律上利害关系的第三人，因其不是公司决议撤销纠纷案中必要共同诉讼当事人，原审法院亦未追加其为该案当事人，故未参加诉讼，现其有权对世纪星源公司与中创公司公司决议撤销纠纷一案提起第三人撤销之诉。

在中创公司与世纪星源公司公司决议撤销纠纷一案中，北辰公司并非该案必要共同诉讼当事人，且中创公司在该案一审审理中未提出追加其他股东作为当事人，故中创公司在该案二审审理中提出一审法院应追加其他股东为该案当事人，二审法院以缺乏法律依据为由未予以支持并无不当。

**【案例评析】**本案较为全面地反映了决议撤销之诉的股东间以及股东与公司间的诉讼地位。作出生效裁判的法院，明确了两个问题：一是在股东对公司提起的决议撤销之诉中，异议股东并不具有独立的诉讼请求，也非必要共同诉讼当事人，原审法院未主动追加，并无错误；二是在判决撤销公司决议的情形下，未能参与原案审理过程的异议股东是否可以再提起第三人撤销之诉（针对原审判决的撤销之诉）？本案法院认为，案件处理结果同异议股东有法律上的利害关系，因此可以提起第三人撤销之诉，但原告提出的撤销原判的理由并不成立，因而予以驳回。在《公司法解释（四）》第三条的规定之下，本案的异议股东可以直接在原案中作为第三人参与诉讼。

2. 阮某柳与宁德龙威房地产开发有限公司、尤某坤、黄某堂、林某公司决议撤销纠纷上诉案①

**【焦点问题】**公司决议效力与公司对外签订的合同履行直接相关的，合同相对方是否可以成为决议效力之诉的当事人？

**【裁判立场】**合同相对方认为公司决议，违反双方合同约定，侵害其合法利益的，系合同履行纠纷，为另一法律关系，应另案主张。

**【案情简介】**阮某柳、尤某坤、黄某堂、林某、黄某爱、成天宏公司系龙威公司股东，阮某柳任公司执行董事、法定代表人，尤某坤任公司监事。2014年11月20日上午，在宁德市三都澳公证处的全程公证下，由尤某坤主持召开了龙威公司临时股东会议，会议由股东尤某坤、黄某堂、林某、黄某爱、成天宏公司的委托代理人刘某贝出席参加，阮某柳未到会。经到会股东占62%表决权的尤某坤、黄某堂、林某表决同意，占18%表决权的黄某爱、成天宏公司表决反对的情况下，通过该次临时股东会会议议题，并形成决议：免去阮某柳的执行董事职务并选举尤某坤为执行董事（公司法定代表人），免去尤某坤的监事职务并选举林某为监事。于此同时，公司在2012年已经决议通过与第三人签订的《宁德龙威房地产开发有限公司房地产开发项目承包合同》，合同第七条第三款为“公司经营管理机构由承包人组建，公司法定代表人由承包人选定”，因而2014年11月20日形成的决议会实质性地影响到前述合同的履行。

阮某柳于2015年1月15日，以该股东会决议在程序上和实体上均明显违法，应予撤销为由，向法院提起撤销之诉。

上诉过程中，原审原告阮某柳又重申，诉争“股东会决议”内容，违背公

① 福建省宁德市中级人民法院（2015）宁民终字第565号。

司既定决议，明显损害公司利益及第三方合法权益，且已经作用于公司以外的第三方（即承包人）。可见，关于变更法定代表人的问题已经不是简单的公司内部事务。本案的“股东会决议”的内容已经造成对承包人合法权益的严重侵害，不但违反“诚实、信用”的民事法律原则，且也直接破坏承包合同目的的实现。对于内容如此明显违法的股东会决议，原审判决未予撤销显然错误。同时，对于本案讼争的股东会决议是否应予撤销，承包人具有独立的请求权，必须参加诉讼，原审未予采纳亦显错误。承包人阮某尧与案件的审判结果有利害关系，应当追加为第三人参加诉讼，原审未追加而对本案进行审理并作出判决，违反法律的规定。

**【裁判要旨】**一审法院的裁判说理并未涉及当事人问题，仅对“股东会决议”的程序和实体事项作出了判断，对原告提出的撤销决议的请求不予支持。

二审法院对决议效力的认定与一审一致，至于应否追加与决议有关的合同相对方为第三人，二审法院认为，本案系公司决议撤销之诉，依照《公司法》第二十二条第二款规定，法律仅赋予公司股东以诉权，案外人阮某尧并非龙威公司股东，与案件审理不存在法律上的利害关系，不属于必须追加的当事人，故原审未追加其作为第三人参加诉讼，不违反法律规定。至于案外人阮某尧认为龙威公司变更法定代表人，违反承包合同约定，侵害其作为承包人的利益，系其与龙威公司关于承包合同履行的纠纷，为另一法律关系，应另案主张。且本院已立案受理龙威公司与阮某尧企业承包经营合同纠纷一案，案外人阮某尧可在该案中予以主张。

**【案例评析】**本案中，公司决议变更法定代表人，那么违反合同约定就成了逻辑上的自然。按照《公司法解释（四）》第三条的规定，“对决议涉及的其他利害关系人，可以依法列为第三人”，也可以不采取另案处理的方式，而直接在原案中追加合同相对方为第三人。如果另案处理，那么裁判原则也应受到《公司法解释（四）》第六条的限制，即遵循善意第三人的原则。

**3. 上诉人李某容因与被上诉人周某慎，原审被告湖北珞珈山置业有限公司、何某、刘某、杜某翎、朱某彬公司决议效力确认纠纷上诉案**①

**【焦点问题】**公司股东可否主张第三人善意保护？

**【裁判立场】**决议无效的裁判对公司股东有溯及力。

**【案情简介】**2005年4月4日，湖北珞珈山置业有限公司在公司登记机关的股权结构为，周某慎出资510万元，占50.5%，何某出资350万元，占34.5%，杜某翎出资50万元，占4.95%，李某容出资50万元，占4.95%，刘某出资50万元，占4.95%。

2005年11月9日，湖北珞珈山置业有限公司在公司二楼会议室召开了第五次全体股东会议，并于11月10日签字通过《湖北珞珈山置业有限公司原股东会变更决议》，将周某慎在公司的出资510万元转让给何某165.1万元、朱某彬152万元、李某容101.5万元、杜某翎91.4万元；刘某将其在公司的出资50万元转让给朱某彬。变更后，公司股东及出资比例为：何某出资515.1万元，占51%；朱某彬出资202万元，占20%；李某容出资151.5万元，占15%；杜某翎出资141.4万元，占14%。此次股东会议，周某慎未出席，股东会决议上“周某慎”的签名为何某代签；何某系周某慎之子。2005年11月15日，湖北珞珈山置业有限公司依据此次股东会决议在公司登记机关办理了相应的股权变更登记手续。此后，湖北珞珈山置业有限公司的股权多次发生变更，至2010年7月6日，湖北珞珈山置业有限公司的注册资本变更为5000万元，其中：何某出资2550万元，占51%；朱某彬出资1000万元，占20%；李某容出资750万元，占15%；杜某翎出资700万元，占14%。

2013年6月25日，周某慎以2005年11月10日的股东会决议上的签名是冒名签字，不是自己真实意思表示为由，诉至法院，请求确认2005年11月10日所作出的《湖北珞珈山置业有限公司原股东会决议》无效，并责令被告办理原告股东股权登记手续。

**【裁判要旨】**一审法院认为，各方当事人均承认此次股东会议周某慎未出

---

① 湖北省武汉市中级人民法院（2015）鄂武汉中民商终字第00666号。

席，股东会决议上签名为何某代签。何某虽身为周某慎之子，但在法律上，二人是不同的民事主体，即使此前周某慎的权利均由何某代为行使，也不能必然证明此次周某慎授权同意何某转让周某慎的股权，如此重大决定事项，应该有周某慎的授权委托才能进行，现各被告均未能证明召集股东会议时通知过周某慎，也不能证明何某代周某慎签字是取得了周某慎的授权委托，故此次公司股东会决议在程序上存在瑕疵，不能体现为所有应当享有表决权的股东（特别是原告）的真实意思表示，属于无效。

上诉阶段，上诉人李某容认为，周某慎与何某是母子关系，何某代为签名的行为构成表见代理。被上诉人周某慎答辩认为，原判认定事实清楚，适用法律正确。……上诉人李某容不属于善意第三人，且何某与周某慎虽然系母子关系，但未持有周某慎的委托手续，不构成表见代理；本案系股东间股权纠纷，不具有社会危害性，上诉人认为本案涉嫌犯罪的理由不能成立。原审被告湖北珞珈山置业有限公司答辩认为，何某未经周某慎本人同意转让其股权，属无效的行为或效力待定行为；股权转让的整个操作流程是李某容亲自办理，李某容从未提出异议，且受让也未支付对价。综上，李某容不属于善意第三人，虽然何某与周某慎系母子关系，但其行为不能构成表见代理。

二审法院认为，湖北珞珈山置业有限公司 2005 年 11 月 9 日召开股东会议时，无证据证明已依法通知周某慎，且在周某慎未出席股东会的情况下，由何某代为签名，最终形成股东会决议，并将周某慎所享有的公司 50.5% 全部股权进行了分割转让，严重侵犯了周某慎的股东权利。上诉人所主张的表见代理，实质为无权代理，但基于被代理人存在过错，且为了维护交易安全和保护善意相对人的利益，法律确认表见代理制度，规定代理人法律行为的后果直接由被代理人承担。尽管周某慎与何某是母子关系，但作为两个具有完全民事行为能力的民事主体，周某慎与何某之间并不具有必然的代理关系。本案中，上诉人李某容未举证证明何某曾经出示周某慎的授权委托书、身份证原件等有权代理的客观表象材料，使其善意无过失地相信何某有代理权，对于其主张何某代为签名的行为构成表见代理，本院不予支持。鉴于何某伪造签名转让周某慎所持股份的行为事前未经周某慎授权，事后也未获周某慎追认，其处分行为属无权代理。根据《公司法》第二十二条第一款的规定，湖北珞珈山置业有限公司于2005年11月10日形成的股东会决议，因何某伪造周某慎签名，且该股东会决议将周某慎所持公司全部股权转让给何某、朱某彬、李某容、杜某翎等人的内容，严重侵犯了周某慎的合法权益，应属无效，不受法律保护。

**【案例评析】**本案涉及两个层面的问题：一是签名系伪造的股东会决议的效力判断；二是确认股东会决议无效的判决的既判力范围。本案被冒名的股东实际未出席会议且事后未对签名作出追认，法院认定决议无效，是逻辑上的自然。只有当决议涉及第三方关系时，才存在效力不及于善意第三人的必要。而本案决议事项为股权转让，涉及的主体均为公司股东，因而无效判决及于所有当事人而无例外。有效的股权转让需以有效的股东会决议为前提，所以股权转让行为无效。本案的法院说理，提到了判断第三人善意的一个重要标准，即是否对外观进行了最基本的核查。

4. 张某娟诉江苏万华工贸发展有限公司、万某、吴某亮、毛某伟股东权纠纷案[①]

**【焦点问题】**未经会议而作出的“虚构决议”效力如何？基于此种决议而进行的股权转让效力如何？

**【裁判立场】**“虚构决议”因不成立而无效；股权转让行为是否有效，取决于受让人是否善意，同时涉及优先购买权的问题。

**【案情简介】**原告张某娟系被告万华工贸公司股东。2006年6月，原告因故查询工商登记时发现万华工贸公司的股东、法定代表人均已于2004年4月发生了变更，原告及朱某前、沈某都已不再是该公司股东，原告的股权已经转让给了被告毛某伟，万某也将其100万元出资中的80万元所对应的公司股权转让给了被告吴某亮，公司法定代表人由万某变更为吴某亮。万华工贸公司做出上述变更的依据是2004年4月6日召开的万华工贸公司股东会会议决议，但原告作为该公司股东，从未被通知参加该次股东会议，从未转让自己的股权，也未见到过该次会议的决议。该次股东会议决议以及出资转让协议中原告的签名并

---

① 江苏省南京市玄武区人民法院《最高人民法院公报》2007年第9期（总第131期）。

非原告本人书写。因此，原告认为该次股东会议实际并未召开，会议决议及出资转让协议均属虚假无效，侵犯了原告的合法股东权益。原告既没有转让过自己的股权，也不同意万某向公司股东以外的人转让股权。万某系原告的丈夫，却与吴某亮同居，二人间的股权转让实为转移夫妻共同财产，并无真实的交易。万某与吴某亮之间的股权转让行为也违反了万华工贸公司章程中关于“股东不得向股东之外的人转让股权”的规定，并且未依照万华工贸公司章程告知其他股东，未征得其他股东的同意。故原告请求法院确认所谓的2004年4月6日万华工贸公司股东会决议无效，确认原告与毛某伟之间的股权转让协议无效，确认万某与吴某亮之间的股权转让协议无效，或者撤销上述股东会议决议和股权转让协议。

**【裁判要旨】**一审法院认为，有限责任公司的股东会议，应当由符合法律规定的召集人依照法律或公司章程规定的程序，召集全体股东出席，并由符合法律规定的主持人主持会议。股东会议需要对相关事项作出决议时，应由股东依照法律、公司章程规定的议事方式、表决程序进行议决，达到法律、公司章程规定的表决权比例时方可形成股东会决议。有限责任公司通过股东会对变更公司章程内容、决定股权转让等事项作出决议，其实质是公司股东通过参加股东会议行使股东权利、决定变更其自身与公司的民事法律关系的过程，因此，公司股东实际参与股东会议并作出真实意思表示，是股东会议及其决议有效的必要条件。本案中，虽然被告万某享有万华工贸公司的绝对多数的表决权，但并不意味着万某个人利用控制公司的便利作出的个人决策过程就等同于召开了公司股东会议，也不意味着万某个人的意志即可代替股东会决议的效力。根据本案事实，不能认定2004年4月6日万华工贸公司实际召开了股东会，更不能认定就该次会议形成了真实有效的股东会决议。万华工贸公司据以决定办理公司变更登记、股权转让等事项的所谓“股东会决议”，是当时该公司的控制人万某所虚构，实际上并不存在，因而当然不能产生法律效力。

被告万华工贸公司、万某、吴某亮主张原告张某娟的起诉超过了修订后《公司法》第二十二条规定的申请撤销股东会决议的期限，对此，一审法院认为，《公司法》第二十二条关于时效的规定，是针对实际召开的公司股东会议及其作出的会议决议作出的规定，即在此情况下股东必须在股东会决议作出之日起60日内请求人民法院撤销，逾期则不予支持。而本案中，2004年4月6日的万华工贸公司股东会及其决议实际上并不存在，只要原告在知道或者应当知道自己的股东权利被侵犯后，在法律规定的诉讼时效内提起诉讼，人民法院即应依法受理，不受修订后《公司法》第二十二条关于股东申请撤销股东会决议的60日期限的规定限制。

股东向其他股东或股东之外的其他人转让其股权，系股东（股权转让方）与股权受让方协商一致的民事合同行为，该合同成立的前提之一是合同双方具有转让、受让股权的真实意思表示。本案中，不能认定原告张某娟与被告毛某伟之间实际签署了股权转让协议，亦不能认定被告万某有权代理张某娟转让股权，毛某伟既未实际支付受让张某娟股权的对价，也没有受让张某娟股权的意愿，甚至根本不知道自己已受让了张某娟等人的股权，诉讼中也明确表示对此事实不予追认，因此该股权转让协议依法不能成立。据此，被告万华工贸公司、万某、吴某亮关于张某娟已非万华工贸公司股东，不能提起本案诉讼的主张不能成立，依法不予支持。关于被告万某与吴某亮签订的股权转让协议，根据修订前《公司法》及万华工贸公司章程的相关规定，股东向股东以外的人转让股权的，须经全体股东过半数同意。本案中，万某向吴某亮转让股权既未通知其他股东，更未经过全体股东过半数同意，因此该股权转让行为无效。

# 第二部分 股东知情权诉讼

## 引 言

作为所有者的股东显然有必要充分了解公司经营的有关信息；作为公司股份消费者的股东，也有权利了解和知悉与自己的证券权利相关的信息；而作为公司监督者的股东，也应当获得对公司信息的获取、检查、核实、咨询等方面的权利。这些权利，是股东的知情权，英美法上常常又称之为查阅/检查权（rights of inspection）。这是因为公司有义务公开其最重要的信息，比如章程及其细则应当公示，其中就包括了公司最重要的信息；对上市公司而言，更有严格的信息披露规则。显然，如果只是获得这些公开披露的信息，股东和一般人的信息权就没有什么区别。股东希望获得的信息，总是要通过对公司的请求来实现，因此这一行为可以称为查阅。《公司法解释（四）》的条文也主要是围绕着“查阅”展开的，但也涉及关于股东知情权的一般性规定，因而在表述上本部分采用了“知情权”这一较为宽泛的用词。

如果股东是所有者，或者是委托人，严格按照民事理论来理解，股东会有不受限制地获得与自己财产相关信息的权利，同时代理人也必须将有关的信息如实进行汇报。但显然，股东的这种无限制的权利是不可能被现代公司的实践所接受的。对股东权利的限制，首先来源于公司是一个集体利益的表现；其次，现代公司的两权分离，确立了管理人对公司的诚信义务，是管理人员对公司集体利益进行看护，而不是股东的直接管理。因此，为了防止个体的机会主义行为，有必要对信息的获得进行限制。股东向公司提出的查阅/检查请求，常常是对持续经营中的公司的一种“干扰”，至少表现出一定程度的质疑或不信任。随着现代公司的公共性和两权分立程度的不断扩大，公司管理者可能对股东获取信息施加诸多的限制，加上控股股东的影响，这种限制甚至可能以公司章程的方式作出。因此，知情权到底是法定权还是意定权，不同立法例中情形不一。

我国《公司法》第三十三条、第九十七条规定了股东知情权及其诉权，并对查阅权的行使条件、权限范围等作出了简要规定，但仍有诸多有待明确和细化的事项，例如，查阅权是否可以通过意定加以限制、行使查阅权目的正当性的实体判断规则等。实践中，主体资格判断（主要涉及瑕疵出资、隐名股东等）、文件材料缺失等现实问题也一直困扰着司法机关。同时，作为实现其他股东权利的前提和手段性权利，股东查阅诉讼，也一直是公司纠纷中的热点之一。有鉴于此，《公司法解释（四）》针对性地对前述问题作出了回应。具体而言，《公司法解释（四）》关于知情权的规定可以分为两部分，一部分是关于知情权的行使条件及方式，包括第七条将知情权的诉权主体扩展至原股东、第八条对股东行使知情权的目的正当性的判断标准、第十条明确了专业人员可以辅助查阅以实现知情之目的；另一部分是对知情权的保护规则，包括第九条对知情权属于法定股东权、固有权的确认，第十二条董事、高管未能制备文件材料的责任规则。至于第十一条，不当行使的赔偿责任，根据一般的民事侵权规则即可推出，故未以专题的形式加以分析，细究之，第十一条的意义在于，明确了泄露的主观状态既包括故意也包括过失，辅助查阅人系帮助股东从事事实行为，与股东并非代理关系，可以直接成为责任主体。

我国《公司法》查阅权相关的规定和实践，带有以下特点，也将成为理解本专题的前提和关键：

1.《公司法》第三十三条、第九十七条规定的特点

（1）有限公司和股份公司的查阅权限不同，前者包括查阅和复制，后者仅仅包括查阅；（2）法定的查阅对象包括章程、三会记录、财务会计报告，以及股份公司的股东名册、债券存根；（3）比较强调会计账簿的重要性，如果有限公司的股东查账，应当提出书面请求并说明目的，而对股东名册等信息看得比较轻；（4）对查阅程序、公司的异议权、信息提供期间没有规定；（5）对公司提出建议、质询的权利也一同规定在知情权之中。不过建议、质询的权利应当和获得信息有所区别，属于批评、建议和抱怨的权利，不过此种权利的具体行使、说明义务人、救济等方面均付诸阙如。

2. 股东资格的确认标准

股东资格的确认标准问题，并非知情权诉讼所特有，《公司法解释（四）》是围绕股东权利保护展开的，因而不可避免地涉及一个前提判断，即“如何认定一个人是股东”，司法实践中，股东资格确认也与决议纠纷、知情权诉讼、优先购买权诉讼、利润分配请求之诉、派生诉讼等纠缠在一起，因而有必要在此先予交代。

虽然不同国家受不同理论的影响，对该问题存在不同答案，但确认股东身份，一般认为存在“实质标准”和“形式标准”两种不同的判断尺度。[①] 实质标准是只要持有股票或者类似行为，比如出资（公司成立的时候），或者获得了出资证明书（如我国的有限责任公司），就可以被确认为股东；而形式标准则是，必须在公司进行登记，将其姓名、身份登记在股东名册上，才可以被确认为股东。前者本质上是将公司看成是股东财产的衍生物，后者强调的则是股东和公司之间的相互信任和关联，与股东身份相关的权利必须得到公司的确认或者进行公司登记。两者在实践中的分歧之一，即股权取得的有因或无因，当采取实质标准的时候，不可避免会遇到“假股东”“实际股东”等概念。我国的公司法律制度由于受到民事理论的制约，过分地强调了股权的“准物权”属

① See Paddy Ireland, Company Law and the Myth of Shareholder Ownership, Modern Law Review, Vol. 62, 1999, pp. 32 ~57, 48. 转引自邓峰：《普通公司法》，中国人民大学出版社 2009 年版，第 347 页。

性，使得我国强化了实质标准，这在《公司法解释（三）》中得到了明显体现，其中有数个条文用于区分和解决司法实践中通称的“真股东、假股东”问题。这种缺乏将公司作为独立主体的解释思路，在《公司法解释（四）》的演变和争议中也得到了再现和一定的矫正，典型的如，《征求意见稿（2012）》的第二条（撤销之诉的原告股东身份），“原告起诉时应提交公司股东名册、公司登记机关登记、公司发行的记名股票及无记名股票，或者在证券交易场所开立的证券账户，证明其股东身份。原告提交其他书面文件证明其股东身份且公司予以认可的，人民法院应允许其以股东身份起诉。公司有证据证明原告已经不具有公司股东身份的，人民法院应裁定驳回起诉”，第十条（行使知情权应具备股东身份）对第二条的重述，以及第十八条（诉讼中的验资），“原告起诉符合前条第（一）、（二）、（四）、（五）、（六）项规定的条件，但公司拒绝接收约定的出资或者接收出资后未安排验资的，人民法院可以根据原告的申请，安排接收出资并委托验资机构验资。验资机构出具验资证明的，人民法院应判令公司接收出资并按原告认缴的出资比例办理相应的公司变更登记手续”。

最终出台的《公司法解释（四）》没有涉及股东资格确认的标准问题，仅将请求权主体范围扩展至“持股期间其合法权益受到损害”的原股东，从立法思路上看，是基于诉的利益原则、基于知情权的社员权属性，规定原告在起诉时或者诉讼中丧失股东资格的原则上应予驳回，但失去股东资格的原股东有初步证据证明在持股期间其合法权益可能受到损害的，如由于公司隐瞒利润导致低价转让股权等，可以请求依法查阅或者复制其持股期间的公司文件材料。

3. 公司治理中的消极合规义务

如“公司决议之诉”部分所述，和其他国家不同，我国公司法律制度之中，并不存在一个明确的自然人主体（公司秘书），以个人向法律负责的方式，看护公司作为社团应当具有的程序和形式。以英国法为例，英国《2006 年公司法》第 355 条规定，如果公司未能依法置备决议和会议记录等，则每个失责的高级管理人员将被追究个人刑事责任。而我国的公司治理实践中，文件缺失的情形普遍存在，却无对应的责任规则。公司违反法律规定的文件置备义务，未制作和保存《公司法》所要求的公司文件材料的情形，股东要求查阅的文件根本不存在，公司无法提供也难以采取补救措施来恢复以前未制作或已灭失的文件，股东即使向人民法院起诉也无法实现查阅目的。此为《公司法解释（四）》第十二条的现实背景。

但第十二条将失责人员直接列为被告的诉讼安排，在原理上是可以争议的。因为公司具有独立人格，董事、高管人员和股东之间并不存在直接关系，任何董事、高管的行为，一定是公司的社团行为而不是个人行为，如果是个人行为，就谈不上公司法上的问题，比如个体间的侵权。如果是公司的社团行为，则应当是股东对公司的直接诉讼，除非董事和高管的行为不能直接归属于公司。《公司法解释（四）》第十二条的规定方式与《公司法》第一百五十二条相类似，将负有责任的董事、高管人员直接列为被告的诉讼安排，可以理解为合规义务的违反，并且在本条规定的“给股东造成损失”的情形下，可以理解为对股东个体性权利的侵害。

4. 知情权规定的内在冲突

对于商业运作来说，公司应在很大程度上享有限制股东查阅、检查公司文件材料的权利，否则正常的公司经营将受到干扰，这是很容易理解的。但股东知情权也是内在于其股东个体性权利之中、且作为其他股东权利的基础，受到保护也是逻辑上的自然。因而《公司法解释（四）》有关知情权中涉及的全部六个条文，都是从不同角度在平衡这两种利益诉求，但却存在尺度上的不一致。这主要表现在第八条和第九条。从第九条来看，《公司法解释（四）》确认了知情权的固有权属性，但第八条关于不正当目的的规定，却对从事同业竞争的股东的知情权作出了严格的限制，这在一定程度上剥夺了此类股东的查阅请求权，如何处理两者之间冲突，解释两者之间的关系，实践中必然存在争议。

# 第一篇

# 知情权的行使

在制定法层面，不同立法例采取了不同的方式，但概括而言，一般均要求股东行使知情权时符合几个条件：第一，合格的股东身份；第二，书面要求；第三，合理的时间；第四，正当目的。[①] 我国《公司法》第三十三条第二款已经对请求查阅的前置程序作出了明确规定，即，书面请求与公司答复时间，因而，《公司法解释（四）》着眼于对主体资格及其正当目的细化。“主体方面”基于诉的利益考虑，有条件地扩张至原股东。《公司法解释（四）》的逻辑前提可能并不是知情权本身，而是（作为辅助股东权的）知情权背后的其他权利和利益，所以并未简单将股东身份和知情权直接挂钩；就“不正当目的”这一主观要件而言，

① 邓峰：《普通公司法》，中国人民大学出版社2009年版，第390页。

《公司法解释（四)》对具体情形作了列举及兜底性规定，为了平衡股东与公司的利益，在保障股东知情权的同时明晰了公司的抗辩事由，以防止股东滥用知情权而危害公司利益，第十一条将“不当行使的赔偿责任”单列，也是出于利益平衡的考虑。

# 专题一　主体资格的要求

《公司法解释（四）》基于诉的利益原则规定，股东对法律和章程规定的知情权均享有诉权；基于知情权兼有“自益权”和“共益权”的双重属性规定，原告在起诉时或者诉讼中丧失股东资格的原则上应予驳回，但失去股东资格的原股东有初步证据证明在持股期间其合法权益可能受到损害的，如由于公司隐瞒利润导致低价转让股权等，可以请求依法查阅或者复制其持股期间的公司文件材料。但从体系和实践上看，本条同时涉及股东资格的确认、公司文件材料可查阅的范围等问题，可结合专题三来加以理解。

## 核心条文

**《公司法解释（四）》**

**第七条**　股东依据公司法第三十三条、第九十七条或者公司章程的规定，起诉请求查阅或者复制公司特定文件材料的，人民法院应当依法予以受理。

公司有证据证明前款规定的原告在起诉时不具有公司股东资格的，人民法院应当驳回起诉，但原告有初步证据证明在持股期间其合法权益受到损害，请求依法查阅或者复制其持股期间的公司特定文件材料的除外。

## 关涉条文

### 一、既有相关规范

1.《公司法》

**第三十三条** 股东有权查阅、复制公司章程、股东会会议记录、董事会会议决议、监事会会议决议和财务会计报告。

股东可以要求查阅公司会计账簿。股东要求查阅公司会计账簿的，应当向公司提出书面请求，说明目的。公司有合理根据认为股东查阅会计账簿有不正当目的，可能损害公司合法利益的，可以拒绝提供查阅，并应当自股东提出书面请求之日起十五日内书面答复股东并说明理由。公司拒绝提供查阅的，股东可以请求人民法院要求公司提供查阅。

**第九十七条** 股东有权查阅公司章程、股东名册、公司债券存根、股东大会会议记录、董事会会议决议、监事会会议决议、财务会计报告，对公司的经营提出建议或者质询。

2.《民事诉讼法》

**第一百一十九条** 起诉必须符合下列条件：（一）原告是与本案有直接利害关系的公民、法人和其他组织……

3.《公司法解释（三）》

**第二十四条** 有限责任公司的实际出资人与名义出资人订立合同，约定由实际出资人出资并享有投资权益，以名义出资人为名义股东，实际出资人与名义股东对该合同效力发生争议的，如无合同法第五十二条规定的情形，人民法院应当认定该合同有效。

前款规定的实际出资人与名义股东因投资权益的归属发生争议，实际出资人以其实际履行了出资义务为由向名义股东主张权利的，人民法院应予支持。名义股东以公司股东名册记载、公司登记机关登记为由否认实际出资人权利的，人民法院不予支持。

实际出资人未经公司其他股东半数以上同意，请求公司变更股东、签发出资证明书、记载于股东名册、记载于公司章程并办理公司登记机关登记的，人民法院不予支持。

## 二、地方司法实践

### （一）股东资格与查阅权

**1.《北京市高级人民法院关于审理公司纠纷案件若干问题的指导意见（试行）》（京高法发〔2004〕50号）**

**第二部分问题十一**　如何确认有限责任公司股东资格?

股东资格是投资人取得和行使股东权利并承担股东义务的基础。依据《公司法》的相关规定，有限责任公司股东资格的确认，涉及实际出资数额、股权转让合同、公司章程、股东名册、出资证明书、工商登记等。确认股东资格应当综合考虑多种因素，在具体案件中对事实证据的审查认定，应当根据当事人具体实施民事行为的真实意思表示，选择确认股东资格的标准。

**2.《浙江省高级人民法院民事审判第二庭关于商事审判若干疑难问题理解》（浙法民二〔2010〕15号）**

**问题二**　一方实际出资，另一方以股东名义参加公司，但双方未约定实际出资人为股东或者承担投资风险，且实际出资人亦未以股东身份参与公司管理或者享有股东权利的，能否确立实际出资人的股东地位?

公司法修订前，我庭浙法民二（2002）21号《关于公司法适用若干问题的理解》第六个问题（在出资证明、股东名册、公司注册登记文件等对股东的记载有冲突时，何者证明力更强?）、第七个问题（违法出资义务的股东的法律地位如何?）等提出了原则意见；我庭浙法民二（2005）12号《关于民商审判若干疑难问题的理解》第十一个问题（如何确认有限责任公司的股东资格?）结合修订后的公司法精神补充、修订了相关意见，强调结合公司法作为团体法的特征，在涉及有限责任公司股东资格认定问题上，对于不同的团体法律关系，适用不同的认定原则：在涉及公司外部法律关系时，应遵从保护善意第三人和交易安全原则，体现商法的公示主义和外观主义的要求。据此，在涉及债权人与股东、债权人与公司之间外部法律关系时，确认股东资格坚持形式要件优于实质要件，以工商登记材料作为确认股东资格的主要证据；在涉及公司内部法律关系时，应遵照意思主义原则，以当事人的意思表示和实际履约行为作为确认股东资格的依据，确认股东资格应坚持实质要件优于形式要件，登记材料仅具有一般证据的效力。

**3.《江苏省高级人民法院关于审理适用公司法案件若干问题的意见（试行）》（苏高法审〔2003〕2号）**

**第七十条** 未出资的股东行使知情权的，不予支持。

**4.《北京市高级人民法院关于审理公司纠纷案件若干问题的指导意见（试行）》（京高法发〔2004〕27号）**

**第十六条** 公司的实际出资人在其股东身份未显名化之前，不具有股东知情权诉讼的原告主体资格，其已诉至法院的，应裁定驳回起诉。

**5.《上海市高级人民法院关于审理股东请求对公司行使知情权纠纷案件若干问题的问答》（2005）（沪商法民二〔2005〕11号）**

存在出资瑕疵的股东是否可对公司行使知情权？

法律界对此有不同观点，在实务操作上也不统一。江苏省高级人民法院对股东行使知情权的，不予支持。但上海市高级人民法院认为股东对公司未履行出资义务，或者未足额履行出资义务，或者在公司成立后又抽逃资金的，应当按照公司法的规定履行相应的义务。然而知情权是股东权的一项重要权利。股东虽然存在出资瑕疵，但在其未丧失公司股东身份之前仍可按照公司法或章程的规定行使相应的股东权，除非章程或股东与公司之间另有约定，一般不能以股东出资存在瑕疵为由否定其应享有的知情权。

（二）原股东查阅权

**1.《山东省高级人民法院关于审理公司纠纷案件若干问题的意见（试行）》（鲁高法发〔2007〕3号）**

64. 股东转让股权后要求查阅任股东期间的会计账簿的，人民法院不予受理。

**2.《2005年上海法院民商事审判问答（之四）》（沪高法民二〔2005〕11号）**

一、公司股东退出公司后，又以公司在其股东资格存续期间，对其隐瞒真实经营状况为由，诉请对公司行使知情权。公司原股东是否具备提起知情权诉讼的主体资格？

知情权是指公司股东享有的知道和了解公司经营状况的重要信息的权利，为股东权之一种。股东权具有社员权的性质，股东权利不能与其股东身份相分离。股东退出公司导致其丧失股东身份的，其不再对公司享有股东权，故其请求对公司行使知情权的权利也随之丧失。因此，请求对公司行使知情权的适格主体为公司股东。

对于公司原股东作为原告要求对公司行使知情权提起诉讼的纠纷案件，因原告起诉不符合《中华人民共和国民事诉讼法》第一百零八条第（一）项之规定，人民法院应当不予受理。已经受理的，应当按照最高人民法院《关于适用〈中华人民共和国民事诉讼法〉若干问题的意见》第一百三十九条之规定，裁定驳回原告起诉。至于原股东认为公司隐瞒真实经营状况，导致其股权出让价格明显不公的，可依法通过行使撤销权或对公司提起侵权之诉的途径解决。

## 条文理解

### Ⅰ条文演变

[表格7]《公司法解释（四）》第七条的演变过程

| 征求意见稿（2012） | 征求意见稿（2016） | 正式稿　法释〔2017〕16号 |
|---|---|---|
| 第十条（行使知情权应具备股东身份）<br>原告起诉请求查阅其具有公司股东身份之前或者之后的公司档案材料的，人民法院应予以受理。<br>原告起诉时应当依照本规定第二条提供证据证明其股东身份，公司有证据证明原告起诉时或者在诉讼中已经不具有公司股东身份的，人民法院应驳回起诉。 | 第十三条（行使知情权应具备股东身份）<br>股东依据公司法第三十三条或者第九十七条起诉公司请求查阅、复制公司文件材料的，应当依法受理。<br>公司提供证据证明原告起诉时或者在诉讼中已经不具有股东身份的，应当驳回起诉。 | 第七条（行使知情权应具备股东身份）<br>股东依据公司法第三十三条、第九十七条或者公司章程的规定，起诉请求查阅或者复制公司特定文件材料的，人民法院应当依法予以受理。<br>公司有证据证明前款规定的原告在起诉时不具有公司股东资格的，人民法院应当驳回起诉，但原告有初步证据证明在持股期间其合法权益受到损害，请求依法查阅或者复制其持股期间的公司特定文件材料的除外。 |

续表

| |
|---|
| **【演变概述】**<br>本条的主要变化有三：一是原股东是否享有知情权，两份征求意见稿均采取了否定立场，而正式稿则将知情权的主体范围有条件地扩展至原股东，“有利益受损的初步证据”即为驳回的除外情形；二是在行使查阅权的过程中，是否可以对公司文件材料一并查阅，《征求意见稿（2012）》对此未做规定，后两稿均对复制的权利做出了明确规定；三是股东资格的证明问题，《征求意见稿（2012）》第二条对股东身份的证明有专门规定，“起诉时应提交公司股东名册、公司登记机关登记、公司发行的记名股票及无记名股票，或者在证券交易场所开立的证券账户，证明其股东身份。原告提交其他书面文件证明其股东身份且公司予以认可的，人民法院应允许其以股东身份起诉”。这一规定在后两稿中被取消。 |

Ⅱ主要争议

## 一、股东资格的确认标准

由于《公司法解释（三）》确立了“以出资与否判断股权，允许名义股东和实际股东分离”的资格确认规则，所以，有意见认为，我国的公司法律制度既然承认隐名股东，就应当确立与之相对应的隐名股东知情权行使的规则。例如，有一种意见针对司法审判实践①中的具体情形，建议在股东身份确认方面增加一款，即规定“有限责任公司实际出资人（公司已然知道其实际出资，但由于人数限制无法登记在册的股东）有权直接对公司行使知情权”。另一种意见建议，将第二款改为，“公司提供证据证明原告起诉时或者在诉讼中已经不具有股东身份的，应当驳回起诉。但是，存在下列情形之一的，人民法院可以直接认定实际出资人的股东身份：（1）公司其他股东半数以上知情或认可实际出资人的股东身份的；（2）根据公司章程的签署、实际出资、出资证明书的持有或者股东权利的实际行使等事实可以对股东名册的记载作出相反认定的；（3）实际出资人持有出资证明书，且能证明是由于办理注册登记者的过错导致错误登记或者漏登的”。理由是，股东知情权纠纷是股东与公司之间的纠纷，属于公司内部纠纷，应以公司内部资料（出资证明书、股东名册、公司章程

① 李美云教授（中国政法大学民商经济法学院财税金融法研究所）曾对2006年至2015年以来关于有限责任公司股东知情权司法审判案例进行汇集分析，发现司法审判案例中，在公司改制过程中很多改制为有限责任公司形式的企业中，股东人数超过50人的实际出资人，由于无法在工商部门进行登记，因而无法行使股东知情权，导致权益受损。

等）记载判断原告股东资格，外部工商登记信息是股权变动的对抗要件，且工商登记信息会有一定的滞后性，不宜作为认定股东知情权纠纷中原告是否具有股东身份的决定性证据。

相反的观点是，既有的学理研究多以“名义”作为衡量知情权资格的起点，名义股东满足了股东的形式特征，在与其他股东和公司的关系上，其被承认为法律意义上的公司股东，而隐名股东则不具有股东身份[①]；即“公司实际出资人处于隐名状态，外人无从得知，其名称亦不记载于公司的股东名册中……欲行使股东知情权，必须以自己的股东身份显明化为前提，故原告如系此类实际出资人，在未成为显名股东之前，无权提起股东知情权诉讼”[②]；同时，部分司法实践也持类似立场，例如前文所列《北京市高级人民法院关于审理公司纠纷案件若干问题的指导意见》第十六条的规定。

上述两种意见本质上均指向股东资格确认问题，而其单属一个诉讼事由，并非股东知情权诉讼所特有，且有成文规范[③]和司法实践可以诉诸，《公司法解释（四）》未对此特别作出规定是可以理解的。如前述，围绕股东资格确认这一问题的争议由来已久，也是股东资格判断的形式标准与实质标准之间矛盾的体现。

## 二、“主体资格”的范围

从整个解释的起草过程来看，并无对放宽主体资格的反对意见，争议大多集中于表述以及如何放宽资格的细微差异上。

单纯以提起诉讼或诉讼过程中是否具有股东资格作为判断依据并不合理。关键是要看股东提起此类查询之诉的目的，如果查询的目的是为了证明公司的

---

① 李建伟：《公司法学》（第二版），中国人民大学出版社2011年9月第2版，第235页。

② 杨路：《股东知情权案件若干问题研究》，载《法律适用》2007年第4期，第13页；相同观点参见：宋从文：《股东知情权行使与限制之维》，载《法律适用》2009年第7期，第33页；李建伟：《股东知情权诉讼基本程序问题探析》，载《国家检察官学院学报》2010年第1期，第118页。

③ 例如《北京市高级人民法院关于审理公司纠纷案件若干问题的指导意见（试行）》（京高法发〔2004〕50号）第11条规定：“股东资格是投资人取得和行使股东权利并承担股东义务的基础。依据《公司法》的相关规定，有限责任公司股东资格的确认，涉及实际出资数额、股权转让合同、公司章程、股东名册、出资证明书、工商登记等。确认股东资格应当综合考虑多种因素，在具体案件中对事实证据的审查认定，应当根据当事人具体实施民事行为的真实意思表示，选择确认股东资格的标准”。

某一行为或决定损害了其利益，那么就应该以公司做出行为或决定时相关的当事人是否具有股东资格为判断标准。如果当时已造成影响，利益损害也已产生，那么知情权并不因股份转移而转移。这种以知情目的作为核心判断的思路成为主流，也有域外立法例可资借鉴[①]。

具体到如何扩大知情权的主体范围，主要有两种意见：

第一类是，建议将知情权的行使主体扩大到“失去股东身份之后的180日内”。理由是，理论上，股东知情权以股东身份确认为前提的，股东身份的丧失必然导致知情权的丧失。但是，股东知情权的实现是以公司担负并履行信息报告义务为前提的，如果公司不履行信息报告义务，甚至在股东转让股权的过程中，阻碍股东知情权的实现，那么，即使股东转让股权失去股东身份，仍应赋予股东救济的权利。为平衡股东与公司的各自利益，在有证据表明公司有隐瞒公司经营信息、虚报公司利润的情形时，应当允许受此虚假信息误导而受有损害的股东，在股东身份丧失后仍有权行使知情权以获得权利救济。但是，股权转让后，原股东行使其知情权，应有一定期限限制，否则公司将疲于应付股东的知情权行使。因而，从交易实践的角度出发，建议允许丧失股东身份不超过180日的原告有权继续行使知情权。一方面敦促股东尽快行使知情权保护自身利益；另一方面也有助于公司经营的安定性。

第二类是，建议增加一款：股东对自公司成立至其退出公司之日的信息享有知情权，对退出公司之后的公司信息不再享有知情权。

第二类意见本质上是对《公司法解释（四）》第七条第二款中“持股期间”的细化，区别只在于表述；第一类意见则是对原股东行使知情权进一步作出了期间上的限制，但《公司法解释（四）》最终未对期间作出规定，留待司法实践结合个案具体情形进行裁判，或许更为妥当。

---

① 例如《美国标准商事公司法》第16.02节C项。

Ⅲ条文要点

## 一、知情权与查阅权

股东知情权是公司股东了解公司信息的权利，其以查阅公司文件、资料为主要内容，以保护股东对公司财产所享有的经济上利益、降低公司经理人的代理成本为目的。“从实质上看，该种权利主要包括公司股东了解公司经营状况、财务状况以及其他与股东利益存在密切关系的公司情况；从形式上看，主要表现为公司股东查阅公司一系列文档，包括公司章程、股东会会议记录、董事会会议记录、监事会会议记录、公司财务会计报告，以及股东名册、公司债权存根等”[1]。

在公司法理论下，股东知情权的来源有两方面的基础：其一，股东对公司享有财产权，对公司所有的财产享有经济上的最终利益，因此股东应当被赋予充分获取公司信息的权利，以保护自身对公司财产享有的经济上利益。其二，股东享有社员权，即享有选任经理人和对公司重大事项进行决策的权利，而知情权是股东有效决策和对经理人进行必要监督的前提条件。[2] 当然，在范围上，公司法上股东的知情权要比第三十三条、第九十七条规定的查阅、复制相关文件材料的范围更宽。

## 二、股东资格确认与知情权的行使

### （一）基础理论

学理上，股东权是基于股东身份、依据公司法和公司章程规定而享有的权利，[3] 所以股东当然是行使知情权的主体。至于股东资格的判断，处理实质标准和形式标准的矛盾比较合理的权衡方式是：（1）以公司登记为准判断股东是否可以享有完全的股权，尤其是投票、信息查询、质询等和公司治理相关的权

---

① 施天涛：《公司法论》（第三版），法律出版社2014年9月第3版，第264页。

② See Randall S. Thomas, *Improving Shareholder Monitoring of Corporate Management by Expanding Statutory Access to Information*, Arizona Law Review Vol. 38, 1996, p. 331, p. 336.

③ 刘俊海：《公司法学》（第二版），北京大学出版社2013年1月第2版，第131页。

利，未经登记只能享有证券上的权利或者财产性权利；（2）公司机关，尤其是董事会，在进行公司登记的时候，可以依据公司章程、细则以及股东会决议的要求，要求股东履行相应的义务，比如程序上的要求或者证明自己持有股份的正当性，但如果这种限制构成了实际上的歧视（比如针对某个股东具体修改了章程，而完成目的之后又修改回去），那么应当由法院对受歧视的股东提供救济；（3）如果股东的资格取得、股权获得是不适格的，公司有权拒绝登记，比如违反了章程中关于内部优先受让权的规定，除非股东提起诉讼并得到法院支持否定了该限制条款；（4）在满足特定条件的情况下，董事不得拒绝登记：第一，股权取得的证明是有效的；第二，没有其他类别的股东利益遭到损害；第三，取得是有权的；第四，股东履行了章程和法律的程序性规定，比如缴纳公司或者法律规定的相关费用。[①]

具体到本条司法解释所涉及的问题，股东知情权的行使，应以公司登记作为资格判断的起点，同时，已有法院判决确认股东身份，未变更公司章程、股东名册和工商登记的，不影响行使股东知情权[②]。对已经登记的股东，出资与否、出资是否存在瑕疵，均不影响其知情权的行使。在公司对股东资格存在异议的情形下，可以启动除名程序或先就股东资格争议进行诉讼，司法实践中，股东资格与各类股东权利争议一并审理的情形也非常常见。也有观点认为，能够行使知情权的股东是指“向公司出资或者认购股份并记载在公司章程或者股东名册上的人。这一概念包含了两层含义：其一，在实质意义上，股东是向公司出资或者认购股份的人；其二，在形式意义上，股东是被记载在公司章程或者股东名册上的人，或者简化地说，是被记载在股东名册上的人。这样的股东通常被称之为在册股东（record owner）”。[③] 司法实践中又会考虑工商登记的情况，认为“股东知情权诉讼的原告应当而且只能是股东，包括经过工商备案登记而具有公示效力的股东和未经工商备案登记但公司的股东名册中明确记载的股东”。[④]

---

① 邓峰：《普通公司法》，中国人民大学出版社2009年版，第351页。

② 可参见（2009）二中民终字第16949号、（2009）二中民终字第09585号。

③ 施天涛：《公司法论》（第三版），法律出版社2014年9月第3版，第264～265页。

④ 杨路：《股东知情权案件若干问题研究》，载《法律适用》2007年第4期，第12页；宋从文：《股东知情权行使与限制之维》，载《法律适用》2009年第7期，第33页。

（二）具体认定

在认定公司股东身份时，股东名册应作为基础性的判断依据，但也应考虑我国股东名册实践中使用率较低的实际情况，工商登记具有一定的公示性，其所记载的内容也应适当参酌。

一方面，知情权是股东权，股东权是基于股东身份、根据公司法或公司章程产生的，而股东身份通过认缴或继受取得公司出资或股份获得。[①] 因此，行使知情权的主体应认缴出资、实际履行出资义务或从其他股东处继受了股份。但是，满足实质要件的主体往往仅能证明自己取得了股东身份，而不能证明其行使权利时仍然享有股东身份（除非其能够证明没有转让其全部出资或股权，而诸如“未转让股权”是不可证明的）。因此，将股东认购或继受取得公司出资或股份作为知情权的主体判断要件尚不足够，还需要结合形式标准予以认定。

另一方面，需要认识到的是，股东名册或工商登记中的记载并不能与股东身份相等同。原因在于，在我国的公司法实践中，股东名册乃至工商登记都仅具有推定的效力，即在股东名册或工商登记上记载为股东的，可推定为公司股东，但若有相反证据证明股东名册上记载的股东在实质上不具有股东身份，则应排除该股东行使知情权的权利。[②] 也就是说，在认定股东身份时，除了要考察外观依据外，仍然需要结合实质要件进行判断。

总之，在判断股东身份进而认定股东是否享有知情权时，实质要件需要通过形式要件予以对外彰显，形式要件需要实质要件加以支撑，因此实质要件结合形式要件作为有权行使知情权的股东的判断标准是较为适宜的。其中，在各项形式要件中，股东名册更为关键。公司与其他股东通过股东名册确认某股东的股东身份，并在此基础上确定相互间法律关系。[③] 换言之，原则上，只有记载于股东名册上的股东才享有股东对公司的各项权利。对于未记载于股东名册

---

① 赵旭东主编：《公司法学》（第四版），高等教育出版社 2015 年 4 月第 4 版，第 224 页。

② 施天涛：《公司法论》（第三版），法律出版社 2014 年 9 月第 3 版，第 265 页；域外法相同观点，参见［韩］李哲松：《韩国公司法》，吴日焕译，中国政法大学出版社 2000 年 1 月第 1 版，第 243 页。

③ 王东敏：《股东名册与公司登记机关的登记对股权确认的意义——对公司法第三十三条的理解与适用》，载《人民司法》2006 年第 8 期，第 77 ~ 78 页。

上的“股东”，除非具有其他实质性的证据，原则上不得（在变更股东名册前）向公司主张股东权利。①

## 三、原股东知情权的理论基础

### （一）基础原理

对于已经转让全部股权、退出公司的原股东能否行使知情权，学理上与实务上存在争议。根据学者②总结，原股东是否能够行使知情权，有三种学说：

第一，绝对有权说。即认为股东在转让股权后仍有权查阅公司的一切财务会计资料，包括股权转让前和股权转让后公司继续经营期间所置备的财务会计资料。以便确保股东可以了解公司的全部信息，在行使知情权后再通过给付之诉寻求相应的救济。

第二，绝对无权说。此说认为，股东知情权仅存在于股东的地位或资格（身份）中，不具有股东身份即无知情权。

第三，相对有权说。认为股东在转让股权后，如有证据表明公司隐瞒利润，应有权查阅其作为股东期间公司的财务状况。

从目前学界的研究来看，支持“相对有权说”的观点占据上风。比较典型的论述如，“第一种观点（绝对有权说）无视股东转让其股权以及转让后原股东与公司之间原有关系之消灭的事实，其所赋予的知情权与作为被告公司现任股东的知情权并无二致，对股东知情权的保护过于极端。第二种观点（绝对无权说）虽有一定的合理性，但过于强调股东权的社员权性质，而忽略了对股东行使知情权之目的的综合考察，失之偏颇，在实践中显得比较机械，对原告的权利存在保护不周的问题。第三种观点（相对有权说）准确把握了知情权的本质，而且此种观点并非针对原股东认为股权转让价格存在明显不公的情形，而是针对公司隐瞒利润，从而侵犯了股东盈余分配权的情形。通常情况下，该股东在未查阅公司的财务资料前并不能确定公司存在隐瞒利润以及隐瞒多少利润的事实，故为了更好地实现其股东盈余分配权，赋予此类股东以知情权较为

---

① 赵旭东主编：《公司法学》（第四版），高等教育出版社2015年4月第4版，第254页。

② 蒋大兴：《超越股东知情权诉讼的司法困境》，载《法学》2005年第2期，第118～119页。

妥当”[①]。还有学者虽未明言支持相对有权说，但是其论述事实上表达了此种立场：“老股东在转让股权后的合理期限内怀疑股权转让价格由于控制股东和管理层操纵公司财务活动而过低的，仍有权查阅公司的会计账簿和原始凭证，进而决定是否行使撤销股权转让合同的权利。首先，允许前股东查阅公司会计账簿是诚实信用原则在公司法领域的必然要求……其次，允许前股东查阅公司会计账簿有助于前股东对显失公平的股权转让合同行使撤销权。”[②]

（二）比较法参照

比较法上，在一定前提下赋予原股东查阅权，也有类似规定可资借鉴。德国《有限责任公司法》第51a条规定了有限责任公司股东的知情权。该法的相关解释只赋予了在任的股东以知情权。“如果退出已经生效，该退出股东就不能再主张这一请求权”。[③] 但是，这并不意味着德国法不保护退出股东的知情权。实际上，如果股东已退出公司，仍可根据德国《民法典》第810条主张其关于信息的必要权利。[④] 类似的，美国《特拉华州普通公司法》第220条第2、3款明确规定了知情权的主体不仅限于股份公司股份的登记持有人或者非股份公司成员，提交受益性拥有股份的证明文件的主体也可以要求查阅，以查阅目的的正当性为核心判断标准，“（二）股东经宣誓并提出书面要求、说明目的后，有权在通常上班时间亲自或者通过律师或者其他代理人，为任何事宜目的检查并复制、摘抄下列文件：（1）公司股份账簿、股东名单、其他账簿和记录；（2）满足下列条件之一时，附属机构的账簿和记录……股东不是股份公司股份的登记持有人的，或者不是非股份公司成员的，经宣誓提出的查阅要求，应当载明以何种身份作为股东，附上受益性拥有股份的证明文件，并声明文件真实、正确。适宜目的，指与股东身份有关的利益合理联系的目的”。

---

① 李建伟：《股东知情权诉讼基本程序问题探析》，载《国家检察官学院学报》2010年第1期，第117页；相同观点参见杨路：《股东知情权案件若干问题研究》，载《法律适用》2007年第4期，第13页。

② 刘俊海：《公司法学》（第二版），北京大学出版社2013年1月第2版，第177页；相同观点参见蒋敏等：《股东知情权的司法保护》，载《人民司法》2009年第4期，第84页。

③ 托马斯·莱塞尔等：《德国资合公司法》（第三版），高旭军等译，法律出版社2005年版，第452页。

④ Lutter et. al., GmbH－Gesetz Kommentar, 17. Aufl., § 51a GmbH Rn. 3; OLG Frankfurt/M WM 1996, p. 160, 161.

（三）规则目的

对于退出股东的知情权的保护，其根本目的仍在于通过“非常规”的事后救济达成一种一般性预防的效果，以维护既有股东的合法权益。如学者所言，“如果我们采取一种反向思考的方式，或许有助于回答为什么应当给离开公司的股东以救济层面的知情权。如果法院对于类似于本案原告的诉讼请求，一律作出否定判决，则会使问题变得十分严重——这无异于鼓励公司造假隐瞒利润，然后再采取排挤行动，将股东挤出公司（迫使或诱骗其转让股权或减资），从而‘合法’占有股东应得的利润。司法判决的这种导引功能，无疑彻底毁坏了其所试图实现的正义，违背了法院作为公正的代言人所秉持的维护弱者、匡扶正义的司法品格”。[①]

从司法实践来看，由于没有司法解释的明文规定，一些地方法院[②]在涉及此类案件的指导意见中，不得不采取“迂回”的规范安排。如《上海市高级人民法院2005年上海法院民商事审判问答（之四）——关于审理股东请求对公司行使知情权纠纷若干问题的问答》将知情权诉讼的主体限定为既有股东，而对于原股东认为公司隐瞒真实经营状况，导致其股权出让价格明显不公的，该问答认为股东“可依法通过行使撤销权或对公司提起侵权之诉途径解决”。这种不得已而为之的处理安排虽然为公司原股东获得救济提供了必要的途径，但对原股东的保护并不充分。事实上，在没有信息支持的情况下，很难想象其行使撤销权或侵权之诉的主张能够得到支持。

---

① 蒋大兴：《超越股东知情权诉讼的司法困境》，载《法学》2005年第2期，第123页。

② 《北京市高级人民法院关于审理公司纠纷案件若干问题的指导意见》（京高法发〔2008〕127号，以下简称《北京意见》）第十五条规定：“已退出公司的股东对其任股东期间的公司经营、财务情况提起知情权诉讼的，因其已不具备股东身份，人民法院应裁定不予受理。”类似地，《山东省高级人民法院关于审理公司纠纷案件若干问题的意见（试行）》（鲁高法发〔2007〕3号，以下简称《山东意见》）第六十四条规定：“股东转让股权后要求查阅任股东期间的会计账簿的，人民法院不予受理。”司法实务工作者亦持无权说，其理由可总结为：“股东知情权作为股东参与权中的一项基础性权利，同样具有社员权和从权利的性质，其行使须以现实的股东身份为前提，一旦因某种原因丧失股东身份，其请求对公司行使知情权的权利也随之丧失。”陆鸣苏等：《原股东要求行使任股东期间知情权的认定与处理》，载《人民司法》2009年第10期，第84页。

## 典型案例

与本条相关的实务问题主要有两类，即股东资格确认与原股东查阅权。对既有审判案例的检索显示，股东资格确认问题，不同法院持有不同立场，但对于原股东的查阅，大部分法院采取了以“正当目的”作为核心判断标准的裁判路径。故而以下围绕“未登记的股东是否享有知情权”“资格受到质疑的股东（比如出资不实、名义股东）是否享有知情权”“原股东是否可以行使知情权”三个问题，各自选取了裁判结果不同的案例进行分析。

### 一、股东资格争议与知情权行使

#### （一）未登记的股东是否享有知情权

1. 徐州新彩卷烟印刷有限责任公司与王某华、张某文等股东知情权纠纷上诉案①

**【焦点问题】**未记载于股东名册的实际出资人，是否可以行使知情权?

**【裁判立场】**实际出资人履行了出资义务，也多次取得了公司的分红，实际享有了出资人的权利。根据权利义务相一致及诚实信用的原则，可以行使知情权。

**【案情简介】**2000年12月15日，由徐州彩色印刷厂工会委员会发起，与汪某祖、刘某全、王某、聂某鸣、黄某义、王某明、张某、王某梅、胡某鼎共同成立徐州新彩卷烟印刷有限责任公司（以下简称“新彩公司”）。王某华、张某文、高某、苗某东、潘某登、张某侠、陈某及其他400余名工人分别交纳股金至新彩公司工会委员会，并由新彩公司工会委员会给王某华等7人及其他400余名工人颁发持股证明书。2010年3月17日，王某华等7人向新彩公司发出要求查阅账簿申请书，新彩公司拒绝。2010年5月14日，王某华等7人诉至法院，请求判令新彩公司履行其法定义务，王某华等7人有权查阅公司相关财务账簿，了解公司贷款及对外投资情况。一审期间，新彩公司辩称，王某华等7人不是注册股东，不具有诉讼主体资格，不能享有法定股东的权利，代表他

---

① 江苏省徐州市中级人民法院（2011）徐商终字第0206号。

们行使股权的是新彩公司工会，请求驳回王某华等7人的诉讼请求，一审判决后，新彩公司提起上诉称：被上诉人王某华等不是新彩公司法定意义上的股东，不能直接享有股东权利。应当由新彩公司工会持股会向新彩公司主张权利。新彩公司已经履行了对股东的重大信息披露义务。请求撤销原审判决，予以改判。

**【裁判要旨】**一审法院认为，股东资格的取得需要具备一定的实质要件和形式要件，实质要件要有取得股东资格的真实意思表示并实际履行出资义务等，形式要件要求在股东名册上进行记载、并在工商登记注册时进行登记等。王某华等7人在新彩公司成立时通过工会分别交纳了股金，实际履行了出资义务，也多次取得了公司的分红，实际享有了出资人的权利。根据权利义务相一致及诚实信用的原则，应当确认王某华等7人为实际出资人的身份。虽然在公司设立过程中以徐州彩色印刷厂工会委员会为股东之一进行了工商登记，但工会并没有实际出资，而是由王某华等7人同其他400余名工人实际出资，工会经工商登记后只是起到对公司外部公示的效力，而并不必然产生设定其股东资格和股东权利的法律效力，不能对抗公司内部实际出资人享有的权利。因此，王某华等7人通过工会行使股东权利，有权对公司经营中的重大事项行使知情权、表决权，故其提出要求新彩公司履行法定义务，由王某华等7人查阅公司相关财务账簿的请求，应予支持。

二审法院认为，徐州彩色印刷厂在企业改制过程中，通过吸收职工入股进行有限责任公司改造，由于受限于《公司法》关于有限责任公司股东人数最高50人的要求，王某华等7人及其他400余名实际出资人并未登记为股东，但王某华等7人作为实际出资人，已经履行了出资义务，在公司经营盈利之后，也多次取得了公司的分红，实际享有了出资人的权利。根据权利义务相一致及诚实信用的原则，应当确认王某华等7人的实际出资人的身份。虽然王某华等7人要成为法律意义上的公司股东，还需依法办理有关登记手续，但这并不影响王某华等7人在公司内部关系中向新彩公司主张权利。由于公司经营业绩的优劣与王某华等7人有直接的利害关系，故王某华等7人有权对公司经营中的重大事项行使知情权、表决权，其要求新彩公司履行法定义务，要求查阅公司相关财务账簿的请求，应予支持。

**【案例评析】**本案是按照实质标准来判断股东资格的典型案例，原告系被告公司的实际出资人，法院认为股东知情权的行使属于公司内部关系，本着诚信原则和权利义务相一致原则，认可了原告的股东资格，进而支持了其知情权的请求。何为内部关系、何为外部关系、股东资格确认的形式与实质标准等问题，可以与下一案例相互对照，两个法院进行了截然不同的判断。

2. 窦某祥、谢某美与盘固水泥集团有限公司股东资格确认、股东知情权纠纷再审案①

**【焦点问题】**未记载于股东名册的实际出资人，是否可以行使知情权？

**【裁判立场】**隐名投资关系，适用“双重标准、内外有别”原则：内部关系上，实际出资人与显名股东之间的投资权益纠纷，属于内部纠纷；外部关系上，由显名股东向公司行使股东权利，未记载于股东名册的实际出资人不得行使知情权。

**【案情简介】**窦某祥、谢某美先后在常州市第三水泥厂工作，后该厂经过一系列改制，变更为盘固水泥集团有限公司。自企业改制后，窦某祥、谢某美均投入股金，成为盘固公司股东。但是盘固公司未依法向二人出具出资证明书或股权证。窦某祥、谢某美多次向盘固公司要求出具出资证明书，查阅股东名册，查阅并复制公司章程、股东会会议记录、董事会会议决议、监事会会议决议和财务会计报告，均被盘固公司拒绝。窦某祥、谢某美提起诉讼请法院判令：盘固公司签发出资证明书或股权证；出示并复制公司章程、股东会会议记录、董事会会议决议、监事会会议决议和财务会计报告。

盘固公司辩称：一、窦某祥、谢某美不是盘固公司的直接股东，故其要求盘固公司向其出具出资证明或股权证于法无据，该诉请应依法驳回；二、既然窦某祥、谢某美不是盘固公司的直接股东，依照法律规定原告无权向盘固公司要求行使知情权，故其要求行使股东知情权的诉请依法应驳回。

**【裁判要旨】**一审法院认为，企业改制过程中，由于受到各种原因的影响，存在实际出资人与公司记名的股东相分离的情形，较为常见的是大量实际出资

① 江苏省高级人民法院（2016）苏民申4471号。

职工隐名于显名股东之后，根据当前的审判实践及其处理意见，隐名投资关系适用“双重标准、内外有别”原则：内部关系上，实际出资人与显名股东之间的投资权益纠纷，属于内部纠纷；外部关系上，由显名股东向公司行使股东权利；实际出资人请求公司变更股东的，应经公司其他股东半数以上同意。因此，实际出资职工直接向公司主张股东权利，于法无据。

二审法院认为，实际出资人未经公司其他股东半数以上同意，请求公司变更股东、签发出资证明书、记载于股东名册的，法院不予支持。本案中，基于有限责任公司的人合性，实际出资人要被确认为股东，需要经过公司其他股东认可。窦某祥、谢某美要求公司签发出资证明书，并未获得公司其他股东的同意，故一审认定窦某祥、谢某美的诉请缺乏事实依据并无不当。股东的知情权，是股东享有的知道和了解公司经营状况的重要信息的权利，权利行使的主体必须是公司股东。而窦某祥、谢某美股东资格尚未确认，其要求查阅、复制公司章程、股东会会议记录、董事会会议决议、监事会会议决议和财务会计报告的诉请，本院不予支持。综上，窦某祥、谢某美的上诉请求没有事实和法律依据，本院不予支持。原审判决认定事实清楚，适用法律正确，判决并无不当，应予维持。

再审法院认为，《公司法解释（三）》第二十四条第三款规定：实际出资人未经公司其他股东半数以上同意，请求公司变更股东、签发出资证明书、记载于股东名册、记载于公司章程并办理公司登记机关登记的，人民法院不予支持。本案中，窦某祥、谢某美虽实际参与出资，但其出资均归属于29名自然人股东中部分人的名下，未将其记载于公司股东名册，公司登记机关也一直未进行过登记。窦某祥、谢某美提起本案诉讼，要求公司签发出资证明书，但该主张并未获得公司其他股东半数以上同意，不能成立。鉴于股东知情权诉讼权利行使的主体必须是公司股东，但窦某祥、谢某美股东资格尚未确认，故一、二审法院判决驳回窦某祥、谢某美要求盘固公司向其签发出资证明书或股权证、盘固公司向其出示并复制公司章程、股东会会议记录、董事会会议决议、监事会会议决议和财务会计报告的诉讼请求，并无不当。

**【案例评析】**本案是按照形式标准来判断股东资格的典型案例，原告虽系被告公司的实际出资人，但法院认为股东资格应以记载于公司股东名册为判断标准，实际出资人在未取得登记之前，要求行使股东权利的不予支持。在案情类似的情况下，本案的裁判立场与前一案例刚好相反。

### （二）资格受到质疑的股东是否享有知情权

#### 1. 桂某与陈某洁、陈某股东知情权纠纷、公司盈余分配纠纷再审案①

**【焦点问题】**出资不实的股东是否可以提起知情权之诉？

**【裁判立场】**股东出资不足或抽逃出资的，虽不影响其股东地位的取得，但在其行使股东权利之时，需以充分履行股东各项义务为前提，而违反股东足额出资这一基本法律义务，自不应享有股东的相应权利，这是民商法中权利与义务统一、风险与利益对等原则的具体体现。

**【案情简介】**桂某作为原始出资人发起设立富业公司，但自2004年后其股东权利受到陈某洁、陈某和富业公司的侵害，桂某多次要求了解公司经营状况，遭到拒绝，也未分到红利。根据《公司法》第三十三条，请求法院判令陈某洁、陈某和富业公司将公司股东会会议记录、董事会会议记录、会计账簿交由桂某查阅和复制；确认桂某的分红权。陈某洁、陈某和富业公司答辩称：桂某未实际出资，系陈某洁借桂某名义出资50万元，桂某依法不享有分红权，且其股东权利应受到限制。

**【裁判要旨】**一审法院认为，因为桂某已作为股东登记于富业公司的股东名册中，在以往的诉讼中及本案中，执行董事陈某洁、富业公司及另一股东陈某均未否认桂某的股东身份，依照《公司法》② 第三十三条之规定，股东实际出资与否并不影响其股东资格的取得，故桂某应为富业公司的股东。但是，桂某举出的证据不足以证明其实际实施了向富业公司真实出资的行为，履行了股东出资的基本义务；而陈某洁举出的证据则能证明桂某的50万元系陈某洁借用桂某名义出资，验资结束后又将该笔出资抽出返还于陈某洁账户。因此，桂某作为富业公司登记于股东名册的股东，并未依照《公司法》第二十八条、第三

---

① 湖北省高级人民法院（2013）鄂民监三再字第3号。

② 一审法院审理时适用的是2005年《公司法》。

十六条的规定，以及公司章程和出资协议的约定履行出资义务，既违反了《公司法》关于股东必须实际履行出资义务的规定，也违反了诉讼双方关于股东出资的约定义务，应依法承担未实际出资的民事责任。股东享有和行使权利的基础和前提是承担股东义务，违反出资义务，其股东权利就必然受到相应限制，就不应当享有股东的相应权利，这是民商法中权利与义务统一、利益与风险一致原则的具体体现。而依照《公司法》的规定，有限责任公司的股东享有表决权、选举权和被选举权、分取红利的权利、剩余财产分配权、查阅公司会议记录和财务报告权、增资优先认购权、转让出资权、优先购买其他股东转让的出资权、制定和修改公司章程的权利等多项股东权利。其中，选举权和被选举权、查阅公司会议记录和财务会计报告权、制定和修改公司章程等身份性质的权利，与实际出资无关，主要依据股东资格取得而享有。但是表决权、分红权、剩余财产分配权、增资优先认购权等股东权利与股东出资行为和义务直接相关，需要按照股东实缴的出资比例行使。违反出资义务的股东，由于没有实际真实投资行为，公司没有支配经营其投资财产而产生利润，其也未以其出资承担公司的经营风险。基于公平原则和权利义务相统一、利益与风险相一致原则的基本精神要求，没有履行出资义务的股东不能享有表决权、分红权、剩余财产分配权、增资优先认购权等按出资比例确定的股东权利，在股东没有交纳应缴出资款之前，应当对其相应的股东表决权、分红权、剩余财产分配权、增资优先认购权加以限制。由于桂某没有实施真实投资行为，没有实际出资，违反了股东实际出资的法定义务和约定义务，其与出资比例直接相关的分红权等股东权利应受到限制，不应享有股东分红权。因而，桂某主张的确认其分红权的诉讼请求，因缺乏证据证明其已实际足额出资，于法不符，不能成立，不予采纳；陈某洁提出的确认桂某不具有分红权的反诉请求有事实依据，符合法律规定，应予以支持。根据《公司法》第三十四条之规定，桂某作为富业公司股东享有查阅、复制公司章程、股东会会议记录、董事会会议决议、监事会会议决议和财务会计报告及要求查阅公司会计账簿等知情权。但是，行使知情权应当符合法律规定的条件、情形及程序。富业公司未设立董事会而仅设立了执行董事，桂某请求查阅董事会记录无事实依据；在 2008 年 4 月陈某洁诉桂某股权确认纠纷一案中，桂某已复制了陈某洁提供的全部股东会决议；在2007年4月桂某诉陈某洁、富业公司股权及分红权纠纷一案中，桂某已通过湖北省襄樊市襄城区人民法院复制了富业公司的财务账簿，且在诉讼双方发生纠纷、产生矛盾之前，以及截至本案诉讼中，桂某并未按照《公司法》第三十四条规定的条件和程序向富业公司提交查阅公司账簿的书面请求。故桂某提出的判令将富业公司股东会会议记录、董事会会议记录、会计账簿交由其查阅和复制的诉讼请求，与事实和法律不符，亦无实际意义和必要，不能成立。

二审法院认为，根据《公司法》第三十三条之规定，在一般情况下，登记于公司股东名册上的股东，应当确认其股东身份并可依法行使股东权利。股东出资不足或抽逃出资的，虽不影响其股东地位的取得，但在其行使股东权利之时，需以充分履行股东各项义务为前提，而违反股东足额出资这一基本法律义务，自不应享有股东的相应权利，这是民商法中权利与义务统一、风险与利益对等原则的具体体现，也符合《公司法》关于公司成立后禁止股东抽逃出资的立法精神及本意。另外，抽逃出资或出资不足的股东行使股东权利，还必须根据《公司法》第二十八条第二款关于“股东不按照前款规定缴纳出资的，除应当向公司足额缴纳外，还应当向已按期足额缴纳出资的股东承担违约责任”的规定，向公司补足应缴出资并向诚实履约的其他股东承担违约责任，否则不能行使股东权利。本案中，桂某在设立富业公司时认缴出资50万元，却未能提交证据证明由其实际出资，且从所查明事实看，桂某名下账户中虽曾有50万元存款，但验资后即已抽逃。故综合上述情况，可认定桂某虽具股东身份，但在其未能向富业公司足额补缴出资并向其他足额出资股东承担违约责任的情况下，暂不能行使各项股东权利。

再审法院认为，桂某作为富业公司登记于股东名册的股东，并未依照法律、公司章程和出资协议的约定履行出资义务，既违反了《公司法》关于股东必须实际履行出资义务的规定，也违反了诉讼双方关于股东出资的约定义务。股东享有和行使权利的基础和前提是承担股东义务，违反出资义务，其股东权利就必然受到相应限制，就不应当享有股东的相应权利，这是民商法中权利与义务统一、利益与风险一致原则的具体体现。因此，桂某虽具股东身份，但在其未能向富业公司足额补缴出资并向其他足额出资股东承担违约责任的情况下，暂不能行使各项股东权利。尤其是在行使知情权时，桂某仍需根据《公司法》第三十三条的规定向富业公司及人民法院依法循序主张。因此，桂某不享有富业公司的股东知情权、盈余分配权。

**【案例评析】**同样与股东资格确认的形式标准、实质标准相关，本案中的原告股东，虽然记载于股东名册，但因其未履行实际出资义务，法院认为享有股东权利应以履行出资义务为前提，故而其股东权利应受到限制。值得一提的是，本案各级法院的裁判逻辑略有不同，一审法院认为，出资瑕疵并不必然导致股东资格的丧失，对不同类型的股东权利应该加以区分，部分股东权利的行使受到限制（本案中主要指获得分红的权利），原告的知情权诉讼未得到支持的原因是其未完成对公司的书面请求。而再审法院则认为，在未履行出资义务之前，股东的各项权利都暂不能行使。

2. 北京龙德泉环保科技有限公司与杨某平股东知情权纠纷上诉案[①]

**【焦点问题】**出资瑕疵的股东，是否具有提起知情权诉讼的主体资格？

**【裁判立场】**股东的出资瑕疵并不必然导致股东身份的丧失，查阅、复制财务会计报告是法律赋予股东的权利，股东依法享有知情权。

**【案情简介】**杨某平作为龙德泉公司股东，两年多时间里多次提出查账、分红均遭龙德泉公司拒绝，提起诉讼请求判令，龙德泉公司提供自其成立之日起至开庭之日止的财务会计报告供杨某平查阅和复制。龙德泉公司答辩称：一、杨某平不是龙德泉公司实际出资人，按照约定杨某平不归还吴某富出资，不具有股东资格，股份不成立，其股东权益应受到限制；二、杨某平要求行使知情权，具有不正当目的，可能损害公司的合法利益。

**【裁判要旨】**一审法院认为，杨某平是龙德泉公司在工商行政管理局登记备案的股东。龙德泉公司主张杨某平自始没有出资，证据不足，且股东的出资瑕疵并不必然导致股东身份的丧失。公司法明确规定，股东有权查阅和复制公司财务会计报告。此项权利是股东知情权的一项基本内容，股东行使该权利不

---

① 北京市第二中级人民法院（2009）二中民终字第18107号。

需要先履行公司内部救济程序，公司也不得以任何理由予以拒绝。杨某平作为公司股东，有权利了解公司的财务状况，其诉讼请求符合法律规定，该院予以支持。

二审法院的裁判意见与一审基本相同，认为查阅、复制财务会计报告是法律赋予股东的权利，股东依法享有知情权。杨某平作为龙德泉公司的股东，其依法享有的知情权应当受到保护。

**【案例评析】**本案的裁判采取了形式标准，股东身份不因出资瑕疵而丧失，知情权为股东的法定权利。

## 二、原股东的知情权行使

### 1. 王某宇、钟某培与广西德意数码股份有限公司股东知情权纠纷案①

**【焦点问题】**原股东是否具有提起知情权诉讼的主体资格？

**【裁判立场】**应对《公司法》第三十三条中的“股东”做扩大理解，原股东可以成为知情权诉讼的原告。

**【案情简介】**广西德意数码股份有限公司（以下简称“德意公司”）的前身是广西德意高技术有限责任公司，王某宇、钟某培是该公司的股东兼董事之一。该公司章程第三十二条规定了股东享有的权利，其中第（六）项规定：股东依照法律、公司章程的规定获得有关信息、缴付合理费用后有权查阅和复印公司中期报告和年度报告。2009年，王某宇、钟某培向德意公司提出申请，要求查阅公司2006年1月1日至2008年12月30日的会计账簿和财务会计报告。2009年7月，德意公司回复同意其到公司查阅公司会计报告。但之后，王某宇、钟某培即向一审法院提起诉讼。在一审第一次庭审中，德意公司同意王某宇、钟某培查阅公司财务会计报告。但查阅过程中，王某宇、钟某培发现公司提供的资料不全，因此要求重新查阅并申请法院调查德意公司取得“中间件软件及其应用产品高技术产业项目”获得的国家补助资金500万元的情况。一审法院即要求德意公司明确提供给股东查阅的财务会计报告中包含前述内容。而

① 广西壮族自治区南宁市中级人民法院（2010）南市民二终字第430号。

德意公司则答复称其公司是资合性公司，由于涉及商业秘密和其他股东利益，不能将内部资料公之于众。在二审中，德意公司提供了2010年3月31日王某宇、钟某培与案外人张某签订的《股份转让协议书》及王某宇、钟某培收张某的股权转让款的证据，以此证明王某宇、钟某培已将股权转让他人，不是公司的股东，已不具备本案的主体资格。

**【裁判要旨】**王某宇、钟某培作为德意公司的股东，其有权查阅公司的财务会计报告，知悉公司的整体财务状况，德意公司虽提供了2006～2008年度财务会计报告，但该报告的内容没有反映国家补助的500万元资金的使用情况，而上述500万元资金经查实确已通过南宁市财政局向德意公司专项拨付，故德意公司使用该笔专项资金的情况是该公司财务会计信息的一部分，王某宇、钟某培对此享有股东知情权，德意公司应提供相关的财务会计报告供其查阅。

至于德意公司主张王某宇、钟某培已经不再是公司股东，因此不享有知情权，二审法院认为，为确保老股东了解公司资产真实状况、知悉自己转让股份的价格是否公允，“股东知情权”中的“股东”应作扩张解释，既包括公司现在的股东，也包括公司的老股东。老股东在转让股权以后的合理期限内怀疑其股权转让价格由于控制股东和公司经营管理层操纵公司财务活动而过低的，或者转让股权以后发现其原先的股东权利受到侵犯的，仍有权查阅其在公司期间的会计账簿。此为诚实信用原则在公司法领域的必然要求，亦有助于老股东对显失公平的股权转让合同行使撤销权。故王某宇、钟某培并不因其股权已转让而丧失本案原告资格。

**【案例评析】**本案中，法院认为“股东知情权”中的“股东”应作扩张解释，将公司的老股东纳入其中，是合理的。本案审理法院提出扩张解释的理由是“老股东在转让股权以后的合理期限内怀疑其股权转让价格由于控制股东和公司经营管理层操纵公司财务活动而过低的，或者转让股权以后发现其原先的股东权利受到侵犯的，仍有权查阅其在公司期间的会计账簿，此为诚实信用原则在公司法领域的必然要求，亦有助于老股东对显失公平的股权转让合同行使撤销权”，与《公司法解释（四）》第七条第二款但书的意旨相符。实质上，公司原有股东就其任股东期间的事项行使知情权并不违反《公司法》第三十三条的立法目的：该股东行使的依然是就其担任股东期间相关信息的知情权，而在该期间内，该股东仍具有股东身份。

2. 藏某诉江苏天衡会计师事务所有限公司知情权纠纷案[①]

**【焦点问题】**原股东是否具有提起知情权诉讼的主体资格？

**【裁判立场】**应对《公司法》第三十三条中的“股东”做扩大理解，原股东可以成为知情权诉讼的原告。

**【案情简介】**天衡会计公司经江苏省财政厅苏财会协（1998）85号文批准，于1999年1月6日领取企业法人营业执照。藏某系该公司的发起人和股东之一。1999年10月，经江苏省财政厅苏财协（1999）49号文批准，藏某等人出资设立江苏天健会计师事务所有限公司（藏某为公司法定代表人）。为此，藏某向天衡会计公司提出辞职和退股申请。1999年12月28日，藏某从天衡会计公司借股本金50000元。2000年1月，藏某向天衡会计公司出具书面承诺，内容为：本人在天衡会计公司所持5%的股权，自1999年11月30日放弃，交由天衡会计公司处置，按原价转让。2000年5月7日，天衡会计公司召开董事会会议，讨论该公司1999年度利润分配、脱离公司股东退出股权的处置等事宜，形成2000年第一次董事会会议决议。2000年6月16日，藏某与天衡会计公司法定代表人余某玉签订股权转让协议，内容为：藏某同意将持有的天衡会计公司5%的股权转让给余某玉；转让价格为每股面值1元，合计成交价格50000元（该50000元股权转让金，藏某已于1999年12月28日向天衡会计公司所借支）。双方并以3490650.32元的利润总额计算，藏某取得天衡会计公司1999年度分红。2002年3月18日，藏某致函天衡会计公司，要求查阅有关财务资料。该函件的内容为：本人至今没有看到天衡会计公司1999年度财务收支、盈余分配的资料，据知天衡会计公司当年截留了巨额利润，转入下年分配，侵犯了本人的利益。要求查阅天衡会计公司1999年度的全部收支账目和分红方案，以追回被非法截留的收益和本人应得的分红。遭到天衡会计公司的拒绝后，

---

① 公丕祥主编：《江苏省高级人民法院六十年经典案例》，中国法制出版社2012年12月第1版，第368～370页。

藏某于2002年6月诉至一审法院，请求查阅天衡会计公司1999年财务账目、收费发票存根和业务报告登记簿。被告辩称：原告现已不是天衡会计公司的股东；不再享有股东权利，故不能查阅天衡会计公司的财务账目、收费发票、业务登记簿。原告称被告截留了巨额利润是捏造的；且原告的起诉已超过诉讼时效，要求驳回原告的诉讼请求。

**【裁判要旨】**一审法院认为，股东有从公司获取经济利益的权利，是否能获得应属于自己的财产，赋予了股东对公司财务状况的知情权。藏某要求查阅的是1999年度天衡会计公司的财务状况，当时藏某为该公司的股东，故其要求行使1999年度的公司知情权并无不当，应予支持。除法律另有规定外，向法院请求保护民事权利的诉讼时效为2年，诉讼时效期间从知道或应当知道权利被侵害时起计算。天衡会计公司对股东查阅财务账目的时间未作规定，应以藏某发现该公司财务中存在问题作为诉讼时效的起算时间。藏某现起诉主张权利并未超过诉讼时效，故天衡会计公司认为藏某的诉讼已过诉讼时效的抗辩不能成立。仅凭股东会会议记录和公司财务会计报告这些表面材料无法真正使股东的利益得以保障，且藏某已了解到天衡会计公司存在有利润做到下年度、虚提费用等情况，其要求进一步了解该公司具体财务情况应当准许，藏某的诉讼请求应予支持。据此，一审法院依照《公司法》[①] 第三十二条之规定，判决：天衡会计公司于本判决生效后10日内在天衡会计公司办公室让藏某查阅天衡会计公司1999年度的财务账目、收费发票存根和业务报告登记簿。

二审法院认为，《公司法》第三十二条规定：股东有权查阅股东会会议记录和公司财务会计报告。该条规定行使上述权利的主体应当是公司股东，并未规定股东丧失股东身份以后，仍享有查阅其曾任股东期间的公司有关财务会计资料的权利。本案藏某在转让其天衡会计公司的股权、领取股本金和分红之后，即失去了该公司的股东资格，其要求查阅曾任股东期间的公司有关财务会计资料，没有法律依据。原审在藏某已失去天衡会计公司的股东资格后，判决支持其查阅在其具有股东资格期间的天衡会计公司的财务会计资料，行使股东知情

① 本案两审法院适用的均为1999年《公司法》。

权，适用法律错误，本院予以纠正。天衡会计公司关于藏某已不是公司股东，不具有行使知情权主体资格的申请理由成立，本院予以支持。至于本案双方当事人所述诉讼时效问题，因藏某能否查阅天衡会计公司有关财务会计资料与其是否具有公司股东身份有关，故本案处理与诉讼时效并无关联。综上，经审判委员会讨论决定，根据《民事诉讼法》第一百八十六条第一款、第一百五十三条第一款第（二）项，《公司法》第三十二条之规定，判决撤销原判，驳回藏某的诉讼请求。

**【案例评析】**本案的一审法院、二审法院均认为原股东对其任职期间内的公司文件享有查询权，而本案的再审法院则以《公司法》条文的用语未做规定为由推翻了一审法院和二审法院的观点。从裁判理由来看，再审法院的主要理由有两个，其一是认为法律未规定知情权的主体可以是公司原有的股东。其二是认为“藏某等人于1999年10月出资设立江苏天健会计师事务所有限公司，并由藏某担任该公司法定代表人。作为与被告天衡会计公司具有同业竞争关系的公司高级管理人员，藏某要求查阅原始财务会计资料，涉及天衡会计公司的商业秘密，对该公司的商业秘密构成威胁，可能损害该公司利益。因此其要求行使股东知情权不具有正当性，天衡会计公司可依其竞业身份拒绝其行使知情权的请求”。[①] 从裁判内容来看，后者似为主要理由，但法院在裁判中并未详加论证，而是直接使用了第一个简单理由进行了裁判，其结论可能是正确的，但仍容易引起争议。在《公司法解释（四）》明确原股东享有知情权后，法院宜进行实质审查，对确有初步证据证明有查阅、复制公司相关文件之必要的，应予以准许。当然，若当事人乃是出于不正当目的申请查阅，还应当根据法律的规定，予以相应限制。

① 陆鸣苏等（再审主审法官）：《原股东要求行使任股东期间知情权的认定与处理》，载《人民司法·案例》2009年第10期，第81～84页。

# 专题二 何为“不正当目的”

## 核心条文

**《公司法解释（四）》**

**第八条** 有限责任公司有证据证明股东存在下列情形之一的，人民法院应当认定股东有公司法第三十三条第二款规定的“不正当目的”：

（一）股东自营或者为他人经营与公司主营业务有实质性竞争关系业务的，但公司章程另有规定或者全体股东另有约定的除外；

（二）股东为了向他人通报有关信息查阅公司会计账簿，可能损害公司合法利益的；

（三）股东在向公司提出查阅请求之日前的三年内，曾通过查阅公司会计账簿，向他人通报有关信息损害公司合法利益的；

（四）股东有不正当目的的其他情形。

## 关涉条文

### 一、既有相关规范

**《公司法》**

**第三十三条第二款** 股东可以要求查阅公司会计账簿。股东要求查阅公司会计账簿的，应当向公司提出书面请求，说明目的。公司有合理根据认为股东查阅会计账簿有不正当目的，可能损害公司合法利益的，可以拒绝提供查阅，并应当自股东提出书面请求之日起十五日内书面答复股东并说明理由。公司拒绝提供查阅的，股东可以请求人民法院要求公司提供查阅。

## 二、地方司法实践

**1.《浙江省高级人民法院民二庭关于印发〈商事审判若干疑难问题理解〉的通知》（浙法民二〔2010〕15号）**

**问题一**　有限责任公司股东的知情权与公司的商业秘密权益相冲突时，应当侧重保护哪一方的权益？

股东知情权是股东权的重要内容，也是行使股东其他权利的基础。修订后的公司法第三十四条规定强化了对有限责任公司股东知情权的保护。审判实践中，要运用利益平衡理念，妥当行使自由裁量权，在保障股东知情权的同时，也要防止股东以行使知情权为手段侵犯公司的商业秘密权利。股东请求查阅会计原始凭证的，应提出足以信服的理由，必要时可以要求股东作出保密承诺作为行使查阅权的条件。对于股东提出由他人代为查阅或者对公司进行审计等要求的，应征得公司的同意。股东和相关人员、机构违背保密承诺侵犯公司的商业秘密的，应承担相应民事责任。

**2.《2005年上海法院民商事审判问答（之四）》（沪高法民二〔2005〕11号）**

股东知情权与公司商业秘密的维护发生冲突时，股东知情权是否优于商业秘密的维护？

实践中，案情往往复杂多变。被告可能提出抗辩说，由于原告参与经营与被告公司相同的业务，因此原告要求查阅账簿的真实目的是为知悉被告公司的商业秘密。对此，一般认为，应对股东知情权用诚实信用、善意原则加以限制。对这种限制法律并没有具体的规定，由法官在个案中依据相应原则加以解决。如果原告在离职前本就担任公司相关管理职务，比如总经理对外要签订业务合同，对内也要行使相应的职权，这样被告所谓公司的商业秘密是不能成立的，可以构成对抗辩的一个阻却事由。但对原告离职后的公司的秘密应予以相应的保护，毕竟原告系经营同类业务的公司的股东。在这种情况下，可以分为两段时间，即原告离职之前的有关文件可以让原告查阅；至于原告离职之后的有关文件则不允许原告查阅。这样，既能够保护股东的知情权，又可以保护公司的商业秘密，可谓一举两得。

**3.《江苏省高级人民法院关于审理适用公司法案件若干问题的意见（试行）》（苏高法审〔2003〕2号）**

**第八十一条**　竞业禁止不适用于公司股东、监事。

## 条文理解

### Ⅰ条文演变

［表格 8］《公司法解释（四）》第八条的演变过程

| 征求意见稿（2012） | 征求意见稿（2016） | 正式稿　法释〔2017〕16 号 |
|---|---|---|
| 第十一条（查阅原始凭证）<br>有限责任公司股东起诉请求查阅公司会计账簿及与之相关的原始凭证等会计资料，公司不能提供证据证明股东查阅目的不正当的，人民法院应裁定由公司提供给股东查阅。 | 第十七条（不正当目的）<br>有限责任公司有证据证明股东存在下列情形之一的，人民法院应当依据公司法第三十三条第二款认定股东有不正当目的：<br>（一）股东自营或者为他人经营与公司主营业务有实质性竞争关系的业务；<br>（二）股东为了向第三人通报得知的事实以获取利益；<br>（三）在过去的两年内，股东曾通过查阅、复制公司文件材料，向第三人通报得知的事实以获取利益；<br>（四）能够证明股东以妨碍公司业务开展、损害公司利益或者股东共同利益为目的的其他事实。 | 第八条（不正当目的）<br>有限责任公司有证据证明股东存在下列情形之一的，人民法院应当认定股东有公司法第三十三条第二款规定的“不正当目的”：<br>（一）股东自营或者为他人经营与公司主营业务有实质性竞争关系业务的，但公司章程另有规定或者全体股东另有约定的除外；<br>（二）股东为了向他人通报有关信息查阅公司会计账簿，可能损害公司合法利益的；<br>（三）股东在向公司提出查阅请求之日前的三年内，曾通过查阅公司会计账簿，向他人通报有关信息损害公司合法利益的；<br>（四）股东有不正当目的的其他情形。 |

**【演变概述】**

《征求意见稿（2012）》中，并无对何为“不正当目的”的具体规定，正式稿则是对《征求意见稿（2016）》的细化和合理化，具体而言，一是对从事同业竞争的股东的查阅权作出了限制的例外，即章程可以作出不同规定；二是将滥用查阅权的时限由两年改为三年；三是对兜底条款进行了表述上的调整。

### Ⅱ主要争议

如何在保护股东知情权的同时，有效防止股东权利的滥用，避免对公司的经营造成过度的干扰，是理论问题，但更取决于司法政策的倾向，本条规定的演变过程就集中反映了这两种价值之间的冲突。

## 一、是否需要对“不正当目的”作出列举

对此存在两种相反观点。

一种观点是，本条应予删除，理由是结合《公司法解释（四）》第九条来看，股东查阅权系固有性权利。既然通过股东协议的方式都不得放弃知情权的行使，那么，作为实质判断标准的“不正当目的”或“目的正当性”也就无法通过行为描述的方式加以列举，亦无须列举。可以赋予法官裁量权，根据实际情况具体判断。

另一种观点是，支持司法解释对“不正当目的”予以明确，否则司法实践中法院可能无所适从，且尺度不一，但对“不正当目的”应予限缩性解释。“不正当目的”的概念主观性较强，如果法条列举的情形不够明确，同样会造成实践中法院不易掌握和操作的问题，实践中，股东通过行使知情权获取竞争优势虽有可能，但并不常见，主要的原因是商业账簿乃至原始凭证等都只能部分反映公司的经营状况，与公司的实际运营、商业秘密虽有关联但并不直接相关。在上述背景下，防止滥用知情权，主要应着眼于限制股东频繁地行使知情权增加公司的负担。持此种观点人，大多对第八条的各项列举提出了相应的修改意见，具体意见见下文关于本条各项的讨论。

## 二、从事同业竞争业务的股东的知情权

《公司法解释（四）》第八条第一款的争议较大，有观点认为从事同业竞争业务的股东无权就有关信息行使知情权，即对这类股东的知情权加以刚性的限制；对立的观点是，即便股东与公司之间有竞争关系，也不应完全剥夺股东的知情权。

后一种观点得到了绝大多数人的支持，理由是，第一，从公司法的原理上讲，《公司法》只规定了公司董事、高级管理人员的竞业禁止义务，除非有特别约定，股东对公司并无竞业禁止的义务，司法解释不宜突破既有的上位法规则，进一步考虑，《公司法》中股东并无竞业禁止义务，此处限制股东知情权是否与鼓励分散投资的价值相矛盾？对存在竞业经营的股东作“有罪推定”是

否符合公司法本意？第二，从公司法的实践上看，在熟悉的领域内投资是常态，因为股东更了解该行业，更能准确判断经营的方向和结果，因此股东与被投资企业具有竞争关系是较为常见的，如果过度限制乃至剥夺此类股东的知情权将会对这类股东的权利造成较为严重的损害。例如，股东在两家同类经营的公司均持有股份，是否会导致在两家公司均丧失知情权？再比如，若股东利用配偶、子女等其他关联人自营或者为他人经营与公司有实质性竞争的业务，是否也应排除知情权？同业竞争的定义十分模糊，很可能会导致公司滥用该规定阻碍股东行使知情权，法院能否就实质性竞争关系作出妥当判断？第三，从比较法的视角来看，很少有直接对从事同业竞争的股东进行查阅权限制的立法例。司法解释的出发点是设计合理的制度，一方面保护股东知情权，另一方面又不会干扰竞争秩序，同业竞争的限制显然是过于严苛且失衡的。类似的，有建议将此条修改为，“股东是为了自己的利益而获取公司的商业秘密”。

正式稿的表述方式显然并未采纳后一种观点，而是对从事同业竞争的股东进行了刚性限制，解释的理由似乎出于对股东滥诉的担忧，同时有域外立法例可兹借鉴，本条第一项基本是比照《日本公司法》第433条第2款①作出的，唯一的区别是日本法上无“主营”的字面限制。但这种安排是否合理，将在下文予以分析检讨。

## 三、既往滥用知情权的股东

主要涉及本条第二、三项，争议是两个层面的，首先是需不需要作出此类限制，其次才是此类限制的表述方式。

认为不需要作出此类限制的理由是，知情权作为股东维护自身利益和公司利益的重要保障，不能因股东曾从事过出卖公司文件材料的行为而加以剥夺。

---

① “有前款请求时，股份公司除可认定符合以下某项的情形外，不得拒绝：一、提起该诉讼请求的股东（以下本款中称“请求人”）以关于其权利的确保或行使的调查以外的目的提起请求时。二、请求人以妨碍该股份公司业务的完成，损害股东共同利益为目的提起诉讼时。三、请求人经营与该股份公司的业务实质上处于竞争关系的某事业或从事该事业时。四、请求人在过去两年内，曾将以会计账簿或与此相关的资料的阅览或复印得知的事实获得利益提起诉讼请求时。五、请求人在过去二年内，曾将以会计账簿或与此相关的资料的阅览或复印得知的事实向第三人通报获得利益时。”法条摘自王保树主编，于敏、杨东译，《最新日本公司法》，法律出版社2006年版，第247页。

以过去的行为推定当下目的，不当扩大知情权的法定限制范围，反而不利于保护公司和股东的合法利益，效果很可能适得其反。例如，当股东行使知情权确实是出于保障公司利益的时候，因其曾出卖公司文件材料而未能行使知情权，最终将导致公司利益受损。如果股东曾经作出出卖公司文件材料的行为，公司完全可以通过《公司法解释（四）》第十一条的规定，追究相关股东的民事责任。也可以通过股东除名制度，以其滥用股东权利损害公司利益为由将其除名，实现震慑、预防的目的，单独针对此种情形设置一项是没有必要的。同时，从体系上看，在未能证明股东行使知情权时存在不正当目的的情况下限制其知情权的行使，与本解释的第十二条关于知情权的固有权性质之规定，似有冲突。

认为需要作出限制的，多是集中于表述和尺度的，主要有三种意见：第一种意见是关于第（二）、（三）项间关系的，认为本质上，第（二）、（三）两项仅仅是时间上的差别，建议合并；第二种意见是关于“损害公司利益”和“获取个人利益”间的关系的，有观点认为“以获取利益”与否作为目的性结论是不恰当的，股东可能只是损害公司利益，并未获利，类似的，股东并非为了获得利益（或者其所获利益并非法律认可之利益，如人情往来），向第三人通报事实的行为也不应允许，如此限定又可能过分狭窄，因而正式稿修正了《征求意见稿（2016）》第十七条第（二）、（三）项的表述，形成了现在第八条第（二）、（三）项的“损害公司合法利益”的规定；第三种意见是关于时限的，《征求意见稿（2016）》中“股东提出查阅请求之日前‘两年’内，曾通过查阅公司会计账簿向他人通报有关信息损害公司合法利益的”可能缺乏现行法律支持，唯一可以解释的来源仍是《日本公司法》第433条2款，至于正式稿为何规定为三年更是不得而知了，或许是以既有审判实践为支撑的。

## 四、其他意见

除了前述几类，还有一些较为零散的意见，如建议增加财务会计资料查询的诉讼保全，还比如建议删除“有限责任公司”字样，股份有限公司股东知情权的行使，同样适用“不正当目的”的评判标准。

Ⅲ条文要点

## 一、股东知情权与公司利益的权衡

如何在保护股东知情权的同时，有效防止股东权利的滥用，避免对公司的经营造成过度的干扰，是理论和实践共同面临的问题。理论上存在的对知情权滥用的担心，在现实中可能并不常见，股东通过行使知情权获取竞争优势虽有可能，但商业账簿乃至原始凭证等都只能部分反映公司的经营状况，与公司的实际运营、商业秘密虽有关联但并不直接相关，因而，防止滥用知情权主要应着眼于避免股东频繁地行使知情权增加公司的负担。

在以不当目的或权利滥用为由限制知情权的行使时，应当满足如下前提：（1）因股东滥用知情权可能给公司带来的损害是现实的、具体的。对此，仅仅证明股东之间存在紧张关系乃至对立情绪是不充分的。由于损害后果并未发生，因此对“可能”只能通过常理进行判断，但应当达到较大可能性；同时必须有合理根据，由于“不正当目的”属于主观心理，因此只能从股东的客观行为认定合理根据或者进行法律推定。（2）通过知情权所欲获得的信息是无法通过公司正常的信息披露渠道获取的。如在公司刚刚发布了年报或季报之后又请求查询公司的会计账簿便可能构成权利滥用。

## 二、常见的股东行使知情权的动机

（1）投资需要，比如希望查明不支付股息的原因，是否存在管理不善，查明年度报告中公司价值和市场股票价格之间的差别，公司的真实财务状况等；（2）作为投资人与其他股东进行交易的需要，直接目的是审查股东名册从而了解其他股东是谁，真实的目的可能是向其他股东发出股权收购要约、代表权征集或其他通讯等；（3）获得与投资相关的个人利益的需要，比如获得公司的商业秘密、内幕活动信息等；（4）出于其他目的，比如社会责任感，股东将其自身的政治或社会热情或诉求延伸到公司身上（这种情况在我国较为少见），比如股东试图审查公司的股东分类账和所有有关武器制造和军火制造的公司记录[①]。

显然，股东的目的动机会影响到获得信息的正当性，当知情权作为一项法定权的时候，法律就不可避免地卷入近代法律体系一直试图避免的拷问行为人目的的问题中了。

## 三、“不正当目的”的判断标准

当需要判断股东查阅的目的的时候，如何对不同的目的作出区分？英美普通法中有一些已经比较成形的原则。第一，除了公司可以公开信息之外，股东的查阅目的应当是特定的，而不能是一般化的，比如英国法上规定仅仅出于对欺诈或不当管理的怀疑，是不充分的理由。第二，有些明显的正当目的，是无须证明的，这在美国法上一般包括对账簿和公司文件的查阅权。具体包括：(1) 公司或股东所有的利益的财务状况；(2) 股份销售或投资价值；(3) 是否存在不当管理（Mismanagement）；(4) 股东会召开之前，为代表投票或者其他影响投票结果的目的，获得股东的邮寄名单（Mailing List）；(5) 对派生诉讼具有意义的公司交易信息，等等。[②] 第三，合法和正当目的并不以是否有利于公司为判断尺度，但不能对公司的利益造成损害。第四，有一些目的是不当的，比如：(1) 试图获得商业秘密或资助公司的竞争者；(2) 试图确保公司的未来前景、投资或者广告单；(3) 为了通过恶意诉讼的方式来尝试敲诈或者勒索公司，尝试去发现公司交易中的技术缺陷。

## 四、“不正当目的”的举证责任

公司法区分不同公司、不同股东规定可查阅的文件不同类型以及各文件的不同公开程度，对股东查阅权行使的限制也不尽相同。证明责任的分配就体现了这种限制。

(1) 查阅、复制公司章程、记录与决议的证明责任分配。对于公司章程、

---

① Pillsbury v. Honeywell, Inc. 291 Minn. 322, 191 N. W. 2D 406 (1971).

② See Cox & Hazen Corporations, Op. Cit., Vol. 2, pp. 722 ~ 724. 转引自邓峰：《普通公司法》，中国人民大学出版社 2009 年版，第 390 页。

公司决议，股东有权查阅、复制，《公司法》并未要求股东说明正当目的。是故，只要股东认为有必要查阅这些材料且遭公司拒绝即可提起诉讼。股东的证明责任仅限于证明自身系公司的股东以及查阅、复制请求遭其拒绝。

（2）查阅、复制财务会计报告的证明责任分配。《公司法》要求有限公司将财务会计报告送交各股东，具体送交期限可由公司章程规定。是故，原告仅需证明自身系公司的股东且未收到财务会计报告即可。实践中有些法官认为原告须证明公司拒绝了其查阅、复制财务会计报告的要求，这种理解有失偏颇。《公司法》既然已规定公司向股东主动送交财务会计报告的义务，故原告证明未收到会计报告即可，而无须证明其他。如公司抗辩已向股东送交财务会计报告，则承担证明责任。

（3）查阅财务账簿的证明责任分配。根据《公司法》第三十三条第二款规定，原告股东应当证明：自身系公司股东；已向公司提出书面请求且说明查阅目的；公司拒绝了原告的查阅请求或者公司未在法定期日内给予书面答复。被告公司应对其拒绝理由承担证明责任。公司法并未要求股东须对其查阅财务账簿的目的的正当性举证，只要求在书面请求中说明目的即可，如公司认为股东的目的不具有正当性，由公司证明之，符合“谁主张谁举证”规则。

（4）查阅原始会计凭证的证明责任分配。公司会计凭证公开程度最低，涉及公司商业秘密，在一般情况下公司股东无权接触。如法院允许股东查阅会计凭证，其查阅条件显然应较财务账簿严格。是故，股东请求查阅会计凭证的，可以考虑责令其不仅证明已向公司说明目的，而且证明其目的的正当性。① 但是，《公司法解释（四）》第八条所规定的“不正当目的”，作为公司抗辩的途径，其举证责任应归属于公司。

## 五、股东竞业禁止的合理性分析

如前述，限制同业竞争的股东知情权的做法，在起草过程中反对意见较多，

① 参见李建伟：《股东知情权诉讼基本程序问题探析》，载《国家检察学院学报》2012 年第 18 卷第 1 期。

既有审判实践，也倾向于采取相反立场[①]。并且，从理论上讲，即使股东与公司在经营上有竞争关系，法律上也应当给予知情权保护，这是内在于其股东权利之中的，除非有特别约定，股东对公司并无竞业禁止的义务，不应以法律规定的方式作出差别对待，可以以章程等自由约定作出限制。更为矛盾的是，从体系上看，本解释第九条将知情权视为固有股东权，不允许通过章程、股东协议的方式加以限制，第八条第（一）项却明文允许了对竞业股东的限制。

第八条第（一）项的规定，本质上还是出于兼顾股东知情权保护和公司利益维护的考虑，比较法上可资借鉴的并不止日本法一种。

1. 有限责任公司的股东信义义务和法庭命令的作用

本条的前提是针对有限公司的，从保护公司利益、防止股东权利滥用的最终目的出发，与其对股东作出竞业禁止的限制，不如采取对股东进行信义义务的评判更为适当且有效。美国法上，封闭公司（close corporations）[②] 的股东对公司和其他股东均负有信义义务，也即在此类公司中对股东的行事要求与董事相类似。[③] 具体到查阅与从事同业经营的关系上，美国法学会（ALI）《公司治理原则》中对董事[④]知情权的规定，在原理上有相似之处，第 3.03 节（b）段对行使知情权的正当性作出了限制。董事的知情权是主要是通过判例发展起来的，董事对公司的信息资料有广泛的权利，他可以通过检查账本、文件或有形资产来行使这项权利，尽管该权利被形容成“绝对”的，判例法却在董事的目的到底相不相关这点上有所分歧，概括为第 3.03 节（b）段确立的四点限制：

第一，如果公司能证明行使该权利将获得的信息与履行董事职能和义务没有合理联系，那么这种权利不能被强制执行。例如，如果公司能证明董事谋求

① 例如《江苏省高级人民法院关于审理适用公司法案件若干问题的意见（试行）》第 81 条。

② 主要是强调所有权和管理权的一体化 . See Statutory Assistance for Closely Held Corporations, 71 Harv. L. Rev. 1498 [1958].

③ See Donahue v. Rodd Electrotype Co., 367 Mass. 578, 328 N. E. 2d 505 (1975); Wilkes v. Springside Nursing Home, Inc., 370 Mass. 842, 353 N. E. 2d 657 (1976); Zimmerman v. Bogoff, 402 Mass. 650, 524 N. E. 2d 849 (1988), “The Donahue remedy is not intended to place a strait jacket on legitimate corporate activity. Where alleged wrongdoer succeeds in showing that the proffered legitimate objective could have been achieved through a less harmful, reasonably practicable, alternative mode of action”.

④ 美国公司实践中，治理结构的下沉，参见楼建波等译：《公司治理原则：分析与建议》，法律出版社 2006 年版，第三部分。

检查的信息是除了保守严密的商业秘密或是第三方开发的并仅根据保密协议下由公司使用的操作信息，董事根据第3.03节的申请一般会被拒绝；因为知道此类秘密绝少对完成董事的职能和义务是必要的。同样，一个在野的反对者申请查阅在任者的争取代理表决权之战的计划，一般而言不会与董事的职能和义务有合理联系的信息相关。

第二，如果有必要保护公司免受不合理的负担和花费（如当满足董事的要求会耗费巨大并且耗时漫长以至于严重扰乱业务持续运作），法院会在其命令中限制董事调查的范围。

第三，法院可以下令在允许董事行使知情权的同时，禁止该董事以违反董事对公司的信义义务的方法使用该信息。例如，当公司能证明董事企图泄露机密信息给竞争对手，或者使用和公司达成的与交易有关的机密信息谋求董事的个人经济利益。违反这种法庭的命令（命令可以延伸至董事的律师及其代理人）可以成为藐视法庭的基础（无论法庭是否下达命令，泄露机密的董事都会违反其注意义务和公平交易的义务）。

第四，如果公司能证明董事有可能会用违反其对公司的信义义务的方式使用信息，董事的知情权也不能被执行。拒绝董事获得信息是一个相对激励的行为，如果法庭认为基于（b）段（3）项所下的命令或其他制裁的威胁，如承担造成损害赔偿的责任或有理由地撤去董事之职，可以防止董事以不当方式使用信息，法庭不因上述理由而拒绝董事获得信息。

正如特拉华州高级法院在Farber v. Seiberling Rubber Co.①案中所指出的“如果能证明董事的目的是不恰当的，或者会有损公司的利益，则其检查权就不再存在”，在其后的Henshaw v. American Cement Corp②案中特拉华州上诉法院援引Seiberling一案并予以赞同，但又指出“对账簿和记录进行检查以了解公司的经营状况的行为具有正当的目的，即使请求进行检查的人可能对管理层有敌意……董事的目的并不适当，因为他可能滥用其董事职权而将所得信息提供给对公司存在敌意的人或者不应获得信息的人。如果董事的确违反其信义义务，

① 53 Del 295, 298, 168 A. 2d 310, 312 (1961).

② 252 A. 2d 125 (Del. Ch. 1969).

那么公司可以向法院寻求救济”。

§3.03 董事的知情权[①]

（a）在§3.03（b）的约束下（并受其他适用法律的制约），每一个董事都有在任何合理的时候亲自或委托律师或其他代理检查或复制公司及其下属国外子公司的所有各式账目、记录和文件并检查其有形资产。

（b）（1）除非公司能证明行使该等权利所获得的信息行使与董事的职能和任务没有合理联系，或者能证明该董事或代理人有可能将获得的信息用以违反董事对公司的信义义务；否则，法庭应批准执行上述权利。

（2）法庭对上述权利的申请应迅速做出决定，并且可以宣誓证词作为依据。

（3）法庭的命令可包括保护公司免受不合理负担和花费的影响，并禁止董事将获得的信息用以违反董事对公司的诚信义务的条款。

（4）公司董事在公司拒绝其知情权的要求后，如果成功申请法院命令（以行使其知情权），公司应补偿该董事申请该项命令的合理费用（包括律师费）。

概括而言，如果围绕“正当目的”对股东知情权的行使进行实质评价，则不应对竞业股东采取事前的、成文规范上的限制，而应通过个案的具体裁量以及事后的公司救济的方式实现，本解释第十一条即担此功能。

2. 直接行使知情权的限制

除了美国法上通过判例不断进行实质性评判的方式外，竞业股东的知情权如何行使，也有德国的做法可资借鉴：法律虽然不允许这类股东直接行使知情权，但股东有权委托“负有保密义务的专业人士”（zur Verschweigenheit verpflichteten Sachverständigen）查阅公司的相关信息并告知相关结果（是查询结果，如公司的利润如何、董事和高管的经营是否合规等，而不是有关公司经营的具体信息）。

---

① 本部分引自楼建波等译：《公司治理原则：分析与建议》，法律出版社2006年版，第110页。

**典型案例**

## 一、不宜认定为“不正当目的”的情形

1. 李某君、吴某、孙某、王某兴诉江苏佳德置业发展有限公司股东知情权纠纷案①

**【焦点问题】** 股东为其他涉及公司的案件的对方当事人收集证据而要求查阅的是否属于“不正当目的”?

**【裁判立场】** 公司拒绝查阅权所保护的是公司的合法利益，而不是一切利益，目的正当与否的判断也受此限制。

**【案情简介】** 李某君、吴某、孙某、王某兴为江苏佳德置业发展有限公司（以下简称“佳德公司”）股东，因佳德公司在经营形势大好的情况下却拖欠大量债务，四人作为股东对佳德公司情况无法知悉，故依法要求行使股东知情权，遭到公司拒绝，故而起诉。佳德公司抗辩认为四原告要求的查阅的目的不正当，因为佳德公司和广厦建设集团有限责任公司（以下简称“广厦公司”）于2005年5月26日签订《宿迁市“颐景华庭”住宅工程建设工程施工合同》，广厦公司派驻管理工程的项目经理为佳德公司原股东张某林。佳德公司和广厦公司之间涉及巨额工程款的仲裁案件未决，与佳德公司之间存在重大利害关系。而查阅公司文件材料的申请书和四原告的民事起诉状及授权委托书上均有张某林签字，四原告对此不能做出合理解释，证明张某林与本案知情权纠纷的发动具有直接的关联性，也证明四原告在诉讼前后与张某林之间一直保持密切交往，其提起知情权诉讼程序不能排除受人利用，为公司的重大利害关系人刺探公司秘密，进而图谋自己或第三人的不正当利益的重大嫌疑。

**【裁判要旨】** 一审法院认为，股东调查公司的财务状况是其正当权利，然而一方面从被告佳德公司的工商登记材料来看，四原告声称“对公司经营现状一无所知”显然不属实；另一方面，即便四原告查阅会计账簿具有了解公司经营状况的正当目的，但同时四原告的查阅很可能具有放任损害公司正当利益的

---

① 最高人民法院案例公报2011年第8期。

主观故意，而目前正在审理的佳德公司的仲裁案件，标的额巨大，对比四股东的知情权，在二者发生冲突时，两者相害取其轻，应优先保护公司的权益。四原告可以在仲裁案件结案后或者在证明已经排除查阅会计账簿与张某林的关联性之后，再行主张自己对会计账簿的知情权。

二审法院认为，关于四上诉人要求行使知情权是否具有不正当目的，由于股东的知情权涉及股东和公司之间的利益冲突，在保护股东利益的同时也应适当照顾公司的利益，使双方利益衡平，故知情权的行使应当符合一定的条件并受有一定的限制。本案中，四上诉人向被上诉人佳德公司提出书面请求说明其行使知情权的目的是了解公司实际经营现状，显属其作为有限责任公司股东应享有的知情权。佳德公司以四上诉人具有不正当目的为由拒绝其查阅，则应对四上诉人是否具有不正当目的并可能损害其合法利益承担举证责任。

再审法院认为，佳德公司所举证据不足以证明四上诉人查阅公司会计账簿具有不正当目的，且可能损害佳德公司合法利益。理由如下：1. 因李某君的股份系受让自张某林，故其临时委托张某林代为签名也在情理之中。其后李某君本人在诉状及授权委托书上亲自签名，表明提起知情权诉讼系其真实意思表示。张某林之前受李某君委托在诉状及授权委托书中代为签名，其法律效力及法律后果应由李某君承担，张某林本身不是本案主张行使知情权的主体，并非如佳德公司所主张的系代替李某君行使知情权。最终能够实际行使知情权的也只能是佳德公司股东李某君，而非张某林。2. 四上诉人合计持有佳德公司 54% 的股权，其与佳德公司的利益从根本上是一致的。佳德公司如在与广厦公司仲裁一案中失利，客观上将对四上诉人的股东收益权造成不利影响。且提起本案诉讼的系上诉人李某君、吴某、孙某、王某兴四名股东，而非李某君一名股东，佳德公司仅以张某林代李某君签名，而认为四上诉人提起本案诉讼的目的在于为其利益冲突方广厦公司收集仲裁一案的不利证据，显然依据不足。3. 佳德公司主张四上诉人在查阅公司会计账簿后可能会为广厦公司收集到直接导致佳德公司在仲裁一案中多支付工程款的相关证据，但未明确证据的具体指向。本院认为，《公司法》[①] 第三十四条规定的公司拒绝查阅权所保护的是公司的合法利益，而不是一切利益。基于诚实信用原则，案件当事人理应对法庭或仲裁庭如实陈述，并按法庭或仲裁庭要求提供自己掌握的真实证据，以拒不出示不利于己的证据为手段而获得不当利益为法律所禁止。如佳德公司持有在仲裁一案中应当提供而未提供的相关证据，则不能认定股东查阅公司账簿可能损害其合法利益。综上，股东知情权是股东固有的、法定的基础性权利，无合理根据证明股东具有不正当目的，则不应限制其行使。佳德公司拒绝四上诉人对公司会计账簿行使查阅权的理由和依据不足，不予采信。

**【案例评析】**《公司法》第三十三条第二款规定“公司有合理根据认为股东查阅会计账簿有不正当目的，可能损害公司合法利益的，可以拒绝提供查阅……”，可见对股东查阅权进行目的上的限制是为了保护公司的合法利益而不是一切利益，更不是非法利益。本案中，被告以原告具有获取在仲裁中不利于己的证据为由阻碍股东知情权行使的主张不能成立。在仲裁案件中，当事人理应对仲裁庭如实陈述，并要求提供自己掌握的真实证据，以拒不出示不利于己的证据为手段获得的利益是非法的，不被法律保护。即便本案原告确实有通过查阅会计账簿获取被告持有的在仲裁案中应当提供而未提供的相关证据的目的，也不会损害被告公司的合法利益，不属于不正当目的。法院不采信被告主张的判决是合理的。本案不能构成《公司法解释（四）》第八条第（一）项所指情形。

2. 巨化集团公司、浙江巨化集团进出口有限公司与浙江巨化锦洋化工有限公司股东知情权纠纷案[②]

**【焦点问题】**股东已对公司造成损害，公司是否可以以“不正当目的”为由拒绝查阅？

**【裁判立场】**仅有损害，不足以构成“不正当目的”，该损害需与查阅目的之间有密切联系。

---

① 此处的《公司法》系指2005年《公司法》。

② 衢州市中级人民法院（2014）浙衢商终字第138号。

**【案例简介】**原告巨化集团公司、巨化进出口公司为被告巨化锦洋公司的股东，申请查阅被告成立后的所有董事会会议决议、监事会会议决议、公司财务会计报告、会计账簿等材料。被告认为原告对其断水断电断气，其查阅会计账簿带有不正当目的，予以拒绝。原告起诉要求查阅，一审法院支持了原告请求，二审法院予以维持。

**【裁判要旨】**二审法院认为，上诉人以两被上诉人具有不正当目的为由拒绝其查阅，则应对两被上诉人具有不正当目的并可能损害其合法利益承担举证责任。上诉人认为两被上诉人无故断水断电断气，恶意侵犯上诉人的合法权益，提起股东知情权诉讼属恶意，具有不正当目的。对此，本院认为，考量股东是否具有不正当目的，应当审查股东查阅公司会计账簿行为与公司主张的股东不正当目的的实现之间是否具有因果关系。因此，公司即使证明了股东某一行为将导致公司遭受损害，但该行为非借助查阅公司会计账簿而加以实施，则公司不能拒绝。上诉人所主张的两被上诉人实施断水断电断气行为显然与股东知情权的行使不具有因果关系，且该争议上诉人已另行诉讼。上诉人的该上诉主张不足以证明两被上诉人查阅公司会计账簿具有不正当目的，该上诉理由也不能成立，本院不予支持。

**【案例评析】**本案中，被告公司试图通过证明原告股东曾经对被告公司实施断水断电断气的行为来证明股东查阅会计账簿具有不正当目的。但是该事实与股东的查阅目的之间并没有紧密的关联关系，并不能由该客观事实的存在就推定股东查阅会计账簿具有不正当目的。要由某种客观事实的存在推定股东具有某种主观目的，二者之间必须具有经验上高度盖然的关联关系。例如，若能证明本解释第（二）、（三）项所列事实，则有理由相信股东本次的查阅请求很有可能也具有向第三人通报获利的不正当目的。只有在客观事实与主观目的具有高度关联性的情况下，才能合理推定股东具有不正当目的，反之，公司即使证明股东曾有某行为导致公司遭受损害，但该行为并非通过查阅公司会计账簿来实施，与股东查阅会计账簿的主观目的无关，也不能认定股东具有不正当目的，本案法院的认定是正确的。

3. 南京大华特种带织造有限公司与南京市江北煤炭石油有限公司股东知情权纠纷案①

**【焦点问题】**股东从事同业竞争业务，公司是否可以“不正当目的”为由拒绝查阅?

**【裁判要点】**仅从事同业竞争业务，不足以构成“不正当目的”，公司对可能造成损害的举证应该是现实且具体的。

**【案情简介】**原告江北煤炭公司为被告南京大华特种带织造有限公司股东，为了解大华公司的经营及实际财务状况，向大华公司提出书面申请，要求查阅、复制会计账簿及相应的原始凭证，被告予以拒绝。被告认为被告法定代表人潘某利也是原告董事长，其另外投资设立了三瀛公司，该公司经营范围中的索具出口与大华公司的经营范围相同，因此江北煤炭公司查阅账目有不正当目的。一审、二审法院均支持了原告的请求。

**【裁判要旨】**做出生效裁判的法院认为，公司以不正当目的为理由对抗股东行使会计账簿查阅权的，公司应对股东的不正当目的承担举证责任，且举证必须充分，而不能仅是臆测和怀疑，股东不正当目的的主要表现为：股东是公司竞业者或成为竞业公司股东及高管人员，查阅是为了获得从事竞业活动的利益；获得公司与商业秘密相关信息的目的是将其提供给竞争对手；为了获得非与公司股东相关的个人利益等。本案中，虽然江北煤炭公司的法定代表人潘某利同时也是三瀛公司的股东和监事，且三瀛公司的经营范围与大华公司的经营范围部分重合，但三瀛公司一审诉讼中已撤销了与大华公司经营范围重合的部分（查阅申请），以实际行为宣示不与大华公司同业竞争，大华公司亦无证据证明三瀛公司实际投入生产及三瀛公司在业务上与其存在着实质性的竞业关系，不足以证明江北煤炭公司查阅会计账簿是为了帮助三瀛公司获得从事竞业活动的利益，其以此拒绝江北煤炭公司查阅账簿，理由不能成立，应不予支持。此外，要求行使股东知情权的是江北煤炭公司，而作为三瀛公司的股东和监事的是江北煤炭公司的法定代表人潘某利个人，大华公司不能以潘某利个人与三瀛公司

---

① 南京市中级人民法院（2015）宁商终字第1491号。

之间的关系，认为可能存在竞业危险，拒绝其股东行使知情权。

**【案例评析】**本案中，被告公司试图证明原告股东有损害其利益的不正当目的，但其举证并不充分，更多是臆测和怀疑。本案被告主张三瀛公司与其存在竞争关系，但其所举证据并不足以支持该主张。三瀛公司的经营范围与被告仅有部分重合，且三瀛公司在一审诉讼中已撤销了与被告重合的经营范围，被告也没有证据证明三瀛公司在实际业务上与被告的主营业务存在实质性的竞争关系，因此不足以证明原告公司查阅会计账簿就是为了向三瀛公司通报被告的商业秘密使之获得从事竞业活动的利益，不能认定原告有“为了向第三人通报得知的事实以获取利益”的不正当目的。

4. 北京熊猫恒盛机械设备有限公司与上海熊猫机械（集团）有限公司股东知情权纠纷上诉案①

**【焦点问题】**从事竞业业务的股东，是否完全不可以查阅公司文件？

**【裁判立场】**查阅目的的正当性，与要求查阅的内容相关。即使存在同业竞争，其知情权也不应当完全受到限制。企业的财务会计报告，与商业秘密相距较远，公司以查阅目的不正当作出抗辩的，不予支持。

**【案情简介】**2002年5月13日，李某玺与上海熊猫机械（集团）有限公司（以下简称“上海机械公司”）签署了北京熊猫恒盛机械设备有限公司（以下简称“北京恒盛公司”）的章程，其主要涉案条款约定：北京恒盛公司注册资本50万元，股东李某玺出资25万元，股东上海机械公司出资25万元；股东有权了解公司经营状况和财务状况。上海机械公司一直向北京恒盛公司提供产品并在北京销售，现上海机械公司成立了北京分公司并销售该公司生产的同类产品。

上海机械公司起诉称，北京恒盛公司自成立以来从未向其提供过财务会计报告，导致上海机械公司股东权益受到严重损害，要求立即查阅、复制北京恒盛公司自设立以来的月度、年度财务会计报告（包括会计报表，会计报表附注和财务情况说明书，会计报表含资产负债表、利润表、现金流量表等）。北京恒盛公司答辩称，上海机械公司与北京恒盛公司之间存在同业竞争，上海机械

---

① 北京市第一中级人民法院（2009）一中民终字第10713号。

公司要求查阅北京恒盛公司会计账簿可能损害北京恒盛公司的利益。另外，生效判决认定北京恒盛公司和上海机械公司之间存在货款结算争议，如果上海机械公司利用股东权利获取北京恒盛公司的详细财务数据，必然在货物买卖结算中陷北京恒盛公司于不利地位。

**【裁判要旨】**一审法院认为，公司的财务会计报告、会计账簿的性质有所不同。会计报告包括会计报表，会计报表附注和财务情况说明书，是反映企业财务状况和经营成果的总结性书面文件，其内容应当向投资者、债权人等信息的使用者提供，并向工商部门进行备案，故不属公司商业秘密。公司法对股东的会计账簿查阅权作出了限制性规定，对财务会计报告的查阅权没有进行限制，股东享有查阅财务会计报告的法定权。综上，北京恒盛公司以财务会计报告的内容属于商业秘密为由而拒绝上海机械公司查阅，该辩称理由无事实及法律依据，法院不予采纳。

二审法院认为，企业的财务会计报告是指企业对外提供的反映企业某一特定日期财务状况和某一会计期间经营成果、现金流量的文件。依据北京恒盛公司章程的第七条第（二）项、第二十四条以及国务院《企业财务会计报告条例》第三十二条之规定，上海机械公司享有对于北京恒盛公司财务会计报告的知情权。北京恒盛公司应当向上海机械公司提供其请求的财务会计报告供其查阅、复制。由于上海机械公司并非请求查阅、复制北京恒盛公司的会计账簿，因此上海机械公司应对其公开的财务会计报告享有知情权。综上所述，北京恒盛公司的上诉理由均不能成立，一审判决应予维持。

**【案例评析】**本案值得注意的是，按照一般文义理解，《公司法解释（四）》第八条（一）项通过“不正当目的”对竞业股东知情权的限制，仅是针对《公司法》第三十三条所指的“会计账簿”的，对不受正当目的限制的其他文件材料，如本案中原告股东所请求查阅的“财务会计报告”，不在《公司法解释（四）》第八条第（一）项范围之内。

## 二、可能被认定为“不正当目的”的情形

1. 濮阳国际经济技术合作有限公司与张某会股东知情权纠纷再审案①

**【焦点问题】**从事同业竞争的股东已经对公司利益造成损害的，是否可以请求查阅？

**【裁判立场】**公司提供证据证明其拒绝查阅存在合理理由的，应予支持。

**【案情简介】**张某会为濮阳国际公司股东，并出任公司董事，要求查阅濮阳国际公司的会计账簿（包括总账、明细账、日记账和其他辅助性账簿），濮阳国际公司对此未予查阅和答复，故而起诉请求查阅。濮阳国际公司主张，查阅的目的不正当，张某会存在同业经营行为，以会计账簿显示公司客户信息等商业秘密，如果允许张某会查阅，可能损害公司合法利益为由，拒绝张某会查阅会计账簿。

同时，在本案一审过程中，濮阳国际公司与张某会的侵权案件也在审理中，起诉张某会作为公司股东违反忠实义务和行业禁止义务进行同类营业，给濮阳国际公司造成超过255万元的损失，当时尚未判决。二审时该案件已经法院作出民事判决，认定张某会构成侵权并赔偿濮阳国际公司23万元经济损失。

**【裁判要旨】**一审法院认为，张某会作为濮阳国际公司股东，查阅公司财务会计报告和会计账簿的要求系张某会作为公司股东所应享有的基本权利，该权利在《公司法》和公司章程中均有规定，濮阳国际公司应按照法律规定和公司章程约定给张某会提供查阅。濮阳国际公司辩称张某会查阅公司账簿有不正当目的理由不足，对该辩解意见不予采纳。

二审法院认为，虽然濮阳国际公司起诉张某会损害公司利益责任纠纷一案在另案处理中，但该另案处理一案的处理结果，并不是本案审理的依据，不影响本案诉讼的进行。故濮阳国际公司该上诉理由无法律依据，不予支持。原审判决适用法律正确，应予以维持。

再审法院认为，濮阳国际公司主张张某会存在同业经营行为，以会计账簿

① 河南省高级人民法院（2015）豫法民提字第345号。

显示公司客户信息等商业秘密，如果允许张某会查阅，可能损害公司合法利益为由，拒绝张某会查阅会计账簿，并且已经对张某会的相关行为提起了诉讼，人民法院的生效判决也认定张某会损害了濮阳国际公司的公司利益，根据《公司法》[①] 第三十四条第二款的规定，濮阳国际公司拒绝张某会查阅会计账簿的行为应视为存在合理根据，濮阳国际公司拒绝张某会查阅会计账簿的理由成立。所以，在濮阳国际公司提供证据证明张某会查阅会计账簿可能危害公司合法利益的情况下，原审判决支持张某会查阅濮阳国际公司会计账簿的处理不妥，应予纠正。

**【案例评析】**张某会作为公司股东和董事，违反忠实义务、竞业禁止义务，给濮阳国际公司造成超过255万元的损失。再审法院基于张某会损害了濮阳国际公司公司利益的生效判决，结合张某会要求查阅的会计账簿显示公司客户信息等商业秘密的事实，认定其查阅的目的不正当，是合理的。

本案的事实，同时构成《公司法解释（四）》第八条的第（二）、（三）项所描述的情形，虽然张某会也从事同业竞争业务，但从裁判逻辑来看，第八条第（一）项的规定并非法院不支持其查阅请求的关键。同时，本案的事实也侧面反映了《公司法解释（四）》第八条第（四）项间存在一定程度的交叠杂糅。

2. 复利得利吕策国际有限责任公司（以下简称“吕策德国公司”）与吕策控制系统（上海）有限公司股东知情权纠纷[②]

**【焦点问题】**公司如何对“不正当目的”进行举证？

**【裁判立场】**仅仅是从事与公司有竞争关系的业务本身，不足以成为公司拒绝股东查阅的理由，公司需同时举证对公司造成损害的现实危险。

**【案情简介】**原告“吕策德国公司”为被告吕策上海公司的股东，原告致函要求被告提供设立至今的包括原始凭证在内的全套完整财务账簿和全部董事会决议进行查阅、复制。被告以原告存在获取商业秘密向另一家与被告有竞争

---

① 此处《公司法》系指2005年《公司法》。

② 上海市第二中级人民法院（2014）沪二中民四（商）终字第S488号。

关系的子公司吕铁公司通报的不正当目的为由拒绝。原告向法院请求查阅，一审法院认为被告没有充分证据证明原告有不正当目的，支持了原告的请求，二审法院撤销了原判。

**【裁判要旨】**二审法院认为，吕策上海公司以“吕策德国公司”存在不正当目的为由拒绝其查阅会计账簿，则应对“吕策德国公司”是否具有不正当目的，可能损害其合法权益承担举证责任。吕策上海公司提供了多份证据，证明“吕策德国公司”通过旗下企业另行投资设立了与吕策上海公司存在同业竞争关系的全资子公司——吕铁公司，其三名高管成员与吕策上海公司的三名德方董事完全一致；其经营范围与吕策上海公司基本一致，主要为“自动化行业设备”的销售及技术服务；其主营的产品与吕策上海公司有较大重合，均包括“控制电缆设备、LSC 布线控制系统、接口技术”等大类产品。本院查明，吕策上海公司董事陆某中给“吕策德国公司”法定代表人格瑞某松马的电子邮件中均陈述了吕铁公司与吕策上海公司存在同业竞争、客户流失的情况，对方未提出异议；吕策上海公司提交的其工程师任某渊的证词也直接陈述了具体客户流失的事实。“吕策德国公司”对该员工的证词虽不确认真实性，但也未提供相反证据，且该证词内容与上述邮件内容、吕策上海公司提供的其他证据及其原审一贯陈述相印证，可以证明两家公司相互竞争的事实。根据双方确认的往来邮件内容及庭审陈述，吕策上海公司对“吕策德国公司”试图关闭合资公司、切断供货来源、取消优惠、关闭网上销售渠道等行为表达了不满，并多次对其为扶持吕铁公司、试图获取合资公司客户信息等商业秘密的目的表示了严重担忧。

法院认为，股东提出查阅会计账簿的请求应基于正当、善意的目的，并与其作为股东的身份或利益直接相关。否则，如果股东违反诚实信用、善意原则，为了开展同业竞争、获取商业秘密等损害公司经营的目的，则公司有权拒绝其查询要求。根据吕策上海公司提供的证据查明的事实，在吕铁公司与吕策上海公司之间的确存在同业竞争关系和竞争事实，在吕策上海公司有理由怀疑“吕策德国公司”查阅会计账簿存在不正当目的的情况下，“吕策德国公司”应当对其查阅的目的作出合理解释。而“吕策德国公司”已经查阅了公司审计报告、财务报表等信息，既未对其真实性提出异议，也未合理说明实现股东利益与查阅会计账簿之间的必要性。从本案呈现的具体情况来看，吕策上海公司以“吕策德国公司”存在不正当目的、可能损害公司合法利益为由拒绝其查阅会计账簿，具有事实和法律依据。

**【案例评析】**本案被告公司举证证明了两种客观情形，可以认定原告股东要求查阅会计账簿具有不正当目的。其一，原告股东投资设立了另一家全资子公司（吕铁公司）与被告开展同业竞争，其三名高管成员与原告的三名德方董事完全一致，其经营范围与吕策上海公司基本一致，其主营的产品也与吕策上海公司有较大重合。原告设立与被告公司有竞争关系的全资子公司，与被告公司主营业务有实质性竞争关系，上述情形使被告有合理理由怀疑原告会向其全资子公司通报其通过查阅获得的公司商业秘密以获取不正当利益。被告所举证据能够证明股东很可能具有“为了向第三人通报得知的事实以获取利益”的不正当目的。其二，被告公司通过双方往来邮件和员工证词证明原告曾向被告公司的员工打探过客户资料信息，导致被告的客户资源流向吕铁公司，使吕铁公司获益。该事实符合本解释第八条第（二）项所列的“在过去的三年内，股东曾通过查阅、复制公司文件材料，向第三人通报得知的事实以获取利益”的情形。二审法院根据被告公司证明的上述两种客观事实来推定股东“吕策德国公司”具有获取被告公司商业秘密并向吕铁公司通报的不正当目的，具有事实依据，判断合理。

3. 上海英迈吉东影图像设备有限公司诉王某仓股东知情权纠纷案①

**【焦点问题】**公司如何对“不正当目的”进行举证？

**【裁判立场】**仅仅从事与公司有竞争关系的业务本身，不足以成为公司拒绝股东查阅的理由，公司还需提供证据证明其拒绝股东查阅的合理根据。

**【案情简介】**原告王某仓为被告上海英迈吉东影图像设备有限公司的股东，要求被告提供自成立以来的所有股东会、董事会会议记录、决议，财务会计报告、公司会计账簿、原始记账凭证等供原告查阅和复制，被告以原告另行投资

---

① 上海市第一中级人民法院（2014）沪一中民四（商）终字第1633号。

设立D公司、具有同业竞争的不正当目的为由未予提供。原告向法院起诉请求查阅，一审法院支持了原告的请求，二审法院撤销了原判的二、三项。

**【裁判要旨】**二审法院查明，王某仓曾系英迈吉公司的董事长及法定代表人。被免去上述职务后便以投资者的名义与他人共同投资设立了D公司，王某仓担任D公司的法定代表人，参与并主管D公司的经营。D公司与英迈吉公司在工商行政管理机关登记的经营范围中存在重合及相似之处，根据英迈吉公司所提交的证据显示，D公司与英迈吉公司多次参与竞标同一项目中X射线检测系统及X光通道机，英迈吉公司与D公司均互为投标方，因此，基于上述事实完全有理由相信D公司与英迈吉公司在业务上存在着竞争关系的事实。

法院认为，在本案中，王某仓虽然在本案中系英迈吉公司股东，但考虑到前述王某仓的双重身份均系两公司股东和在两公司均担任过法定代表人，其与英迈吉公司其他股东长期存在纠纷等现状，D公司与英迈吉公司之间存在利害冲突关系和同业竞争事实，可以认定英迈吉公司有合理根据认为王某仓查阅英迈吉公司的会计账簿具有不正当目的，并可能会损害公司及大部分股东的合法利益，英迈吉公司有权拒绝提供会计账簿，显然亦有权拒绝提供原始会计凭证供王某仓查阅。鉴于此，法院对王某仓所提出的查阅英迈吉公司会计账簿及原始会计凭证的主张不予支持，对该公司的上诉请求依法予以支持。

**【案例评析】**本案中，被告公司证明原告王某仓投资设立D公司，担任法定代表人，参与并主管该公司经营，属于“股东自营”与公司有竞争关系业务的情形，D公司与被告公司不仅在经营范围上存在重合及相似之处，而且被告公司所提交举证证明，D公司与其多次参与竞标同一项目中X射线检测系统及X光通道机，均互为投标方，可见双方具有实质上的具体的业务竞争事实。被告所举证据能够充分证明D公司与其存在利害冲突关系和同业竞争事实，进而证明原告很有可能具有“为了向第三人通报得知的事实以获取利益”的不正当目的。二审法院由此认定原告王某仓查阅被告公司的会计账簿具有不正当目的，支持被告的上诉主张，是合理的。

#### 4. 张某禄诉北京禄颖兰釉艺工艺品有限公司股东知情权案[①]

**【焦点问题】**从事同业竞争业务的股东，其请求查阅公司会议账簿的目的正当性如何判断？

**【裁判立场】**当股东的近亲属经营与股东所在公司同类的业务，且主营产品均由股东设计，存在市场竞争关系时，股东要求查阅公司会计账簿，可以认定构成“有不正当目的，可能损害公司合法利益”的情形。

**【案例简介】**北京禄颖兰釉艺工艺品有限公司（以下简称“工艺品公司”）系张某禄的妻子和女儿、李某卿的儿子共同出资成立的有限公司。张某禄的妻子任公司执行董事，其女儿任公司经理。工艺品公司的经营范围包括“零售工艺美术品”，公司简介显示该公司是设计、研制、开发、经营景泰蓝工艺品的公司。2010年4月，通过股权转让，工艺品公司的股东变更为张某禄和李某卿，张某禄向工艺品公司出资12万元，李某卿向工艺品公司出资18万元。经公司股东会选举，李某卿任公司执行董事和经理，张某禄的儿媳任公司监事。2011年7月6日，张某禄的妻子、儿子、儿媳和女儿作为股东，出资成立了禄展公司。该公司的经营范围包括“销售工艺品、文化用品和首饰”。该公司曾经在“赶集网”刊登招聘启事，欲招聘“从事过景泰蓝行业的人员”。2011年10月7日，张某禄向工艺品公司发出《查阅工艺品公司会计账簿的申请书》称：工艺品公司自成立以来，从未向股东公开过财务账簿，股东对于公司的财务状况和经营状况均不了解，严重影响了股东权益，请工艺品公司在收到申请书后15日内向张某禄以书面形式公开工艺品公司自2008年1月至今的会计账簿，以便维护张某禄自身的股东权益。工艺品公司于10月8日收到该申请书。10月24日，工艺品公司书面回复称：你于2010年4月受让股权，你所称公司自成立以来未向股东公开过会计账簿与事实不符。另，你申请查账的目的不明确，请继续书面说明目的。

工艺品公司在审理过程中，答辩认为：首先，张某禄的家人成立了禄展公司，该公司的经营项目与工艺品公司的经营项目具有明显的竞争关系。张某禄

① 北京市第一中级人民法院（2012）一中民终字第2247号。

要求查阅工艺品公司会计账簿的目的显然在于掌握工艺品公司的经营信息、财务数据、客户情况、产品定价等商业信息，工艺品公司据此有合理依据认为张某禄要求查阅会计账簿具有不正当目的，进而损害工艺品公司的合法权益。其次，工艺品公司的数名技术骨干已经跳槽到禄展公司，禄展公司正利用上述跳槽人员开展工艺品公司所经营的项目，已经严重损害了工艺品公司的利益。因此，不同意张某禄查阅该公司会计账簿的诉讼请求。

**【裁判要旨】**生效裁判的法院认为：关于张某禄要求查阅工艺品公司相关财务会计报告的请求，工艺品公司系有限公司，张某禄作为其股东，有权要求查阅公司的财务会计报告。需要明确的是，该项查阅权系股东的法定权利，公司不得剥夺和限制。并且，是否查阅取决于股东的意志，查阅目的适当与否、是否可能损害公司利益等理由均不能构成拒绝股东查阅公司财务会计报告的有效抗辩。一审法院在排除了张某禄具有严重损害工艺品公司利益的可能性的前提下，方才支持了张某禄要求查阅公司财务会计报告的诉讼请求，属于对股东法定权利的限缩，与《公司法》的规定不符，二审法院对此予以纠正。

关于张某禄要求查阅工艺品公司相关会计账簿的请求，则需要根据法律规定并结合查明的案件事实进行具体分析：一方面，从《公司法》的规定来看，法律赋予了股东查阅公司会计账簿的权利以保障股东权利的充分行使，同时也要求这一权利应当在一种权利平衡机制下行使。具体而言，法律规定股东基于正当目的可以要求查阅会计账簿，但也对股东的查阅权作出了必要的限制，即在公司有合理根据认为股东查阅会计账簿有不正当目的，可能损害公司合法利益时，可以拒绝股东查阅。从而在保护股东权利的同时防止股东滥用权利损害公司利益，以平衡股东和公司之间的利益关系。另一方面，从本案查明的事实来看，禄展公司的经营项目与工艺品公司相近似，两公司在客观上存在着竞争的可能。张某禄虽然不是禄展公司的股东，但该公司系由其妻子、女儿、儿子以及儿媳共同出资设立并经营。基于张某禄与禄展公司股东之间的特殊身份关系，若允许其查阅工艺品公司的会计账簿，将有可能导致工艺品公司具有商业秘密性质的信息被禄展公司所知悉。虽然张某禄主张其在景泰蓝行业具有很高的声望和影响力，不需要通过查阅会计账簿了解工艺品公司的商业信息，但现有证据并不能证明其对工艺品公司会计账簿中所包含的价格信息等商业秘密均已掌握，仅凭张某禄的个人声望和影响力并不能合理排除其查阅会计账簿会对公司利益造成损害的可能性。因此，一审法院认定允许张某禄查阅会计账簿将有可能损害工艺品公司的利益，并据此驳回张某禄要求查阅工艺品公司相关会计账簿的诉讼请求，并无不当，应予支持。

**【案例评析】**本案是较为典型的竞业的股东知情权行使的裁判，做出生效裁判的法院，说理方式与《公司法解释（四）》的解释思路相一致。首先肯定了股东知情权为法定权利，公司不得剥夺和限制。同时结合本案情形进行了具体分析，认为股东的亲属成立的公司的经营项目与工艺品公司相近似，两公司在客观上存在着竞争的可能性，并且股东行使查阅权可能侵犯到公司的商业秘密，因而未予支持。

# 专题三　查阅范围及辅助人员

## 核心条文

**《公司法解释（四）》**

**第十条**　人民法院审理股东请求查阅或者复制公司特定文件材料的案件，对原告诉讼请求予以支持的，应当在判决中明确查阅或者复制公司特定文件材料的时间、地点和特定文件材料的名录。

股东依据人民法院生效判决查阅公司文件材料的，在该股东在场的情况下，可以由会计师、律师等依法或者依据执业行为规范负有保密义务的中介机构执业人员辅助进行。

## 关涉条文

### 一、既有相关规范

**1.《公司法》**

**第三十三条**　股东有权查阅、复制公司章程、股东会会议记录、董事会会议决议、监事会会议决议和财务会计报告。

股东可以要求查阅公司会计账簿。股东要求查阅公司会计账簿的，应当向公司提出书面请求，说明目的。公司有合理根据认为股东查阅会计账簿有不正当目的，可能损害公司合法利益的，可以拒绝提供查阅，并应当自股东提出书面请求之日起十五日内书面答复股东并说明理由。公司拒绝提供查阅的，股东可以请求人民法院要求公司提供查阅。

2.《合同法》

**第三百九十六条** 委托合同是委托人和受托人约定，由受托人处理委托人事务的合同。

## 二、地方司法实践

**1.《2005年上海法院民商事审判问答（之四）》（沪高法民二〔2005〕11号）**

七、公司监事能否以其知情权受到侵害为由对公司提起知情权诉讼?

有限责任公司的监事会或不设监事会的公司监事，是依照法律规定和章程规定，代表公司股东和职工对公司董事会、执行董事和经理依法履行职务情况进行监督的机关。监事会或监事依照公司法修正案第五十四条的规定，有权检查公司财务等情况，并在发现公司经营异常时，可依据公司法第五十五条的规定进行调查；必要时可聘请会计师事务所等协助其工作。但监事会或监事履行相关职权属于公司内部治理的范畴，该权利的行使与否并不涉及其民事权益，且公司法并未对监事会或监事行使权利受阻规定相应的司法救济程序。因此，监事会或监事以其知情权受到侵害为由提起的诉讼，不具有可诉性，人民法院不予受理。已经受理的，应当裁定驳回起诉。

如果不设监事会的公司监事，同时具备公司股东身份的，法院应当向其释明，若其同意以股东身份提起股东知情权纠纷诉讼的，法院可准许其变更诉请。

八、股东对公司提起知情权纠纷诉讼，将会计师事务所列为第三人或申请会计师事务所作为第三人参加诉讼应如何处理?

公司法修订案第一百六十五条规定，公司编制的财务会计报告应依法经会计师事务所审计。审判实践中，一些股东在提起知情权纠纷诉讼时，将会计师事务所作为第三人，请求法院判决公司向会计师事务所提供财务会计报告。我们认为，公司财务会计报告应依法经会计师事务所审计，但该审计行为系公司与相关会计师事务所之间依据委托审计合同关系而产生，与股东对公司行使知情权属不同的法律关系，法院在股东与公司之间的知情权纠纷诉讼中，只需判决公司向股东提供公司财务会计报告即可。至于该财务会计报告是否经依法审计、由哪家会计师事务所进行审计、审计结果是否依法、客观，不属于股东知情权诉讼范畴。股东对该财务会计报告有异议的，可依照公司法或章程的规定主张权利。

**2.《广东省高级人民法院关于民商事审判实践中有关疑难法律问题的解答意见》**（2012.03.01）

**第三部分**　（九）股东知情权的范围和行使方式的认定

根据《中华人民共和国公司法》第三十四条和第九十八条的规定，股东可以查阅的范围包括：公司章程、股东会记录，董事会监事会记录、股东名册、财务会计报告。会计账簿和会计凭证（原始凭证和记账凭证）应当允许查阅，但有正当目的限制。

根据《中华人民共和国公司法》规定，股东要求查阅的，应当向公司提出书面请求并说明目的，公司拒绝查阅的，股东可以请求法院要求公司提供查阅。法院应审查股东是否已经向公司请求并遭到公司的拒绝。

**3.《江苏省高级人民法院关于审理适用公司法案件若干问题的意见（试行）》（苏高法审〔2003〕2号）**

**第六十六条**　股份有限公司股东有权查阅的范围包括股东大会会议记录、资产负债表、损益表、财务状况变动表、财务情况说明书、利润分配表、注册会计师对财务报告出具的审验报告及监事会的检查报告。

有限责任公司股东除有权查阅前款规定所列材料外，还可以查阅董事会决议、公司账簿及相关原始凭证。但股东出于损害公司利益的不正当目的的除外。

**4.《山东省高级人民法院关于审理公司纠纷案件若干问题的意见（试行）》（鲁高法发〔2007〕3号）**

**第63条第2款**　股东有权查阅的会计账簿包括记账凭证和原始凭证。

## 条文理解

### Ⅰ条文演变

[表格9]《公司法解释（四）》第十条的演变过程

| 征求意见稿（2012） | 征求意见稿（2016） | 正式稿　法释〔2017〕16号 |
|---|---|---|
| 第十三条（委托查阅的处理）<br>人民法院审理股东知情权纠纷案件，股东请求委托他人查阅公司有关档案材料的，应说明理由并征得公司同意。<br>公司不同意股东委托的他人查阅时，人民法院可以根据公司或者股东的申请指定专业人员查阅，专业人员查阅后向股东出具查阅报告。<br>股东拒绝人民法院指定的，人民法院应通知驳回股东委托他人查阅的申请。<br>人民法院指定他人查阅产生的委托费用，由股东负担，股东应在指定人开始工作之前与其协商确定具体数额及支付方法。 | 第十五条（判决主文和知情权的代理行使）<br>人民法院经审查认为原告的诉讼请求符合公司法规定的，应当判决在确定的时间、在公司住所地或者原告与公司协商确定的其他地点，由公司提供有关文件材料供股东查阅或者复制。股东可以委托代理人查阅、复制公司文件材料。 | 第十条（判决主文和辅助查阅）<br>人民法院审理股东请求查阅或者复制公司特定文件材料的案件，对原告诉讼请求予以支持的，应当在判决中明确查阅或者复制公司特定文件材料的时间、地点和特定文件材料的名录。<br>股东依据人民法院生效判决查阅公司文件材料的，在该股东在场的情况下，可以由会计师、律师等依法或者依据执业行为规范负有保密义务的中介机构执业人员辅助进行。 |
| 第十一条（查阅原始凭证）<br>有限责任公司股东起诉请求查阅公司会计账簿及与之相关的原始凭证等会计资料，公司不能提供证据证明股东查阅目的不正当的，人民法院应裁定由公司提供给股东查阅。 | 第十六条（查阅原始凭证）<br>有限责任公司的股东起诉请求查阅公司会计账簿及与会计账簿记载内容有关的记账凭证或者原始凭证等材料的，应当依法受理。<br>公司提供证据证明股东查阅记账凭证或者原始凭证等有不正当目的，可能损害公司合法利益的，应当驳回诉讼请求。 | |
| **【演变概述】**<br>本条的演变主要集中于细节，主要的几个变化是：（1）辅助查阅的人员的选定权是属于公司、股东还是由法院最终决定，《征求意见稿（2012）》将权力赋予法院，《征求意见稿（2016）》将权力赋予股东，正式稿在《征求意见稿（2016）》的基础上添加了股东必须在场的要求；（2）辅助查阅人员的资格，是否必须专业人员，正式稿的规定最为明确细致；（3）查阅费用分担规则在《征求意见稿（2012）》中有规定，而未在之后两稿中明确。此外，查阅原始凭证的问题，也与此条的“特定文件材料”的内涵相关，但在正式稿中被删除，本部分一并讨论。 | | |

## Ⅱ主要争议

### 一、“公司文件材料”的范围

起草过程中，有意见认为，“公司文件材料”一词的语意和范围不明，争议多是集中于会计账簿的，一是会计账簿的查阅范围是否应该受到限制；二是原始凭证是否可以包含在内，毕竟，征求意见稿中曾对查阅原始凭证的单列一条作出了规定：“有限责任公司的股东起诉请求查阅公司会计账簿及与会计账簿记载内容有关的记账凭证或者原始凭证等材料的，应当依法受理。公司提供证据证明股东查阅记账凭证或者原始凭证等有不正当目的，可能损害公司合法利益的，应当驳回诉讼请求”。

首先，关于查阅会计账簿的范围，是可以全部查阅还是只能查阅与自身相关事项，观点分立。有观点认为，会计账簿范围不应受到限制，因为只有全部查阅才能判断是否与自身相关；也有观点认为，如果不加限制，股东可能会借此恶意干扰公司经营。目前的司法解释未作出范围限制，应当认为可以全部查阅。《公司法解释（四)》最后并未对此作出明确规定，有赖个案中的具体权衡。

其次，原始凭证是否可以纳入查阅范围，也有两种对立的意见。有观点认为，《公司法》第三十三条有关股东查阅权规定中尚无涉及原始凭证，但针对当前财务作假猖獗，只有查阅原始凭证才能证实公司财务真实与否。并且对立法进行目的解释，股东知情权的目的是维护其合法权益，如果仅查阅账簿、不能查阅原始凭证，显然无法实现这一目的，因为若不查阅原始凭证，股东根本无从发现账目是否作假，也无法举证。因此，为实现立法目的，应将知情权扩大解释为包括对原始凭证的查阅。为了统一对“会计账簿”“与会计账簿记载内容有关的记账凭证或者原始凭证”的认定，建议增加一款：“会计账簿指总账、明细账、日记账和其他辅助性账簿。与会计账簿记载内容有关的记账凭证或者原始凭证指记账凭证、相关原始凭证及应作为原始凭证附件入账备查的有关资料。”也有观点认为，《公司法》第三十三条规定，有限责任公司股东有权查阅公司会计账簿。而会计账簿原始凭证是会计账簿制作的依据，并不属于会计账簿，如果将原始凭证列入，是对会计账簿这一概念进行了扩大解释。而进行扩大解释的前提，是平义解释的结果不合理、不符合法律目的。法律赋予股东查阅会计账簿权，目的是保障股东的知情权，进而保障股东的管理权，而查阅会计账簿已经足以达到规范目的。赋予股东查阅原始凭证的权利，有可能会不当地加重公司财务部门负担。

《公司法解释（四)》最终未以明文规定原始凭证是否可以查阅，可能是基于权限上的考虑。但按照第十条对查阅权行使方式的规定，如果原始凭证不能成为查阅对象，那么聘请负有保密义务的专业人员查阅的意义也将大打折扣。

## 二、“辅助查阅人员”的范围

绝大多数意见对增加查阅辅助人都持赞成态度，具体到“辅助查阅人员”的范围则随着整个解释文本的演变一直在调整，呈现的争议是两个层面的：一是哪些人可以成为“辅助查阅人员”，早期的《征求意见稿（2012)》并无对受委托人员的资质上的限制，后期的征求意见稿也同样仅规定了“代理人”，正式稿将“辅助查阅人员”限定为会计师、律师等依法或者依据执业行为规范负有保密义务的中介机构执业人员，或多或少是吸取了起草过程中的主流意见，认为从代理制度的设立目的和当事人合法权益实现的角度出发，应当允许具有执业资格的注册会计师或者律师辅助查阅，并且通过注册会计师、律师的行业执业纪律责任来解决有关商业秘密的保护问题。同时，还有意见认为，除了专业性的限制外，还应对公正、中立性作出限制，即辅助查阅的会计师、律师只能是与公司无利害关系的。二是既然允许专业人员进行查阅，那么是否同时有权复制？支持复制的理由是大量的公司文件材料，仅允许查阅而不能复制，即使有专业人员的帮助，可能也无法真正实现查阅的目的，这样的限制过于机械。持反对立场的意见认为，毕竟记账凭证中包含了公司大量的商业秘密，排除股东对该部分资料的复制权，有利于防止股东对该部分资料作不当使用。在不赋予股东对会计账簿和记账凭证复制权的前提下，可在一定范围内允许股东对会计账簿和记账凭证的内容进行摘抄，同时为避免股东无限制摘抄，法院可规定股东在一定的时间内完成摘抄。

## Ⅲ条文要点

### 一、判决应明确记载的内容

判决是指“人民法院在民事案件和非诉案件审理程序终结时对案件的实体问题作出的权威性判定”。在学理上，判决可分为给付判决、确认判决、形成判决三种，其中给付判决是指“在认定原告请求权存在的基础上，判令对方履行义务的判据”。[①] 根据《公司法解释（四）》第十条的规定可知，股东知情权诉讼中原告股东胜诉的，法院应当作出给付判决，其内容包括查阅的时间、查阅的地点、特定文件的名录三项。法院判决之所以应当明确查阅的时间、地点、特定文件的名录三项内容，可以从以下几个角度理解：

第一，从判决主文内容的角度理解。根据民事诉讼法原理，判决主文“表明了法院的判决结果，该部分需写明支持还是部分支持，或是驳回原告的诉讼请求。判决被告履行义务的，还需写明履行义务的时间和方式”。[②] 而且，“判决结果的具体内容要求明确、肯定、完整、具体，不能模糊、笼统……”[③] 给付判决中应当载明“给付时间和给付方式”。[④] 由此，作为知情权诉讼的判决主文，不仅应当判决被告公司履行义务，而且还应当明确、完整、具体地写明义务履行方式；对于股东知情权而言，明确、完整、具体的履行方式首先需要确认的便是时间、地点、特定文件材料名录三项，只有判决主文中列明了此三项内容，原告股东与被告公司才能准确地知晓双方应如何共同配合、履行法院判决。由于原告提起诉讼时在诉请中往往明确了请求查阅的文件范围，所以文件范围通常由法院直接记载即可；至于查阅的时间、查阅的地点，在司法实践中，法院对查阅时间多加以明确，[⑤] 而查阅地点则鲜有提及[⑥]，地方司法规范亦未对

① 张卫平：《民事诉讼法》（第三版），中国人民大学出版社 2015 年 8 月第 3 版，第 311 页。

② 李浩：《民事诉讼法学》（第三版），法律出版社 2016 年 3 月第 3 版，第 248 页。

③ 宋朝武主编：《民事诉讼法学》（第四版），中国政法大学出版社 2015 年 8 月第 4 版，第 387 ~ 388 页。

④ 王松：《民事判决书主文的表述方法》，载《法律适用》2009 年第 9 期，第 47 页。

⑤ 参见（2014）津民二初字第 119 号判决书、（2012）黄浦民二（商）初字第 829 号判决书、（2014）浙温商终字第 663 号判决书。

⑥ 在（2014）通中商终字第 0105 号判决书中，法院要求被告公司于公司内备置待查阅文件，明确了查阅地点。

查阅地点进行规定，例如《山东意见》第六十六条规定：“人民法院审查认为原告诉讼请求成立的，应依法作出判决。判决主文表述为：××公司于本判决生效之日起十日内将××文件提供给××股东查阅（复制）”。只有明确了查阅地点，才能够防止公司恶意增加查阅难度、阻碍股东行使查阅权（如公司通知股东申请查阅的材料由××分公司备置）。一般而言，股东行使知情权的地点，即公司住所地或原告股东与公司协商确定的其他地方，一方面赋予原告股东与公司协商的权利，体现了股东行使查阅权的灵活性，另一方面规定了股东查阅公司文件的一般地点，即在公司住所地查询，避免股东和公司因协商不成而产生额外争议。

第二，从判决既判力的角度理解。根据民事诉讼法原理，所谓判决的既判力，分为形式上的既判力与实质上的既判力，后者是指“判决一经生效，当事人对判决所确定的权利义务关系，不得再发生争执，非依法定程序不得改变判决的内容。”① 根据学者总结，实质上的既判力范围限于判决主文。② 在这一背景下，即使法院支持了股东查阅权，如果不在判决主文中载明查阅的时间、查阅的地点，公司则可以主张查阅的时间、查阅的地点与原告股东不能达成合意，而合理合法地拖延提供文件，此时该等争议却并非判决正文中所载；而若股东再次起诉，其诉讼请求又可能受到既判力的限制，被法院根据“一事不再理”的原则不予受理，从而不利于股东实现其知情权。

第三，从判决执行的角度理解。股东知情权诉讼的判决无涉金钱，为切实保证股东能够实现查阅，法院判决应当具备高度的可执行性。从民事诉讼法原理上看，实现非金钱债权的执行措施，就是民事执行机关为实现债权人的非金钱债权采取的方法与手段，包括实现物的交付请求权的执行措施和实现行为请求权的执行措施，前者分为交付动产的执行措施与交付不动产的执行措施，后者分为对可替代行为的执行措施、对不可替代行为的执行措施、对不作为的执行措施与对意思表示的执行措施等。③ 具体到股东知情权诉讼的执行，应属于

---

① 宋朝武主编：《民事诉讼法学》（第四版），中国政法大学出版社2015年8月第4版，第232页。
② 李浩：《民事诉讼法学》（第三版），法律出版社2016年3月第3版，第251页。
③ 谭秋桂：《民事执行法学》（第三版），北京大学出版社2015年10月第3版，第243～244页。

实现行为请求权的执行，即“民事执行机关强制债务人履行执行名义确定的行为给付义务”[1]，而提供公司文件的行为具有不可替代性，执行方法则以督促性措施为主，例如《民事诉讼法》第一百一十一条第一款第六项规定的罚款、第二百五十三条规定的迟延履行金，或《最高人民法院关于公布失信被执行人名单信息的若干规定》第一条规定的纳入失信被执行人名单等督促手段。如果此时公司以判决主文未载明查阅的时间、查阅的地点、查阅的文件范围为由，变相阻碍股东正常行使查阅权，法院既无法直接强制执行，也无法被认定为拒不履行判决，而使得判决的执行无法受到法律的保护。

## 二、法院裁量的一般尺度

司法实践中，股东知情权诉讼的判决主文内容可由各法院根据当事人的请求自行掌握，但为切实保证知情权诉讼中原告股东在胜诉后能顺利行使知情权，本解释特别规定胜诉股东的知情权判决主文的内容应包括查阅的时间、地点、文件范围等内容。

对于查阅的时间，本解释并未做具体规定，由各法院结合现实条件自由裁量确定，但不应过分迟延。对于查阅的地点，一般理解，以公司住所地为默认查阅地点，双方当事人也可以合意确定其他地点进行查阅，后者赋予当事人以选择权，体现了股东与公司的意思自治；前者在双方未能达成合意时提供了确定的查阅地点，保证了股东查阅权切实可执行。对于查阅文件的范围，因包含于原告股东的具体诉请中，所以，人民法院在判决主文中应当在原告股东的诉请查阅范围内，列明可支持原告股东查阅的文件范围。

## 三、股东委托专业人员辅助查询的理论基础

根据《合同法》第三百九十六条的规定，股东委托专业人士查阅公司文件，双方成立委托关系，股东是委托人，对方是受托人，委托处理的事项即代股东查阅、复制公司文件。需要明确的是，股东委托第三人查阅、复制公司有

① 谭秋桂：《民事执行法学》（第三版），北京大学出版社2015年10月第3版，第247页。

关文件的，主要是由第三人代股东从事事实行为而非法律行为，故并不当然形成代理关系，不直接适用代理的法律规范。

支持股东委托专业人士行使查阅权是必要的、妥当的。

首先，股东有权委托专业人士行使查阅权，是股东知情权立法目的的必然要求；如前所述，根据现代公司法理论，股东知情权的产生基础有二：第一，股东对公司享有财产权，虽然名义上公司是财产的所有人，但是股东对公司所有的财产享有经济上的最终利益，因此股东应当被赋予充分获取公司信息的权利，以保护自身对公司及公司财产的经济上的利益；第二，现代公司制度下，公司所有权与管理权相分离，由此产生了“委托代理理论”，股东（委托人）为监督公司的经理人（受托人），获得公司经营信息是降低代理成本的手段，因此应当充分保证股东获取公司信息的权利。[①] 因此，知情权的目的是“保护股东对公司的终极控制权，以实现股东的投资利益”。[②] 但是，“作为反映公司财务信息的会计账簿、会计凭证等财务资料具有相当强的专业性和复杂性，中小股东不一定具备专业的会计知识，其委托具有中立身份和专业经验的注册会计师进行查阅，可以弥补其信息劣势，保障其获取的财务资料质量，避免其非理性怀疑，亦有助于公司的正常运营”。[③] 所以，赋予股东委托专业人员查阅公司文件，正是更好地保护股东经济利益、降低公司代理成本的立法目的所要求的。因此，有学者建议，“基于查阅权的立法目的，采扩张性司法解释明确股东委托的第三人得参与查阅”。[④]

其次，赋予股东委托第三人进行查阅是与域外主要立法例相一致的。我国台湾地区现行“公司法”第229条、美国《特拉华州普通公司法》第220条第2款都允许股东通过第三人查阅公司的相关文件。以我国台湾地区为例，对是否允许股东委托第三人查阅曾有过观念的转变，根据台湾学者总结：“在行使

---

① See Randall S. Thomas: *Improving Shareholder Monitoring of Corporate Management by Expanding Statutory Access to Information*, Arizona Law Review Vol. 38, 1996, pp. 331、336

② 奚晓明等：《公司诉讼的理论与实务问题研究》，人民法院出版社2008年12月第1版，第254～255页。

③ 晏芳：《股东查阅权的范围及其代理人行使方式》，载《人民司法》2014年第2期，第89页。

④ 李建伟：《股东查阅权行使机制的司法政策选择》，载《法律科学（西北政法大学学报）》2009年第3期，第96页。

的主体上，股东是否系唯一的行使主体，而不得委托其他具有专业知识者代为进行查阅，容有争议。实务早期认为，公司股东及公司债权人，尚不得出具委任书委任他人查阅或抄录，如此一来股东是否能理解、知悉公司信息则有疑问，其后主管机关改变见解，认为股东得委托他人代为进行查阅及抄录，此一见解，应属正确。”①

最后，对第三人查阅与商业秘密保护间的冲突，已经通过《公司法解释（四）》第十一条“行使知情权后泄露公司商业秘密”的责任规则予以防范，并且人员也限定在了负有“保密义务”的专业人士之内。比较法上，也有德国学者提出的观点可资借鉴，即股东查阅权“原则上可以通过第三人来行使查询权，股东也可以聘请专家来进行查询……如果由股东所聘请的专家负有执业上的保密义务，那么公司一般就不能拒绝专家的查阅……只有当担心被查询和查阅的内容被用于公司经营以外的目的，并由此会给公司和关联企业造成明显的损失时，才允许拒绝股东的查询和查阅要求（《有限责任公司法》第51a条第2款）……当然，可以聘请负有职业保密义务的专家来进行查阅，这样就可以避免查阅请求被拒绝”。② 从立法的目的解释来看，不应排除股东委托专业人士查阅、复制公司文件的权利。当然，此种委托行为不能损害公司的合法利益，必要时，公司还有权要求专业人士与自己签订保密协议，以避免受托人滥用有关信息损害公司的利益。

## 典型案例

### 一、特定文件材料的范围

1. 西安华维科技发展有限责任公司与罗某股东知情权纠纷案③

**【焦点问题】** 股东是否有权查阅和复制公司的原始财务凭证？

---

① 张心悌：《股份有限公司股东查阅权之研究——以美国法为中心》，载《高大法学论丛》2014年3月第2期，第74页。

② 托马斯·莱塞尔等：《德国资合公司法》（第三版），高旭军等译，法律出版社2005年1月第1版，第454~455页。

③ 一审：陕西省西安市雁塔区人民法院（2007）雁民二初字第1151号；二审：陕西省西安市中级人民法院（2008）西民四终字第324号（2008年8月8日）。

**【裁判立场】**本案法院认为，在公司无法证明股东查阅会计账簿有不正当目的，可能损害公司利益的前提下，股东有权查阅原始财务凭证，但无权复制。

**【案情简介】**原告罗某于1998年与周某涛、高某来等人共同投资入股设立了华维公司。华维公司设立后，罗某也曾参与了公司的经营活动，现罗某仍系公司的股东之一。但罗某自2005年后确因故未能充分行使其公司的股东知情权。2007年8月10日，罗某以华维公司无视其股东身份和权益，不再向其告知经营过程中的相关信息，侵害了其股东知情权为由诉至法院，要求查阅、复制华维公司的会计报告、财务账簿、原始财务凭证、股东大会会议记录等。

**【裁判要旨】**一审法院认为有限责任公司的股东依法享有查阅、复制股东大会会议记录、财务会计报告、并且还享有查阅公司会计账簿的知情权。本案原告罗某现为公司的股东之一，其要求查阅、复制华维公司的会计报告、股东大会会议记录的诉讼请求，依法应予以支持。但是根据我国《公司法》[①] 第三十四条的规定，股东只能查阅会计账簿及相关原始财务凭证，而不能进行复制。故罗某对华维公司的财务账簿及原始凭证只能进行查阅，而不能进行复制。罗某要求复制财务账簿及相关原始财务凭证的请求，不予支持。华维公司不服，提起上诉，二审法院判决驳回上诉，维持原判。

**【案例评析】**本案法院认为，对于原始财务凭证，股东有权查阅而无权复制，《公司法解释（四）》明确规定了股东有权复制，虽未明确原始财务凭证是否在此范围之内，但从一般文义理解，允许股东查阅却不能复制与《公司法解释（四）》的解释思路似乎相悖。

2. 陈某飞诉南京亚东奥土矿业有限公司公司股东知情权纠纷案[②]

**【焦点问题】**股东是否有权查阅公司原始凭证？

**【裁判立场】**为实质性地保护股东知情权，股东有权查阅公司原始凭证。

**【案情简介】**原告陈某飞于2015年3月27日购买被告亚东公司股东马某东所持有的49%的股份，成为亚东公司的合法股东。入股后，陈某飞不能行使自己的股东权利，对公司经营状况所知甚少。申请人为了了解公司实际情况，更

---

① 本案裁判所适用的是2005年《公司法》。

② 江苏省南京市六合区人民法院（2016）苏0116民初7132号。

好地对公司事务参与和监管，便于维护自己的合法权益，依据《公司法》规定依法行使知情权。2016 年 9 月 22 日，陈某飞向亚东公司发出书面申请，亚东公司未在法定期限内回复，故诉至法院请求判如所请。被告亚东公司辩称，陈某飞系2015 年4 月3 日登记为亚东公司股东，其行使知情权的时间应为2015 年4 月3 日。股东知情权只能是复制公司章程、监事会决议、财务会计报告、查阅公司会计账目，除此之外，法律并无规定。陈某飞行使股东权利有不正当目的，可能损害公司利益，亚东公司拒绝查阅。

**【裁判要旨】** 股东有查阅会计账簿、财务会计报告的权利。《会计法》规定会计账簿包括总账、明细账、日记账等，陈某飞要求查阅亚东公司会计账簿（包括总账、明细账、日记账）、财务会计报告系股东行使知情权的应有之义。《会计法》同时规定会计凭证包括原始凭证和记账凭证。原始凭证是编制会计账簿的基础依据。但《公司法》并未对股东查阅原始凭证作出明确规定，法院对此适用目的解释的方法对股东是否可查阅会计凭证予以认定。《公司法》对股东知情权的行使内容的规定是为了保护股东利益，股东作为公司的出资人，有权知悉、了解公司的真实经营状况，只有将原始凭证纳入查阅的范围，股东对公司的经营情况、财务状况才有清晰的了解，股东知情权才能得到实质性保护。故陈某飞要求查阅会计账簿、原始凭证、财务会计报告的诉讼请求，本院予以支持。

## 二、查阅地点的确定

### 1. 南通美利昌通宝船务有限公司（以下简称美利昌公司）与陈某清、吴某文股东知情权纠纷上诉案①

**【裁判立场】** 在公司住所地查阅。

**【案情简介】** 名义股东陈某清、吴某文认为美利昌公司侵犯其股东知情权而要求查阅公司的相关会计资料。法院认为股东未完全履行出资义务并不当然丧失股东资格，陈某清、吴某文有权查阅相关会计资料。

---

① 江苏省高级人民法院（2012）苏商外终字第0041 号。

**【裁判要旨】**对于查询地点，因会计资料反映公司的财务状况和经营成果，与公司日常生产经营密切相关，故应尽量避免移动会计账簿及凭证，以保证会计资料的完整与安全。美利昌公司提出在其住所地进行查阅具有合理性，予以支持。

2. 安吉县顺风客运出租车有限公司与俞某根股东知情权纠纷上诉案①

**【裁判立场】**由双方协商确定，协商不成的，股东可在申请执行后由法院指定。

**【案情简介】**俞某根是安吉县顺风客运有限公司股东，公司未召开过股东会，未向俞某根提供过公司财务会计报告，也未分配过股权收益。俞某根和其他股东要求行使知情权未得到顺风客运公司的配合，故俞某根向法院起诉。

**【裁判要旨】**具体查阅地点和时限可由双方协商确定，协商不成的，俞某根可在申请执行后由法院指定。

3. 孙某文、宋某洪、许某业、杨某新、韩某广与石嘴山市潮湖诚兴机械制造有限公司股东知情权纠纷上诉案②

**【裁判立场】**由公司指定地点查阅。

**【案情简介】**原告孙某文、宋某洪、许某业、杨某新、韩某广通过出资成为被告潮湖诚兴公司的股东，原告向被告请求查阅公司文件未得到被告的允许，故起诉要求行使知情权。

**【裁判要旨】**对一审判决确定的“查阅地点由被告石嘴山市潮湖诚兴机械制造有限公司指定”的判决内容双方当事人并未提出异议，法院予以确认，查阅地点由被上诉人石嘴山市潮湖诚兴机械制造有限公司指定。

## 三、查阅时间的确定

1. 洪某、宁波明州大药房有限公司股东知情权纠纷上诉案③

**【案情简介】**原告洪某主张被告明州大药房公司提供股东会会议记录、会

---

① 浙江省湖州市中级人民法院（2017）浙05民终203号。

② 宁夏回族自治区石嘴山市中级人民法院（2015）石民商终字第12号。

③ 浙江省宁波市中级人民法院（2016）浙02民终2608号。

计账簿和原始凭证等供洪某查询、复制，查阅时间不少于60个工作日。

**【裁判要旨】**一审法院认为：（1）对于洪某查阅公司股东会会议记录、董事会会议决议和财务会计报告所需期间，洪某在查阅的同时还有权复制上述资料，故洪某要求查阅期间60个工作日明显过长，酌定洪某可以在7个工作日内查阅上述资料。（2）对于洪某查阅会计账簿所需的合理期间问题。《公司法》对股东查阅会计账簿所需合理期间没有规定，考虑到洪某可查阅的会计账簿的种类和内容较多，较为专业，账目的时间跨度较长（长达20余年），且洪某不能复制明州大药房公司的会计账簿，但可委托注册会计师帮助其查阅，故酌定洪某可在15个工作日内查阅明州大药房公司的会计账簿。

二审法院对于一审法院对查阅期间所做的判决持相同意见，洪某应当在7个工作日内完成对公司股东会会议记录等文件的查询和复制。但因否定洪某的会计账簿查阅权，故对一审确定的会计账簿查阅期间不做讨论。

2. 芦溪县长富矿业发展有限公司、毛某英股东知情权纠纷上诉案[①]

**【焦点问题】**一审判决毛某英查阅的时间不得超过15个工作日是否违法？

**【案情简介】**上诉人长富公司认为一审判决查阅时间不得超过15个工作日，违反法律规定，要求改判查阅时间为不超过3日。

**【裁判要旨】**二审法院认为一审法院根据该规定判决毛某英有权进行查阅并无不妥，判决查阅的时间为不得超过15个工作日并未违反法律强制性规定，上诉人长富公司提出一审判决查阅时间不得超过15个工作日属于适用法律错误的上诉理由不成立，本院不予支持。长富公司应提供相关公司文件给毛某英查询和复制，查询时间不得超过15个工作日。

### 四、辅助人员的选任

1. 汪某兴诉常州市武进暖通设备有限公司股东委托财会人员协助行使知情权纠纷案[②]

**【焦点问题】**股东能否委托专业人员协助查阅？

---

① 江西省萍乡市中级人民法院（2017）赣03民终281号。

② 江苏省常州市中级人民法院（2012）常商终字第216号。

**【裁判立场】**可以。

**【案情简介】**暖通公司原为村办集体企业，后经改制，于2011年1月26日更名为暖通公司，股东间通过股权转让的形式，公司股东由原来的22人变更为目前的3人，分别是：羌某仁、费某泽、汪某兴。现在公司的法定代表人是费某泽。

2007年7月6日，汪某兴在沈阳市和平区投资设立了沈阳兴特龙机电设备工程有限公司，投资人原为汪某兴，后变更为鄂某群，该公司于2010年10月29日因未参加上年度年检被当地工商行政管理局吊销了营业执照。

2011年12月16日，汪某兴向暖通公司提交要求查阅公司会计账簿的书面申请，以了解公司自1998年3月改制以来公司的经营情况等为由，要求公司提供相关会计报告及原始凭证供汪某兴查阅及复制，并明确了查阅地点、时间、查阅范围等。暖通公司收到后于同月26日致信汪某兴，“……待方案确定后将及时通知你依法查阅公司财务资料，请你本人到时按通知的时间、地点查阅”。后公司未及时安排查阅，原告遂提起诉讼以行使其知情权。

**【裁判要旨】**关于原告可否委托第三人协助查阅，一审法院认为：考虑到暖通公司成立多年，且公司财务资料具有较强的专业性，汪某兴委托注册会计师协助其查阅，我国相关法律、法规对此无明确限制，对此请求依法予以支持。针对暖通公司以诉讼时效抗辩之问题。因股东知情权是股东固有的、法定的、基础性的权利，暖通公司抗辩意见无事实依据及法律根据，依法不予采信。据此，法院依照《公司法》[①] 第三十四条、《民事诉讼法》第六十四条的规定，判决：一、暖通公司于判决生效之日起十日内提供自1998年3月8日起至2011年12月31日止的公司月度财务会计报告、年度财务会计报告供汪某兴及其委托的一名注册会计师查阅并复制。上述材料由汪某兴在暖通公司正常营业时间内查阅并复制，查阅、复制时间不得超过三个工作日。二、暖通公司于判决生效之日起十日内提供自1998年3月8日起至2011年12月31日止的公司会计账簿（含总账、明细账、日记账、其他辅助性账簿）和会计凭证（含记账凭证、

① 本案裁判适用的是2005年《公司法》。

相关原始凭证及应作为原始凭证附件入账备查的有关资料）供汪某兴及其委托的一名注册会计师（需经法院审查认可后）查阅。上述材料由汪某兴在暖通公司正常营业时间内查阅，查阅时间不得超过七个工作日。

二审法院认为：公司的财务会计报告、会计账簿具有较强的专业性，股东本人可能很难鉴别其真实可靠、完整合法，这是委托专业人员协助行使知情权的现实基础。而且，《公司法》没有规定知情权必须由股东本人亲自行使或不能委托协助行使，暖通公司亦没有证据证明拒绝汪某兴委托他人协助行使知情权有正当理由，因此汪某兴可以委托注册会计师协助行使知情权。

**【案例评析】**公司的财务会计报告、会计账簿及票据根册簿等具有较强的专业性和系统性，股东本人可能很难鉴别其真实可靠、完整合法，这是委托专业人员协助行使知情权的现实基础。在本案的裁判中，两审法院充分认识到会计账簿、会计凭证等公司文件的复杂性和查阅文件所需的专业性，支持了原告委托注册会计师查阅的请求，充分保障了股东的知情权，值得肯定。股东委托财会专业人员协助行使知情权符合立法目的。

2. 冯某玲与佛山市康迪盛汽车空调配件有限公司股东知情权纠纷案①

**【焦点问题】**股东能否委托专业人员协助查阅？

**【裁判立场】**可以。

**【案情简介】**2011 年 1 月 12 日，原告冯某玲（以下简称“原告”）通过受让饶某高在佛山市康迪盛汽车空调配件有限公司（以下称“被告”）股权，成为被告的股东，股份占比 20%，并经核准登记。2014 年 11 月 14 日，原告向被告请求：要求查阅被告自 2011 年 1 月至 2014 年 10 月期间的财务会计账目及所有会计凭证等资料，得到被告允许。同月 16 日，原告再次向被告请求要求复制前述公司文件，遭到被告拒绝，故原告起诉。原告主张：股东有权查阅、复制公司会议记录、财务账簿、原始会计凭证、财务会计报告及附属明细表，并且有权请求具有专业知识的第三人协助查阅，法律并未对此做出限制规定。

**【裁判要旨】**对于原告是否有权委托第三人查阅公司文件，审理法院认为

① 广东省佛山市南海区人民法院（2014）佛南法民二初字第 752 号。

“由于公司的会计账簿、会计凭证等财务资料具有很强的专业性和复杂性，作为股东，未必具有专业的会计知识，如果不允许股东委托专业人士进行查阅，股东知情权将无法行使；而且，《公司法》[①] 第三十四条明确规定股东的查阅权，但并未禁止股东委托专业人士进行查阅。《民法通则》第六十三条规定：‘公民、法人可以通过代理人实施民事法律行为。代理人在代理权限内，以被代理人的名义实施民事法律行为。被代理人对代理人的代理行为，承担民事责任。依照法律规定或者按照双方当事人约定，应当由本人实施的民事法律行为，不得代理。’委托第三人实施民事法律行为是公民的应有权利，除非依照法律规定或按双方当事人的约定不得委托的事项，本案中，原告委托具有专业会计知识的第三人查阅会计账簿等公司资料的行为显然不符合前述除外情形，故原告有权请求委托具有专业会计知识的第三人查阅公司会计账簿等资料。需要说明的是，对于委托的具有专业会计知识的第三人，应当向公司出示身份证明及授权委托手续，并不得有干扰公司正常经营、泄露公司商业秘密等有损公司合法权益的情形”。

但是，审理法院同时认为“股东知情权如何操作则属判决执行阶段处置的问题”，因此并未做出相应判决。

**【案例评析】**本案的审理法院从实质地保障股东知情权的角度肯定了股东有权委托第三人查阅公司文件，值得肯定。但是，如前所述，第三人可代理股东为法律行为，具体而言，包括接受意思表示或发出意思表示，而查阅文件属于事实行为，不属于可以代理的行为，因此审理法院援引《民法通则》第六十三条论证股东委托第三人查阅公司文件的合法性仍欠妥当。另外，本案的审理法院提及受股东委托的第三人不得有损害公司利益的行为，例如不得有“泄露公司商业秘密”的行为，这种观点值得肯定。

3. 王某文与南京永和视频设备有限公司股东知情权纠纷上诉案[②]

**【焦点问题】**股东能否委托专业人员协助查阅？股东的该项权利可否受到限制？

① 本案适用的是2005年《公司法》。

② 江苏省南京市中级人民法院（2017）苏01民终1518号。

**【裁判立场】**股东行使知情权的方式并无限制，但应以不损害公司利益为前提。本案法院认为，公司已与客户签订保密协议，规定公司负有对财务资料等相关内容保密的义务，未经客户同意，股东无权委托第三人查阅。

**【案情简介】**原告王某文为被告永和公司的股东，王某文向永和公司要求查阅公司经营文件，被永和公司拒绝，理由在于：(1) 王某文在股东会上已查阅并复印了公司的资产负债表、利润表和年度审计报告，其对公司的经营信息、收益状况知情；(2) 王某文要求查阅的财务账簿、会计凭证（包括原始凭证和记账凭证），有可能涉及永和公司商业秘密，进而影响正常经营，因为永和公司已经和客户单位签订了保密协议，主要内容为不得泄露客户名称及清单，客户的其他详细资料。

**【裁判主旨】**一审法院对于王某文要求查阅财务账簿、会计凭证（包括原始凭证和记账凭证）的诉请，不予支持。

二审法院撤销一审判决，认定王某文本人有权查阅财务账簿、会计凭证（包括原始凭证和记账凭证）。但是，认为《公司法》对于股东行使知情权的方式并无限制，应以符合股东利益和不损害公司利益为基本前提。本案中，王某文并不具有自身不能行使权利的事由，永和公司业已提供了其与客户单位签订的保密协议，其中约定有永和公司负有对财务资料等相关内容保密的义务，在客户单位未同意王某文委托第三方专业人员行使知情权的情况下，永和公司要求对王某文的知情权行使方式进行适当限制，符合立法目的和自身利益，亦不损害王某文的权利。故不支持王某文要求委托专业第三方人员行使知情权的诉讼请求。

**【案例评析】**本案中法院以公司文件涉及保密协议未经客户单位同意为由，拒绝了股东委托第三方专业人员行使知情权。按照《公司法解释（四）》的规定，股东知情权系固有权，不受章程、股东协议的限制，也应不受公司与第三方协议的限制。不过，股东查阅（包括委托第三人查阅）应以目的正当、不损害公司合法利益为前提，这样的裁判结果，也有一定的合理性。本案裁判的缺憾在于，应当从公司利益的角度出发对股东知情权的行使方式做出限制，并且具体进行说理。

## 第二篇

# 作为固有权的知情权

固有权利与非固有权利的划分，是根据股权的规范渊源进行的，即渊源来自法律、章程、合约还是股东会决议。固有权利，又称为法定股东权，是公司法赋予股东的，不得以公司章程或股东会决议来加以限制和剥夺的权利，比如投票权。非固有权利，又称为非法定股东权，是可以由公司章程或者股东会决议来加以限制和剥夺的权利。一般而言，自益权往往属于可以通过章程、细则、股东合约或者股东会决议加以限制的，属于非固有权利；而共益权通常属于前者，但也不是尽然。一般认为，股东知情权具有“自益权”和“共益权”的双重属性，既是实体性权利又是手段性权利，如果被实质性剥夺，将会导致股东的表决权等其他权利难以行使。

因而,《公司法解释（四)》明确规定了,“知情权”是公司法赋予股东的固有权、法定股东权，对公司以“公司章程规定限制、股东间协议约定”等实质性剥夺了法定知情权为由，拒绝股东行使权利的请求不予支持。

# 专题四　排除知情权的约定无效

## 核心条文

**《公司法解释（四）》**

**第九条**　公司章程、股东之间的协议等实质性剥夺股东依据公司法第三十三条、第九十七条规定查阅或者复制公司文件材料的权利，公司以此为由拒绝股东查阅或者复制的，人民法院不予支持。

## 关涉条文

### 一、既有相关规范

**1.《公司法》**

**第三十三条**　股东有权查阅、复制公司章程、股东会会议记录、董事会会议决议、监事会会议决议和财务会计报告。

股东可以要求查阅公司会计账簿。股东要求查阅公司会计账簿的，应当向公司提出书面请求，说明目的。公司有合理根据认为股东查阅会计账簿有不正当目的，可能损害公司合法利益的，可以拒绝提供查阅，并应当自股东提出书面请求之日起十五日内书面答复股东并说明理由。公司拒绝提供查阅的，股东可以请求人民法院要求公司提供查阅。

**第九十七条**　股东有权查阅公司章程、股东名册、公司债券存根、股东大会会议记录、董事会会议决议、监事会会议决议、财务会计报告，对公司的经营提出建议或者质询。

2.《公司法解释（三）》

**第十六条** 股东未履行或者未全面履行出资义务或者抽逃出资，公司根据公司章程或者股东会决议对其利润分配请求权、新股优先认购权、剩余财产分配请求权等股东权利作出相应的合理限制，该股东请求认定该限制无效的，人民法院不予支持。

## 二、地方司法实践

1.《江苏省高级人民法院关于审理适用公司法案件若干问题的意见（试行）》（苏高法审〔2003〕2号）

**第六十八条** 公司章程或股东之间关于股东不得查阅公司文件的约定无效。

2.《山东省高级人民法院关于审理公司纠纷案件若干问题的意见（试行）》（鲁高法发〔2007〕3号）

**第六十五条** 公司章程关于股东不得查阅公司文件的规定无效。

3.《上海市高级人民法院关于审理股东请求对公司行使知情权纠纷案件若干问题的问答（2005）》

有限责任公司股东请求对公司会计账簿行使查阅权是否应受一定持股比例的限制?

新《公司法》第三十四条规定股东有权要求查阅公司会计账簿，而没有申请股东持股比例的限制。鉴于对公司会计账簿的查阅权是股东的一项重要权利，而有限责任公司属于封闭型公司，股东人数较少，从有利于保障小股东的权益出发，不宜对行使会计账簿查阅权的股东作持股比例限制。但为了保证公司的正常经营活动，法院应当要求申请股东对查阅会计账簿的目的进行说明。如果公司有合理根据认为股东查阅会计账簿有不正当目的、可能损害公司合法利益的，人民法院可判决对股东的请求不予支持。

## 【条文理解】

### Ⅰ条文演变

[表格 10]《公司法解释（四）》第九条的演变过程

| 征求意见稿（2012） | 征求意见稿（2016） | 正式稿　法释〔2017〕16号 |
| --- | --- | --- |
| 无相关规定 | 第十四条（固有权）<br>公司以存在下列情形之一为由进行抗辩，拒绝股东依据公司法第三十三条、第九十七条或者司法解释规定查阅、复制公司文件材料的，不予支持：<br>（一）股东出资存在瑕疵；<br>（二）公司章程限制股东查阅、复制公司文件材料；<br>（三）股东间协议约定限制股东查阅、复制公司文件材料。 | 第九条（公司不得以章程、股东间协议剥夺股东知情权）<br>公司章程、股东之间的协议等实质性剥夺股东依据公司法第三十三条、第九十七条规定查阅或者复制公司文件材料的权利，公司以此为由拒绝股东查阅或者复制的，人民法院不予支持。 |
| **【演变概述】**<br>本条是从无到有，《征求意见稿（2012）》并未明确知情权的固有权属性，而相较于《征求意见稿（2016）》，正式稿对固有权属性的确认是更为彻底的。 | | |

### Ⅱ主要争议

起草过程中，本条的争议主要可以归结为两点：

#### 一、将知情权视为强行性规范，是否恰当

对此，存在相反的两种观点。

支持意见认为，本条强调了知情权是股东的固有权利，是恰当的。

反对意见则认为《公司法》是商法，商法是私法，私法应该在最大程度上尊重当事人的意思自治，公权力不能过度干预私法的运作。公司章程是全体股东意志的体现，既然法律规定章程自由，公司章程只要不违反法律，就应该得到遵守。至于公司决议可能侵犯小股东的利益，小股东可以提起股东代表诉讼维护自己的权益；还有观点认为，公司章程虽然不能排除或限制知情权，但是公司能否以股东签署章程或知晓章程内容后选择成为股东为由，主张股东已经自愿放弃了知情权？《公司法解释（四）》采取的立场，显然是否定的。知情权

源自《公司法》中的强制性规范，而学理上所谓“强制性规范”，是指“不得通过约定予以排除或变更”的规范，包括“为避免产生严重的不公平后果或为满足社会要求而对私法自治予以限制的规范”。[①] 需要注意的是，对公司章程的不同规定，也可以作区别对待，如通过章程扩大知情权范围，便应允许；另外，若章程对行使知情权的具体规则做了细化规定，包括行使的地点、时间和方式等，只要不属于实质意义上限制或剥夺知情权，就应当承认其效力。[②]

## 二、存在出资瑕疵的股东的知情权

出资瑕疵本质上属于股东资格确认问题，但从股东权利的享有与股东义务的履行互为对价出发，有意见认为，需在本条后列明与出资瑕疵相关的除外情形。知情权虽为固有权，但“股东出资存在瑕疵”或“经催缴仍不履行出资义务和抽逃出资的”不包括在内，这样的观点在早期的草案中也出现过。理由是，虽然股东身份或资格的取得并不以实际缴付出资为前提，尤其是在认缴制下，未实际出资并不影响股东身份或资格的取得，因此也不影响其基于股东身份而享有的固有知情权，但应该限制相应的股东权利。股东享有权利的同时应当履行义务，包括遵守公司章程、实际履行出资义务等。如果股东不履行对公司和其他股东的基本义务，那么他的权利行使就应当受到限制。

《公司法解释（四）》未列明除外事项，是考虑到知情权对股东利益影响重大，作为强调其作为股东固有权、法定股权的属性的条文，同时附加限制条件，有自相矛盾之虞。更重要的是，在此种情形下，公司已取得了根据《公司法解释（三）》启动除名程序的依据，可以据股东资格确认规则解决。

---

① 卡尔·拉伦茨：《德国民法通论》（上册），王晓晔等译，法律出版社2013年3月第1版，第42页。

② 在德国法上，某公司章程规定每月可以在一小时内行使查阅和复制公司文件的权利或只能在周末行使查阅和复制公司文件的权利等，被认为构成了对知情权的实质性剥夺。BayObLG WM 1988，1789，1791；OLG Hamburg GmbHG 2002，p. 913。

Ⅲ条文要点

## 一、作为基本股东权的知情权

在学理上，固有权是股东权的一种，系指未经股东同意不得以章程或公司决议剥夺或限制的权利。[①] 对此，学者的总结虽略有夸大，但基本描述了其含义："股东的固有权虽不能称之为'天赋股东权'，但自股东依法取得股东地位或股东身份之日起当然取得，不依赖公司章程、公司决议或董事会决议的授予，也不得由公司章程、股东会决议或董事会决议剥夺、限制或妨碍。"[②] 就其本质而言，固有权是股东之所以成为股东所必不可少的权利，若剥夺或限制了该权利，股东便无从成为股东了。

肯定股东知情权的固有权属性，主要源于以下几方面考虑：

首先，知情权是其他股东权得以行使的前提。股东欲实现其分红权等财产性权利与重大事项的表决权等管理性权利，首先需要了解有关公司的必要信息。在这一背景下，诸如诉讼权、知情权等辅助股东权多具有基础性的地位，若股东放弃该权利，其股权中的其他权利便失去了实现的基础和保障。

其次，股东知情权具有共益权的属性，是服务于全体股东的权利。[③] "股东借由账簿阅览权之行使，可掌握公司之业务状况及财务资讯，以监督经营者之行为，故其性质上为共益权……"[④] 而此类共益权多属固有权，若允许个别股东放弃，则作为整体的股东利益将受到损害。

## 二、少数股东权抑或单独股东权

在比较法上，知情权属于少数股东权抑或单独股东权，存在不同的立法例。

所谓少数股东权，系指持股达到一定比例方可行使的股东权；所谓单独股

---

① 刘俊海：《公司法学》（第二版），北京大学出版社 2013 年 1 月第 2 版，第 133 页；范健等：《公司法》（第四版），法律出版社 2015 年 8 月第 4 版，第 273 页；叶林：《公司法研究》，中国人民大学出版社 2008 年 6 月第 1 版，第 169 页。

② 刘俊海：《现代公司法》（第二版），法律出版社 2011 年 6 月 2 版，第 188 页。

③ 柯芳枝：《公司法论（上）》（增订六版），三民书局 2008 年 1 月版，第 161 页。

④ 王志诚：《股东之账簿阅览权》，载《月旦法学教室》第 37 期，第 28 页；刘俊海：《股份有限公司股东权的保护》（修订本），法律出版社 2004 年 1 月第 2 版，第 366 页。

东权，系指任何股东均可单独行使的股东权。[1] 以股东账簿查阅权为例，不同立法例可总结如下：

表 2 - 单独股东权与少数股东权立法例的例举

| 少数股东权模式 | 单独股东权模式 |
| --- | --- |
| 日本《公司法》第 433 条第 1 款<br>韩国《商法典》第 466 条第 1 款 | 我国台湾地区现行“公司法”第 109 条、第 48 条<br>德国《有限责任公司法》第 51a 条 1 款<br>法国《商法典》第 L223 - 26 条第 4 款<br>美国《标准商业公司法》第 16.02 条（b）小节（2）项<br>美国《特拉华州普通公司法》第 220 条 2 款 1 项 |

根据上述立法例可知，就账簿查阅权而言，目前主流的立法模式是将其归于单独股东权；参考美国法上的立法变迁，我们可以清晰地看出这一点。1997 年修订前的《纽约州商业公司法》第 624 条与 1969 年版本的《标准商业公司法》第 52 条规定，股东仅在注册为股东 6 个月以上时，或持有任何一类股票的 5% 及以上时，方有权查阅公司文件，而二者目前均已废止了这种规定；[2] Clark 教授对这种少数股东权模式进行了批判，他认为：“这种观点似乎认为，较小和较新的股东更有可能要求进行无足轻重的骚扰性的审查，因为这个阶层中有的人购买少数股份，仅仅是因为其代理人建议他们这样做，以便获得行使审查权的资格以及随后提起的股东会决议或公司权利诉讼的权利。但是，对所有出于自己意愿购股而现在却怀有善意怀疑的小股东、新股东，法律还是会区别对待的。而且，原告代理人似乎不大可能会仅仅因为怀疑管理上存在漏洞，就系统性地建议购买少量股份以获得‘资格’。代理人提出这种建议不过是出于自己的利益，只有在他的初步调查表明，存在怀疑管理人员的明智性或诚实性的确凿的证据时，他才会这么做。”[3] 换言之，一方面，少数股东模式对出于自身意愿购股而善意地进行查阅的股东形成了歧视；另一方面，律师和代理人仅会在具有合理怀疑时建议小股东购股以进行诉讼，而这恰恰表明，对此类股东也有保护的必要。

① 吴高臣：《股东查阅权研究》，载《当代法学》2007 年第 1 期，第 78 页。

② 罗伯特·C. 克拉克：《公司法则》，胡平等译，工商出版社 1999 年 1 月第 1 版，第 74 页。

③ 罗伯特·C. 克拉克：《公司法则》，胡平等译，工商出版社 1999 年 1 月第 1 版，第 74 页。

对此，我国学者亦有评论："除了极个别立法，绝大多数立法除了在会计账簿查阅场合的例外规定，几乎不再对股东的持股份额与时间进行任何限制……可以认为对股东持股份额与时间不加限制是各国的一般做法，也是公司立法的发展趋势……对股东的持股条件不加限制，不仅更加贴合知情权之权利基础在于股东身份之法理，而且更有利于鼓励股东积极行使知情权，有助于平衡股东与管理层之间、少数股东与多数股东之间的信息不对称，改善外部人在公司治理中的处境。尤其是对于有限（封闭）公司而言，股东人数少，股东与公司利益高度相关，即使各个股东不时地行使查阅权，公司的负担仍非常有限，不足为虑，因此，对于封闭公司尤其是小型封闭公司设置持股比例与时间限制的理由是非常不充分的。"①

我国地方司法指导意见也不赞同将知情权划归少数股东权，例如，《上海市高级人民法院关于审理股东请求对公司行使知情权纠纷案件若干问题的问答》第五条规定："鉴于对公司会计账簿的查阅权是股东的一项重要权利，而有限责任公司属于封闭型公司，股东人数较少，从有利于保障小股东的权益出发，不宜对行使会计账簿查阅权的股东作持股比例限制。"

## 三、瑕疵出资的法律后果

在法律法规、公司章程或出资协议对股东出资设定明确数额、期限等规则的情况下，股东用以出资的财产、出资行为不符合或不完全符合上述规则的，即构成瑕疵出资。② 根据《公司法解释（三）》第十六条的规定，瑕疵出资表现为股东未履行或者未全面履行出资义务。

瑕疵出资的股东是否具有股东身份？对此，多数观点认为"随着人们对公司资本功能认识的深化，更多的人逐渐对此（瑕疵出资股东享有股东身份）持肯定立场，认为违反出资义务的股东仅应承担违约责任，但其股东身份并不应

---

① 李建伟：《股东查阅权行使机制的司法政策选择》，载《法律科学（西北政法大学学报）》2009年第3期，第93页。此前的研究，如于莹：《股东查阅权法律问题研究》，载《吉林大学社会科学学报》2008年第2期，第89页。

② 蒋大兴：《公司法的展开与评论——方法·判例·制度》，法律出版社2001年12月第1版，第137页。

因瑕疵出资而被否定，简单地以股东出资存在瑕疵而否定其股东身份与法理不符”。[①] 换言之，实际出资是股东对公司的义务而不是取得股东身份的条件。事实上，从逻辑顺序上看，在股东与公司之间的关系上，股东是先有股东身份，然后才有出资义务，而非相反。瑕疵出资的股东并不丧失其股东身份，仅是部分股东权利——主要是财产性的自益权在一定范围内受到限制。

在本部分第一专题中已对此做了详细分析故不再赘述，概言之，在确定股东与公司、股东与股东之间的权利义务关系时，出资瑕疵与知情权是两个不同的事项，应当分别处理。即股东及公司可以要求未出资的股东实际履行其出资义务并承担相应的损害赔偿责任，但这是一个独立的法律关系，与知情权的法律关系不同，应当分别处置。

## 四、公司章程与股东间协议限制知情权的效力

公司章程，是指公司必备的由公司股东或发起人共同制定并对公司、股东、公司经营管理人员具有约束力的调整公司内部关系和经营行为的自治准则，它是以书面形式固定地反映全体股东共同意思表示的基本法律文件。[②] 股东协议则指股东就公司的经营管理所达成的约定，可以存在于多数股东之间，也可以是全体股东达成的一致意见。公司章程、股东间协议以自由约定为原则，但是不得超越公司法的强制型规则。

从内容上看，公司法由赋权型规则（公司采纳后才适用）、补充或任意型规则（公司未排除则自动适用）、强制型规则（公司必须适用）三种类型的规范构成。[③] 至于如何判断公司法规则的类型，Eisenberg 教授将公司区分为封闭公司与公开公司，将公司法规则通过调整对象分为结构性规则（调整决策权在公司机关、公司机关的代理人之间的配置，行使决策权的条件，对公司机关和代理人控制权的配置，以及有关公司机关和公司代理人行为之间信息流动等事

① 李建伟：《瑕疵出资股东的股东权利及其限制的分类研究：规范、解释与实证》，载《求是学刊》2012 年第 1 期，第 93 页。

② 范健等：《公司法》（第四版），法律出版社 2015 年 8 月第 4 版，第 172 页。

③ 爱森伯格：“公司法的结构”，张开平译，《商事法论集》（第 3 卷），法律出版社 1999 年版，第 391 页。

项的规则)、分配性规则（调整对股东资产进行分配等事项的规则）和信义性规则（调整经理人和控制股东义务的规则），这些规则统称为宪章性规则；在封闭公司中，由于宪章性规则的制定者主要通过讨价还价和审慎判断制定，所以应当允许股东自己决定自治规则，但是考虑到讨价还价能力，结构性规则和分配性规则应当以赋权型和补充型规则为主，而信义性规则应以强制型规则为主；在公开公司中，由于股东人数众多，绝大多数股东既不参与也不直接监督公司业务的经营，基于效率的考虑，公司实行所有与控制分离的原则，有关业务由代理人控制和管理。在这种条件下，股东之间，或者管理层与股东之间进行讨价还价实际上是不可能的，因此公开公司绝大多数宪章性规则应由法律直接规定，具体而言，有关核心性信义规则和结构性规则基本上应定位为强行型规则，而分配性规则一般是赋权型规则。[①]

而观诸我国学者观点，多数学者还是承袭了民法上任意性规范与强制性规范的二分法，并沿袭民法原理认为公司章程的订立、修改和根据公司章程的适用不能偏离强制性规范，也即不能排除或变更强制性规范。[②] 因此，股东知情权是否源自强制性规范，换言之，《公司法》第三十三条、第九十七条是否属于强制性规范，是判断章程能否限制或排除股东知情权的关键。

公司法中哪些规则是强制性规范，是一个令人头疼的问题。但总体而言，对股东知情权的强制属性，学者们多持肯定态度。[③] 究其原因，有学者总结认为“知情权……能够保证股东有效对抗管理层的机会主义和掠夺行为……如果没有了上述权利，公司管理层或（和）控股股东将肆意横行，侵吞公司和中小股东利益，最终掏空公司，导致公司破产，并且导致股东特别是中小股东对公司充满恐惧，宁可将资金存入银行也不敢投入市场，严重阻碍公司效率的提高

① 蒋大兴：《公司法的展开与评论——方法·判例·制度》，法律出版社 2001 年 12 月第 1 版，第 290 ~292 页。

② 汤欣：《论公司法的性格——强行法抑或任意法?》，载《中国法学》2001 年第 1 期，第 109 页；王保树：《从法条的公司法到实践的公司法》，载《法学研究》2006 年第 6 期，第 23 页；刘乃忠：《论公司法的结构》，《广西社会科学》2007 年第 3 期，第 66 页；董慧凝：《论公司法强制性规范与公司章程自由》，载《中国社会科学院研究生院学报》2007 年第 6 期，第 70 页。

③ 王保树：《从法条的公司法到实践的公司法》，载《法学研究》2006 年第 6 期，第 23 页；顾东伟：《限制股东权利章程条款效力之探析》，载《黑龙江省政法管理干部学院学报》2008 年第 4 期，第 87 页。

和社会经济效益的最大化……”。[①] 在此背景下，知情权等股东权利对股东投资利益和公司利益都具有举足轻重的作用。为了避免个别股东低估该项权利的重要意义而事先放弃，法律有必要以强制性条款肯定知情权的不可放弃属性。

从我国的司法实践来看，地方司法指导意见对于章程限制股东知情权的效力多持否定态度，例如，《山东意见》第六十五条，“公司章程关于股东不得查阅公司文件的规定无效”；《江苏意见》第六十八条，“公司章程或股东之间关于股东不得查阅公司文件的约定无效”。上述地方解释性文件，侧面反映了司法实践中对知情权固有权与强制性规范属性的认识。

**典型案例**

### 一、瑕疵出资股东的知情权

南京博兰泽酒店投资管理集团有限公司与江某鸿股东知情权纠纷案[②]

**【焦点问题】**出资瑕疵的股东是否享有知情权?

**【裁判立场】**公司股东，享有股东知情权，即使其出资存在瑕疵，亦不能否定其该项法定权利。

**【案情简介】**江某鸿系博兰泽公司股东，占公司9%的股份。博兰泽公司自2010年成立起，未能向股东告知任何投资项目的财务状况。江某鸿曾多次要求查阅公司会计账目和凭证，并经中间人多次协调，均遭拒绝。2012年7月25日，江某鸿向博兰泽公司董事长发送电子邮件，要求博兰泽公司向江某鸿提供投资明细清单及增资决议等，博兰泽公司未予答复。2013年12月17日，江某鸿委托律师向博兰泽公司发出律师函，要求查阅自公司成立以来的全部会计账簿和原始凭证。博兰泽公司接到通知后仍未答复。故诉至法院请求判令江某鸿或者其委托的律师或会计师等专业人士有权查阅和复制博兰泽公司自2010年4月4日至2013年12月30日期间的会计账簿（含总账、明细账、日记账、其他

① 顾东伟:《限制股东权利章程条款效力之探析》，载《黑龙江省政法管理干部学院学报》2008年第4期，第87页。

② 一审：江苏省南京市玄武区人民法院（2014）玄商初字第283号；二审：江苏省南京市中级人民法院（2014）宁商终字第1333号（2014年12月20日）。

辅助性账簿）和会计凭证（含记账凭证、相关原始凭证及作为原始凭证附件入账备查的有关资料）。

**【裁判要旨】**一审法院认为：争议焦点为江某鸿是否享有股东知情权以及知情权应如何行使的问题。关于江某鸿是否享有知情权的问题，江某鸿在公司注册成立之时只出资了336万元，有13.2万元出资是博兰泽公司垫付，但江某鸿作为博兰泽公司股东，持有博兰泽公司9%的股权，即使江某鸿存在以上13.2万元的出资款项由他人垫付的情形，作为持有博兰泽公司8.66%股权的股东也应享有知情权，博兰泽公司不应以此限制江某鸿股东知情权的行使。关于江某鸿如何行使股东知情权的问题。第一，江某鸿系博兰泽公司股东，其依法有权自行或委托注册会计师、律师等专业人士，对博兰泽公司财务会计报告进行查阅和复制，对公司会计账簿、会计凭证进行查阅。第二，关于博兰泽公司认为江某鸿未提出书面申请，未履行股东知情权的前置程序。江某鸿已于起诉前向博兰泽公司发出过要求查阅的律师函，其已经履行了法定的前置程序，故对博兰泽公司此项抗辩理由不予采信。第三，关于博兰泽公司认为江某鸿查阅目的不明确的意见。本案审理中，博兰泽公司未能提供证据证明江某鸿的查阅目的不正当或者可能损害其合法利益，故对其此项抗辩理由亦应不予采信。据此，判决：公司于判决生效之日起第十日起至第十三日间，应于公司内向江某鸿委托的律师或注册会计师（限两人）提供自2010年4月4日至2013年12月30日期间的会计账簿（含总账、明细账、日记账、其他辅助性账簿）和会计凭证（含记账凭证、相关原始凭证及作为原始凭证附件入账备查的有关资料）供其查阅。宣判后，博兰泽公司不服，提起上诉。

二审法院认为：本案争议焦点是博兰泽公司应否向江某鸿及其委托的专业人士提供2010年4月4日至2013年12月30日期间的会计账簿（含总账、明细账、日记账、其他辅助性账簿）和会计凭证（含记账凭证、相关原始凭证及作为原始凭证附件入账备查的有关资料）以供查阅。根据《公司法》第三十三条的规定，江某鸿作为博兰泽公司股东，享有股东知情权，即使其出资存在瑕疵，亦不能否定其该项法定权利。博兰泽公司上诉称其已向江某鸿回函表明江某鸿未以股东身份提出申请，且未说明查阅目的，不同意江某鸿行使权利的主张。江某鸿在向法院提起诉讼前，已于2013年12月17日向博兰泽公司出具了律师函，提出行使股东知情权。该函载明江某鸿系博兰泽公司股东，因自2010年成立至今，博兰泽公司未能向股东告知任何投资项目的财务状况，故要求核查公司财务账册、凭证，且其为该公司监事，亦有权进行查阅、监督，故应认定江某鸿就行使股东知情权已向博兰泽公司提出了书面请求，并已说明了查阅目的。原审诉讼中，江某鸿进一步明确了其查阅目的，博兰泽公司亦未举证证明江某鸿的查阅目的不正当，可能损害公司合法利益，故该公司拒绝其查阅无事实与法律根据，该院对博兰泽公司的相应上诉请求不予支持。对江某鸿要求博兰泽公司向其委托代理人提供相关会计账簿及会计凭证以供查阅的诉请，该院认为，股东知情权的权利主体为股东，江某鸿委托他人代为查阅，系其依据委托关系具体行使股东知情权的方式，不属于股东知情权纠纷处理范围，故对江某鸿的该项诉讼请求该院不予支持。判决：公司于本判决生效之日起十日内，向江某鸿提供自2010年4月4日至2013年12月30日期间的会计账簿（含总账、明细账、日记账、其他辅助性账簿）和会计凭证（含记账凭证、相关原始凭证及作为原始凭证附件入账备查的有关资料）供其查阅。查阅地点为南京博兰泽酒店投资管理集团有限公司，查阅时间为五个工作日。

**【案例评析】**本案一、二审法院均认为，出资瑕疵不影响股东知情权的行使，值得肯定。但二审法院认为委托他人查阅的行为，系其依据委托关系具体行使股东知情权的方式，不属于股东知情权纠纷处理范围，与《公司法解释（四）》的解释思路有出入。同时，本案判决主文中载明了查阅时间、地点，与《公司法解释（四）》的解释思路相一致。

## 二、股东协议、章程对知情权的限制

1. 烟台市万光城建综合开发有限责任公司、贺某宏股东知情权纠纷上诉案①

**【焦点问题】**公司章程可否对股东知情权做出限制？

**【裁判立场】**股东知情权是法定股权，不受章程限制。

① 山东省烟台市中级人民法院（2017）鲁06民终729号。

**【案情简介】**原告贺某宏为被告万光城建综合开发公司的股东，起诉被告要求行使股东知情权查阅公司相关文件，被告主张原告提出申请无事实和法律依据，一审法院支持原告主张，被告上诉。二审中，上诉人万光城建综合开发公司提交两份股东会决议，证实股东会决议对上诉人公司章程进行了修改，对股东行使知情权进行了限制，即股东查阅公司章程、股东会会议记录、财务会计报告等仅限于股东本人查阅，不得复制和拍照；股东违反法律或公司章程的规定给公司或关联公司造成损失的，丧失财务会计报告和财务账簿查阅权。被上诉人因涉嫌非法出具金融票证罪及侵占公司财产被公安机关立案侦查，其违法行为给上诉人及关联公司造成了数千万元的损失，故被上诉人已丧失要求查阅财务会计报告及会计账簿等权利。被上诉人贺某宏主张上诉人提交的股东会决议就是基于本案针对被上诉人所作出的，被上诉人不同意决议内容也没有在股东会决议上签字，上述股东会决议对股东知情权作出的违法限制因违反公司法的强制性规定而无效。

**【裁判要旨】**二审法院认为：（1）股东有权查阅、复制公司章程、股东会会议记录等，且该权利不受限制；（2）股东对公司会计账簿享有查阅的权利，公司有合理根据认为股东查阅会计账簿有不正当目的，可能损害公司合法利益的，才可以拒绝提供查阅。被上诉人因为金融票据违规被立案侦查，但无证据证实被上诉人“查阅会计账簿有不正当目的，可能损害公司合法利益”，所以对上诉人拒绝被上诉人查阅会计账簿的主张不予支持。

**【案例评析】**本案中法院否定了公司章程违背公司的规定对股东知情权做出的限制，并以股东要求查阅会计账簿是否具有“不正当目的，可能损害公司合法利益”为标准来裁判，裁判思路值得肯定。同时在对“不正当目的，可能损害公司合法利益”进行判断时，也未因股东金融票据违规被立案侦查而剥夺其知情权，是较为合理的。

2. 北京市牛街商贸有限责任公司与冯某滨股东知情权纠纷上诉案①

**【焦点问题】**股东知情权是否受到公司章程的限制？其知情权的行使是否

① 北京市第二中级人民法院（2017）京02民终4776号。

以履行对公司的义务为前提?

**【裁判立场】**股东基于股东身份享有知情权，不因未履行对公司的义务、章程中的违法规定，而受到不当限制。

**【案情简介】**原告冯某滨是被告牛街商贸公司的股东，公司章程规定股东享有的权利包括有权查阅股东会会议记录和公司财务会计报告。2016年8月9日，原告向被告邮寄送达了《查阅、复制申请书》，要求查阅、复制牛街商贸公司自2005年始至申请日止的完整的公司章程、股东会会议记录、董事会会议决议、监事会会议决议和财务会计报告，以及查阅牛街商贸公司自2005年始至申请日止的完整的会计账簿。被告未予理睬并在一审中拒绝原告的申请，并提出公司未作出过董事会决议和监事会决议。

**【裁判要旨】**一审法院认为：（1）冯某滨作为公司股东，法律赋予其作为股东应当享有的权利，其中就包括可以查阅、复制公司章程、股东会会议记录、董事会会议决议、监事会会议决议和财务会计报告，可以查阅公司会计账簿的权利，该权利系法定权利，且在冯某滨履行法律规定的前置程序后，可以向法院提起诉讼。（2）法律并未对于股东知情权的行使设置限制条件，即冯某滨即使未参加公司所召开的会议，亦不能以此限制冯某滨行使股东知情权的权利，也不能以此视为冯某滨放弃了其作为股东所享有的股东知情权。（3）虽然牛街商贸公司的公司章程中对于股东知情权的行使进行了约定，但股东知情权是股东的法定权利，该权利不能通过公司章程加以限制或剥夺，故即使牛街商贸公司的公司章程对股东知情权的行使进行了约定，但冯某滨作为公司的股东仍可以根据法律的规定行使其股东知情权。（4）无证据证实原告所称董事会决议和监事会决议存在，对于原告该项查阅请求不予支持。

二审法院维持一审判决，裁判意见和一审判决相同，认为只要冯某滨具备牛街商贸公司的股东身份，无论其持股比例多少，无论其是否实际参与公司经营，均有按照法定方式知悉公司相关信息的权利。并且，知情权是股东权利之一，基于股东身份享有，该权利始于股东身份的取得而终于股东身份的丧失，具有明显的社员属性和身份属性，不同于一般的债权请求权，不具有财产给付的内容，因而不适用诉讼时效，被告主张知情权诉讼时效的抗辩不予支持。

**【案例评析】**本案肯定了股东基于股东身份享有的知情权，不因未履行其他义务而受到限制。坚持遵守公司法对于股东知情权及其范围的规定，不因公司章程的限缩列举而限制股东的法定知情权，值得肯定。

## 三、章程规定超出《公司法》是否有效

CROWN CANOPY HOLDINGS SRL 与上海和丰中林林业股份有限公司股东知情权纠纷上诉案①

**【焦点问题】**公司章程中关于知情权的规定超出《公司法》规定范围，是否有效？股东是否有权审计？

**【裁判立场】**公司章程中关于知情权的规定，即使超出《公司法》规定范围，也应当认定为有效，股东据章程规定而提出审计要求，法院应予支持。

**【案情简介】**上诉人 CROWN CANOPY HOLDINGS SRL（以下简称“科朗公司”）系被上诉人和丰公司的股东，科朗公司不服一审法院关于股东知情权的判决起诉，并主张：原审未处理科朗公司依据公司章程提起的诉请是错误的。法律未禁止当事人通过章程约定股东知情权的范围和行使方式；该约定系当事人真实意思表示，且未违反法律的禁止性规定，应属合法有效。和丰公司辩称：科朗公司根据公司章程提出的诉请不属于股东知情权范围，股东知情权应按公司法规定的范围执行，不应作扩大解释。科朗公司混淆了有限责任公司与股份有限公司的知情权规定。《公司法》对两种性质公司的股东知情权分别作出规定，对股份有限公司股东的查阅范围作出列举，正是考虑到股份有限公司人员众多，出于维护公司正常经营秩序的目的。审计既不属于知情权范畴，且和丰公司此前也已委托机构进行了专项审计，科朗公司诉讼提出审计，系权利过度行使。

**【裁判要旨】**原审法院认为：（1）《公司法》规定的知情权采取列举方式，目的在于既保证股东享有基本的了解公司经营状况的方式、途径，又考虑到将知情权行使可能对公司正常经营所造成的影响控制在合理的范围之内。所以科

① 上海市第二中级人民法院（2013）沪二中民四（商）终字第51264号。

朗公司行使股东知情权的范围应符合法律对股东知情权行使范围的规定。（2）虽然和丰公司章程中规定了科朗公司有要求和丰公司提供审计报告的权利、检查账簿、记录和管理账目等的权利以及就全部或部分会计账簿或其余特定财务问题进行审计的权利，但上述章程规定的相应权利不属于本案知情权处理的范畴。

二审法院认为，公司章程是股东之间通过意思自治的方式就公司设立、组织形式、经营管理、股东、董事、监事、高级管理人员的权利义务等事宜形成的准则性文件，具有广泛的约束力，在不违反法律禁止性规定的情况下，章程的规定应认定有效，股东有权依据公司章程的规定主张相应的知情权利。以列举方式对股份有限公司的股东知情权作出不同于有限责任公司的规定，有其特定的立法意图，目的在于保证股东享有了解公司经营状况的途径的同时，又将行使知情权可能对公司正常经营所造成的影响控制在合理的范围之内。因此，对于股份有限公司的股东以公司章程为据所主张的相关的知情权利，应结合公司法的立法目的以及该股份有限公司的个体情况综合考量：（1）关于科朗公司主张查阅和丰公司子公司的财务报表以及和丰公司及其分公司、子公司的会计账簿问题。章程载明和丰公司应向股东提交子公司财务报表、股东享有检查公司及其子公司的会计账簿、记录和管理账目的权利。前述章程的规定确实超过公司法列举的股东知情权内容，考虑到和丰公司虽为股份有限公司，但股东仅有五名，只要股东合理地行使知情权，一般不会对公司的经营造成重大影响，故前述公司章程的相关规定不致无效。何况科朗公司系因和丰公司在申请上市过程中经审计发现财务问题后而主张行使知情权，理由正当，故本院认为科朗公司请求查阅和丰公司子公司的会计报表并查阅和丰公司及其分公司、子公司的会计账簿，应获支持。但是，因为和丰公司章程中未对子公司的范围作出明确界定，审理中当事人双方也未能就此达成一致意见，考虑到子公司本系依法独立享有民事权利、承担民事责任的法人，为避免可能损害子公司其他股东的权利，应对行使知情权涉及的子公司做出限制。（2）关于科朗公司请求查阅的资料范围问题。公司章程规定明确，且该规定未违反法律法规禁止性规定，亦无违反公司法立法目的及价值取向的，股东有权在章程规定的范围内行使知情权，据此，科朗公司主张查阅与股东大会会议、董事会会议、委员会会议相关的材料的诉讼请求，可予支持。关于会计凭证，因章程中已规定股东有权检查会计账簿、记录和管理账目，而会计凭证系佐证会计账簿记录是否正确的重要凭证，结合和丰公司章程赋予了股东对于特定财务问题自行委托审计的权利的事实，而审计中必然需要审查会计凭证，故本院认为科朗公司请求查阅会计凭证的诉讼请求亦应予以支持。关于科朗公司主张的与林业证相关的资料，因证据表明在和丰公司申请上市期间，负责审计的毕马威公司认为与林业证相关的资金用度情况存在需进一步核查的必要，故现科朗公司请求查阅该部分资料具有合理的理由，且有公司章程第一百四十六条规定为依据，故亦可支持。(3)关于科朗公司所提审计问题。《公司法》虽未明确股东可通过审计方式行使知情权，但本案中该方式已通过记载于和丰公司章程的形式予以确定，且审计亦系股东了解公司经营状况的方式之一，该规定对于公司及股东均具有约束力，故科朗公司请求判令和丰公司配合其审计，可予支持。

**【案例评析】**本案中，二审法院推翻一审判决中关于章程规定的股东知情权的判决，肯定了公司章程在不违背法律强制性规定和立法目的的前提下，对股东知情权范围的扩张，同时对股东查阅的目的进行了分析，权衡了公司利益与股东查阅之间的紧张关系。值得注意的是，作出生效裁判的法院，不仅肯定了股东查阅原始凭证的权利，也肯定了股东对公司进行审计的权利，这两个问题在《公司法解释（四）》的起草过程也有讨论。

# 专题五 未能置备文件的高管责任

## 核心条文

《公司法解释（四）》

**第十二条** 公司董事、高级管理人员等未依法履行职责，导致公司未依法制作或者保存公司法第三十三条、第九十七条规定的公司文件材料，给股东造成损失，股东依法请求负有相应责任的公司董事、高级管理人员承担民事赔偿责任的，人民法院应当予以支持。

## 关涉条文

### 一、既有相关规范

《公司法》

**第三十三条** 股东有权查阅、复制公司章程、股东会会议记录、董事会会议决议、监事会会议决议和财务会计报告。

股东可以要求查阅公司会计账簿。股东要求查阅公司会计账簿的，应当向公司提出书面请求，说明目的。公司有合理根据认为股东查阅会计账簿有不正当目的，可能损害公司合法利益的，可以拒绝提供查阅，并应当自股东提出书面请求之日起十五日内书面答复股东并说明理由。公司拒绝提供查阅的，股东可以请求人民法院要求公司提供查阅。

## 二、地方司法实践

**1.《上海市高级人民法院关于审理股东请求对公司行使知情权纠纷案件若干问题的问答》（2005.12.19）**

公司股东是否可以公司其他股东或公司董事、监事、经理为被告，提起知情权诉讼？

股东知情权属于股东为自身或股东的共同利益对公司经营中的相关信息享有知晓和掌握的权利。公司应当按照公司法及有关章程的规定履行向股东报告和披露相关信息的义务。因此，知情权的义务主体是公司，涉及股东知情权纠纷的诉讼应当以公司为被告。即使是公司其他股东、董事、监事或高级管理人员拒绝履行相关义务导致股东知情权受到侵害，也应当由公司承担责任。故股东以公司其他股东、董事、监事或高级管理人员为被告提起知情权纠纷诉讼的，法院不应受理；已经受理的，应当裁定驳回起诉。

**2.《江苏省高级人民法院关于审理适用公司法案件若干问题的意见（试行）》（苏高法审〔2003〕2号）**

**第六十九条**　公司无上述第十条所列文件或文件严重短缺致使查阅已无意义的，裁定驳回起诉，将有关材料移送公安机关处理。

## 条文理解

### Ⅰ条文演变

[表格11]《公司法解释（四）》第十二条的演变过程

| 征求意见稿（2012） | 征求意见稿（2016） | 正式稿　法释〔2017〕16号 |
|---|---|---|
| 第十六条　（档案材料不健全的处理）<br>公司未依法或者公司章程规定建立相关档案材料、公司建立的相关档案材料虚假或者丢失，股东起诉请求公司依法或者公司章程之规定重新建立并提供给股东查阅的，人民法院应当受理。<br>公司具备依法或者公司章程之 | 第十八条（无法查询的赔偿责任）<br>公司未依法制作和保存公司法第三十三条或者第九十七条规定的公司文件材料，股东起诉请求公司董事、高级管理人员承担民事赔偿责任的，应予支持。 | 第十二条（未能置备文件的高管责任）<br>公司董事、高级管理人员等未依法履行职责，导致公司未依法制作或者保存公司法第三十三条、第九十七条规定的公司文件材料，给股东造成损失，股东依法请求负有相应责任的公司董事、高级管理人 |

续表

| | | |
|---|---|---|
| 规定建立相关档案材料条件的，人民法院应裁定公司在一定期限内建立相关的档案材料，并在公司住所地或者双方另行协商确定的地点提供给股东查阅。<br>公司不具备依法或者公司章程之规定建立相关档案材料条件，股东主张公司相关人员承担民事赔偿责任的，应另行提起诉讼。 | | 员承担民事赔偿责任的，人民法院应当予以支持。 |
| **【演变概述】**<br>本条主要针对实务中普遍存在的公司文件缺失的情形，经历了从繁到简、再细化的过程。《征求意见稿（2012）》主要是对此种情形下，法院应予受理的职责的明确，董事、高管责任并非其关注的重点；《征求意见稿（2016）》的立法思路就较为明晰了，即公司置备文件的合规义务，但表述上的不妥之处在于，前半段以公司为主体，后半段直接以董事、高管为责任对象；及至正式稿，重点更为明确突出，即直接将董事、高级管理人员视为置备文件这一合规义务的责任主体，未能置备且因此给股东带来损失的，应当赔偿。 | | |

Ⅱ主要争议

本条在起草和意见征集过程中的争议较为集中，主要是两方面：

## 一、被告的范围

对此问题有三种观点，第一种观点认为应当以公司作为被告而非董事、高级管理人员，因为知情权的对应义务人是公司，股东知情权受到侵害，原则上股东应将公司作为承担赔偿责任的主体，董事、高级管理人员的责任，应由公司进行追究。第二种观点认为，公司的董事、高级管理人员的忠实、勤勉义务要求其有制作、保存公司文件的职责，但应在该规定前面加上限定条件，即与其职责相关的管理人员。此外，其违法行为不仅限于未制作、保存，还应扩张至主动隐匿、销毁、造假、篡改的积极行为。第三种观点认为，除了明确公司和公司董事、高级管理人员的诉讼地位外，还应当明确公司的诉讼地位，是作为共同被告还是第三人参加诉讼。

## 二、责任的承担规则

关于责任的承担规则，主要的意见是，本条应明确承担责任的尺度及具体的执行标准，在现有的规定下，赔偿的标准不易确定，实践中无法操作，可考虑与其他财务制度相关的法律法规相结合的问题，这一观点也有既往裁判支持①。还有一种并非实质性的意见，认为民事赔偿责任的表述有所狭隘，改为“民事责任”更为合适。

Ⅲ条文要点

一般认为，由于公司具有独立人格，董事、高级管理人员和股东之间通常不会发生公司法意义上的直接的法律关系：董事、高级管理人员履行职责的行为，是代表公司的行为，对外由公司承担法律后果；董事、高级管理人员履行职责以外的行为，并非代表公司，则应当由其承担法律后果。股东很难就公司董事、高级管理人员履行职责的行为提起直接诉讼。

由于《公司法》没有对股东的此类诉权作出具体规定，故应当从其他一般规定中寻找此类请求权的依据以支持股东的合法诉求。在《公司法解释（四)》出台前，在现有制度框架下，较为合理的选择是，对于未予置备公司文件材料的情形，股东可以根据《公司法》第一百五十二条结合第一百四十七条、第一百四十八条的规定寻求救济，这三条规范相结合也就构成了股东直接起诉负有责任的管理人的成文法基础。

## 一、直接提起侵权之诉的成文法基础

从法理上讲，追究损害赔偿责任有侵权之诉和违约之诉两种途径。二者在责任的构成要件、赔偿范围等方面都有较大的区别。从我国《公司法》的规定和学者的观点来看，针对董事、高级管理人员违反对公司的勤勉和忠实义务的诉讼是侵权之诉的观点占据主流。

如前所述，对于未予置备公司文件材料的情形，股东可以根据《公司法》

---

① 浙江省台州市椒江区人民法院（2017）浙1002民初3839号。

第一百五十二条结合第一百四十七条、第一百四十八条的规定寻求救济。该条规定的对董事、高级管理人员提起的损害赔偿之诉，属公司法上特殊的损害赔偿请求权。其法律基础是股东与公司之间的特殊关系，尤其是董事、高级管理人员等主体基于公司法所负担的义务。

该项赔偿义务的一般构成要件包括：第一，董事、高级管理人员有损害股东利益的行为，主要表现为未依法制作和保存《公司法》第三十三条或者第九十七条规定的公司文件材料；第二，该行为违反法律、行政法规或者公司章程的规定，违反了董事、高级管理人员的勤勉义务和忠实义务；第三，该行为损害了股东的利益，使股东因无法行使知情权而受到损害；第四，行为与股东的实际损害之间有因果关系。

股东只要能证明董事、高级管理人员的行为满足上述构成要件，就有权获得侵权损害赔偿。具体到本条解释所规定的情形，首先，对公司各类文件材料的置备负有具体责任的董事或高级管理人员未依《公司法》的有关规定制作和保存公司文件材料，其怠于履行职责的行为即构成不作为的加害行为，可推定其存在过错。其次，该加害行为侵害了股东的知情权，若股东能证明自己因此遭受了实际经济损失，并证明加害行为与实际损害之间存在因果关系，那么具体负责的董事或高级管理人员就应当承担赔偿损失的侵权责任。

综上所述，公司未依法制作和保存《公司法》第三十三条或者第九十七条规定的公司文件材料，股东有权以第一百五十二条为依据结合第一百四十七条、第一百四十八条的规定向人民法院提起诉讼，要求具体负责制作和保存有关文件材料的董事和高级管理人员赔偿股东因知情权受侵害而遭受的实际损失。

## 二、本条解释的存在基础

如前所述，我国《公司法》只在第三十三条明确规定了股东在其查阅请求被公司拒绝而受到侵害时的诉权，没有具体规定股东在其查阅权因公司未依法制作和保存相关文件材料而受到侵害时的救济途径。虽然《公司法》没有明文规定此种情形下的救济措施，但既然《公司法》对公司课以置备文件的义务以保障股东的查阅权，就应当允许股东在其查阅权因公司董事、高级管理人员怠于履行职责而受到侵害时，通过诉讼途径寻求救济。《公司法解释（四）》第十二条规定股东有权请求董事、高级管理人员直接承担民事赔偿责任，是因为公司董事、高级管理人员怠于履行置备文件的职责，一方面违反了对公司的勤勉和忠实义务，另一方面违反法律、行政法规，直接损害了股东知情权利益，根据《公司法》第一百五十二条规定股东有权请求赔偿。虽然法律规定的文件置备义务主体是公司，但公司是法律拟制的主体，只能由董事、高级管理人员等负责制作和保存各类文件材料。公司未能依法履行文件置备义务正是董事、高级管理人员等怠于履行职责的结果。比较法上也不乏将有关文件的置备义务直接施于公司内部具体人员的规定。

本条解释规定了董事、高级管理人员违反法律、行政法规或公司规章的规定损害股东利益的侵权损害赔偿之诉，赋予了股东在自身权益受到公司董事、高级管理人员违法违章的行为侵害时对他们提起诉讼的权利，以更有效地制约公司董事、高级管理人员的不法行为、维护股东的利益。《公司法》第一百五十二条规定实际上是在公司对董事、高级管理人员履行职责行为的雇主责任这一基本责任之外，为保护股东利益，而赋予公司董事、高级管理人员以赔偿责任，属于《公司法解释（四）》的特殊制度安排。该两类责任可同时适用，并不矛盾。

《公司法》第三十三条规定的股东查阅权之诉之所以将公司作为被告，是因为在这种情况下，公司是作为一个整体来拒绝股东的查阅请求的，并没有公司内部具体的个人阻碍股东行使查阅权。而在本条解释的情形中，是公司内部具体负责制作和保存文件材料的责任人怠于履行职责的不作为行为直接侵害了股东的查阅权，属于《公司法》第一百五十二条规定的典型的董事、高级管理人员违法侵害股东利益的情形，因此，股东有权越过公司，直接起诉对此负有责任的董事或高管。如果要求股东先对公司提起诉讼，由公司承担责任后再追究内部人员的责任，只会徒增不必要的程序，且可能使失职人员逃脱惩罚，而允许股东直接对负责的董事、高级管理人员提起侵权之诉，显然更为简便，且能有效惩戒违反勤勉义务的董事和高管。

## 三、本条解释的构成要件

当股东有证据证明董事、高级管理人员的行为满足侵权责任的一般构成要件时，法院应当支持股东的诉求。

本条规定涉及的知情权对象范围限于《公司法》第三十三条或者第九十七条规定的公司文件材料。损害知情权的民事赔偿责任主体为负有相应责任的董事和高级管理人员，对责任主体的判断应当根据法律、公司章程和其他规章制度确定。在举证责任分配的问题上，由于公司是否置备有关文件材料并非股东所能证明，故股东只对公司不能提供有关文件材料，导致其无法查询、复制的事实承担举证责任。股东证明公司不能提供有关文件材料后，举证责任转移，由公司就建立和保存了相关文件材料负担证明责任。公司有证据证明其已置备相关文件材料，但有其他正当理由拒绝股东查询、复制的，应当驳回股东的诉讼请求。董事和高级管理人员证明其已经履行相应职责，公司不能提供相关文件材料供股东查询、复制并非其责任造成的，不适用本规定。公司不能提供文件材料的原因可能多种多样，如文件材料因火灾等意外事故毁损灭失、被有关部门扣押等。股东应当就自己受到的实际损失承担证明责任。

针对公司董事、高级管理人员违反置备义务损害股东利益的情形，本条规定既基于公司作为置备义务人规定了股东可以依法请求公司承担雇主责任，又基于《公司法》第一百五十二条关于公司董事、高级管理人员法定赔偿责任的规定，明确股东可以直接起诉请求他们承担赔偿责任，使股东、公司及董事、高级管理人员之间的法律责任关系更加明晰。

## 典型案例

《公司法解释（四）》第十二条的意义不仅在于对董事、高级管理人员的直接惩戒，还在于进一步明确了公司置备文件义务，除非不可抗力，不得以此作为拒绝股东查阅的理由。故在公司文件缺失的情形下，本部分从“知情权之诉的受理和抗辩”“责任主体、责任承担的判断”两个方面展开。

## 一、公司文件缺失的情形下，知情权之诉的受理、抗辩

### 1. 北京建房房地产开发有限公司与李某股东知情权纠纷上诉案①

**【焦点问题】**公司可否以公司文件不完整为由，拒绝股东的查阅请求？

**【裁判立场】**保证公司文件完整是公司的义务，公司不得以资料不完整为由拒绝股东查阅。

**【案情简介】**李某系建房房地产公司的股东，2015 年 4 月 16 日，李某通过邮政特快专递邮寄了两封邮件要求查阅部分公司文件，建房房地产公司未予答复，故而李某起诉要求公司提供其所要求的文件资料。建房房地产公司不服一审判决，以账目不完整为由上诉要求驳回股东李某的查阅请求。

**【裁判要旨】**一审法院认为，根据我国《公司法》相关规定，股东有权查阅、复制公司章程、股东会会议记录、董事会会议决议、监事会会议决议和财务会计报告……此外，与形成上述公司会计账簿有关的原始凭证和记账凭证，理应属于公司会计账簿的重要组成部分。

二审法院认为，根据已经查明的事实，一审法院判令建房房地产公司提供相应公司材料供李某查阅、复制并无不当，建房房地产公司的上诉理由缺乏事实和法律依据，本院依法不予采信。针对建房房地产公司称，其部分账目不完整，本院认为，首先，建房房地产公司作为持有公司会计账簿等材料的主体，应当保证上述材料的完整；其次，建房房地产公司二审期间表示，其无法说明上述材料中缺失的具体内容；最后，建房房地产公司的会计账簿等材料是否完整，并不影响李某依据股东身份查阅上述材料的股东权利，故建房房地产公司该主张缺乏事实与法律依据，亦对本案处理结果并无影响，故本院对其该项主张不予支持。综上所述，建房房地产公司的上诉请求不能成立，应予驳回。

**【案例评析】**本案法院的裁判，认识到了公司作为持有公司会计账簿等材料的主体，保持材料的完整性是其职责所在。但“材料是否完整，并不影响李某依据股东身份查阅上述材料的股东权利”的说法似有欠妥之处，材料的缺失

① 北京市第一中级人民法院（2016）京01民终4789号。

会事实上影响股东知情权的行使，并非不相关。做出裁判的关键在于，公司不能以自身行为的过错作为抗辩股东查阅请求的理由。

2. 杨某水等与济南大地汽车出租有限公司股东知情权纠纷上诉案①

**【焦点问题】** 公司可否以文件资料不存在为由，拒绝股东的查阅请求？

**【裁判立场】** 公司应对其资料不存在的主张进行举证，即使资料不存在造成履行障碍，也属于执行问题，不得以此拒绝股东查阅。

**【案情简介】** 大地公司2008年6月的工商登记显示，杨某水、王某鹏均为公司股东。杨某水职务为公司监事，2012年退休，王某鹏为公司董事。现杨某水与王某鹏均已离开公司。2012年杨某水、王某鹏提起诉讼，要求行使知情权，由于没有履行前置程序，申请撤回起诉。2014年3月11日杨某水、王某鹏向大地公司发函，要求查询公司自1997年8月改制以来至今的会计账簿、财务会计报告、股东会会议和董事会会议决议，提供了公证证据，证明向大地公司寄出该申请。在此次申请后又起诉公司，请求查阅。

一审作出后，杨某水、王某鹏不服，上诉称……原审判决中大地公司拒绝提供会计账簿的一个理由是："其公司的部分财务账簿已经遗失或损毁"，原审判决虽然没有直接认定这一事实，但却认为"会计凭证的保管也有期限规定"并以此作为限制我方查阅会计账簿的理由，显然也是违法的。财政部和国家档案局颁发的《会计档案管理办法》附件中规定：企业会计凭证中的原始凭证、记账凭证和汇总凭证保存期限是十五年，其中涉及外事和对私改造的凭证为永久；日记账、明细账和总账均为十五年，其中现金和银行存款日记账为二十五年，涉及外事和对私改造的会计账簿为永久。根据该法规，我方查阅大地公司会计账簿的起止时间至少应当是从2000年至今。《刑法》第一百六十二条之一规定："隐匿或者故意销毁依法应当保存的会计凭证、会计账簿、财务会计报告，情节严重的，处五年以下有期徒刑或者拘役，并处或者单处二万元以上二十万元以下罚金……"大地公司提出"部分财务账簿已经遗失或损毁"的主张，既没有提供任何证据，也没有提供相关报案记录和刑事判决文书，其主张

① 山东省济南市中级人民法院（2016）鲁01民终768号。

不但不能成立，而且应当受到法庭处罚。

**【裁判要旨】**一审法院认为，杨某水、王某鹏为大地公司股东，依照《公司法》的规定，杨某水、王某鹏有权利查阅、复制公司章程、股东会会议记录、董事会会议决议、监事会会议决议和财务会计报告。有权利查阅公司会计账簿，但有前置条件，即要书面申请，且公司有十五日的答复期限。杨某水、王某鹏请求查阅公司成立以来的所有资料，公司的经营具有连续性，并且有税务等部门监管，会计凭证的保管也有期限规定，其对公司状况的知情权行使也应有时间限制，因为杨某水职务为公司监事，王某鹏为公司董事，都是公司高级管理人员，对于公司的经营状况不仅有了解的义务，也有经营的责任，其主张对其在公司任职期间的公司经营情况不了解，显然不符合实际情况，因此其要求查阅公司自1997年起的会计账簿不予支持，可查阅2012后离开公司会计年度起的资料。其请求查阅、复制的股东会会议记录等，没有前置程序限制，可以查阅、复制。

二审法院认为，根据《公司法》[①]第九十八条的规定以及《山东省高级人民法院关于审理公司纠纷案件若干问题的意见（试行）》第六十二条、第六十三条规定，杨某水、王某鹏作为大地公司的股东有权查阅、复制公司章程、股东会会议记录、董事会会议决议、监事会会议决议和财务会计报告，可以查阅公司会计账簿，包括记账凭证和原始凭证。虽然杨某水与王某鹏在该公司离职前曾是公司的高级管理人员，但该身份并不影响其作为公司股东要求查阅或复制上述公司信息资料的权利……故对杨某水、王某鹏要求查阅自1997年至今的公司会计账簿，包括会计凭证和原始凭证的上诉请求，本院予以支持。

关于大地公司抗辩其公司会计账簿存在着部分毁损灭失，资料已经不完整，可能会对股东杨某水、王某鹏履行查阅权利时造成现实障碍等情况，大地公司并未对自己的上述主张进行举证。杨某水、王某鹏在二审中主张为确保查阅顺利要求将查阅地点改在法院。对此，本院认为，查阅大地公司上述信息资料是否存在履行障碍以及最终能不能得以实现履行均属于执行问题，并不能以此来

---

① 本案裁判法院适用的是2005年《公司法》。

否定杨某水、王某鹏作为大地公司股东行使股东知情权的权利，杨某水、王某鹏如遇查阅履行障碍，可以向法院申请强制执行。综上，原审除对杨某水、王某鹏仅有权查阅自2012年之后的大地公司会计账簿判决错误外，其它部分并无不当。

**【案例评析】**和前一案例相似，本案法院同样将“股东是否享有知情权”与“知情权行使的可能”分而治之，认为资料的欠缺属于执行中的问题，若遇履行障碍可向法院申请强制执行。本案裁判值得肯定的是，要求公司对毁损灭失进行举证，避免公司以自身过错作为阻碍股东知情权行使的借口。

3. 广西梧州保润投资置业有限公司、蔡某忠股东知情权纠纷上诉案①

**【焦点问题】**行使股东知情权时，公司得否认“公司的文件资料不存在或不完整”提出抗辩?

**【裁判立场】**法律规定股东有权查阅会计账簿，查阅、复制财务会计报告，公司以未制作相关会计资料抗辩法院，不予支持。即使确有客观原因导致会计资料不完整，也应当保障股东对现有会计资料行使知情权。

**【案情简介】**被上诉人蔡某忠是上诉人保润公司的股东，一审原告蔡某忠为了解公司经营状况，向保润公司请求查阅复制公司章程、股东会会议记录、董事会会议决议、监事会会议决议和财务会计报告；查阅会计账簿（包括但不限于总账、明细账、日记账和其他辅助性账簿）和会计凭证（包括但不限于记账凭证、相关原始凭证及作为原始凭证附件入账备查的有关资料）。未得到保润公司支持，故提起诉讼，请求保润公司提供（1）2012年3月15日起至本案判决生效之日止的会计账簿供原告查询；（2）2012年3月15日起至本案判决生效之日止公司的财务报告给原告查询复制。一审被告保润公司辩称：无证据证实公司收到蔡某忠的申请；且移交会计凭证清单证明被告的会计资料不完整。一审法院支持蔡某忠的主张，保润公司提起上诉称：（1）由于财务资料存在重大缺失，保润公司客观上根本不可能编制被上诉人所要求查阅、复制的财务会计报告，保润公司的前法定代表人罗某艺在另一案中自认其持有公司的大部分

① 广西壮族自治区梧州市中级人民法院（2017）桂04民终531号。

财务资料并拒绝交还这些资料，在这种情况下，保润公司不具备编制、出具财务报告的基础条件；（2）保润公司只能提供2014年后的会计账簿、会计报表，即使补回2013年的会计报告和会计账簿，内容都可能不正确。

**【裁判要旨】**一审法院认为，根据法律规定“各单位必须根据实际发生的经济业务事项进行会计核算，填制会计凭证，登记会计账簿，编制财务会计报告”，“会计凭证包括原始凭证和记账凭证”。本案原告要求查阅会计账簿、查阅和复制财务会计报告，于法有据。被告抗辩其没有制作财务会计报告，并不影响被告编制财务会计报告提供给原告查阅复制。由于本案被告前任法定代表人移交的会计凭证只有2013年1月起的会计凭证，故被告应提供自2013年1月1日以来的公司会计账簿和会计凭证，包括总账、明细账、日记账、原始凭证和记账凭证，供原告查阅，同时提供财务会计报告供原告查阅、复制。二审法院维持一审原判，裁判意见和一审相同，对于被告提出的2013年原始凭证被公司的前法定代表人罗某艺占有无法取得，因无证据证实而不予支持。

4. 深圳市圣木国际物流有限公司与李某海股东知情权纠纷上诉案①

**【焦点问题】**公司的文件资料不存在或不完整是否能抗辩股东的知情权？

**【裁判立场】**文件资料不存在并非公司拒绝提供查阅会计账簿的法定理由，且公司并未对自己的主张进行举证。

**【案情简介】**李某海为圣木公司股东，2009年10月15日，李某海持股圣木公司5%股权，另一股东季某明持股95%。李某海主张其作为圣木公司股东常年无法行使股东权利，未参与分红也无法查阅圣木公司会计账簿，多次请求无果，故起诉要求圣木公司提供会计账簿供本人查阅。一审法院判决圣木公司向李某海提供会计账簿以供查阅，圣木公司不服上诉。圣木公司上诉称：李某海自公司成立至2008年8月即对公司进行承包经营后又委托他人行使股东权利已经充分行使了对公司的知情权。并且，公司在李某海承包经营结束后陷入混乱，财务账簿和财务资料缺失，造成公司大股东季某明无法行使知情权，公司已另案起诉，故在前述案件还没有做出判决以前，一审法院的判决也是无法执

① 广东省深圳市中级人民法院（2012）深中法商终字第1638号。

行的。因为，圣木公司无法提供本应由李某海交由公司的自公司成立以来至2008年8月的会计账簿和财务资料。

**【裁判要旨】**股东享有知情权，公司拒绝股东的查阅请求的，股东有权提起诉讼。李某海作为公司股东，有权查阅公司会计账簿。（1）对于圣木公司主张的李某海对公司会计账簿和财务状况知情的问题，本院认为，首先该理由并非公司拒绝提供查阅会计账簿的法定理由；其次圣木公司无法证明李某海已经知悉公司全部的财务状况，也无证据表明李某海已经查阅过公司的全部会计账簿，股东对公司财务状况部分了解并不妨碍其继续行使知情权。（2）至于圣木公司会计账簿的保管情况、是否完整等问题，一是查阅以后才能知道实际情况，二是上述问题属于具体行使股东知情权的实际操作问题。因此，李某海依法享有股东知情权，圣木公司未证明其有法定拒绝的理由，应依李某海的要求向其据实提供2005年5月1日以后的会计账簿。

## 二、公司文件缺失的情形下，责任主体、责任承担的判断

1. 郝某林、李某某、马某厂、张某梅与严某平股东知情权纠纷上诉案①

**【焦点问题】**可能负有责任的公司法定代表人，可否成为知情权诉讼的共同被告？

**【裁判立场】**不能。

**【案情简介】**春雨公司原名乌鲁木齐市福利环保设备厂（以下简称“福利厂”），后改制成为公司。股东包括马某厂、郝某林、张某梅、李某某、严某平等，严某平担任法定代表人。2016年5月12日北京大成（乌鲁木齐）律师事务所受45名股东委托，向春雨公司并严某平发出声明催促函，写明45名股东对公司改制前后经营情况及股权转让情况一无所知，公司至今没有发过红利，为了解公司实际情况，委托律师于2016年5月26日前在公司住所地依据《公司法》规定查阅、复制公司所有资料（含公司改制前后所有工商档案、会计账簿、原始凭证、契约、通信、传票、通知等），公司接函后准备好所有资料，

① 新疆维吾尔自治区乌鲁木齐市中级人民法院（2017）新01民终1311号。

以书面形式答复北京大成（乌鲁木齐）律师事务所王某强律师。上述函件由王某强以特快专递形式向春雨公司寄送并由严某平送达，均被退回。2016 年 7 月马某厂、郝某林、张某梅、李某某等以春雨公司、严某平及新疆济康医药连锁有限责任公司为被告诉至本院，提出诉讼请求与本案相同。春雨公司、严某平委托律师出庭应诉。后马某厂、郝某林、张某梅、李某某等人撤诉。2016 年 9 月 6 日马某厂、郝某林、张某梅等 9 人在《乌鲁木齐晚报》B06 版刊登公告，内容与 2016 年 5 月 12 日声明催促函一致。

**【裁判要旨】**一审法院认为，根据法律规定，股东权的行使须建立在具有股东身份的前提下，知情权应当向公司主张。严某平虽为春雨公司的法定代表人，但其个人不应承担民事责任。股东知情权是法律赋予公司股东的法定权利。春雨公司改制前不是公司，故马某厂、郝某林、张某梅、李某某要求查阅复制公司改制前的相关资料没有法律依据。股东虽可以从工商行政管理部门查阅到公司登记档案资料，并不能免除公司义务。据此，一审法院判决：新疆春雨环保设备有限公司于判决生效后 10 日内在备齐公司成立后的公司章程、股东会会议记录、董事会会议决议、监事会会议决议和财务会计报告供马某厂、郝某林、张某梅、李某某查阅、复制；新疆春雨环保设备有限公司于判决生效后 10 日内在公司备齐公司成立后的会计账簿（含原始凭证）供马某厂、郝某林、张某梅、李某某查阅；驳回马某厂、郝某林、张某梅、李某某要求查阅、复制其他资料的诉讼请求；驳回马某厂、郝某林、张某梅、李某某要求严某平承担民事责任的诉讼请求。

（二审法院的裁判说理与一审基本相同，故此处仅列“法定代表人应否承担责任”的说理。）

严某平是否应当与春雨公司共同承担责任的问题。二审法院认为，马某厂、郝某林、张某梅、李某某在诉讼请求中明确要求行使知情权，故本案是一起股东知情权纠纷。鉴于此，马某厂、郝某林、张某梅、李某某行使知情权的对象应当是春雨公司，而不是春雨公司的法定代表人严某平，故其要求严某平承担责任没有法律依据。

**【案例评析】**本案法院认为，股东知情权的行使对象应为公司，要求个人承担责任没有法律依据。值得注意的是，一审法院强调了股东虽可以从工商行政管理部门查阅到公司登记档案资料，并不能免除公司义务，并且判决书中载明了公司应当提供的文件材料的名称及时限，这与《公司法解释（四）》的思路是一致的。

2. 陈某晓与被告台州市椒江美滋滋水产有限公司、何某里股东知情权纠纷案①

**【焦点问题】**公司文件缺失的情形下，董事、高级管理人员负有何种责任？

**【裁判立场】**原告无法直接要求董事、高级管理人员承担民事责任，但公司违反《会计法》规定的置备文件材料的行为，原告可向行政管理部门主张对具体责任人的处罚。

**【案情简介】**原告陈某晓、被告何某里及案外人张某丽系被告美滋滋公司股东。原告曾向台州市椒江区市场监督管理局投诉被告美滋滋公司违反《公司法》《企业信息公示暂行条例》等法律规定，台州市椒江区市场监督管理局于2016年7月29日作出答复，根据被告美滋滋公司登记的相关信息，无法与被告美滋滋公司法人取得联系，注册地未发现该公司办公场所和厂房。原告亦曾向台州市椒江区财政局投诉被告美滋滋公司存在隐匿甚至销毁账簿、会计凭证的行为，台州市椒江区财政局于2016年12月12日作出答复，被告美滋滋公司部分经营业务没有及时办理会计核算手续，已责令其入账整改。2017年5月12日，原告陈某晓向被告美滋滋公司邮寄发送查账申请，但邮件被退回。

故而，原告向法院提起诉讼要求查阅相关文件。

**【裁判要旨】**审理法院认为，根据《公司法》② 第三十四条的规定，原告系被告美滋滋公司股东，其提出查阅被告美滋滋公司2015年6月1日至2017年4月30日的股东会会议记录、监事会会议决议及财务会计报告的请求符合法律规定，本院予以支持。至于查阅被告美滋滋公司财务会计账簿及原始凭证的请求，根据法律规定，原告应当向被告美滋滋公司提出书面的申请，并说明目

---

① 浙江省台州市椒江区人民法院（2017）浙1002民初3839号。

② 本案法院适用的是2005年《公司法》。

的；现原告邮寄的书面查账申请被退回，被告美滋滋公司在收到本院送达的诉状及证据材料后，亦未在十五天内作出书面答复，也未提交会计账簿及原始凭证，故原告提出查阅被告美滋滋公司2015年6月1日至2017年4月30日会计账簿和原始凭证的请求本院予以支持。关于原告要求被告美滋滋公司依照《公司法》及《美滋滋公司章程》的规定建立相应的文件材料（包括被告美滋滋公司的财务会计报告等），同时，要求被告美滋滋公司依照《会计法》的规定建立财务制度，以及根据原始凭证、记账凭证建立会计账簿，生成财务报表等财务数据供原告随时查阅等请求，根据《会计法》第二十条第一款关于“财务会计报告应当根据经过审核的会计账簿记录和有关资料编制，并符合本法和国家统一的会计制度关于财务会计报告的编制要求、提供对象和提供期限的规定；其他法律、行政法规另有规定的，从其规定”。及第四十二条关于“违反本法规定，有下列行为之一的，由县级以上人民政府财政部门责令限期改正，可以对单位并处三千元以上五万元以下的罚款；对其直接负责的主管人员和其他直接责任人员，可以处二千元以上二万元以下的罚款；属于国家工作人员的，还应当由其所在单位或者有关单位依法给予行政处分：（一）不依法设置会计账簿的；（二）私设会计账簿的；（三）未按照规定填制、取得原始凭证或者填制、取得的原始凭证不符合规定的；（四）以未经审核的会计凭证为依据登记会计账簿或者登记会计账簿不符合规定的；（五）随意变更会计处理方法的；（六）向不同的会计资料使用者提供的财务会计报告编制依据不一致的；（七）未按照规定使用会计记录文字或者记账本位币的；（八）未按照规定保管会计资料，致使会计资料毁损、灭失的；（九）未按照规定建立并实施单位内部会计监督制度或者拒绝依法实施的监督或者不如实提供有关会计资料及有关情况的；（十）任用会计人员不符合本法规定的。有前款所列行为之一，构成犯罪的，依法追究刑事责任。会计人员有第一款所列行为之一，情节严重的，由县级以上人民政府财政部门吊销会计从业资格证书。有关法律对第一款所列行为的处罚另有规定的，依照有关法律的规定办理。”的规定，原告的该部分主张应由县级以上人民政府财政部门处理，不属于人民法院受理民事诉讼的范围，故本院不予支持。关于原告对被告何某里的主张，缺乏事实及法律依据，本院不予支持。综上，原告的诉讼请求中的合理部分，本院予以支持；不合理部分，本院予以驳回。

**【案例评析】**本案裁判对原告诉讼请求进行了切割，区分了属于人民法院权限的部分和不属于人民法院权限的部分。值得称道的是，本案法院虽然未能直接认定管理人员应对公司文件的缺失承担民事赔偿责任，但列举了《会计法》的相关规定，明确了公司负有“建立财务制度，以及根据原始凭证、记账凭证建立会计账簿，生成财务报表等财务数据”的合规义务，并且认为违反此种义务的人员应承担的责任，由县级以上人民政府财政部门处理。从原理上讲，本案的裁判思路与《公司法解释（四）》第十二条的规定相一致。

3. 南京有机化工有限责任公司工会与朱某股东知情权纠纷再审案①

**【焦点问题】**作为职工持股会会员的“股东”，是否可以列职工持股会为知情权的请求对象？职工持股会是否负有置备财务文件的责任？

**【裁判立场】**职工持股会可以成为知情权的请求对象，但置备财务文件的责任并无法律基础。

**【案情简介】**南京有机化工有限责任公司（以下简称“化工公司”）为推进建立现代企业制度，在被告化工公司工会的指导下成立持股会，持股会会员均为南京有机化工有限责任公司内部职工，持股会以会员出资及企业固定资产和历年工资结余按出资额1比1量化相结合，向南京有机化工有限责任公司投资，成为该公司的股东。2000年9月，持股会订立章程，明确持股会是在工会指导下，依照南京市《企业内部职工持股会暂行规定》从事内部职工股管理，代表持有内部职工股的职工行使股东权利，并以企业工会社团法人名义承担民事责任的组织；持股会的职能为维护持股会员的合法权益，反映持股会员的意见和要求等；组织机构为持股会员代表大会并设立职工持股会理事会为常设机构即内部职工股管理机构；持股会按南京有机化工有限责任公司统一的财务管理制度，设立会计岗位，实行统一财务管理和财务纪律等。原告朱某系持股会会员，个人出资4000元，企业配股4000股，总计拥有股份8000股；2003年6

① 江苏省南京市中级人民法院（2015）宁商再提字第5号。

月30日，持股会出具委托书授权被告化工公司工会行使股东权利。2007年12月21日原告朱某向被告化工公司工会申请查阅持股会相关资料，被告化工公司工会向其提供了持股会章程和2006年6月6日的持股会会议记录以及未转让股权的23名会员名单，原告朱某对上述23名会员持股数额及比例已知悉。被告化工公司工会对南京汉合实业公司要约转让持股会职工股事宜，已通知持股会会员与该公司自行商谈转让事宜。被告化工公司工会处现有存档的持股会成立至今的会员名单，但无具体的持股明细；持股会会议记录只有2006年6月6日召开改选决议记录，其余均未留档。被告化工公司工会没有设立持股会财务岗位，也未建立相应的财务科目。

原告朱某主张自2009年1月起被告化工公司工会从未将持股会会议记录、财务情况向原告朱某进行披露，原告朱某也曾向被告化工公司工会申请调查、复制持股会议记录、财务会计账簿、会计凭证及年度财务报表均未果，所以起诉请求判令：被告化工公司工会提供持股会自2009年1月起至2014年11月期间的持股会议记录、财务会记账簿、会计凭证、年度财务报表、持股会员名单的变更情况、股数、组织机构目前情况供原告朱某查阅、复制；本案诉讼费用由被告化工公司工会承担。

**【裁判要旨】**一审法院认为，我国职工持股会是国有企业为推进建立现代企业制度，进行公司化改造而形成的企业内部职工股管理机构，由于我国现行的《公司法》规定，有限责任公司的投资主体上限为50人，所以当职工入股人数超过50人时，可以通过职工持股会这一形式解决内部职工持股问题。职工持股会统一管理内部职工股，向公司投资并代职工收取股权收益，从而为职工与公司之间搭起一座桥梁。《江苏省国有企业内部职工持股暂行办法》明确规定，职工持股会是受职工股东委托专门从事企业内部职工股管理，并依法代其行使股东权利的组织，职工持股会接受本企业工会指导等。可见，企业工会系持股会的主管部门。被告化工公司工会抗辩，本案原告朱某诉请被告主体不适格，且诉请不属法院审理的民事范畴，故请求法院驳回原告朱某的诉讼请求。对此，一审法院认为，因持股会未经登记，不具有民事主体资格，根据持股会的章程和规定，持股会是被告化工公司工会内设的机构或者由被告行使持股会的职能，并以企业工会社团法人的名义承担民事责任。实际履行中，也是以被告作为南京有机化工有限责任公司的股东。根据权利、义务对等原则，被告化工公司工会应当作为本案被告。原告朱某系南京有机化工有限责任公司化工公司持股会的会员，按照持股会章程的规定，有权对持股会行使知情权，该权利系民事权利，属法院审理的范畴。

本案中，根据持股会的章程规定，被告化工公司工会只从事职工股管理、收集持股职工提议等，相关的权利归属及义务承担均以各职工股东持股为依据。被告化工公司工会行使及持股会的职能，更多的是基于持股会会员的委托，故被告化工公司工会应当向原告朱某报告委托事务的结果。

原告朱某诉请被告化工公司工会披露持股会成立至今的所有会员名单，各会员持股数额以及相应的持股比例、持股会记录及持股会成立至今的相关财务账簿、会计凭证等，供其查阅、复制。被告化工公司工会辩称，其并未按持股会章程的要求建立相应的财务岗位，也未能保存历次会议记录（除2006年6月6日改选记录外），只留存了持股会会员名单及原告朱某知悉的23名未转让股权会员的持股数额及相应比例。对其他已转让股权的持股会会员现持股比例等，系收购方与会员自行商谈，被告化工公司工会只提供了双方谈判平台，并未参与其中，不能提供该部分会员的持股比例及相应的数额。对被告化工公司工会的辩称，原告朱某未能提供相应的证据予以反驳，故应承担举证不能的责任。故而判决：被告南京有机化工有限责任公司工会于本判决生效后十日内，提交自2009年1月起至2014年11月期间的持股会议记录、财务会记账簿、会计凭证、年度财务报表、持股会员名单的变更情况、股数、组织机构目前情况供原告朱某查阅、复制。本案案件受理费100元，由被告南京有机化工有限责任公司工会承担。

再审法院认为，持股会会员系以持股会的名义成为公司股东，可见，会员个人并不具有公司股东的名分，不能以个人名义向公司行使股东权利，企业工会系持股会的主管部门，应当依法维护持股会会员的权利。本案中，根据持股会的章程规定，化工公司工会只从事职工股管理、收集持股职工提议等，相关的权利归属及义务承担均以各职工股东持股为依据。化工公司工会行使持股会的职能，更多的是基于持股会会员的委托，故化工公司工会应当向朱某报告委托事务的结果事项的处理结果。朱某作为化工公司职工持股会的会员，其有权查阅持股会会员的持股明细和持股比例。持股会作为化工公司工会的内设机构，其本身并非独立的民事主体，因此对于该项义务应当由化工公司工会来履行。本案原一审法院判决生效后，朱某已经查阅了股东会记录和持股会会员名单，该项诉讼请求已经得到满足。关于持股会是否需要设立财务岗位，因法律并无明确规定，朱某亦未能举证证明有财务记载，且生效的（2008）雨民二初字第99号民事判决已经驳回了朱某要求查阅相关财务记录的诉讼请求，现朱某再次起诉故对于朱某要求查阅、复制持股会财务账簿和会计凭证等的请求，缺乏事实和法律依据，本院不予以采纳支持。

**【案例评析】**本案的意义在于，明确了职工持股会可以作为知情权请求对象，在我国的公司治理的现实背景下，这样的裁判立场是值得肯定的，但从一般法理上讲，职工持股会是否可以作为知情权的请求对象是值得商榷的。再审中，法院对于持股会是否需要设立财务岗位、置备财务资料的裁判也可以称之为合理。作为职工持股会会员的“股东”，其享有的“股东权”事实上是受到限制的，但应否受到限制、在多大范围和程度上受到限制，有待讨论。

# 第三部分　利润分配请求权诉讼

## 引　言

利润分配请求权和公司资本之间存在密切的联系，由于现金形式的利润分配会导致公司资产的实际流出，在公司资本规制下对股东的利润分配进行限制是公司法的重要主题，股东的利润分配和公司资本之间的相互制约，从有公司开始就是如此。[①] 但是，由于获取利润分配是股东出资设立公司最为根本的目的，也是股权内在的重要权能之一，因此股东获取利润分配的权利也理应受到保护。

如果股东对公司的利润分配安排或所制订的具体的利润分配方案有异议，股东有两个主要的途径来进行干预，首先其可在股东会上通过协商或表决权的行使以表达意见，如果不能在股东会的阶段解决问题，其还可以选择“诉权”的方式进行最

① 参见 WOOD v. DUMMER（30 F. Cas. 435），在该案中 STORY 法官提出了公司资产、债权人保护和股东财产权利之间的相互制约关系，这一主张被称为“信托资金”理论，深深地制约着 19 世纪到 20 世纪中叶的公司法。虽然从 20 世纪后期，信托资金理论普遍地被放弃，而趋于破产尺度，但同样也表明了利润分配请求权受制于公司对外责任。

后的救济。当然，根据《公司法》第七十四条的规定，在公司连续五年盈利且连续五年未分配利润的情形下，股东可以选择退出公司，但这并非直接的救济渠道。

虽然我国现行法律体系对上市公司的利润分配有较为详细的规定，但对股东享有的具体利润分配请求权的规定以及相应的司法救济程序的规定却不明确，有限责任公司的利润分配程序、具体规则等规定也不完善。从救济的角度而言，公司股东权利的救济限于《公司法》第二十条、第七十五条、第一百八十三条分别规定的股东请求公司赔偿损害、请求公司强制回购股权以及公司司法解散的制度，但对于股份公司与有限公司股东的利润分配权利，《公司法》并没有给出直接的救济性规定。鉴于实践中缺乏具体的救济操作规则，这导致对股东利润分配请求权保护的缺乏，《公司法解释（四）》对股东的利润分配请求权作出了进一步规定，以为股东行使利润分配请求权的情形提供司法操作的指引。

理解本部分需注意我国当下制度在以下两个维度上的特点：

1. 利润分配规则

域外法上，不论是出于公司利益还是债权人利益考虑，都规定了对公司利润分配进行规范与约束的实体标准。而我国公司法对这一问题没有过多的考虑，回避了利润分配的实体操作规则，选择了通过强化资本规制的途径去间接规制公司的利润分配。具体而言：

首先，对股东会是否有权力直接更改分配方案，我国的规定不够清晰，亦即利润分配方案决定权不明。这表现在《公司法》第三十七条和第九十九条关于股东会职权的表述中，其中第三十七条第一款第六项规定“审议批准公司的利润分配方案和弥补亏损方案”，相应地，第四十六条和第一百零八条第四项确定了董事会“制订公司的利润分配方案和弥补亏损方案”。从字面上来理解，“审议批准”并不包括直接更改，而只是表达同意或者否决。但是由于第三十七条第二款还规定了有限公司“股东以书面形式一致表示同意的，可以不召开股东会会议，直接作出决定，并由全体股东在决定文件上签名、盖章”，这种“直接作出决定”的表述，是否表明股东对分配方案可进行更改，也是不清晰的。这种对“谁是利润分配事宜的权力中心”的明确规定的缺乏即是我国法律缺乏对利润分配的实体标准的表现。

其次，在分配政策上，缺乏类似英美法上的实体标准并过于侧重并倚赖严格的资本规制和程序规定，例如公司如果要进行分配，其顺序须为“先弥补亏损、而后提取法定公积金、最后分配”，其结果就是因过度维持公司资本而导致分配困难，限制了财务上的灵活性，从而一定程度上扭曲了公司分配。对顺序控制的过于强调，加之严格的法定资本制要求维持较高的资本额度，股东得不到充分分配。

在面对股东如何提起针对公司利润分配政策的异议以及股东提起此类异议后又应按照何种标准进行实质判断等问题时，在我国既缺乏对董事责任的判断标准，又缺乏股息分配的实质判断尺度的情况下，股东利润分配请求权的救济，就只能停留在较为“低级”的层面上，即股东只能对利润发放过程中受到的歧视提出异议，而不能对利润分配政策本身提出异议。分配尺度以及对董事会决策进行否定的实体标准的缺乏，使得实践中许多小股东得不到充分、合理的利润回报；控股股东常常利用自己投票权比例的优势以及对董事会的控制，作出不进行分配的决策。《公司法解释（四）》第十五条的规定即是对上述现象的回应，赋予了法院一定的裁量权，以对公司自治中存在的有关利润分配政策对其他股东形成的不公做出适当干预，对于股东遭遇不公平损害的救济而言，此安排是一项重要的制度进步。

2. 本部分的调整范围及股东诉讼方式的选择

值得注意的是，与利润分配相关的公司决策，股东既可以利润分配请求权来起诉要求分配，也可按照决议存在不当歧视来对有关利润分配的决议主张效力瑕疵，这反映了自益权与共益权之间的相互替代性。由于实践中有关利润分配的纠纷类型多样，对公司利润分配纠纷的审查也存在不同层次，并非所有诉讼都直接落入《公司法解释（四）》第十三条到第十五条的调整范围，可能存在同时符合决议效力之诉、利润分配请求权之诉、甚至股东代表诉讼的可能，股东可以择一途径提起。

具体到本部分的调整范围，首先，从诉讼的程序安排来看，本部分是以公司为被告的直接诉讼，虽然可能是基于股东自身权益遭受董事、控股股东等的不法侵害而产生，但形式上仍表现为公司对股东义务的违反；其次，从条文表述来看，第十四条处理的是公司对利润分配方案的执行，此种情形本质上是基于已经存在的公司对股东的债权因公司不履行而产生的争议，并非公司诉讼所特有，对做出利润分配方案的决议的有效性及可否变更的审查，不在本条的处理范围之内，可循决议效力纠纷进行解决。第十五条则是本部分的亮点，即一般所称的“强制分红之诉”，但至于法院裁量的尺度与干预的程度，是仅限于要求公司召开会议做出利润分配的决议，还是可以更进一步，直接做出具体的利润分配的裁判，则有待司法实践的探索。

# 专题一　利润分配诉讼中的当事人

## 核心条文

《公司法解释（四）》

**第十三条**　股东请求公司分配利润案件，应当列公司为被告。

一审法庭辩论终结前，其他股东基于同一分配方案请求分配利润并申请参加诉讼的，应当列为共同原告。

## 关涉条文

### 一、既有相关规范

#### 1. 利润分配的权力分配与程序规则

《公司法》

**第三十七条**　股东会行使下列职权：

（一）决定公司的经营方针和投资计划；

（二）选举和更换非由职工代表担任的董事、监事，决定有关董事、监事的报酬事项；

（三）审议批准董事会的报告；

（四）审议批准监事会或者监事的报告；

（五）审议批准公司的年度财务预算方案、决算方案；

（六）审议批准公司的利润分配方案和弥补亏损方案；

（七）对公司增加或者减少注册资本作出决议；

（八）对发行公司债券作出决议；

（九）对公司合并、分立、解散、清算或者变更公司形式作出决议；

（十）修改公司章程；

（十一）公司章程规定的其他职权。

对前款所列事项股东以书面形式一致表示同意的，可以不召开股东会会议，直接作出决定，并由全体股东在决定文件上签名、盖章。

《公司法》第九十九条

本法第三十七条第一款关于有限责任公司股东会职权的规定，适用于股份有限公司股东大会。

**第四十六条** 董事会对股东会负责，行使下列职权：

（一）召集股东会会议，并向股东会报告工作；

（二）执行股东会的决议；

（三）决定公司的经营计划和投资方案；

（四）制订公司的年度财务预算方案、决算方案；

（五）制订公司的利润分配方案和弥补亏损方案；

（六）制订公司增加或者减少注册资本以及发行公司债券的方案；

（七）制订公司合并、分立、解散或者变更公司形式的方案；

（八）决定公司内部管理机构的设置；

（九）决定聘任或者解聘公司经理及其报酬事项，并根据经理的提名决定聘任或者解聘公司副经理、财务负责人及其报酬事项；

（十）制定公司的基本管理制度；

（十一）公司章程规定的其他职权。

**第一百零八条第四款** 本法第四十六条关于有限责任公司董事会职权的规定，适用于股份有限公司董事会。

**2. 资本规制规则**

**《公司法》**

**第一百六十六条** 公司分配当年税后利润时，应当提取利润的百分之十列入公司法定公积金。公司法定公积金累计额为公司注册资本的百分之五十以上的，可以不再提取。

公司的法定公积金不足以弥补以前年度亏损的，在依照前款规定提取法定公积金之前，应当先用当年利润弥补亏损。

公司从税后利润中提取法定公积金后，经股东会或者股东大会决议，还可以从税后利润中提取任意公积金。

公司弥补亏损和提取公积金后所余税后利润，有限责任公司依照本法

第三十四条的规定分配；股份有限公司按照股东持有的股份比例分配，但股份有限公司章程规定不按持股比例分配的除外。

股东会、股东大会或者董事会违反前款规定，在公司弥补亏损和提取法定公积金之前向股东分配利润的，股东必须将违反规定分配的利润退还公司。

公司持有的本公司股份不得分配利润。

**3. 瑕疵股权的限制**

**《公司法解释（三）》**

**第十六条**　股东未履行或者未全面履行出资义务或者抽逃出资，公司根据公司章程或者股东会决议对其利润分配请求权、新股优先认购权、剩余财产分配请求权等股东权利作出相应的合理限制，该股东请求认定该限制无效的，人民法院不予支持。

**4. 利润分配的自由约定**

**《公司法》**

**第三十四条**　股东按照实缴的出资比例分取红利；公司新增资本时，股东有权优先按照实缴的出资比例认缴出资。但是，全体股东约定不按照出资比例分取红利或者不按照出资比例优先认缴出资的除外。

## 二、地方司法实践

**《山东省高级人民法院关于审理公司纠纷案件若干问题的意见（试行）》（鲁高法发〔2007〕3号）**

**第七十一条**　股权转让前，公司股东会、股东大会已经形成利润分配决议的，转让人在转让股权后有权向公司要求给付相应利润。

转让人因股权转让丧失股权后，股东会、股东大会就转让前的公司利润形成分配决议，转让人要求公司给付相应利润的，人民法院不予支持。

转让人或受让人不得以其相互之间的约定对抗公司。

## 条文理解

### Ⅰ条文演变

［表格12］《公司法解释（四）》第十三条的条文演变

| 征求意见稿（2012） | 征求意见稿（2016） | 正式稿　法释〔2017〕16号 |
| --- | --- | --- |
| 第二十一条（当事人和举证责任）<br>原告请求分配公司利润纠纷案件，应当列公司为被告。他人以相同理由请求参加诉讼的，应当列为共同原告；公司其他股东不同意分配利润的，可以第三人身份参加诉讼。 | 第十九条（当事人的诉讼地位）<br>股东请求公司分配利润案件，应当列公司为被告。<br>其他股东在一审法庭辩论结束前以相同的诉讼请求申请参加诉讼的，应当列为共同原告；不同意分配利润的股东，可以列为第三人。 | 第十三条（分配利润案件当事人的诉讼地位）<br>股东请求公司分配利润案件，应当列公司为被告。<br>一审法庭辩论终结前，其他股东基于同一分配方案请求分配利润并申请参加诉讼的，应当列为共同原告。 |
| 第二十五条（未参加诉讼股东申请强制执行的权利）<br>人民法院审理股东与公司之间利润分配纠纷案件的判决、裁定，对未参加诉讼的股东同样发生法律效力。<br>人民法院驳回原告诉讼请求后，未参加诉讼的股东以相同理由又提起诉讼的，人民法院应不予受理；<br>人民法院作出公司分配利润的判决后，依法或者公司章程规定属于判决涉及参加分配范围的股东，无论是否参加诉讼，均有权持人民法院生效判决申请强制执行。 | 第二十一条（未参加诉讼股东申请强制执行的权利）<br>人民法院审理股东请求公司分配利润案件，驳回股东诉讼请求后，未参加诉讼的股东以相同的诉讼请求、事实和理由另行起诉的，应当不予受理。<br>人民法院作出公司分配利润的判决后，未参加诉讼的有利润分配请求权的股东，可以据此申请强制执行。 | |

【演变概述】
本条最主要的变化是关于“其他股东”的。首先，两份征求意见稿中，都有对异议股东诉讼地位的安排；其次，两份征求意见稿均规定了未参加诉讼股东申请强制执行的权利。但这两项规定均在最终稿中被删除。

## Ⅱ主要争议

### 一、股东资格的确认与利润分配请求权

与知情权诉讼部分相类似，有意见认为应对利润分配请求权行使中原告股东资格认定的问题作出进一步规定，其主要考虑是基于实务中的具体问题，如记载于股东名册的未完全出资的股东、以及未记载于股东名册却实际出资的股东，是否有权提起公司盈余分配之诉。有观点主张应该规定“有限责任公司实际出资人（如公司已然知道其实际出资，但由于人数限制无法登记在册的股东）有权直接对公司行使利润分配请求权；出资瑕疵股东不得行使该权利（补足出资额后可以行使该权利）”。

对此问题，《公司法解释（四）》未作规定是可以被合理解释的，具体分析可以参见知情权诉讼专题一部分的相关讨论。

### 二、是否需对其他股东的诉讼地位作出规定

考虑到利润分配诉讼判决的既判力，存在对其他股东诉讼地位的争议。争议是两个层面的，首先，是否需将所有股东均作为利润分配诉讼的参与人进行追加，二是对不同诉求的股东是否需要给予不同诉讼地位的安排。有观点认为，为了解决判决对全体股东的约束力问题，应将利润分配请求案件视为必要共同诉讼，将所有股东均列为诉讼参加人，并且法院负有通知追加其他股东为当事人的义务，以保障股东权利。这种观点的理由是，如果不对其他股东进行追加，势必需要继续规定对其他股东以相同或不同诉请、事实与理由另诉的处理，以及面临实际判决中多个案件判决结果彼此协调的困难；并且如果仍继续规定有关判决的效力及于全部股东，在其他股东没有充分表达其意见主张的情形下，说理难以充分。

大部分的观点持相反意见，认为利润分配请求案件在司法实践中可能呈现多种样态，考虑到不同股东对于利润分配的态度不一致，利润分配请求权可概括为三类：一类是主张分配利润且要求实施同一分配方案；一类是主张分配利润但要求实施其他分配方案；一类是不同意分配利润。在不同的情形下，股东

的地位也不同，第一类应当列为必须共同诉讼原告；第二类和第三类应当分别列为有独立请求权的第三人和无独立请求权的第三人。除了第一类，也即《公司法解释（四）》最终明确作出规定的情形，其他两类都很难称之必要共同诉讼。

## 三、是否需对异议股东的诉讼地位加以明确

本解释的第二款最终只对“基于同一分配方案请求分配利润并申请参加诉讼的股东”的诉讼地位作出了安排，删除了《征求意见稿（2016）》中本条第二款对第三人的安排，即“第三人是部分或全部不同意分配利润的股东”的情形。对于异议股东问题的争议也是两个层面上的，首先是是否应予明确，其次是如果加以明确，异议股东的诉讼地位如何？

关于是否应对异议股东的地位加以明确，观点分立。支持的观点认为，异议股东对诉争的分配方案有实质性的主张，也与裁判结果有直接利害关系，因而应赋予其程序参与权，以第三人甚至被告的身份参与诉讼。反对的观点认为，考虑到司法实践中，何为“异议”其实是很难确定的，是数额上的不一还是分配与否的分歧？在无法清晰划定边界的情况下，贸然规定，不仅可能对指导司法实践无益，甚至会带来适用上的僵化及混乱。比如《征求意见稿（2016）》中本条第二款的处理方式，就可能遗漏了要求分配利润但要求的分配方案不同于原告的情形，以及部分要求分配利润且要求的分配方案不同于原告诉请的分配方案的情形和部分不同意分配利润的情形。进一步讲，股东之间对利润分配决议存在实质性争议的情形，更多关涉决议效力，而非仅仅是利润分配的执行纠纷、是否进行利润分配的纠纷。因而在必要时法院应当终止利润分配诉讼纠纷的审理，告知当事人另诉确认决议效力。

支持对异议股东的地位加以明确的观点内部也存在分歧，即异议股东的诉讼地位如何。支持列异议股东为被告的观点认为，不应将此类诉讼的被告严格限制为公司，因为利润分配的决定本质上是一种公司集体决策，在一些特殊情况下，参与决策的其他股东也可能成为被告，司法实践中也确实存在股东以其他股东为被告的先例，例如，被兼并公司的部分股东请求分配补偿款，其他股

东拒绝的，可以列不同意见股东为被告。学界也有类似的观点[①]。反对列异议股东为被告的观点认为，股东之间不负相互之间支付利润的义务，一旦原告股东以其他股东为被告，往往需要法院付出一定司法资源来处理此类主体错误的案件，因而《征求意见稿（2016）》将被告仅限于公司，对于在诉讼开始阶段正确界定当事人，具有指导意义。

事实上，由于实践中有关利润分配的案件，有的侧重对董事或控股股东权利滥用的纠正与救济，有的侧重从商业安排的合理性上对具体分配方案的质疑，有的是要求公司执行已经通过表决的分配方案，有的则还没有形成决议和具体的分配方案因而股东主张要求强制分配；对这些不同的情形，如果对每一种情形中具有不同主张的股东的地位都一一作出规定，从技术上难以实现，而即便可以实现，这样的规则也不免过于僵化。因此，《公司法解释（四）》最终仅对公司作为被告这一诉讼程序安排进行了明确，这是建立在“公司作为分配的主体应当作为被告”的共识性认识的基础上，而对于其他股东是否适合作为被告或其他当事人类型，司法解释并未加以限定，也并不排除其他股东作为被告的可能性。

## 四、未参加诉讼的股东的权利问题

《征求意见稿（2016）》第二十一条规定了，未参加诉讼的股东申请强制执行判决的权利，但也同时剥夺了未参加诉讼的股东另行起诉的权利，引发的争议较大，最终在正式稿中被删除，但讨论中呈现的不同视角，对于理解判决的既判力范围和诉讼中的当事人也有裨益，故作简要介绍。相关意见集中于三个方面：

一是，如何理解法院做出的关于利润分配的判决的既判力范围？

有意见提出质疑：判决是包括向所有股东分配利润，还是仅支持原告股东的利润分配请求？如果是前者，那么法院判决就超出了诉讼请求；若是后者，其他股东申请强制执行就没有执行依据。

对此，有观点认为，法院判决应当是对全体股东分配权的裁判，而不是对

---

① 梁上上：《论股东强制盈余分配请求权——兼评“河南思维自动化设备有限公司与胡克盈余分配纠纷案”》，载《现代法学》2015 年第 2 期。

个别股东利益的裁判，个别股东是根据整体分配结果来实现自己的权利，裁判对所有股东都有效力。裁判生效后，股东的分配权转变为对公司的债权，可以请求公司履行。还有一种较为折中的观点认为应当区分裁判的不同结果来确定既判力范围。在胜诉情况下，未参加诉讼的股东可以搭便车；但在败诉情况下，不应剥夺其他股东另行起诉的权利，否则会导致对其他股东利润分配请求权缺乏有效的救济途径。

二是，诉讼请求被驳回后其他股东是否有权另行起诉？

此问题与第一个问题是相关的。《征求意见稿（2016）》第二十一条赋予其他股东的强制执行权是以不得另诉为前提的，但这一前提性规定的合理性遭到的质疑颇多。如有观点认为，“人民法院审理股东请求公司分配利润案件，驳回股东诉讼请求后，未参加诉讼的股东以相同的诉讼请求、事实和理由另行起诉的，应当不予受理”，这在实际操作中会存在一定难度：（1）可能公司章程中规定的利润分配本身就有问题，那么应当认为未参加诉讼的股东即使以相同的诉讼请求再次提起诉讼，也应当予以受理；（2）即使同样的利润分配请求，股东所主张的诉讼事实和理由也不一定完全相同。另有意见是从条文具体表述的角度出发的，认为“相同的诉讼请求”，表意不明，应予明确，其理由是，实践中对此表述可能会产生不同的理解：是指请求权的性质相同，还是请求的具体数额也相同？因此难免会产生争议。

三是，如何对申请强制执行的其他股东的股东资格进行判断，尤其是涉及股东资格争议的情况，应当如何解决？应如何处理执行程序与股东资格确认的关系？采取执行措施的公司财产范围应如何确定？

在这些争议未予解决的情形下，直接粗略地规定其他股东申请强制执行的制度难免会受到质疑。

### Ⅲ条文要点

#### 一、本条的适用范围

如何理解本条解释所指诉讼范围，是理解《公司法解释（四）》第十三条至第十五条的前提，前述关于诉讼当事人地位安排、判决既判力范围的争议也是与此密切相关的。

对具有不同主张的股东的诉讼地位应当如何安排的问题，《公司法解释（四）》最后未予明确，部分原因是实践中具体案件的复杂性与多样性，难以形成统一的共识性的处理规则，另一部分原因是，并非所有与公司利润分配相关的诉讼均属于本条调整的范围。[①] 公司作出利润分配的决议，股东依据该决议请求执行该分配方案，即《公司法解释（四）》第十四条意在处理的问题，以及公司未作出利润分配决议，股东直接诉请公司分配利润或者诉请公司召开股东会决议，审议并通过利润分配决议的，即《公司法解释（四）》第十五条意在处理的问题，此二者属于本条调整的范围，诉讼的程序规则应适用本条。至于公司作出利润分配的决议，股东认为利润分配决议确定的分配方案存在问题，不应分配利润或者分配数额有误，要求撤销或者变更分配方案的，则可能涉及股东会决议效力瑕疵纠纷，不适用本条规定。至于股东认为公司的利润分配政策存在问题，公司存在对小股东的不当倾轧，则可能通过股东滥用权利的诉讼甚至股东代表诉讼的方式提起。

## 二、股权转让与利润分配

一般情况下，公司利润分配方案由董事会制定，由股东会或股东大会审议，在股东会或股东大会做出决议的那一刻起，股东即与公司之间产生了有关利润分配的公司法上特定的债权债务关系。[②] 原则上，享有利润分配请求权的主体应为股东，故在股东会或股东大会审议通过决议时，权利人应当具有公司股东身份。

当然，若股东将抽象的利润收益权让与他人，则该他人在公司作出利润分配决议后也可以享有对具体的利润分配的收益权，但该他人无法直接请求公司

---

① 杜万某主编：《最高人民法院公司法司法解释（四）理解与适用》，人民法院出版社 2017 年版。

② 美国法上也有类似的理论："In the absence of a special provision in their contract with the corporation, shareholders do not become entitled to dividends until the dividend is declared by the board of directors. Upon declaration, a new relationship is created between the corporation and the shareholders who are entitled to receive the declared dividend. Once a cash or property dividend is lawfully declared, the corporation becomes indebted to each shareholder entitled to receive the dividend." James D. Cox & Thomas Lee Hazen, Cox & Hazen on Corporations, Second Edition (2003), Volume III. p. 1210.

对其支付。当然，因公司各有其特殊考虑，公司利润分配策略与制度也可能存在差异，甚至不同类型股东的抽象利润分配请求权也有差异，因此，本条的权利主体应当是股东利润分配方案中载明的股东。若企业未做出分配方案或在所做出的分配方案中并未将受让人列为被分配主体，则权利人仅能根据《公司法解释（四）》第十五条或其他规则寻求救济。

在载明分配方案的股东会或股东大会决议作出后，基于股东身份的抽象利润分配请求权具化为股东对公司的债权，这一债权不再具有固有权的属性，而是固定地存在于特定受让人与公司之间。因此，此后在股权变动时，若无特别的债权转让条款，具体的利润分配的收益请求权并不随股东身份的变动而发生转让。

对这一问题可能存在争议的是，在股权转让过程中，股权转让前公司没有发放利润，而转让后股东会或股东大会决议进行分红，原股东是否有权请求公司分配利润？比较合理的处理方案是，因股东的利润分配请求权属于潜在的权利，从属于股东身份，是基于股东身份的固有权利，因此股权转让时，如果转让双方当事人对利润分配有约定则依照约定，如果没有约定，则推定请求并获得利润分配的权利随股东身份变动而变动。由于出让股东因股权转让丧失了股东身份，因此在转让后股东会或股东大会决议分红的，原股东不享有具体利润分配请求权，无权直接请求公司给付股权转让合同约定的股权转让前相应部分的红利。[①]

## 典型案例

### 一、原告主体范围

1. 廖某华与福建上杭能群建材有限公司公司盈余分配纠纷上诉案[②]

**【焦点问题】**未登记于股东名册的实际出资人是否有权要求公司支付利润？

---

① 钟淑健：《股东知情权及利润分配诉讼及利润分配有关问题研究》，载《政法论丛》2006年10月第5期。

② 福建省龙岩市中级人民法院（2014）岩民终字第1213号。

**【裁判立场】**实际出资人与名义股东因投资权益的归属发生争议，实际投资人只能向名义股东要求投资回报款。

**【案情简介】**吕某国、王某芳、彭某生三人共同投资设立福建上杭能群建材有限公司（下面简称“建材公司”），法定代表人为吕某国。后吕某国将建材公司的股权转让给谢国政，同时变更建材公司的法定代表人为谢国政。后建材公司的法定代表人由谢国政变更为王某芳，股东为王某芳和谢国政。2007年12月1日廖某华把100万元通过银行转账汇款给建材公司的原法定代表人吕某国个人账户上，廖某华收到一张《收款收据》，收据载明“今收到廖某华能群水泥厂投资长期一股，具体收益按水泥厂合资协议分配执行，人民币100万元，按水泥厂投资协议执行，第一年30%，第二年以后每年按40%固定回报”，该《收款收据》加盖了建材公司的公司财务章，但并非建材公司经过上杭县公安局审批的、经指定机关制作的公司财务章。2012年1月11日廖某华以100万元是借款，要求建材公司返还并支付利息向原审法院起诉，原审法院于2012年6月19日判决100万元是投资款，驳回廖某华的诉讼请求。廖某华不服上诉，主张原审法院应当追加吕某国为本案第三人而未追加，原审法院程序违法。建材公司辩称：吕某国并非本案的第三人或必须要追加的共同诉讼人。答辩人为企业法人，吕某国为自然人，属两个不同的法律主体，即使存在上诉人所述其有将投资款100万元转账给吕某国个人的事实，在上诉人未举证证明答辩人财务账目中有收到该100万元的情况下，则上诉人与吕某国之间存在另一个法律关系，其应另行向吕某国主张权利。

**【裁判要旨】**一审法院认为，廖某华无证据证明把100万元款项汇到被告公司财务账上，且无证据证实廖某华是或曾经是建材公司的股东。吕某国将其在建材公司的股份全部转让给谢国政，并依法进行变更登记公示，吕某国不再是福建上杭能群建材有限公司股东，故廖某华与福建上杭能群建材有限公司没有关系，其应向吕某国主张权利。

二审法院认为，上诉人廖某华向被上诉人福建上杭能群建材有限公司主张投资回报和盈余分配的前提是其必须是被上诉人的股东或与被上诉人存在其他投资关系，但是廖某华显然不是建材公司的显名股东，现有证据只能证实廖某华向吕某国转账了100万元，不足以证明廖某华向建材公司投资了100万。即使上诉人通过银行转账汇款至吕某国个人帐户的100万元能认定为上诉人向被上诉人的投资款，上诉人也仅是被上诉人的隐名股东，吕某国为上诉人的名义股东。实际出资人与名义股东因投资权益的归属发生争议，实际投资人只能向名义股东要求投资回报款。同时，廖某华亦未提供证据证明公司有经营盈利且股东会已经对盈利作出决议进行分配。因此，廖某华直接向建材公司主张投资回报款没有法律依据，其应向吕某国或通过吕某国向被上诉人主张权利。

**【案例评析】**本案否定了实际投资人的股东身份，进而否定了原告的投资回报分配请求。此处难以直接认定为利润分配，因为不仅涉及实际出资人和名义出资的问题，还有可能涉及“股”与“债”的界定的问题，因为本案中《收款收据》所约定的是固定收益。

2. 杨某兰与甘肃荣成房地产开发有限公司公司利润分配纠纷一案①

**【焦点问题】**原股东是否有权起诉公司要求分配利润？

**【裁判立场】**原股东退出公司前已对利润分配方案作出约定，并经股东会审议批准的，公司应当组织实施，如公司拒不实施利润分配方案，原股东有权起诉公司，要求以股东会决议为依据进行利润分配。

**【案情简介】**甘肃荣成房地产开发有限公司（以下简称“荣成公司”）股东为高某升、杨某兰、刘某忠，高某升为法定代表人。登记的公司股东和股权占比分别为高某升持股40%、杨某兰持股30%、刘某中持股30%。在成立公司期间，高某升1999年12月15日出资12万元，杨某兰1999年12月11日出资10万元，公司开具的收据收款事由均注明为股金。2001年9月8日，荣成公司形成股东会决议：（一）同意公司注册资本由500万元增至800万元；（二）同意高某升在原出资200万元的基础上新增87.72万元至287.72万元，杨某兰在原出资150万元的基础上新增97.94万元至247.94万元；（三）同意高某东为公司新股东，出资114.34万元；（四）增资后各股东的出资额及比例为高某升287.72万元，占36%；杨某兰247.94万元，占31%；刘某中150万元，占

① 甘肃省高级人民法院（2012）甘民二终字第172号。

19%；高某东114.34万元，占14%。

2003年5月8日，高某升、杨某兰签订《关于分开经营的协议书》，约定荣成公司系原股东高某升和杨某兰两人合作成立。自1998年12月注册以来，该公司共开发了两个项目。对已合作开发的两个项目，仍为双方合作项目，待这两个开发项目的商品房出售后，收回的房款，不再另投入其他合作项目，只能用于支出两个项目的开发成本，归还银行贷款和个人借款及利息。所获纯利，按双方开发中实际投入资金的多少，进行合理分配。（具体比例双方可依据财务反映，另行协商确定）。原荣成公司2002年工商年检照常进行，待合作的两个项目完工后，把工程款付完，银行贷款和个人借款及利息付清，并把各人及公司抵押物件返回，经财务审计后，进行未售完的商品房财产分配和利润分成。同时还约定其他事项。

2004年10月11日，高某升、杨某兰签订《转股协议》一份，约定：2003年5月8日，高某升（亦代表高某东为甲方）、杨某兰（亦代表刘某忠为乙方）双方签订了“分开经营协议”。该协议约定，待已开工的项目全部完工后再进行财务清算、分成和公司资财分割。现由于以荣成公司名义所经营项目，需公司资质等级升级。经双方商定，在以上财务清算，财产分割尚未进行的情况下，杨某兰、刘某忠提前于2004年10月11日，将其在荣成公司所持有的股份转给高某升和杨某玲。转股后，以上所述未清算的债权债务和资财分割均与荣成公司新增加股东无关，仍按原股东2003年5月8日协议约定进行清算和公司财产分割。

**【裁判要旨】**作出生效裁判的法院认为，依据《公司法》[①] 第一百六十七条、第三十八条、第四十七条之规定。公司的利润分配方案经股东会审议批准后，公司应当组织实施，如公司拒不实施利润分配方案，造成股东的利润分配权无法实现的，股东有权起诉公司，要求以股东会决议为依据进行利润分配。

本案上诉人杨某兰与被上诉人高某升2003年5月8日签订的《分开经营协议书》第一项约定：“对已开发的两个项目，仍为双方合作项目，待这两个开

① 本案法院适用的是2005年《公司法》。

发项目的商品房出售后，收回的房款，不再另投入其他合作项目，只能用于支出两个项目的开发成本，归还银行贷款和个人借款及利息。所获纯利，按双方开发中实际投入资金的多少，进行合理分配。（具体比例双方可依据财务反映，另行协商确定）”2004年10月11日二人签订的《转股协议》中约定“未清算的债权债务和资产分割……仍由原股东以2003年5月8日协议约定进行清算和公司财产分割”。2004年10月11日杨某兰退出公司。两份协议不违反法律法规的强制性规定，对当事人均有约束力。因此，可认定荣成公司原股东及现股东对1998年至2004年公司利润分配方案以协议的形式达成一致，形成了分配方案。按照《公司法》第三十八条第二款“对前款所列事项股东以书面形式一致表示同意的，可以不召开股东会议，直接作出决定，并由全体股东在文件上签名、盖章”之规定，形成公司利润分配方案决议并不必然要求召开股东会，只要股东对公司利润分配以书面的形式达成一致意见，即可直接作出决定。荣成公司原股东以《分开经营协议书》《转股协议》对1998年至2004年公司利润分配方案形成决议，符合法律规定。

荣成公司在《分开经营协议书》和《转股协议》约定的条件成就后，应当按照《中华人民共和公司法》第一百六十七条、荣成公司《章程》第二十五条之规定及《分开经营协议书》《转股协议》之约定组织实施公司利润分配。现荣成公司不组织实施利润分配方案，造成股东的利润分配权无法实现。荣成公司原股东有权起诉荣成公司，要求以《分开经营协议书》和《转股协议》为依据进行利润分配。

**【案例评析】**本案的焦点问题是公司不组织实施有效的利润分配方案，原股东可否请求法院判决执行。原股东之间就利润分配问题达成两份有效协议，性质上应当被认定为有效的利润分配方案，在方案做出之后，原股东即对公司产生请求利润分配的具体的债权，公司应当按照利润分配方案执行，向股东履行分配利润的债务。

## 二、被告主体范围

### 高某与温某斌、郑某赞等公司盈余分配纠纷上诉案[①]

**【焦点问题】** 股东请求分配利润，可否以其他股东为被告？

**【裁判立场】** 公司股东只能向公司提起盈余分配之诉，公司股东之间以及公司董事与公司股东之间均没有盈余分配的权利义务。

**【案情简介】** 2004年2月10日，高某、林某花、郑某赞、温某斌投资设立涉县安福房地产开发有限公司，后公司名称变更为邯郸市安福房地产开发有限公司（以下简称“邯郸安福公司”）。邯郸安福公司设立后，依法获得了邯郸市涉县体育场路“温州步行街”工程项目的房产开发经营权。该项目由温某斌、郑某赞实际经营管理。因邯郸安福公司未办理年度年检，2009年12月30日，涉县工商行政管理局作出了涉工商企处字（2009）第446号行政处罚决定，吊销邯郸安福公司企业法人营业执照，并要求邯郸安福公司进行清算并办理注销登记。

后高某提起诉讼称：现有审计资料内容显示，账面反映销售收入85045442元，账面反映开发成本64549912.19元，则实际利润至少有20495529.81元。按照25%的比例，高某应获得的利润分红至少为5123882.45元。为隐瞒收入逃避税收，温某斌、郑某赞、林某花采用内外两套账本的方式记账。在收取客户的商品房预付款后，邯郸安福公司曾向股东支付部分利益，高某收到通过温某斌转交的两笔款项，即2006年4月4日，高某收到温某斌转交的120万元投资收益，2006年8月10日，收到96万元的投资分红款，但该部分款项没有在交付审计的账册中记录，说明邯郸房产项目利润远远不止审计账目反映的数目。为此，高某曾于2011年6月25日向温某斌、郑某赞、林某花发函，要求于2011年7月15日之前召开股东会议，妥善处理清算事宜，却遭到温某斌、郑某赞、林某花拒绝。2011年8月8日，高某收到一份由温某斌、郑某赞、林某花单方作出的邯郸安福公司“股东会决议”，综上，温某斌、郑某赞、林某花作为邯郸安福公司董事、高级管理人员，负有忠实义务和勤勉义务。2008年11

---

① 浙江省温州市中级人民法院（2014）浙温商终字第691号。

月涉县房产项目结束后，公司股东就应当及时结算，在公司盈利的情况下，依据公司章程规定退还股本金并按股权比例分配利润。温某斌、郑某赞、林某花却利用经营管理之便，采用做假账方式隐瞒掩盖盈利事实，并拒绝结算。特别是《审计报告》出具后，竟然以否认高某的出资事实及股东资格，其行为已严重损害了高某的股东权益。故特起诉要求法院判令：温某斌、郑某赞、林某花共同退还（赔偿）高某投资邯郸安福公司的注册资本金人民币270万元，利润分成5123882.45元，占用资金的利息损失2295005元（以7823882.45元为基数，按中国银行同期贷款年利率6.4%计，从2009年1月1日起，暂计算至2013年7月30日，此后，按前述标准计算至实际付清日止），合计10118887.45元。

**【裁判要旨】**一审法院认为，公司盈余分配请求权的义务主体只能是公司，公司股东只能向公司提起盈余分配之诉，公司股东之间以及公司董事与公司股东之间均没有盈余分配的权利义务，本案当事人均为公司股东，彼此之间无退还股金及分配利润的义务，故高某要求温某斌、郑某赞、林某花退还股金、承担盈余分配责任的请求，缺乏法律依据；本案法律关系的性质和被告主体不适格，该院向高某释明后，高某仍不变更，为此，该院不予支持。

二审法院认为，损害股东利益责任纠纷是指公司董事、高级管理人员违反法律、行政法规或者公司章程的规定，损害股东利益，应当对股东承担损害责任而与股东发生的纠纷。上诉人依据《公司法》[①] 第一百五十三条的规定，以损害股东利益责任纠纷为案由提起本案诉讼，但其一审诉讼请求主要包括返还出资和利润分成，与其主张的法律关系性质明显不符。诉讼请求中的利润分配请求系上诉人基于股东地位请求按照持股比例分配股利，在公司存续的情况下，应当向公司主张。一审法院在向上诉人释明后，上诉人坚持不变更诉讼请求，也不变更诉讼主体。在此情况下，一审法院依据上诉人的诉讼请求，依法确定本案案由为公司盈余分配纠纷并无不当，本院予以确认。上诉人认为一审判决“适用法律不当”“擅自变更案由”的主张，与事实和法律规定不符，本院不予支持。

① 本案法院适用的是2005年《公司法》。

**【案例评析】**本案中，原告股东的诉讼请求为利润分配，但基于的事实及理由是作为董事的股东违反信义义务，是较为典型的反映“如何理解《公司法解释（四）》第十三条所指范围”的案例。应当认为，如果股东是基于利润分配的自益权受损而提起诉讼，则应当是以公司为被告的直接诉讼；如果股东是基于董事或其他股东信义义务之违反侵害公司利益，进而有损个人利益的逻辑，则应据股东代表诉讼提起。本案案情，通过两种途径提起均为合理，原告股东可择一提起，但由于对公司的直接诉讼与对董事的股东代表诉讼应适用完全不同的程序，所以，二审法院所言，“原告所主张法律关系的性质和被告主体不适格”，是恰当的。

本案的涉及的另一问题是，《公司法》第一百五十二条，股东直接对董事提起的诉讼的适用范围，对该条的理解可参照本书对《公司法解释（四）》第十二条部分的解释。

## 三、第三人的范围

### 1. 杨某宏、王某玉公司盈余分配纠纷上诉案①

**【焦点问题】**已经作出分配决议的，股东可否向公司主张利润分配及逾期利息？现公司唯一股东是否应对上述分配利润及逾期利息承担连带清偿责任？

**【裁判立场】**可以列唯一股东为第三人，对利润分配及逾期利息承担连带清偿责任。

**【案情简介】**2010年3月30日，股东张某中、杨某宏、李某昌、王某玉、印某作为发起人成立了聊城市隆昌投资担保有限公司（下面简称“隆昌公司”），公司类型为有限责任公司。2012年1月14日，五名股东签订了变更协议，约定：一、自2012年1月1日起，公司部分股东（张某中、杨某宏、王某玉、印某）股权转让，人均256万元股权转让给李某昌，李某昌应尽快办理股权转让手续，确保半年内付清，若确属资金紧张可延期支付但需计算利息。二、各股东名下的短期借款原则上按期兑付，但由于公司资金紧张不能及时兑付，

---

① 山东省高级人民法院（2017）鲁民终479号。

最长两年内还清。三、各股东的利润分红在两年内分月付清，每月866000元，如因特殊情况不能支付，其余额将计算利息。四、本协议签署后，张某中、杨某宏、王某玉、印某不再承担风险，也不参与分红。

2013年7月17日，杨某宏等三人作为原告向聊城市中级人民法院提起诉讼要求李某昌履行协议，支付杨某宏等三人股权转让费、利润分红、利息等费用共计2400万元。该案庭审中，各方均承认公司成立时五名股东分别实际出资200万元，2010年的利润分红每人56万元转入了股本金。原审法院建议原告就分红问题另行起诉，原告遂于2014年7月21日提起本案诉讼。

杨某宏等三人上诉请求改判李某昌对隆昌公司应向杨某宏等三人支付的分红及逾期利息承担连带责任。理由在于：（1）涉案变更协议签订以后，隆昌公司实为一人有限公司，杨某宏等三人、张某中与李某昌签订了涉案变更协议，将股权全部转让给李某昌，此后隆昌公司只有李某昌一位股东。（2）李某昌作为一人有限公司的唯一股东，没有提供证据证明公司财产独立于自己的财产，应当在本案中承担连带责任。李某昌和隆昌公司对于上诉人的请求不予认可，且隆昌公司认为不应该对上诉人股东进行分红。

**【裁判要旨】**一审法院认为：（1）杨某宏等三人、张某中与李某昌签订的变更协议，在没有其他证据证明该协议具有无效情形的情况下，协议具备合法有效的合同效力。变更协议中约定的“各股东的利润分红在两年内分月付清，每月866000元，如因特殊情况不能支付，其余额计算利息”的内容是公司各股东之间协商对公司盈余进行分配的意思表示。在签订变更协议后，公司未按协议约定的内容分红，在内部救济途径不能解决分红问题的情况下，杨某宏等三股东起诉要求公司按照变更协议约定的数额分配红利，具备分红的主体资格，其向隆昌公司主张分红，符合法律规定。（2）关于隆昌公司是否应当向杨某宏等三人合计支付公司利润分配1106.8万元的问题。变更协议对于分红有具体的金额及时间约定，杨某宏等三人提供的变更协议所附的分月支付明细表对每个股东的分红数额具体清晰，应视为杨某宏等三人提供了分红的股东会决议及明确的利润分配方案。对于隆昌公司主张的公司未缴纳税金、弥补亏损及提取法定公积金不能分红，在杨某宏等三人举证证明股东会已形成利润分配决议的情况下，因为财务资料由隆昌公司掌握及保管，对于公司的财务状况、利润结构状况、负债情况不适于利润分配，以及提取公积金的合法合理性，应当由隆昌公司承担举证责任，但隆昌公司无法证实。（3）关于李某昌是否应对隆昌公司的分红义务承担连带责任的问题。公司盈余分配的权利义务主体为股东和公司，即负有向股东履行分配公司盈余义务的应为公司。李某昌作为签订变更协议时的隆昌公司的股东和法定代表人，在法律上没有承担向杨某宏等三人分配公司盈余的义务。股东签订变更协议后，并未实际办理工商登记变更，隆昌公司在法律上仍为多位自然人股东的有限责任公司，杨某宏等三人不得要求李某昌承担连带责任。故判决隆昌公司向杨某宏等三人支付分红款项。

二审法院认为李某昌应对涉案债务承担连带责任。理由在于：（1）隆昌公司实际属于一人有限责任公司。隆昌公司工商登记信息中记载的股东为杨某宏等三人与李某才、张某君，但是，李某才、张某君分别系由李某昌、张某中变更登记而成，李某才、张某君并未参与隆昌公司的经营，对于股权变更登记亦不知情，因此，隆昌公司的真实股东为杨某宏等三人与李某昌、张某中。根据2012年1月14日的变更协议的约定，杨某宏等三人和张某中已经将所持隆昌公司的股权全部转让给李某昌，杨某宏等三人和张某中也未再参与隆昌公司的经营管理。隆昌公司虽未就上述股权变动事项进行工商变更登记，但事实上已经成为李某昌实际控制的一人有限责任公司。（2）李某昌应当对公司债务承担连带责任。如前所述，李某才虽然登记为隆昌公司的股东和法定代表人，但是，隆昌公司事实上已经成为李某昌实际控制的一人有限责任公司，并且李某昌未能证明隆昌公司的财产独立于李某昌本人的财产。故李某昌应对涉案债务承担连带责任。

**【案例评析】**本案法院肯定了公司股东达成的协议中关于利润分配的约定，构成具体的利润分配方案，属于公司的意思表示，肯定了公司作为利润分配请求的被告资格。同时认定隆昌公司属于一人有限责任公司，在公司人格混同时，实际控制股东对公司债务承担连带责任。

2. 王某芝、董某军与通辽市安达出租车有限责任公司公司盈余分配纠纷案①

【焦点问题】股东未提交利润分配决议而起诉要求分配的，法院是否通知其他股东参加?

【裁判立场】本案法院通知了工商登记记载的公司的其他股东作为第三人参加诉讼。

【案情简介】董某仁与辛某臣、张某琴发起设立安达公司，2016年3月4日，董某仁因病去世，其财产第一顺序法定继承人为妻子王某芝、儿子董某军。二人经法院生效裁判确认享有安达公司股东资格后，继续董某仁与被告安达公司盈余分配纠纷一案的诉讼，法院依法恢复审理并依法通知安达公司工商登记记载的股东辛某臣、张某琴作为第三人参加诉讼。

第三人辛某臣述称，原告诉讼请求没有依据。第三人张某琴未作陈述。

【裁判要旨】在安达公司章程中明确规定由股东会审议批准利润分配方案，且在安达公司自成立至今股东之间就此亦未形成相应决议的情况下，法院无法代替企业做出经营判断和选择。二原告有关分配公司利润的请求，不符合公司盈余分配纠纷案件的受理条件，予以驳回。

【案例评析】本案是较为典型的，法院主动追加其他股东参与诉讼的案例，在未形成利润分配决议且公司为股东人数较少的有限公司的情形下，法院主动追加的做法是存在一定合理性的。

3. 上诉人南京奥道信息技术有限公司与被上诉人夏某公司盈余分配纠纷一案②

【焦点问题】对有关利润分配的“决议”存在争议的，是否必须追加其他股东为第三人?

【裁判立场】原股东与现股东之间涉及利润分配的《备忘录》存在解释上的不明，在除原被告外的其他三名股东未能到庭作出陈述的情形下，原审判决

① 内蒙古自治区通辽市科尔沁区人民法院（2016）内0502民初935号之一。

② 江苏省南京市中级人民法院（2014）宁商终字第1357号。

依据不足，予以撤销，发回重审。

**【案情简介】**奥道公司原股东为方某华、夏某、王某宏、周某，原法定代表人为夏某。2011年3月14日，方某华、夏某、王某宏、周某与曹某军签订股权转让协议，约定，方某华、夏某、王某宏、周某将其持有的100%股权转让给曹某军。同日，方某华、夏某、王某宏、周某、曹某军共同作为见证人签署了《备忘录》，对奥道公司在夏某任总经理期间承诺给各股东的2010年度的股东分红及夏某的总经理绩效考核部分的兑现作出如下约定：待股东变更完成并且财务审核确认无误后的半年内公司向夏某额外支付60万元，方某华的股东分红差额50万元做自行放弃，王某宏的股东分红差额50万元做自行放弃。待股东变更完成后，奥道公司的法定代表人作出相应变更。夏某、奥道公司均无法明确区分该60万元中股东分红及绩效考核的具体金额。

2011年3月30日，奥道公司股权转让事项经工商部门核准登记，股东变更为曹某军一人。

2011年9月20日，江苏众达装饰有限公司（以下简称“众达公司”，法定代表人为曹某军）向南京夏某企业管理咨询有限公司开具转账支票，票面金额为48万元，用途为股东分红，后众达公司申请将该支票挂失，南京夏某企业管理咨询有限公司未实际收到该笔款项。后因曹某军未按约支付全部股权转让款，夏某以曹某军为被告向南京市建邺区人民法院提起诉讼，要求曹某军支付剩余股权转让款120万元及违约金，南京市建邺区人民法院判决曹某军给付夏某股权转让款120万元及违约金，曹某军不服该判决，向南京市中级人民法院提起上诉，并提交了南京永信联合会计事务所宁信专审字（2013）第004号专项审计报告，证明夏某在股权转让时隐瞒奥道公司债务，共有703649.54元债务未在财务报表中记载。南京市中级人民法院认为，审计报告书所列内容为奥道公司的经营情况，并不能证明奥道公司在股权转让前，夏某存在向曹某军隐瞒公司负债的情况，对该审计报告不予认可，于2014年1月14日判决驳回上诉，维持原判决。

**【裁判要旨】**二审法院认为，根据《民事诉讼法》第五十六条的规定，对当事人双方的诉讼标的，第三人虽然没有请求权，但案件处理结果同他有法律上的利害关系，可以申请参加诉讼，或者由人民法院通知他参加诉讼。本案中，夏某依据《备忘录》主张股东分红。该《备忘录》中有2011年3月14日奥道公司的股东向外转让股权时，作为转让方的夏某、王某宏、方某华、周某的签字，也有作为受让方的曹某军签字。对《备忘录》中“差额50万”的含义，夏某与奥道公司均解释为“应该支付50万元”，但该《备忘录》的文义系指方某华、王某宏承诺自行放弃分红差额50万元，并未具体表述两人的全部分红数额及是否放弃全部分红，故在该两人未到庭的情况下，尚不能确定夏某、奥道公司上述解释是否符合方某华、王某宏的本意。而《备忘录》对另一股东周某的分红事项亦无表述，周某虽在《备忘录》中签字，但不能据此推定其放弃分红的结论。《公司法》第三十四条、第一百六十六条对股东分红有明确规定，夏某要求奥道公司支付2010年分红，已对同期的股东方某华、王某宏、周某的权利产生影响，案件处理结果对该三人具有法律上的利害关系。因夏某、奥道公司均未能对《备忘录》以及2010年公司分红问题作出合理解释，上述三人亦未能到庭作出陈述，致原审判决依据不足。据此，裁定撤销原判，发回重审。

**【案例评析】**本案二审法院充分认识到了利润分配请求对股东之间以及股东与公司间法律关系的影响，因而撤销原判，要求一审法院依据《民事诉讼法》第五十六条追加有利害关系的第三人参与诉讼，重新做出裁判，是较为合理的处理方式。

# 专题二　强制利润分配之诉

在理论界，利润分配请求权被分为抽象意义上的利润分配请求权和具体意义上的利润分配请求权[①]，分别对应本部分所分析的《公司法解释（四）》第十五条、第十四条。

所谓具体的利润分配请求权，指公司股东会或股东大会对有关利润分配事项做出决定后，股东所享有的分配请求权。抽象利润分配请求权经股东（大）会对具体利润分配事项的决议得以具体化，成为数额确定的、公司法上的债权，存在于债权人股东与债务人公司之间。因此相对于抽象的利润分配请求权来说，具体的利润分配请求权具有债权性与既得权性，进而又可引申出该权利的不可侵性，以及可以脱离股东权而被独立转让的可能性，也应当得到债权法意义上的保护。[②]

所谓抽象的利润分配请求权，是股东基于其公司股东的资格而享有的权利，指股东在公司每个会计年度进行决算后，依据公司的决定及其利润分配比例获取相应红利的权利。[③] 抽象的利润分配请求权是股东所享有的一种固有权，不容公司章程或公司治理结构予以剥夺或限制。但此种固有权的内容并非必然相同，又由于公司的经营具有风险性，股东在每一特定年度能否分得利润、分得

① 刘俊海：《股份有限公司股东权的保护》（修订本），法律出版社2004年版，第195页。

② 刘俊海：《现代公司法》（第二版），法律出版社2011年版，第264页。

③ 梁上上：《论股东强制盈余分配请求权——兼评“河南思维自动化设备有限公司与胡克盈余分配纠纷案”》，载《现代法学》2015年3月第37卷第2期。

数额为多少，都是未知数，所以抽象的利润分配请求权是一种期待权。[①] 抽象利润分配请求权实现向具体利润分配请求权的转化尚需具备两个条件：一是实质要件，公司存在可以用于分配的利润；二是形式要件，公司作出分配利润的决议。一般认为，抽象利润分配请求权作为一种消极性权利，除非其本身受到了直接的剥夺或不公平限制，一般而言股东无法个别积极行使。

具体利润分配请求权的可诉性不存在太多争议，而抽象利润分配请求权有没有诉讼救济的可能，理论和实务界的争议由来已久。一种观点认为，抽象利润分配请求权除非实现向具体利润分配请求权的转化，否则没有诉讼救济的可能[②]；与之相对的，另有学者认为，在例外情况下，即使公司没有作出利润分配决议，股东以公司为被告起诉请求法院强制分配利润的，人民法院也应支持，法院可以对公司利润进行裁量性分配。[③]《公司法解释（四）》第十五条即认可了后一种观点，初步明确了司法介入的原则与标准，尽管比较粗略。

## 核心条文

**《公司法解释（四）》**

**第十四条** 股东提交载明具体分配方案的股东会或者股东大会的有效决议，请求公司分配利润，公司拒绝分配利润且其关于无法执行决议的抗辩理由不成立的，人民法院应当判决公司按照决议载明的具体分配方案向股东分配利润。

**第十五条** 股东未提交载明具体分配方案的股东会或者股东大会决议，请求公司分配利润的，人民法院应当驳回其诉讼请求，但违反法律规定滥用股东权利导致公司不分配利润，给其他股东造成损失的除外。

---

① 刘俊海：《现代公司法》（第二版），法律出版社2011年版，第263页。

② 参见李凡：《试论股利分配请求须以股东大会决议为前提——兼论谈小股东利益保护不能侵犯公司自治权》，载《河南社会科学》2005年（第13卷）；刘慎辉：《关于公司股利分配请求权纠纷案件的审理》，载《中国商事审判》2003年（第1卷），法律出版社2003年版，第331页；王蕴：《翁国平与常州华晨铸造有限公司公司股权转让纠纷——兼析该案所涉公司法的几个问题》，载蒋大兴主编：《公司法律报告》（第3卷），中信出版社2006年版。

③ 参见刘俊海：《新公司法的制度创新：立法争点与解释难点》，法律出版社2006年版，第213页；李江英：《公司盈余分配权诉讼法律问题》，载《中国民商审判》（总第6辑），法律出版社2004年版，第140页；杨咏梅：《有限责任公司股东股利分配请求权保护的困惑与出路》，载《中国民商审判》（总第8辑），法律出版社2005年版，第119页。

## 关涉条文

### 一、既有相关规范

**《公司法》**

**第四条**　公司股东依法享有资产收益、参与重大决策和选择管理者等权利。

**第二十条**　公司股东应当遵守法律、行政法规和公司章程，依法行使股东权利，不得滥用股东权利损害公司或者其他股东的利益；不得滥用公司法人独立地位和股东有限责任损害公司债权人的利益。

公司股东滥用股东权利给公司或者其他股东造成损失的，应当依法承担赔偿责任。

公司股东滥用公司法人独立地位和股东有限责任，逃避债务，严重损害公司债权人利益的，应当对公司债务承担连带责任。

**第七十四条**　有下列情形之一的，对股东会该项决议投反对票的股东可以请求公司按照合理的价格收购其股权：

（一）公司连续五年不向股东分配利润，而公司该五年连续盈利，并且符合本法规定的分配利润条件的；

（二）公司合并、分立、转让主要财产的；

（三）公司章程规定的营业期限届满或者章程规定的其他解散事由出现，股东会会议通过决议修改章程使公司存续的。

自股东会会议决议通过之日起六十日内，股东与公司不能达成股权收购协议的，股东可以自股东会会议决议通过之日起九十日内向人民法院提起诉讼。

### 二、地方司法实践

（一）提交载明具体分配方案的决议

1. **《山东省高级人民法院关于审理公司纠纷案件若干问题的意见（试行）》（鲁高法发〔2007〕3号）**

**第六十八条第一款**　公司股东会、股东大会形成利润分配决议，但未向股东实际支付的，股东有权提起诉讼要求公司履行支付义务。

2. **《山东省高级人民法院关于审理公司纠纷案件若干问题的意见（试行）》（鲁高法发〔2007〕3号）**

**第十九条**　公司股东会、股东大会形成利润分配决议且利润分配符合法定条件的，对于瑕疵出资股东依法所应分取的利润，该股东或公司可主张以其抵销相应的瑕疵出资。

公司股东会、股东大会未形成利润分配决议或决议不分配利润的，瑕疵出资股东仅以公司有可分配利润为由主张已经补缴出资的，人民法院不予支持。

**3.《山东省高级人民法院关于审理公司纠纷案件若干问题的意见（试行)》(鲁高法发〔2007〕3号)**

**第十一条** 本意见所称瑕疵出资包括虚假出资和抽逃出资。股东未按期足额缴纳出资、在公司成立前非法将其缴纳的出资款全部或部分抽回，或者作为出资的非货币财产的实际价额显著低于公司章程所定价额的，构成虚假出资；股东在公司成立后非法将其缴纳的出资全部或部分抽回的，构成抽逃出资，但根据出资款的来源、抽逃的时间等足以证明股东有虚假出资意图的视为虚假出资。

公司违反《公司法》第一百六十七条第一款、第二款规定分配利润，或者制作虚假财务会计报表虚增利润进行分配的，违法分配的利润视为抽逃出资。

**4.《江苏省高级人民法院关于审理适用公司法案件若干问题的意见(试行)》(苏高法审〔2003〕2号)**

**第六十四条** 原告要求公司给付利润应具备如下条件：

（1）原告具备股东资格。

（2）公司依法有可供分配的利润。

（3）公司的利润分配方案已得到股东（大）会的批准。

（4）公司拒绝支付股利或未按已获得批准的利润分配方案支付股利。

**5.《广东省高级人民法院关于民商事审判实践中有关疑难法律问题的解答意见》**

**第三部分问题（十）** （十）股东会未作出分配利润决议的，法院能否直接裁决分配利润

法院一般不能在股东会作出分配利润的决议前直接判决公司利润分配。但如果公司章程或股东会决议规定了利润分配，法院可根据公司章程或股东会决议的有关规定判决。

（二）未提交载明具体分配方案的决议

**1.《山东省高级人民法院关于审理公司纠纷案件若干问题的意见（试行)》(鲁高法发〔2007〕3号)**

**第六十八条第二款** 公司股东会、

股东大会未形成利润分配决议，股东提起诉讼要求分配利润的，人民法院不予支持。

**2.《山东省高级人民法院关于审理公司纠纷案件若干问题的意见》（试行）》（鲁高法发〔2007〕3号）**

**第六十九条、第七十条**　股东以公司可分配利润大于股东会、股东大会所确认的数额为由提起诉讼，要求按照实际数额分配利润的，人民法院不予支持。

股东以股东会、股东大会确认的利润分配比例错误为由提起诉讼，要求按照其他比例分配利润的，人民法院不予支持。

**3.《上海市高级人民法院关于审理涉及公司诉讼案件若干问题的处理意见（一）》（沪高法〔2003〕216号）**

**第一部分问题（二）**　股东起诉公司要求分配利润的，应视情况分别处理；对于已有分配方案的，可以根据股东出资的具体条件予以判决；对于是否分配及分配比例公司未作决议的，法院不宜直接裁判。

**4.《上海市高级人民法院关于审理涉及公司诉讼案件若干问题的处理意见（二）》（沪高法民二〔2003〕15号）**

**第三部分问题（三）**　公司连续多年赢利，且符合公司法规定的股东盈余分配条件，而公司不予分配利润的，符合公司法规定的持股份额的股东有权请求公司召开股东会作出决议；在股东会决议表决时投反对票的股东有权请求公司收购其股份。

在上述纠纷中，异议股东应自股东会决议之日起60日内，与公司就收购股份进行协商；逾期协商不成的，异议股东才可向人民法院提起诉讼。

## 【条文理解】

### Ⅰ条文演变

[表格 13－14]《公司法解释（四）》第十四条、第十五条的条文演变

| 征求意见稿（2012） | 征求意见稿（2016） | 正式稿　法释〔2017〕16 号 |
| --- | --- | --- |
| 第二十二条（股东会、股东大会决议分配方案）<br>股东请求分配利润的，应提交载明具体分配方案的股东会或者股东大会决议。股东会或者股东大会决议合法有效的，人民法院应判令公司在一定期限内根据股东会或者股东大会决议确定的数额向公司股东支付红利。<br>公司抗辩主张没有税后利润可供分配的，应当提供证据证明。公司主张成立的，应驳回原告诉讼请求。<br>第二十三条（有限责任公司章程规定具体分配方案）<br>有限责任公司虽未召开股东会，但公司章程明确规定了具体分配方案，且公司符合法律和公司章程规定的分配利润条件，股东起诉请求公司依照公司章程向股东分配红利的，人民法院应予以支持。<br>第二十四条（小股东受压榨时的利润分配请求权）<br>有限责任公司小股东请求分配利润并提供证据证明公司有盈利但长期不分配，且大股东利用其控制地位，滥用多数表决权，压榨小股东利益的，人民法院应判决公司依照公司法或者公司章程的规定分配利润。 | 第二十条（股东会或者股东大会决议分配方案）<br>股东提交载明具体分配方案的股东会或者股东大会有效决议，起诉请求公司分配利润的，应当判决公司在一定期限内根据决议确定的方案向股东支付红利。判决对未参加诉讼的有利润分配请求权的股东发生法律效力。<br>股东起诉请求公司分配利润，未提交载明具体分配方案的股东会或者股东大会决议的，应当驳回诉讼请求，但有限责任公司的股东有证据证明其他股东滥用股东权利或董事、高级管理人员存在欺诈行为导致公司不分配利润的除外。 | 第十四条（提交有效决议请求分配利润）<br>股东提交载明具体分配方案的股东会或者股东大会的有效决议，请求公司分配利润，公司拒绝分配利润且其关于无法执行决议的抗辩理由不成立的，人民法院应当判决公司按照决议载明的具体分配方案向股东分配利润。<br>第十五条（未提交有效决议请求分配利润）<br>股东未提交载明具体分配方案的股东会或者股东大会决议，请求公司分配利润的，人民法院应当驳回其诉讼请求，但违反法律规定滥用股东权利导致公司不分配利润，给其他股东造成损失的除外。 |
| **【演变概述】**<br>关于利润分配的解释思路变化不大，多是集中于细节上的调整。相较于《征求意见稿（2012）》，《征求意见稿（2016）》剔除了小股东受压迫的利润分配请求权之诉，实质上是并入了强制分红之诉的条文之中；正式稿删除了《征求意见稿（2016）》中“董事、高级管理人员的欺诈行为”的除外情形，仅保留了“股东滥用股东权利”。 | | |

Ⅱ主要争议

从《公司法解释（四）》的演变过程来看，针对本条中股东根据股东会或股东大会决议记载的具体分配方案请求公司分配利润的请求权，各方基本不存在争议。对相关问题存在的不同意见主要围绕以下两个方面：

## 一、公司是否有权重新作出决议否定原分配方案

在最初的司法解释版本中，第十四条中规定有第二款，内容为“股东会、股东大会决议的分配方案合法有效，但公司主张目前不具备实施分配方案条件的，应当召开股东会或者股东大会重新决议。公司股东会或者股东大会重新决议不予分配利润的，人民法院应当判决驳回原告股东的诉讼请求”。

《公司法解释（四）》最终并未采纳这一款的内容，是较为合理的。因为，公司的确可以自由决定利润的分配和使用政策，但在公司作出利润分配决议后而拒绝履行该决议且进入司法程序后，若允许公司在经营本身未发生重大变化的情况下重新作出不同的决议，并要求法院据此判决驳回原告股东的诉讼请求，将增加讼累，也损害司法程序的严肃性。

## 二、利润分配请求诉讼中生效判决是否应当扩张其既判力

在《征求意见稿（2016）》中，在本条（原第二十条第一款）规定有“（利润分配）判决对未参加诉讼的有利润分配请求权的股东发生法律效力”。同时在本条的后一条文（原第二十一条）第二款规定，“人民法院做出公司分配利润的判决后，未参加诉讼的有利润分配请求权的股东，可以据此申请强制执行”。其目的在于尽可能减少公司和股东的讼累，合理扩张公司利润分配判决的既判力。

对此，《征求意见稿（2016）》发布后，有意见认为，应当规定未参加诉讼的股东也有权要求公司分配利润，而非要求其必须接受由其未参加的诉讼做出的判决。理由在于，在股东（大）会做出分配利润决议，一股东持该决议起诉公司，要求分配利润的情形下，如果其他股东未参加诉讼，法院判决公司按照

决议内容向原告股东分配利润，但未参加诉讼的股东可能对该分配利润的决议效力有异议，其有权提起决议撤销或无效等诉讼。如果简单规定法院分配利润的判决“对未参加诉讼的有利润分配请求权的股东发生法律效力”，相当于剥夺了其他股东的诉权。这对于没有参与诉讼的其他股东，特别是在最终判决不利于原告的情形下，而将该判决的效力及于该其他股东，这有可能导致其权利受到损害而无救济渠道。

《公司法解释（四）》最终选择删掉上述对既判力进行扩张的条文，很可能是吸收了最高人民法院民四庭的意见，即“在请求具体利润分配的情形下，公司利润分配方案形成决议后，股东对公司享有利润给付请求权，按普通债权诉讼处理即可，似无必要规定判决扩张约束于未参加诉讼的股东”。同时，原征求意见稿中的第二十一条规定判决效力扩张至案外人的法律依据似不充分，由于各股东股权比例以及利润分配请求权所受限制不同，无法凭判决确定可获利润数额，容易产生执行争议，未予保留具有实践上的合理性。

## Ⅲ条文要点

### 一、具体的利润分配请求权

如前所述，在股东会、股东大会通过利润分配决议后，股东即取得对公司具体的利润分配请求权，该请求权的构成要件包括：（1）请求人是股东利润分配方案中的股东或其他继受了该权利的主体；（2）该利润分配方案经有效的股东会或股东大会表决通过；（3）利润分配方案内容具体；（4）公司无抗辩理由或提出的抗辩理由不成立。关于第一个构成要件，已经在前一专题做了分析，以下仅就后三个要件展开。

1. 股东会或股东大会决议有效

这一要件是对法院审查股东会或股东大会决议合法性权力的规定。

（1）法院审查利润分配决议有效性的尺度

在理论上存在争议的是，对公司股东会或股东大会已经做出决议分红，股东据此起诉要求按照决议分配利润的情况，公司或其他股东均未提出异议时，法院是否应当主动审查股东会决议的效力呢？与本解释第十五条相对照来看，在第十四条的含义范围内，法院应当对股东会决议进行审查，但仅限于对是否符合有关条件及程序的要求的初步审查，例如在审理案件时应当注意股东会决议分红的依据，即公司是否有利润，有关利润分配是否符合《公司法》第一百六十六条等的分配规则以及公司章程的要求，决议的做出是否符合相应的程式等。

（2）有违资本规制的决议部分无效的，仍可作为请求依据

本条司法解释显然是为了更好地保护应取得分配利润的股东，因而在公司利润分配方案违反《公司法》第一百六十六条时，违反现有规范部分的利润（应用于弥补亏损或计提法定公积金的部分）分配的决议应为无效，但对于决议中涉及的其他利润的部分，则仍属有效，股东可基于此部分分配方案请求公司履行相应义务。

（3）公司对决议是否有撤销权

从域外立法例来看，利润分配决议在董事会制定、审议，以及交由股东会审议过程中，只要这个分配方案没有公之于众，没有对市场交易产生影响，都是可以被撤销或修改的，而在决议由股东会或股东大会审议通过并公布之后，在原则上即不可被撤销或更改。① 但值得注意的是，利润分配的形式不同，决议效力也不同。例如，在美国法上，对于金钱或实物分配，适用上述不可撤销的原则；而对于股份分红来说，由于这种分配方式实质上并非对公司财产的实质分配，其效果仅仅是将股份分成更小的单位，对股份和资产结构进行调整，因此这种决议是可以被撤销的。②

---

① James D. Cox & Thomas Lee Hazen, Cox & Hazen on Corporations, Second Edition, Volume III. p. 1211. “A dividend resolution should remain subject to reconsideration and modification during the meeting at which it is adopted, or even subject to amendment or repeal at another meeting held shortly thereafter, if no communication to shareholders or public announcement has been made such as to influence purchasers or sellers or affect the market for the shares.”

② “It has been asserted that directors ought to have power, in the exercise of their sound discretion and in the absence of estoppel, to countermand payment of a declared dividend. It has commonly been asserted that there is a distinction between the power of directors to rescind or revoke a dividend payable in cash or property and their power to rescind or revoke share dividends. While there is some conflict of authority, the current of opinion favors the power of revocation of declared share dividends even if announced. There is no analogy between the declaration of a dividend in cash or property and a share dividend. A “stock dividend” in shares of the kind already held gives the shareholder nothing in the war of a distribution of assets; it merely divides existing shares into smaller units.” James D. Cox & Thomas Lee Hazen, Cox & Hazen on Corporations, Second Edition, Volume III. p. 1212.

因此，利润分配决议一经作出，如无法定规则下效力的瑕疵，原则上是不能被公司随意撤销或更改的，主要原因在于利润分配决议产生了新的确定的债权，此后债权的变动就应当适用民法上债权变动的相应规则，不应再单方面受到公司决议的影响。

（4）是否只有经股东会或股东大会审议批准的利润分配决议才能令股东具有本条解释下的具体利润分配请求权？

依据《公司法》第三十七条第二款“对前款所列事项股东以书面形式一致表示同意的，可以不召开股东会议，直接作出决定，并由全体股东在文件上签名、盖章”之规定，有限公司形成公司利润分配方案决议并不必然要求召开股东会，只要股东对公司利润分配以书面的形式达成一致意见，即可直接作出决定。

另外，外国立法例在特殊情况下承认董事会决议载明的利润分配决议也能够产生股东具体的利润分配请求权的效果。例如《日本公司法》第四百五十九条第一款、第四百三十六条第三款中规定，在具备会计监察人等特定条件的情况下，盈余金分配事项可根据公司章程的规定由董事会决定。韩国商法也规定，利润分配可以进行中间分派，只需依董事会决议来确定，无需经过股东大会的追认。①

对于中期分配，我国财政部出台的《企业会计准则——中期财务报告》文件中第八条规定，“中期会计报表附注至少应当包括下列信息：……（9）向企业所有者分配利润的情况（包括在中期内实施的利润分配和已提出或者已批准但尚未实施的利润分配情况），包括向所有者分配的利润总额和每股股利”。证监会、财政部、国资委与银监会联合发布《关于鼓励上市公司兼并重组、现金分红及回购股份的通知》中第二条也提到，“具备分红条件的，鼓励实施中期分红”。英国公司法实践中也存在着不同类型的分配方式，并已形成惯例得到司法的认可。

但是，与日韩等国不同，根据我国《公司法》第三十七条与第九十九条规

① 李哲松：《韩国公司法》，吴日焕译，中国政法大学出版社2000年版，第628页。

定，审议批准公司的利润分配方案和弥补亏损方案的职能须由股东会或股东大会行使，因此仍需召开（临时）股东大会通过中期利润分配方案。因此只有经过股东会或股东大会审议批准通过的利润分配方案，股东才享有本条解释下的具体利润分配请求权。

2. 利润分配方案应内容具体

日本法规定，公司对其股东进行盈余金分配时，每次须通过股东大会的决议对以下事项作出决定，包括拟分配财产的种类以及该财产的账簿价额总额，有关对股东进行财产分配的事项，以及盈余金分配的生效日。[①]

原则上，分配政策应当包括待分配利润额、分配政策、分配范围以及分配时间等分配事项相关内容。但确定利润分配方案是否具体并不能一概而论，应当结合具体情况进行判断，例如一个决议仅仅表达了在特定日期根据特定额度分配股利，但仍然保留了公司对是否分配利润的最终决定权，就不应当认为该决议属于具体的决议，不应当产生利润请求权具体化的效果。法院在审理过程中应当进行审查，以“根据已有信息能够确定请求人根据方案应当得到的具体利润数额”为标准，只要满足这一条件，即可认定为具体的利润分配方案。

为了使利润分配方案能够更规范地被实施，交易所规则要求上市公司在做出利润分配方案时，须参照利润分配实施公告格式；据此，上市公司具体的利润分配方案通常应包括以下内容[②]：

（一）股东大会审议通过利润分配方案情况，包括公司股东大会审议通过的分配方案的具体内容。

（二）本次利润分配方案。应说明发放年度、发放范围以及每股应分配股息的数额等。在上市公司中，根据指引，“应以每10股表述分红派息、转增股本的比例，股本基数应当以方案实施前的实际股本为准”；同时，还应当说明含税及扣税情况，如在上市公司的派发股息安排中扣税的，需说明扣税后每10股实际分红派息的金额、数量。

---

① 近藤光男著：《最新日本公司法》（第7版），梁爽译，法律出版社2016年版，第356页。

② 参考自深圳证券交易所：《上市公司信息披露公告格式第3号——上市公司分红派息、转增股本实施公告格式》（2014年修订）

（三）分红派息日期。分配方案应当明确说明：股权登记日、除权日（除息日）和新增可流通股份上市日（红利发放日）。

（四）分红派息对象。即截至股权登记日下午交易所收市登记在册的全体股东。公司实施仅向部分股东而不是全体股东的定向分配特殊方案的，应相应说明分红派息的具体对象。

（五）分配方法。应当说明股息派发方式以及到账的具体日期。

（六）股本变动结构表（如无股本变动，则免于披露本项内容）。

（七）调整相关参数。

（八）有关咨询办法。

（九）备查文件。文件包括登记公司确认有关分红派息具体时间安排的文件，董事会审议通过利润分配方案的决议，以及交易所要求的其他文件等。

另外，在《公司法解释（四）》修订过程中，出现过“决议载明的具体分配方案未确定分配利润的时间的，应当判决确定公司分配利润的合理期限”这样的表述。虽然最终稿将其删除，但确实是法院裁判时应当予以考虑的，也有既有规范可供参考，例如，根据我国证监会出台的《上市公司章程指引》（2016年修订）第一百五十四条的规定，公司股东大会对利润分配方案作出决议后，公司董事会须在股东大会召开后两个月内完成股利（或股份）的派发事项。

3. 公司抗辩的理由

能够被支持的公司的抗辩理由通常是指利润分配决议不存在、决议无效或可撤销的情形。其他的抗辩理由，原则上不能对抗股东的利润分配请求权。

英美法中存在观点认为，在特定情形下，董事会应当具有权利取消或撤回利润分配决议，即公司无可分配利润时，公司即可以此为抗辩，取消分配决议，拒绝履行分配利润的债务。特定情况主要包括对于公司前景的预判出现重大错误，或者公司在决议通过不久因不可预见的情形遭受重大损失。但英美法主流观点认为，在利润分配决议做出之后，公司按照分配方案向股东给付利润之前，即使公司出现经营严重亏损甚至破产的情形，也不应当作为公司拒绝履行现金或财产形式分红的分配方案的抗辩理由。[①]

值得注意的是，由于股东具体的利润分配请求权自载明利润分配方案的一刻起产生，此时的股东即具有与公司其他债权人相同的地位，在公司破产的情况下，根据《企业破产法》第一百一十三条与其他普通破产债权人一同按照比例分配破产财产。这一分配顺序并不与破产中股东列后分配的原则相冲突，此时享有具体利润分配请求权的股东具有双重身份，其基于不同债权的性质按照不同顺序可以获得相应的分配份额。

在满足以上构成要件的情形下，法院应当判决公司按照利润分配方案向请求人履行利润给付义务。

## 二、抽象的利润分配请求权

利润分配请求权是股权的重要权能之一，属于典型的财产性权利。《公司法》第四条明确规定："公司股东依法享有资产收益、参与重大决策和选择管理者等权利。"股东投资公司的根本目的在于获得投资收益，对于不参与公司经营管理的小股东尤其是如此，利润分配请求权则最为直接地体现了这一目的。

利润分配请求权是一种具有层次性的权利结构。一般认为，利润分配请求权包括两个层面，即抽象的利润分配请求权和具体的利润分配请求权。[②] 具体的利润分配请求权，是指当公司存有可以分红的利润时，根据股东会分红决议而享有的请求公司按照其持股类别和比例向其支付特定股利金额的权利。抽象的利润分配请求权，是指股东基于其公司股东的资格和地位而享有的一种权利。[③] 抽象的利润分配请求权属于期待权，当股东会或者股东大会形成分红决

---

① *James D. Cox & Thomas Lee Hazen*, *Cox & Hazen on Corporations*, *Second Edition*, *Volume III. p.* 1212. Quote: It has been asserted that directors ought to have power, in the exercise of their sound discretion and in the absence of estoppel, to countermand payment of a declared dividend. There are plausible arguments for this view in case of a serious mistake as to business prospects or the destruction of the corporation' s plant by fire, earthquake, or other disaster soon after the passage of the resolution. But the arguments against the directors' power to rescind dividends after notice of the declaration seem conclusive. It has thus become established that a cash or property dividend, once announced, cannot be revoked.

② 蒋大兴：《公司法的展开与评判》，法律出版社2001年版，第327~328页。

③ 李建伟等：《有限公司强制分配股利之诉的法理基础》，载《当代法学》2010年第2期，第33~41页。

议时，该抽象的利润分配请求权即转化为具体的利润分配请求权。同时，抽象的利润分配请求权也具有某种“消极性”或“被动性”，并不完全取决于股东自身的意愿，其原因在于，公司的经营是具有风险的，公司实际能否盈利并不确定，且在公司盈利的情况下，也可能出于公司发展的需求采取不同的红利分配政策。

实践中，抽象的利润分配请求权可能会因公司章程、股东协议或其他公司决议而受到限制。在这些限制中，有的是合理的，如全体股东出于对公司经营的考量自愿对公司的利润分配作出一定的限制，如在章程中约定或者一致协议为了公司未来的发展在几年内不分配利润等；也有的是不合理的，如未经股东同意而不公平地限制甚至剥夺该股东的利润分配请求权，在这种情况下，法律应提供救济。①

对于股东利润分配请求权被侵害的救济，法律上存在不同规定。对于具体利润分配请求权，我国《公司法》及本司法解释明确规定了救济途径，股东可提起给付之诉。但针对抽象利润分配请求权的司法救济，《公司法》并未作出明确的规定，一般认为抽象利润分配请求权是一种消极性权利，一般不得个别地积极行使抽象利润分配请求权。本条解释表明，这只是一般情况，在特殊情况下，抽象的股利分配请求权并非完全不具有可诉性，否则，只要股东会不对是否分配股利作出决议或者作出不分配股利的决议，无法转化形成具体的利润分配请求权，股东在此项权利上就没有任何救济渠道了。②

## 三、公司自治与禁止权利滥用

公司自治是指公司作为同自然人一样在法律上具有独立人格的主体，能够自主地对公司进行经营和管理，不受他人干预。公司自治是一种公司股东（特殊情况也包括其他利益相关者）所享有的、应得到公司法承认和保护的权利和地位。公司自治来源于私法自治，后者是民商事法律制度的基石。③

---

① 李建伟等：《有限公司强制分配股利之诉的法理基础》，载《当代法学》2010 年第 2 期，第 33～41 页。

② 王欣新：《论法院对股东股利分配请求权的保护》，载《人民法院报》，2007 年 1 月 17 日。

③ 梁慧星：《民法总论》，法律出版社 2011 年版，第 38 页。

公司自治原则包含两方面的含义：第一，公司是私法自治的主体，拥有独立法律人格，作为平等、独立的交易主体在商事活动中享有充分的自由，如契约自由等。第二，在内部治理上，“公司自己管理自己的事务”，内部事务交由股东会或者股东大会自行决定、自我管理，法院一般无权干涉。而股利分配决定权作为公司的一项重要内部治理权，自然也应遵循公司自治原则的要求：首先，公司利润的分配方案包括任意公积金提取比例以及利润分配的依据、时间与形式等，股东都可以在法定的范围内自主约定；其次，股利分配决定权由股东会或者股东大会依法行使，虽然法律和公司章程对利润分配决议程序做出了一定的规定，但公司作出或者不作出分配股利以及如何分配的决议均由其自主决定，都应受到尊重，司法不宜强加干涉。①

公司自治赋予公司充分的自由，并不意味着公司治理不受任何的限制，更不意味着司法在任何时候都不得或不会干预。公司自治原则并不是公司法所遵循的唯一原则。公司法作为法律，同样需要遵循法律正义的基本价值。大股东为追求自身利益，利用资本多数决原则进行关联交易、修改公司章程、不进行清算、长期不召开董事会等，这些行为都严重侵害了中小股东的利润分配请求权，此时应该允许中小股东提起强制利润分配之诉。只有司法的必要介入，才能真正保护股东的正当利益，维护公司这一组织形式的正当性和吸引力。② 在此意义上，司法的适度干预有利于维护公司自治的良性运行，是公司自治的有益补充。

禁止权利滥用原则是指一切民事权利的行使，不得超过其正当边界，行使权利超过其正当界限则构成权利滥用，是我国民商法的基本原则之一。③《公司法》第二十条贯彻了禁止权利滥用原则。该条所确立的股东不得滥用股东权利制度，是股东权利行使的基本原则，是对资本多数决等资本民主制度的补充。司法实践中也一般认为，股东权利具有一定的界限，行使股东权利超出一定界

① 李建伟等：《有限公司强制分配股利之诉的法理基础》，载《当代法学》2010 年第 2 期，第 33～41 页。

② 范世乾：《控股股东滥用控制权行为的法律规制》，北京大学出版社 2010 年版，第 27 页。

③ 梁慧星：《民法总论》，法律出版社 2011 年版，第 51 页；魏振瀛主编：《民法》（第 5 版），北京大学出版社，2013 年版，第 25 页。

限而损害他人利益的，同样构成权利滥用，司法应予以干涉，如在“湖南盛宇高新材料有限公司与湖南胜利湘钢钢管有限公司公司决议纠纷一案”[①]中，原告主张出资较多的被告股东单纯依“资本多数决”之原则变相侵害了小股东的利益，该次章程的修改违反法律规定，应判决无效。法院判决支持了原告的请求，认为资本多数决是公司运作的重要原则，但多数股东行使表决权时，不得违反禁止权利滥用和诚实信用原则，形成侵害小股东利益的决议。

根据《公司法》的规定，一方面股东应当在法律和公司章程规定的范围内行使股东权利，另一方面即使依法依章程行使股东权利，亦应尊重其他股东的合法权益。就控制股东而言，在其拥有多数股份而享有资本多数决带来的控制权时，应当基于正当目的行使控制权，即对公司决策、经营施加影响时，应该是为公司和全体股东的共同利益，而不得为自己谋取不正当之利益，更不能损害公司和其他股东的利益。[②]基于同股同权原则和信义义务，控制股东应当“公平对待小股东”。但是在公司的实际运行中，却往往有不公平的现象发生。小股东与控制股东在公司中居于不同的地位，在利益分配上有不同倾向。控制股东处于强者地位，更加关注公司的长远发展，希望公司少分或者不分利润以便有更多的资金用于未来经营；而小股东处于弱者地位，不直接参与公司的经营管理，较公司的发展而言，更关注自身可得的利润分红等现实利益。基于地位的不同，小股东常常会受到控制股东的压制，其期待的利益常常无法实现甚至受到侵害。此外，小股东的权利还可能受到公司管理层的侵害，由于公司董事等人选往往是由控制股东决定的，所以大股东与小股东的矛盾也可能转化为小股东与管理层的冲突，受到公司控制股东与管理层的双重压制。[③]在此情形下，小股东利益应当获得法律的适当关注与保护，避免受到公司管理层或控制股东的不当压制。

总之，在公司股利分配上，对部分股东通过掌握公司的控制权、滥用控制权操纵股东会，侵害中小股东合法分红权的，法律应当进行干涉，允许其他股

---

① 湖南省湘潭市中级人民法院（2015）潭中民三终字第475号。

② 朱慈蕴：《资本多数决原则与控制股东的诚信义务》，载《法学研究》2004年第4期，第104～116页。

③ 梁上上：《论股东强制盈余分配请求权——兼评“河南思维自动化设备有限公司与胡克盈余分配纠纷案”》，载《现代法学》2015年第2期，第67～81页。

东直接向法院提起强制利润分配之诉，用强制性的法律规范权利滥用的行为。

## 四、强制分红之诉：违反法律规定滥用股东权利

根据《公司法解释（四）》第十五条的规定，股东向法院请求公司分配利润的，原则上需要提交载明具体分配方案的股东会或者股东大会决议；未提交载明具体分配方案的股东会或者股东大会决议的，法院应驳回其诉讼请求。具体而言，股东既可能没有提交任何股东会或者股东大会决议（情形一）；也可能提交了仅决议分配利润但未制作具体分配方案的股东会或者股东大会决议（情形二）；或者提交了股东会或者股东大会关于不分配利润的决议（情形三）。以上三种情形均属于未提交载明具体分配方案的股东会或者股东大会决议，原则上应当驳回诉讼请求。第十五条但书部分规定了特定情形下对股东要求强制分红的诉讼请求可予支持，以下对其构成要件加以说明。

1. 股东从事滥用股权导致公司不分配利润的行为

股东从事滥用股权导致公司不分配利润的行为，在具体表现上可能存在多种形式，在认定时应结合公司经营的实际情况加以判断，从实务经验和比较法上的具体制度来看，主要有以下几类典型行为。

（1）股东会决议给在公司任职的特定股东或者其指派的人发放与公司规模、营业业绩、同行业薪酬水平明显不符的过高薪酬，变相给该股东分配利润

此种情形主要针对股东或其指派的董事、高级管理人员等。其中董事、高级管理人员通常由控股股东、实际控制人担任或者委派。当然，在一些特殊情况下，有一些人员并未担任高级管理人员，但是利用与股东的特殊关系领取高薪，也可认定为此处的受益主体。对于薪酬水平，应结合公司规模、经营业绩、同行业类似企业薪酬水平综合地加以认定。具体而言，如下情形可构成过高薪酬：其一，不符合公司章程约定的薪酬发放，或法院能够根据当事人的行为推断出不满足条件获得约定的薪酬的结论。其二，给某些股东发放远高于其他股东的薪酬。如在英国 Re McCarthy Surfacing Ltd① 一案中，81%的真实利润被分

① ［2009］1 BCLC 622.

配给了总裁T和他的两个兄弟（也是公司股东，三人共同持有公司的多数股权，其他股东持有公司40%的股权）。法院判决T的行为构成不公平损害，因为这种行为使81%的利润无法被其他股东获得。T的行为还另外违反了股东的信托义务。其三，薪酬的绝对水平过高，明显超过通常水准。对此，英国法上的裁判也具有参考价值。是否支付过高的薪酬数量，不应仅从数量上进行判断，还应通过“客观商业标准”（objective commercial criteria）来衡量。董事所得薪酬超越“稳妥适当的替代者”（secure suitable replacement），或者该薪酬与同规模、同效益的其他公司付给其董事的薪酬不相符合的，为支付过高的薪酬。在薪酬客观上明显过多时，法院甚至不需要依据违反关于薪酬发放的约定或章程，即可判定构成不公平损害行为。

在另外一个案件中（Re a Company①），董事在14个月内的薪酬达到了365000英镑，Vinelott法官认为这些薪酬“明显超过了一个董事所能赚取的数额，数量太大以致构成不公平损害行为”。② 上诉法庭也支持了这一观点。在Re TPL Holdings Ltd③案件中，一方代理律师George Bompas主张，未必薪酬发放违反公司章程或有关约定才成立不公平损害，薪酬分发过多以致于明显不合理也可能构成该行为。

（2）公司购买与经营不相关的服务或者财产供股东消费或者使用，变相分配利润

若公司不分配利润，而由控股股东操纵公司购买车辆、房产等财产或者服务，用于股东自身使用或者消费，也可能构成股东滥用股权。该种消费与公司业务的任何适当目的无关。对此，英国法上的相关理论也可资参照。如主流学说认为，公司人为地压低分红，使得董事个人从公司利润中获利（artificially keep dividends low to use the company's profits to fund their own lifestyle），便属于法律所禁止的不正当行为。④

① （No 002612 of 1984），[1985] BCLC 80.

② “…plainly in excess of anything [the director] had earned and was so large as to be unfairly prejudicial to [the petitioner].”

③ （HC，25 March 2014），LTL 2/4/2014.

④ Victor Joffe QC et al, *Minority Shareholders*, Oxford University Press, 2015, pp. 361～362.

（3）公司为了不分配利润隐瞒或者转移公司利润

这也是一种股东滥用权利的表现，具体指公司不分配利润，而大股东或者董事会、高级管理人员操纵公司隐瞒或者转移利润。隐瞒或转移利润的行为主要包括：虚增成本、关联交易、推迟确认收入、过度计提资产减值、过度预计负债、虚增库存等。对此，英国法上的相关理论也可资参照。在 Lloyd v Casey[①] 案中，被告的行为使得公司向他自己的公司支付了明显更多的服务费，并且为了他自己的利益补贴了大量津贴，该行为被认定为构成不公平损害。

总之，股东的分配权来源于股东平等原则的要求，其直接法律依据为《公司法》第二十条第一款关于股东不得滥用权利损害其他股东利益的规定。除了上述类型外，还可以参考比较法上关于小股东受到不公平损害的认定原则判断可能存在的股东滥用股权拒绝分配利润行为：（a）行为违反了公司章程等股东签订的有关公司事务的协议；（b）出于公平的角度认为，该行为对股东享有的固有权利构成了不公正对待；（c）该行为由股东会、董事会等公司机关越权做出，或者由董事会以实现非法目的或不可告人的目的做出。[②]

2. 给其他股东造成损失

与“股东滥用权利”这一行为要件相对，“给其他股东造成损失”是结果要件，但在其具体适用上应当适当宽松。原则上，只要证明滥用股东权利即可，即滥用股东权利的行为本身，可推定出对其他股东股权的侵害，进而造成了其他股东的损失。

## 典型案例

### 一、提交载明利润分配方案的决议：债权债务关系的认定

1. 上海市粮食储运公司诉上海南方啤酒原料有限公司公司利润分配权案[③]

**【焦点问题】** 已由股东会决议作出的分配方案，其性质如何？

---

① ［2002］1 BCLC 454.

② Victor Joffe QC et al., Minority Shareholders, Oxford University Press, 2015, p. 343.

③ 上海市第一中级人民法院（2000）沪一中经终字第610号。

**【案例要旨】**诉争利润分配方案已由股东会做出决议，当事人之间已形成债权债务关系。股东有权作为债权人提起诉讼，要求公司履行给付义务。

**【案情简介】**1995年，原告上海市粮食储运公司与案外人中粮粮油进出口公司（下称粮油公司）、中国新良储运贸易公司（下称新良公司）、吉林轻工股份有限公司（下称轻工公司）制订了上海南方啤酒原料有限公司章程，约定：由原告股东、粮油公司、新良公司、轻工公司共同投资设立被告上海南方啤酒原料有限公司（下称南方啤酒），原告占出资总额的25%。公司章程约定，被告税后利润依照国家的规定留存法定公积金10%、法定公益金5%，其余的按股东实际出资比例分配。1997年3月18日，被告向原告出具一张盖有公章，并有原告、粮油公司、新良公司、轻工公司四股东认可的南方啤酒1996年利润分配方案，该方案确认原告可分利润719373.69元。1997年7月28日，被告向各股东单位出具了关于南方啤酒1996年利润暂缓兑现的情况说明，写明：因各个啤酒厂拖欠资金，使被告无法及时回笼货款，对1996年各股东利润等无法及时兑现，一旦拖欠资金到位后，立即付清各股东单位的红利。但被告至原告起诉时仍未给付原告利润款。

**【裁判要旨】**一审法院认为，《公司法》规定，公司股东作为出资者按投入公司的资本额享有所有者的资产受益、重大决策和选择管理者等权利。被告章程也规定了股东有按出资比例分得红利的权利。原告作为公司的股东依法享有资产受益权。被告出具1996年利润分配方案，确认原告应分得的利润，由于被告拖延利润分配，致原告未能及时获得利润。根据我国现有法律规定，并未限制公司股东对公司提起诉讼，而《公司法》也未规定公司亏损应以上年的应分配利润予以弥补，且被告实施该利润分配方案后，不至于减少公司注册资本。原告诉请于法不悖，该院予以支持。

二审法院认为，我国《公司法》规定股东按照出资比例分取红利，被上诉人作为公司股东已经足额缴纳公司章程中规定的出资额，依法有权按照出资比例分取红利；我国《公司法》另规定有限责任公司股东会由全体股东组成，股东会是公司的权力机构，有权审议批准公司的利润分配方案，被上诉人依法与其他股东共同审议批准的1996年度分配方案，上诉人应予执行。我国《民法通则》规定债是按照合同的约定或者依照法律的规定，在当事人之间产生的特定的权利义务关系，公司分配方案一旦成立，即在上诉人与被上诉人之间产生债权债务关系。被上诉人作为股东并未对股东会议形成的1996年度分配方案提出异议，仅作为债权人提起诉讼，要求上诉人履行给付义务，故本案应适用我国《民法通则》的有关规定。判决驳回上诉，维持原判。

**【案例评析】**本案所涉及的争议的焦点在于法院能否依据利润分配方案裁决股利分配。当股东会做出决议分配股利时，股东即享有取得股利的具体请求权，此时公司对股东负担债务，不得由董事会或公司撤销或废除。本案被告公司股东会已经就1996年度的利润分配做出具体的分配方案，公司应当对原告履行债务而不能再做出撤销的决定。公司在做出具体分配方案之后将应当分配给股东的利润用于公司弥补亏损，不能作为不对股东履行股利分配的有效抗辩。

2. 上海甲进出口有限公司与于某某公司利润分配纠纷一案①

**【焦点问题】**已经存在载有利润分配方案的有效股东会决议，公司是否能以后续董事会决议变更为由抗辩股东基于此决议享有的利润分配请求权?

**【案例要旨】**公司股东会一经作出利润分配方案的决议，即产生对原告具体的分配利润的债务，公司应当按照利润分配方案执行，不得通过后续决议否定，也不得通过其他方式变相剥夺股东基于分配方案所获得的权利。

**【案情简介】**上海甲进出口有限公司（以下简称“甲公司”）系有限责任公司，于某某系甲公司的股东，持有甲公司3.3%的股权。甲公司的公司章程载明，股东作为出资者按占公司的股份额享有所有者的资产受益、重大决策和选择管理者等权利；股东按股份分取红利。上述章程还载明，公司设立董事会，董事会对股东会负责，具体职权中包括“制订公司的利润分配方案和弥补亏损方案”。

2010年3月16日，甲公司形成《上海甲进出口有限公司2009年度董事会决议》，该次董事会审议了“2008年度、2009年度财务工作报告”“工资总额2008年度、2009年度列支情况和2010年度预算方案”“关于不再支付的股利转

---

① 上海市第一中级人民法院（2011）沪一中民四（商）终字第1081号。

入利润分配—未分配利润的议案”“关于2007年度、2008年度利润分配的预案”等议案，并一致同意和通过了《关于利润分配的董事会决议》《关于利润分配的股东会决议》《关于于某某同志有关问题的董事会决议》等决议。

其中，《关于上海甲进出口有限公司利润分配的董事会决议》载明，同意对2007年度、2008年度可供分配利润按各股东投资比例进行分配；经审计，公司2007年度、2008年度可供分配利润合计为人民币19107649.29元。《关于上海甲进出口有限公司利润分配的股东会决议》的内容与上述《关于上海甲进出口有限公司利润分配的董事会决议》的内容一致。

《关于于某某同志有关问题的董事会决议》涉及，于某某任总经理期间，在与乙实业（香港）公司（以下简称“乙公司”）业务往来过程中有一笔高达8.8万美元（按当时购汇成本折合人民币729573.59元）违规虚列支付佣金款造成公司损失，至今未被追回；根据审计意见和实际情况，董事会认为，于某某对此负有不可推卸的主要直接责任和领导责任；依照《公司法》第六十三条，公司员工手册等规章，对于某某做出按对公司造成经济损失额的50%（计人民币364780元）赔偿损失的经济处罚，赔偿款从其2007年度、2008年度完税后个人所得红利部分予以扣缴。

依据上述决议，甲公司应向于某某分配2007年度、2008年度红利人民币504441.94元（税后），但于某某实际领取红利人民币139661.94元，甲公司扣缴了于某某2007年度、2008年度完税后个人应得红利人民币364780元作为对于某某的处罚。故于某某于2011年1月13日向原审法院提起诉讼，请求判令甲公司返还其2007年度、2008年股东税后利润分红人民币364780元。

**【裁判要旨】**一审法院认为，首先，《公司法》和甲公司的公司章程均载明，股东有权按股份分取红利，他人不得非法限制或剥夺。其次，经甲公司股东会及董事会形成决议，在审计的基础上明确了2007年度、2008年度可供分配利润合计为人民币19107649.29元，并明确了按各股东投资比例进行分配的原则。本案中，甲公司对于某某主张的应分配红利金额并无异议，其以“经公司董事会表决，应扣缴人民币364780元作为对于某某给公司造成经济损失的处罚”为由提出抗辩。从《关于于某某同志有关问题的董事会决议》来看，其内容涉及对于某某在担任甲公司总经理期间，甲公司与乙公司业务往来中的一笔款项做出认定和处理。但一方面，甲公司与乙公司之间互有账务往来，迄今为止，甲公司并未与乙公司核对账目，因此，对于乙公司而言，甲公司所支付的88016.02美元是否构成不当得利不应由甲公司做出认定；另一方面，甲公司至今未通过任何法律手段向乙公司追讨上述88016.02美元，甲公司的救济途径尚未穷尽，该笔款项尚不能认定为甲公司的经济损失。此外，即便上述款项属于甲公司的经济损失，则该损失是否因于某某执行公司职务时的不当行为所导致，于某某应否承担赔偿责任应通过相关程序依法主张，甲公司无权直接对此做出认定并以扣缴于某某红利的方式做出处理。综上，于某某要求甲公司支付红利的诉讼主张有事实和法律依据，依法应予支持。

二审法院认为，甲公司的股东会决议已经决定向于某某分配红利，却又通过董事会决议变相剥夺于某某的公司利润分配权，显然违反法律规定。再者，即使于某某确实存在损害公司利益的行为，但在我国《公司法》及甲公司的章程中均未规定董事会可以就高级管理人员对公司造成的损失直接通过董事会决议进行处罚，并以扣缴其作为股东应得的红利方式进行处理。因此，本院认为，《关于于某某同志有关问题的董事会决议》的内容违反公司法及公司章程的规定，应认定为无效。

**【案例评析】**本案是较为典型的以存在新决议为由抗辩原有利润分配决议执行的案例。一、二审法院的裁判说理基本一致，也较为合理，逻辑清晰。

3. 谢某等与安徽兴达化工有限责任公司确认纠纷上诉案①

**【焦点问题】**发放补偿款的公司决议性质如何？是否有效？

**【裁判立场】**由于无法确定决议发放的补偿款是来自利润还是资产，该分发行为，违反了《公司法》上关于资本规制的强行性规定，应为无效。

**【案情简介】**安徽兴达化工有限责任公司（以下简称“兴达公司”）共有25名自然人股东，谢某、刘某祥系其股东，两人认为公司法定代表人及其他一些管理人员侵害公司及谢某、刘某祥的利益，故双方发生纠纷及诉讼，谢某、

---

① 安徽省合肥市中级人民法院（2014）合民二终字第00036号。

刘某祥曾提出由兴达公司给谢某、刘某祥发放40万元赔偿或补偿款的调解方案。兴达公司为此召开股东会议，于2012年10月10日短信通知谢某、刘某祥，公司定于2012年10月12日召开股东会会议。谢某、刘某祥接到通知后，以程序违法为由，反对召开股东会会议，后股东会如期召开，公司股东包括谢某、刘某祥在内的全体股东均到会。股东会以占股权67.92%的表决权通过股东会决议，决议内容为兴达公司给予每位股东发补偿款40万元，谢某、刘某祥及另一位股东邢伟国签字表示不同意，现谢某、刘某祥也收到了补偿款40万元。谢某、刘某祥于2013年7月19日起诉，要求法院判令2012年10月12日股东会决议无效。兴达公司辩称发放的40万元不是分红而是福利，谢某、刘某祥主张是分红。

**【裁判要旨】**一审法院认可每位股东的40万元属福利，驳回诉讼请求。二审法院围绕该笔款项的性质进行分析。二审法院认为，首先兴达公司不能证明这笔数额巨大的款项来自公司资产还是利润；其次，根据通常理解，“福利”指员工的间接报酬，从发放对象看，“福利”的发放对象为员工而非股东；从发放内容看，决议内容为公司向每位股东发放40万元，发放款项数额巨大，不符合常理。如果40万元属分红，则应当按实缴的出资比例而非对每位股东平均分配。最后，该笔数额巨大的款项，无论以股息或红利的形式，还是股息或红利形式以外的减少公司资产或加大公司负债的形式分发款项，均是变相分配公司利益的行为，损害了部分股东的利益，更有可能影响债权人的利益。故判决2012年10月12日股东会决议无效。

**【案例评析】**本案的关键在于如何认定向每位股东发放40万元的性质。相比兴达公司注册资本的273.98万元，本次分发的款项则高达1000万元。由于无法确定1000万元来自利润还是资产，该分发行为既可能构成未按实缴出资比例、过度分配公司利润，也可能仅仅是变相分配公司利益、使公司资产不正当流失的行为，其结果都是直接贬损公司的资产，从而损害公司债权人的利益。违反了《公司法》上关于资本规制的强行性规定，因而被认定为无效。

## 二、未提交载明利润分配方案的决议：不予支持的情形

### 1. 金隆国际有限公司与无锡百和织造股份有限公司股东大会决议效力确认纠纷上诉案①

**【焦点问题】**公司决议不分配利润的，股东可否基于盈余分配请求权受损而请求认定决议无效?

**【裁判立场】**本案法院认为，审查关于利润分配的决议效力问题，仅应考虑是否违反法律、行政法规的强制性规定。即使存在控股股东滥用权利、采用关联交易方式转移利润等情形，亦不属于本案审理范围，本院不予理涉。

**【案情简介】**金隆公司系百和公司股东，百和公司召开2008年度股东大会，其中第三项议案是关于2008年利润分配的议案，议案内容为："2008年下半年，金融危机波及实体经济，本公司主营业务受到严重冲击，导致2008年下半年盈利未达预期。管理层预估，2009年上半年形势更加严峻，为了应对金融危机，保证公司资金供应量，最大限度地保障股东的利益，董事会提出2008年利润分配方案：对于2008年的利润，不进行分配，也不转增股本。"（以下以《关于2008年利润分配的议案》指代），该议案由占到享有表决权股东所代表股份总数的89.2857%同意，议案表决通过。

金隆公司诉称《关于2008年利润分配的议案》，除控股股东安达公司同意外，其他股东都表示反对，但安达公司占公司全部股份总数的89.2857%，因此本议案表决通过。金隆公司认为，该决议因控股股东安达公司滥用控制权，以资本多数决操纵公司管理机构，违反诚信义务，属于违反法律禁止性规定的行为，应认定决议无效。

**【裁判要旨】**一审法院认为：第一，本案中金隆公司主张安达公司滥用股东权利，利用资本多数决操纵股东大会并无具体事实依据，仅是从决议的表决结果及其产生的法律后果来进行推断。资本多数决是《公司法》的一项基本原则，也是公司经营管理活动遵循的准则，百和公司章程中亦有类似规定，不应

---

① 江苏省高级人民法院（2010）苏商外终字第0015号。

以可能损害小股东权益为由随意摒弃该原则的适用。百和公司股东会对涉案决议进行表决，并依照股份数确定决议是否通过，符合法律规定。第二，金隆公司主张百和公司及控股股东安达公司违背诚实信用原则、滥用股东权利，违规关联交易，侵害小股东盈余分配权，亦不予采纳，属于自主经营决策的范围。第三，金隆公司还认为梁溪会计师事务所并非章程规定的会计师事务所，百和公司股东会不能以该所出具的审计报告为依据作出的不分配利润的决议。对此一审法院认为：1. 本案审查的重点是涉案决议是否违反法律、行政法规的禁止性规定，是否违反公司章程并非本案的审查重点；2. 涉案决议内容并没有表明以该审计报告为依据；3. 百和公司在2009年5月22日的第一次临时股东大会会议上，通过决议，聘请梁溪会计师事务对其2008年度财务报表进行审计，对该审计报告进行了追认。因此金隆公司的此项主张，不予采纳。第四，金隆公司通过对2006年度至2008年度百和公司（包括其前身百和有限公司）财务状况的比较，认为在增资之前经营状况并不优于增资后的情况下，百和有限公司以较高比例分配利润，而在2008年有巨大盈利的情况下，却不分配利润，得出安达公司主观上有损害其他股东盈余分配权的故意并构成权利滥用的结论。对此一审法院认为，公司有权对其财产进行处分，有权根据公司经营收益、经营状况及未来发展等多种因素决定是否分配公司利润。综上，公司的意志主要由公司股东大会或董事会通过的决议来体现。公司股东大会或董事会通过的决议，代表的是公司的意志，而不再是某一个或某几个股东即使是控股股东的意志。因此在百和公司2008年度股东大会的会议召集程序、表决方式不违反法律、行政法规或公司章程的情况下，金隆公司未能举证证明涉案决议内容本身违反了法律法规的禁止性规定，其提出的决议无效的事实与法律依据均不能成立，不予采纳。

二审法院认为，百和公司股东大会通过的《关于2008年利润分配的议案》的股东会决议有效。金隆公司主张涉案决议无效的理由是：百和公司及控股股东安达公司违背诚实信用和股权平等原则，违背其在发出融资要约时作出的上市承诺，滥用控制权，以资本多数决操纵董事会、股东大会，侵害了金隆公司本应享有的盈余分配权。

对此，二审法院认为，根据我国《公司法》第二十二条的规定，公司股东大会的决议只有在其内容存在违反法律、行政法规情形的，才能被认定无效。本案中，并无证据证明涉案股东会决议的内容违反法律、行政法规的规定。《公司法》第一百六十七条第四款规定，除公司章程另有规定外，股份有限公司公司弥补亏损和提取公积金后所余税后利润，按照股东持有的股份比例分配。该款是对公司利润分配权的限制性规定，并非强制公司必须对弥补亏损和提取公积金后所余税后利润进行分配。即是否对弥补亏损和提取公积金后所余税后利润进行分配由公司根据其经营状况自行决定，法律一般并不进行强制干预。《公司法》只是在第七十五条规定，公司连续五年不向股东分配利润，而公司该五年连续盈利，并且符合本法规定的分配利润条件的，对股东会该项决议投反对票的股东可以请求公司按照合理的价格收购其股权。百合公司《关于2008年利润分配的议案》的股东会决议决定，对于2008年的利润，不进行分配，也不转增股本。该行为是百和公司对其财产进行处分的行为，是其行使自主经营权的表现，并未违反任何法律规定。因此，金隆公司请求确认《关于2008年利润分配的议案》的股东会决议无效，没有依据，本院不予支持。

本案的审理范围仅限于审理涉案股东会决议的内容是否违反法律、行政法规的规定，百合公司的实际经营状况如何、百合公司是否存在采用关联交易方式转移利润以及金龙公司的盈余分配权是否受到侵害，均不属于本案审理范围，本院不予理涉。综上，金隆公司的上诉理由均不成立，其上诉请求应予驳回。一审判决，应予维持。

**【案例评析】**《公司法解释（四）》出台前，大量法院在处理利润分配纠纷时，均采取了与本案法院一致的立场，认为除非利润分配的决议违反了法律、行政法规的强制性规定（主要是资本规制规则），司法裁判一般不应过度介入公司的商业自治，因而对股东要求分配利润或请求确认不分配利润的决议无效的请求不予支持。这种思路是较为僵化的，正如二审裁判中所言“百合公司的实际经营状况如何、百合公司是否存在采用关联交易方式转移利润以及金龙公司的盈余分配权是否受到侵害，均不属于本案审理范围”，即仅进行形式审查，而不进行实质性、公平与否的判断。根据《公司法解释（四）》第十五条的解释思路，如果本案中存在控股股东滥用权利的情形，则法院应认定该决议无效，至于是否给予其他救济，如强制开会的指令、做出强制分配的判决等，则有赖法院在具体案件中的具体裁量。

2. 百佳有限公司、肇庆广肇马房北江公路大桥有限公司公司盈余分配纠纷案①

**【焦点问题】** 利润分配的决定权归属于股东会还是董事会？不存在分配决议，但存在对其他股东分配利润的行为，股东可否请求法院直接做出利润分配的判决？

**【裁判立场】** 本案中，公司章程约定利润分配方案须全体董事一致通过，因而法院认为，在2001年度、2002年度的利润分配方案的决议未经董事会一致通过的情形下，百佳公司请求分配利润的条件尚未成就，股东无权直接要求法院做出利润分配的判决。

**【案情简介】** 明粤公司为甲方、马成公司为乙方、百佳公司为丙方签订《中外合作肇庆马房北江公路大桥合同》，约定三方共同设立肇庆广肇马房北江公路大桥有限公司（下面简称“马房大桥公司”），公司章程规定公司利润分配方案须全体董事一致通过。成立后，马房大桥公司在2000年向各位股东分配过利润，在案涉2001年和2002年向除百佳公司之外的另外两位股东分配过利润，之后，马房大桥公司在其账面未分配利润高达2.6亿元的情况下至今再未分配过利润。百佳公司起诉请求：判令马房大桥公司向百佳公司支付2001年度、2002年度公司应分配利润人民币18975640.07元并计算利息至实际支付之日止。

一审法院以当事人未能提交利润分配方案，驳回百佳公司的诉讼请求。百佳公司上诉称：（1）一审法院在马房大桥公司擅自向中方合作者支付公司利润分配而拒绝向百佳公司支付利润分配的情况下，仍以利润分配方案未经马房大桥公司董事会一致通过为由拒绝百佳公司关于分配利润的请求，有违公平；（2）董事会行使的职权包括制订公司的利润分配方案。制定公司利润分配方案的权利并不包括公司利润分配方案的决定权。即使董事会享有公司利润分配方案的决定权，也不应在马房大桥公司未经董事会决议擅自向中方合作者支付公

① 广东省高级人民法院（2015）粤高法民四终字第177号。

司利润分配并拒绝向百佳公司支付利润分配的情形下，仅以利润分配方案未经马房大桥公司董事会一致通过为由拒绝百佳公司关于分配利润的请求。

**【裁判要旨】**一审法院认为，根据马房大桥公司章程的规定，马房大桥公司的利润分配方案须经全体董事一致通过，本案双方当事人均未提供马房大桥公司董事会一致通过2001年度、2002年度的利润分配方案的决议，百佳公司请求分配利润的条件尚未成就。公司利润分配方案须全体董事一致通过。经查，马房大桥公司2001年度、2002年度利润分配方案并未获得公司全体董事一致通过。百佳公司在此情形下主张分配利润，并不符合马房大桥公司合同及章程的相关约定。

二审法院认为，马房大桥公司的三方股东明粤公司、马成公司和百佳公司均在2001年度、2002年度的利润分配报告中盖章确认，应视为马房大桥公司股东会已就利润分配事项作出决议。但上述利润分配报告中已明确百佳公司2001年度应分配利润暂不分配、2002年度应分配利润暂缓分配。在马房大桥公司股东会或董事会未能就向百佳公司分配利润重新作出决议的情形下，百佳公司主张马房大桥公司向其分配利润的条件尚未成就，故不应支持百佳公司关于分配利润的诉讼请求。

**【案例评析】**与前一案例较为相似，本案也是较为僵化地适用法律、仅进行形式判断而不考虑实质公平的例子。

### 三、未提交载明利润分配方案的决议：直接做出分配判决

1. 河南思维自动化设备有限公司与胡某公司盈余分配纠纷案①

**【争议焦点】**在有限责任公司董事会、股东会未就公司利润分配方案进行决议之前，公司股东直接起诉要求公司向股东分配利润，能否获得支持?

**【裁判立场】**一审法院基于股东权利的滥用而对利润分配请求予以支持，二审则坚持以公司分配决议为前提，故而驳回。

**【案情简介】**河南思维公司的股东为胡某等四人，每人出资75万元，注册

① 最高人民法院（2006）民二终字第110号。

资金为300万元，其公司章程规定的盈余分配制度与《公司法》的规定相同。该公司2004年度的企业财务会计报表载明，截至2004年12月底，该公司未分配利润（历年）期末数为103812679.64元，资本公积金期末数为34803668.26元，盈余公积金期末数为63351871.29元。2005年3月3日以来，胡某以河南思维公司自成立以来长期拒不向股东分红、损害股东利益为由，向河南省高级法院提起诉讼，请求判令该公司向其分红4000万元。河南高院认为，河南思维公司有巨额利润而长期拒不向股东分配，违反了《公司法》规定，特别是在股东之间发生纠纷时，损害了占股比例较小的股东的利益。故该院作出一审判决，依据1993年《公司法》第三十三条规定，以2004年底未分配利润期末数为基础，按照25%的持股比例，胡某应分配到25953169.91元。

**【裁判要旨】**一审法院认为，胡某作为思维公司的股东之一，对思维公司拥有75万元的出资，占思维公司股本总额的25%。思维公司成立以来，盈利丰厚，截至2004年底，思维公司未分配利润已有1亿元以上，但公司成立以来至今没有向股东分红。思维公司有巨额利润而长期拒不向股东分配，违反了公司法规定，特别是在股东之间发生纠纷时，长期不分配利润损害了占股比例小的股东的利益。故胡某可以通过诉讼要求公司分配利润。思维公司依法应向胡某分红。按照《公司法》第三十三条和思维公司的章程规定，胡某按照其出资比例对思维公司的盈余享有25%的分配权。依思维公司2004年度企业财务会计报表载明，截至2004年12月底思维公司未分配利润（历年）期末数为103812679.64元，胡某按25%的出资比例应分配到25953169.91元。胡某请求分红的主张有相应的事实及法律依据，应受法律保护。

二审法院认为，根据修订前《公司法》第三十八条和第四十六条的规定，有限责任公司利润分配方案应由公司董事会制订并由公司股东会审议批准。2005年10月27日修订后的《公司法》亦保留了上述内容。据此，在公司董事会、股东会未就公司利润分配方案进行决议之前，公司股东直接向人民法院起诉请求判令公司向股东分配利润缺乏法律依据。因此，本案中在思维公司董事会、股东会未就公司利润分配作出决议之前，胡某以股东身份直接向人民法院起诉请求分配公司利润，其诉讼请求本院不予支持。由于公司是否分配利润以及分配多少利润属公司董事会、股东会决策权范畴，原审判决认定思维公司有巨额利润而长期拒不向股东分配损害了占股比例较小的股东的利益，并据此径行判决公司向股东分配利润，不符合公司利润分配的法律规定，应当予以纠正。

**【案例评析】**本案一、二审法院的立场不同。

根据《公司法解释（四）》第十五条之精神，二审法院的立场明显过于保守。二审法院以公司股东会、董事会未就公司利润分配方案进行决议，公司股东直接向法院起诉请求判令公司利润分配缺乏法律依据为由，认定原审法院之判决错误。但并未考虑到公司自治不能超越公平正义的边界。公司自治原则要求司法机构在处理公司问题时充分尊重公司的自我决定，但是司法机关在进行裁判时，同时应兼顾公平，允许长期得不到分红的股东在公司利润分配方案未决议之前，请求分配利润。相较之下，一审法院虽然充分关注到了应当对小股东所处于的不公平的状态进行充分的救济，但是其直接判决向股东分配的金额是否妥当仍是有讨论空间的，直接判决分配还是要求公司召开董事会、股东会依据公司的具体情况作出利润分配方案，仍待司法实践的探索。

2. 徐某与江苏牧羊集团有限公司公司盈余分配纠纷二审民事判决书①

**【争议焦点】**不存在公司利润分配协议的情形下，股东可否要求公司分配利润？

**【裁判立场】**当事人虽未提交公司利润分配协议，但是存在公司股东的“利息、股息、红利”的纳税记录，可证明公司进行过利润分配，因而应当向未得到分配的股东进行分配。

**【案情简介】**原告徐某是被告牧羊集团股东，其诉称：自 2008 年 5 月开始，牧羊集团长期不召开股东会，徐某既不能自由进入公司，亦无从获知公司经营状态，期间，徐某多次向牧羊集团主张股东知情权及分红权，均遭拒绝。2014 年 3 月，徐某偶然得知牧羊集团已进行股东分红，经向税务部门查询后发现自己有应税收入记录 7870426.2 元，税金为 1574085.24 元，但牧羊集团代缴上述税金后，未向徐某支付股东分红款，故诉请法院判决：牧羊集团支付徐某

① 江苏省高级人民法院（2015）苏商终字第 00272 号。

股东分红款本金6296340.96元并支付利息。牧羊集团辩称：是否分配盈余、怎样分配盈余是公司自治的范畴，牧羊集团股东会尚未就盈余分配形成具体方案，徐某亦称牧羊公司自2008年5月起长期不召开股东会，其请求分配盈余款没有依据。一审支持徐某主张，牧羊集团提起上诉。

**【裁判要旨】**一审法院认为徐某有权请求牧羊集团分配公司盈余。理由为：徐某主张牧羊集团已经进行公司盈余分配，其提供了徐某的应纳税所得额、应纳税额明细表及税收完税证明，原审法院亦从扬州市地方税务局调取了牧羊集团作为扣缴义务人于2013年8月14日申报个税的记录，前述证据均显示牧羊集团的股东徐某收入7870426.2元，税金1574085.24元，税种为“利息、股息、红利”。个人所得税系以个人取得的各项应税所得为征税对象所征收的税种，其前提是“取得”，即已经实际产生应纳税收入，现徐某因“利息、股息、红利”缴纳个人所得税1574085.24元，应当已经取得应税“利息、股息、红利”7870426.2元，徐某所称牧羊集团已经进行公司盈余分配的主张成立。反之，牧羊集团辩称“扣税系财务部门擅自决定，系工作流程错误”，牧羊集团作为集团公司，应当有健全的财务制度，即便出现如此明显的工作流程错误，亦应及时采取补救措施，牧羊集团的这一意见显然有违常理，且无证据予以证实，其主张公司未形成利润分配方案无证据支持也不予采纳。

二审法院裁判意见和一审法院相同，认为缴税以存在纳税收入为前提，案涉代缴个人所得税数额巨大，牧羊集团系主张错误申报，其理应采取补救措施却未采取，不符合常理不予采信。牧羊集团主张该公司尚未对公司盈余分配问题进行决议，2013年5月5日股东会仅对董事和监事的选举作出决议。本院认为不能排除还存在分配盈余的决议，故推定徐某的主张成立。

**【案例评析】**本案法院在当事人均未提交利润分配方案的情况下肯定了股东要求分配利润的主张，基于公司“利息、股息、红利”的纳税收入认定公司存在利润分配行为，并以此为基础直接就股东应得利润作出了裁判，是较为合理的。但是以存在选举董事和监事的决议，因此不能排除存在分配盈余的决议作为支持原告股东的论证似乎欠缺说服力。本案与《公司法解释（四）》第十五条解释的目的相一致。

# 第四部分　优先购买权诉讼

## 引　言

《公司法》第七十一条第三款规定："经股东同意转让的股权，在同等条件下，其他股东有优先购买权。两个以上股东主张行使优先购买权的，协商确定各自的购买比例；协商不成的，按照转让时各自的出资比例行使优先购买权"。该款确认了有限责任公司股东的优先购买权，即其他股东同意对外转让的股权，在同等条件下，其他股东，包括同意该项转让的股东和不同意该项转让的股东都有优先购买权，但规定过于简单，对股东优先购买权行使的具体条件、方式及程序安排等问题均未加以明确，故而《公司法解释（四）》有针对性地对上述问题做出了回应。概括而言，第十六条至第二十一条分别对有限责任公司股东优先购买权的排除适用、同等条件的判断、行使期间的确定、优先购买权的损害救济等问题进行了细化规定；第二十二条则是关于有限责任公司国有股权转让以及通过拍卖方式转让股权的特别规定，因其在一般原理上并无特别之处，且条文本身也属引致性规范，所以未以专题的形式展开。

## 第一篇

# 优先购买权的排除适用

## 专题一　股权继承情形下优先购买权的排除适用

股东的优先购买权究竟适用于哪些交易情形，在发生《公司法》第七十五条规定的自然人股东死亡后的股权继承情形时，是否应当排除其他股东的优先购买权，尽管《公司法》已有初步规定，但这一问题在实践中仍存在较大争议。第七十一条和第七十五条的司法适用问题主要为：当股东死亡时，其合法继承人是否可以直接继承股东资格，还是需要依据《公司法》第七十一条第二款的规定经其他股东过半数同意？其他股东对于这部分股权是否享有优先购买权？从第七十五条的文义来看，并不能对这些问题得出明确的结论。对此，《最高人民法院关于适用〈中华人民共和国物权法〉若干问题的解释（一）》第九条关于按份共有人优先购买权排除情形的规定或可资参考："共有份额的权利主体因继承、遗赠等原因发生变化时，其他按份共有人主张优先购买的，不予支持，但按份共有人之间另有约定的除外。"为了协调并进一步明确第七十一条第三款与第七十五条之间的关系，本条司法解释明确了在公司章程、全体股东没有另外约定的情况下，当股东死亡时，其合法继承人可以直接继承其股东资格，不必经其他股东过半数同意，其他股东对于这部分股权也不得主张优先购买权。

### 核心条文

**《公司法解释（四）》**

**第十六条**　有限责任公司的自然人股东因继承发生变化时，其他股东主张依据公司法第七十一条第三款规定行使优先购买权的，人民法院不予支持。但公司章程另有规定或者全体股东另有约定的除外。

## 关涉条文

### 一、既有相关规范

1.《公司法》

**第七十一条** 有限责任公司的股东之间可以相互转让其全部或者部分股权。

股东向股东以外的人转让股权，应当经其他股东过半数同意。股东应就其股权转让事项书面通知其他股东征求同意，其他股东自接到书面通知之日起满三十日未答复的，视为同意转让。其他股东半数以上不同意转让的，不同意的股东应当购买该转让的股权；不购买的，视为同意转让。

经股东同意转让的股权，在同等条件下，其他股东有优先购买权。两个以上股东主张行使优先购买权的，协商确定各自的购买比例；协商不成的，按照转让时各自的出资比例行使优先购买权。

公司章程对股权转让另有规定的，从其规定。

**第七十五条**

自然人股东死亡后，其合法继承人可以继承股东资格；但是，公司章程另有规定的除外。

2.《最高人民法院关于适用〈中华人民共和国物权法〉若干问题的解释（一）》（法释〔2016〕5号）

**第九条** 共有份额的权利主体因继承、遗赠等原因发生变化时，其他按份共有人主张优先购买的，不予支持，但按份共有人之间另有约定的除外。

### 二、地方司法实践

《上海市高级人民法院关于审理涉及公司诉讼案件若干问题的处理意见（三）》（沪高法民二〔2004〕2号）

**第二条** 继承人、财产析得人或受赠人因继承、析产或者赠与可以获得有限责任公司的股份财产权益，但不当然获得股东身份权，除非其他股东同意其获得股东身份。未取得股东身份的继承人、财产析得人或受赠人将股份对外转让的，其他股东在同等条件下享有优先购买权。

## 条文理解

### Ⅰ条文演变

［表格 15］《公司法解释（四）》第十六条的演变过程

| 征求意见稿（2012） | 征求意见稿（2016） | 正式稿　法释〔2017〕16 号 |
|---|---|---|
| 无相关规定 | 第二十二条（不适用优先购买权的情形）有限责任公司的股东因继承、遗赠等原因发生变化时，其他股东主张优先购买该股权的，不予支持，但公司章程另有规定的除外。第二十三条（股东之间转让股权时不得主张优先购买权）有限责任公司的股东之间相互转让其全部或者部分股权，其他股东主张优先购买的，不予支持，但公司章程另有规定的除外。 | 第十六条（因继承发生股权变化时的优先购买权的行使）有限责任公司的自然人股东因继承发生变化时，其他股东主张依据公司法第七十一条第三款规定行使优先购买权的，人民法院不予支持，但公司章程另有规定或者全体股东另有约定的除外。 |

### Ⅱ主要争议

《公司法》第七十一条虽然原则性地粗略规定了在有限责任公司股权对外转让过程中，其他股东可以行使优先购买权及有关程序、条件等，但并没有规定在非有偿交易转让导致股权变动的情形下，如继承、遗赠等，其他股东能否享有优先购买权以及优先购买权应如何行使的问题。对继承、遗赠等情形导致股权变动时其他股东是否能享有优先购买权的问题，《公司法解释（四）》是否应当介入以及应介入到何种程度，抑或留于股东们通过章程或其他约定自主安排，以及司法解释对此等情形下其他股东的优先购买权采取“默示存在”还是“默示不存在”等问题，存在着争议。

#### 一、股东优先购买权：“默示存在”还是“默示不存在”

《公司法》第七十五条与《征求意见稿（2016）》以及《公司法解释（四）》中都有“公司章程另有规定的除外”等类似规定，因此对于继承等情形造成的股权变动进而引发的其他股东的优先购买权问题，股东与公司仍有自主安排的空间。不过为了与《公司法》第七十五条保持一致，《公司法解释(四)》首先一般性地排除了其他股东在继承导致股权变动情形下的优先购买权，采取了股东优先购买权“默示不存在”的模式，除非章程或全体股东另有约定。

但是，在起草与征求意见的过程中，存在着另一种相对的主张，认为基于有限公司的人合性特征，继承人能否与其他股东相处融洽、理念相合十分重要，特别是在继承人存在道德品质问题时，因此一般性地排除继承导致股权变动情形下其他股东的优先购买权不妥，应当规定“其他股东主张优先购买该股权的，法院应予支持，但公司章程另有规定的除外”，即采用股东优先购买权“默示存在”的模式，通过章程可进行除外规定。但是，此种意见显然与目前《公司法》第七十五条规定的思路相冲突。

## 二、排除股东优先购买权的情形范围：“继承”“遗赠”以及“等”

《征求意见稿（2016）》规定了“因继承、遗赠等原因发生变化时”的情形，而《公司法解释（四）》条文变为了“因继承发生变化时”的表述，不但直接删掉了“遗赠”情形，同时也去掉了“等”字，使得最终的条文仅仅包括了“继承”这一种情形。但在起草过程中，关于“情形”范围及表述方式，存在着较多争议。

一是关于《征求意见稿（2016）》中的“等”字的含义。“等”的表述应当作何理解？是否存在类似的情形？对此，诸多意见要求将“等”字做进一步的明确，如是否包括“赠与”、“对近亲属转让股权”等情形。还有观点指出，《征求意见稿（2016）》采用“继承、遗赠等”的表述，并不能涵盖其他一些情形，因此主张可以概括性地规定为“因继承、遗赠、遗赠扶养协议等非基于有偿转让的情形”，用“非基于有偿转让”作为限定，可涵盖更广泛的情形。相对的，有意见则认为，如果没有等外的情况，建议应当将“等”字删除，也更加明晰。

二是关于其他具体情形的争议。在有关“等”字作何解释的争议下，还存在着对各种具体情形中是否应当排除其他股东优先购买权的争议。

如有观点提出，本条规定应当增加“夫妻离婚财产分割”的情形，认为股权本就由夫妻共有，其他的股东对此应当是知情且同意的，对于因离婚而发生的股权变化也应当是有预见的，若允许其他股东在因夫妻离婚发生股权转变时行使优先购买权，是对股权转让人的过分干预。对此问题，《最高人民法院关于适用〈中华人民共和国婚姻法〉若干问题的解释（二）》第十六条已经有了明确规定：“人民法院审理离婚案件，涉及分割夫妻共同财产中以一方名义在有限责任公司的出资额，另一方不是该公司股东的，按以下情形分别处理：（一）夫妻双方协商一致将出资额部分或者全部转让给该股东的配偶，过半数股东同意、其他股东明确表示放弃优先购买权的，该股东的配偶可以成为该公司股东……”该条第一款第一项的规定说明，股东在离婚协议中将股权转让给其配偶时，其他股东可以行使优先购买权，只有当其他股东放弃优先购买权时，该股东的配偶才能取得股权。考虑到有限责任公司的人合性，为了避免股东间和谐稳定、相互信赖关系的破坏，夫妻间的纠纷解决不能侵害其他股东的认可权和优先受让权等权利。[①] 因此，股东离婚时向配偶的股权转让并不排除优先购买权制度的适用。由于《婚姻法》司法解释对此已有明确规定，法院应当依此规定处理相关纠纷，本次司法解释无须作重复说明。

还有观点认为，考虑到隐名股东显名化的情形，应当在股东发生变化的原因里增加“实际出资人要求变更登记”的内容，因为名义股东按照合同约定将其名下的股权转至实际出资人名下，与股东向股东以外的人转让股权在法律关系的性质上有着本质上的差别，如果允许其他股东行使优先购买权，则超越了有限责任公司人合性特征的范畴，会损害到实际出资人甚至名义股东的合法权益。关于隐名股东显名化的问题，《公司法解释（三）》第二十四条第三款已经对显名程序作出了规定：“实际出资人未经公司其他股东半数以上同意，请求公司变更股东、签发出资证明书、记载于股东名册、记载于公司章程并办理公司登记机关登记的，人民法院不予支持。”根据该款规定，隐名股东要成为公司股东，必须经过其他股东过半数同意。因为此问题与股东向公司股东以外的

---

① 最高人民法院民事审判第一庭编著：《最高人民法院婚姻法司法解释（二）的理解与适用》，人民法院出版社2014年1月版，第146页。

人转让股权具有一定的相似性，都涉及对“新的陌生股东”的接受，为了保护有限公司的人合性，应当准用第七十一条关于股份对外转让时的限制，即须经其他股东过半数同意。但是此处规则之适用与第七十一条并不完全相同，此处其他股东的否认并不包含优先购买权，即如果其他股东过半数不同意隐名股东显名，则该股权仍然归属显名股东，其他股东不能依据第七十一条享有优先购买权，其他股东只能在名义股东与隐名股东之间进行选择，并不能通过优先购买权取得该部分股权。[①] 由于《公司法解释（三）》对此问题已经做出了规定，法院应依此规定处理相关纠纷，本次司法解释无须作重复说明。

另有观点认为，本条应当增加对近亲属转让股权的优先保护，即股东将股权出卖给近亲属，包括配偶、父母、子女、兄弟姐妹、祖父母、外祖父母、孙子女、外孙子女的，其他股东主张优先购买该股权的，不予支持。其理由是参照《最高人民法院关于审理城镇房屋租赁合同纠纷案件司法解释》第二十四条第二项的规定，[②] 即出租人将房屋出卖给其近亲属的，承租人不得主张优先购买权。根据《最高年人民法院关于审理城镇房屋租赁合同纠纷案件司法解释的理解与适用》的观点：近亲属之间的房屋买卖具有浓厚的人身色彩，与纯粹的买卖关系不同，为了促进家庭和睦与社会稳定，应作为承租人优先购买权行使的例外情形。[③] 但有限责任公司股东的优先购买权与房屋承租人的优先购买权存在较大区别，不能同等视之，不能进行简单的类比。

首先，二者的权源基础不同。虽然关于优先购买权本身的性质尚有争议，但不同类型的优先购买权，由于其权源基础的性质不同，应予以区别对待。承租人的优先购买权规定在《合同法》第二百三十条，其权源基础为承租人的租赁权，租赁权是承租人根据租赁合同约定而享有的请求出租人交付房屋并对房

---

① 最高人民法院民事审判第二庭编著：《最高人民法院关于公司法司法解释（三）、清算纪要理解与适用》，人民法院出版社 2014 年 6 月版，第 392 ~ 393 页。

② 最高人民法院民事审判第一庭编著《最高人民法院关于审理城镇房屋租赁合同纠纷案件司法解释》第 24 条规定：“具有下列情形之一，承租人主张优先购买权的，人民法院不予支持：……（二）出租人将房屋出卖给近亲属，包括配偶、父母、子女、兄弟姐妹、祖父母、外祖父母、孙子女、外孙子女的；……”

③ 最高人民法院民事审判第一庭编著：《最高年人民法院关于审理城镇房屋租赁合同纠纷案件司法解释的理解与适用》，人民法院出版社 2009 年 9 月版，第 322 页。

屋进行占有、使用、收益的权利，其性质为债权。而有限责任公司股东的优先购买权体现在《公司法》第七十一条第三款的规定，其权源基础为股东在公司中的股权，其性质是一种包含了财产性权利与身份性权利的综合性社员权。

其次，二者的效力不同。承租人的优先购买权基于租赁合同产生，只存在于出租人和承租人之间，具有相对性和隐蔽性，第三人无从知晓租赁合同关系和承租人优先购买权的存在，因此该优先购买权不应具有对抗第三人的效力。而有限责任公司股东的优先购买权是基于股东身份产生的，是股权中所包含的一种财产性权利，由于股东身份记载于公司的股东名册和工商登记中，具有一定的公示性，因此股东的优先购买权可以对抗第三人。

最后，也是最重要的是，二者的设置目的不同。承租人优先购买权的设置目的在于维护房屋使用关系的稳定性、保护承租人的生存条件，其效益是租赁物占有的持续、承租人对租赁物可能的继续利用，其成本是对出租人处分权的限制、第三人交易机会的丧失和交易风险的承担。[①] 综合来看，其效益并不必然大于其对交易秩序造成的负面影响，而且对承租人的保护还可以通过“买卖不破租赁”原则实现，即使租赁房屋所有权发生了变更，承租人在租赁期限内仍有权使用房屋。由此可见，承租人优先购买权存在的正当性相对较弱，法律对其的保护力度要低于对亲属之间身份关系的保护，因此承租人的优先购买权不能对抗近亲属之间的买卖关系。而股东优先购买权的设置是为了维护有限责任公司的人合性、保护股东的既得利益和合理期待，其效益是保障公司的持续经营、维护经济秩序的稳定，在不同的政策目的导向下，法律对不同情形下优先购买权所赋予的“强度”是不同的，因此不能简单地以此情形推导彼情形下的规定。

此外，具体到征求意见稿中已经列明的“遗赠”的情形，有观点认为“遗赠”在《公司法》中没有相应的规定，在遗赠的情形下，为何要限制股东的优先购买权，应当进一步地论证，否则不宜进行此种扩大。《公司法解释（四）》最终采取了更为谨慎的态度，只规定了《公司法》中也有明确规定的继承的情形，而将遗赠视为非法定情形下的“对外转让”的情形，需要根据《公司法》

---

① 最高人民法院民事审判第一庭编著：《最高年人民法院关于审理城镇房屋租赁合同纠纷案件司法解释的理解与适用》，人民法院出版社2009年9月版，第321页。

第七十一条第二款、第三款的规定履行相应程序，当然股东们也可通过章程或其他约定进行自主安排。至于股权“赠与”的情形如何处理，虽然有意见主张应当在赠与情形下排除其他股东的优先购买权，因为无偿转让与优先购买权之间存在着不可调和的冲突关系，转让的无偿特点和价格的缺乏使优先购买权的适用成为不可能。但另有意见认为，首先，“转让”一般包含了有偿转让和无偿转让的情形，从《公司法》第七十一条对股权转让规定的字面含义来看，并没有排除无偿转让的情形，虽然赠与的无偿性使得优先购买权的行使不具备“同等条件”，但考虑到实践中采用赠与方式规避其他股东优先购买权的情形以及赠与主要侧重经济目的而非股东身份因素，所以《公司法解释（四）》最终也没有规定“赠与”情形下对其他股东优先购买权的排除，为其他股东以合理的公允价格购买股权留下了空间。

Ⅲ条文要点

在自然人股东的股权发生继承时，有限责任公司的其他股东能否依据《公司法》第七十一条第三款的规定对相应股权享有优先购买权，即如何处理第七十一条第三款与第七十五条关系的问题，《公司法》没有作出明确规定。为了协调股东优先购买权制度与股权继承制度，本条解释明确规定，在继承的情形下，已故自然人股东的继承人可以依第七十五条的规定直接取得股东资格，其他股东不享有《公司法》第七十一条第三款规定的优先购买权。但基于公司自治原则，允许章程有另外规定或者全体股东有另外约定。如果章程规定或全体股东约定在继承情形下，其他股东仍享有优先购买权，则法院应尊重这种另外的安排，此时，继承人不得直接继承股东资格，而是应在其他股东购买已故股东的股权后，继承相应的股权变价款。

## 一、原则：股权自由继承

从该条的文义上理解，合法继承人获得股东资格是原则，不获得是例外，合法继承人继承的是死亡股东的整个股权权利，包括表决权、信息权等身份性权利，而非仅仅是股份中的财产权利。换言之，自然人股东死亡后，原则上其合法继承人可获得股东资格，不要求其他股东过半数同意，只有当公司章程对此有明确限制时，才根据章程规定处理。如果公司章程对股东资格的继承无任何限制，则其他股东不得主张行使优先购买权。[①] 如果在有限责任公司的股东因继承发生变化时，其他股东有权主张优先购买权，这虽然有利于维持有限责任公司的人合性，但法律直接规定股份继承需要得到其他股东的同意可能导致第三人对股东继承人继承权的剥夺，其立法的妥当性值得怀疑。[②] 为了维持人合性特征，有限责任公司完全可以通过在章程中作其他约定来实现。此外，如果规定其他股东可以对作为遗产的股权行使优先购买权，也欠缺可操作性，因为按照优先购买权行使的“同等条件”标准，在继承的情形中，“同等条件”往往是无法界定的，除非股东已经在章程或其他股东协议中就继承情形下如何购买已故股东的股权，以及购买价格的确定等作出了约定，因此采取“默示排除”其他股东优先购买权的方式是合理的。

## 二、例外：章程另有规定或全体股东另有约定

本条解释的但书与第七十五条的但书是一脉相承的。依据第七十五条的但书，公司章程可以对股东资格的继承作出限制规定，因而《公司法解释（四）》中本条解释的但书就为此提供了一条可行的途径，即章程或全体股东可约定，在自然人股东死亡后，其他股东对已故股东的股份享有优先购买权，可以以合理的公允价格购买已故股东的股份，已故股东的继承人不能继承股东资格，但可以继承股权被收购后的变价款。之所以作出这样的规定，主要是考虑到有限责任公司的人合性和自治性；实践中，允许章程和全体股东作出特别约定对维护股东间的信任关系和公司稳定经营是必要的。公司章程和全体股东协议是股东意思自治的结果，其中对股东资格继承的限制规定是每个股东对自己股权处分行为的自愿限制，并不构成对其利益的损害。因此，在章程或全体股东有明确约定的情况下，继承的情形不排除优先购买权的适用，即已故股东的继承人不能直接继承股东资格，其他股东可以对已故股东的股权行使优先购买权。

---

① 陈立斌主编：《股权转让纠纷》（第3版），法律出版社2015年2月第3版，第117页。

② 王勇华：《有限责任公司股份自由继承的理论基础》，载《法学》2005年第10期，第73页。

如前所述，有限责任公司的人合性使得股东可能不愿意认可并接纳继承人继承股东资格，新成员的加入可能打破原有的信任关系，因而第七十五条允许公司章程作出例外规定，阻止不受欢迎的继承人成为公司股东。但继承权是继承人所享有的继承被继承人遗产的权利，是公民的法定权利，任何组织或个人都不能限制或否认公民合法的继承权。公司章程只能限制继承人对股东身份的继承，但不能剥夺其对股权中财产性权利的继承。那么根据第七十五条的但书，公司章程可以做出怎样的安排来合理地限制股权继承呢？例如，可以参照第七十一条，规定死亡股东的继承人继承相关股份应该得到公司全体股东过半数同意；不同意继承的股东应当购买死亡股东的股份；如果不购买，则视为同意继承。[①] 本条解释的但书也是一种限制继承的合理方式，即公司章程或全体股东可以约定在继承的情形下，其他股东仍享有优先购买权，可以以合理的价格购买已故股东的股权，由继承人取得股权转让的对价，从而既排除了继承人对股东资格的继承，又保障了继承人对股权中财产性利益的继承。

但需要注意的是，不管是通过章程还是通过股东协议进行的例外规定，都应当是事前的，亦即章程在被继承的股东尚在时被通过或全体股东协议已被被继承股东所签署。对于在被继承股东死亡后，再由其他股东进行约定意图排挤继承人加入，此等约定不应被视为被继承股东对自己股东权利处分之约束。

## 典型案例

### 一、股东资格直接继承的情形

1. 金某、金某妮诉上海维克德钢材有限公司、薛某钧股权确认纠纷上诉案[②]

**【焦点问题】** 有限责任公司的自然人股东死亡后，其外籍继承人是否需要经过批准才能成为公司股东？

**【裁判立场】** 有限责任公司的股东死亡后，在公司章程和全体股东协议没有限制继承人成为股东的情况下，继承人即可成为公司股东，无须办理相关行

① 王勇华：《有限责任公司股份自由继承的理论基础》，载《法学》2005年第10期，第70页。
② 上海市第一中级人民法院（2009）沪一中民五（商）终字第7号。

政审批手续，也无须经过半数股东同意。

**【案例简介】**上海维克德钢材有限公司的股东为金某和薛某钧，注册资金为人民币100万元（以下币种均为人民币），金某出资90万元、薛某钧出资10万元。金某（德国籍）、金某妮（德国籍）分别系金某的妻子、女儿。2007年12月30日，金某在德国死亡。2008年5月12日，上海市浦东公证处出具《继承权公证书》，确认金某死亡后遗有维克德公司注册资金中的出资额90万元依法由其妻子金某和女儿金某妮二人共同继承。金某、金某妮遂要求维克德公司、薛某钧承认其股东身份并配合办理有关的股权变更登记手续，遭到拒绝，故而提起诉讼，请求法院确认其股东身份及各占维克德公司45%的股权份额，并请求判令维克德公司及薛某钧为其办理相应的股权变更登记手续。被告维克德公司主张继承人不能当然获得公司股权，能否获得股权需要与公司其他股东协商。

**【裁判要旨】**一审法院认为金某、金某妮是金某的合法继承人，维克德公司的章程未对股权继承问题作出与法律相反的规定，金某、金某妮有权继承金某在维克德公司的股权。内资企业的股东是否可以变更登记为外国人，涉及我国对外国人投资内资企业的行政审批制度。在金某、金某妮没有获得批准文件前，工商登记管理机关不会受理维克德公司的变更登记申请，因此对金某、金某妮请求判令维克德公司和薛某钧办理股权变更登记手续的诉讼请求不予支持。

二审法院认为，根据《公司法》①第七十六条的规定，自然人股东死亡后，其合法继承人可以继承股东资格；但是，公司章程另有规定的除外。因此，在公司章程未对股权继承另作约定的情况下，上诉人金某、金某妮合法继承了原股东金某持有的股权，即有权继承其股东资格，获得股东身份。根据《中华人民共和国公司登记管理条例》第三十五条第一款、第二款的规定，有限责任公司的自然人股东死亡后，其合法继承人继承股东资格的，公司应当依照规定申请变更登记。而在公司性质仍为内资公司的情况下，公司股东的变更无须先行办理外商投资管理部门的行政审批手续。二审法院确认金某、金某妮为维克德

① 2005年版本的《公司法》。

公司股东，分别持有维克德公司45%的股份，并判决维克德公司在判决生效之日起三十日内为金某、金某妮办理股东变更登记手续。

**【案例评析】** 根据《公司法》第七十五条，股东资格的继承是一种当然继承，在发生股权继承的情形下，继承人只需要证明其为被继承人的合法继承人，而被继承人是公司股东即可，除非其他股东能够证明公司章程限制继承人继承股东资格。就本案情况来看，上诉人金某、金某妮在一审中出具的上海市继承权公证书已经证明上诉人为金某的合法继承人，对于被继承人金某为维克德公司的股东，被上诉人对此也没有异议。因此，在公司章程未对股权继承另作约定的情况下，两上诉人作为维克德公司股东金某的合法继承人无须经过行政审批，也无须公司过半数股东同意，即可继承该公司的股东身份。对于两上诉人继承股权的份额，按照我国《继承法》，同一顺序继承人继承遗产的份额，一般应当均等，故对于被继承人持有的维克德公司90%股权，金某、金某妮各继承45%。

2. 唐某某等诉青岛中运荣达货柜有限公司等股权继承纠纷案①

**【焦点问题】** 有限责任公司的股东死亡后，其继承人成为公司股东是否须经其他股东同意？

**【裁判立场】** 继承人对死亡股东的继承是当然继承，除非公司章程或者全体股东协议对股东资格的继承作出限制，其他股东无权主张优先购买权对继承人的股东资格的继承予以剥夺。

**【案例简介】** 被告青岛中运荣达货柜有限公司的股东为案外人周某法和被告杨某某，双方持股比例各占50%。原告唐某某为周某法的妻子，其他三位周姓原告分别为周某法的儿子和女儿。2014年5月30日，周某法意外死亡。其父亲、母亲分别已于2012年1月25日、2005年6月15日死亡。周某法的第一顺序法定继承人为配偶唐某某，女儿周某某，儿子周某某、周某某。周某法生前拥有被告公司50%的股权，该股权为周某法与妻子唐某某的夫妻共同财产，上述夫妻财产的一半为周某法的遗产。2014年6月10日，山东省潍坊市昌潍

① 山东省青岛市黄岛区人民法院（2014）黄商初字2644号。

公证处出具（2014）潍昌潍证民字第2043号公证书，确认周某法于2014年5月30日死亡，并确认由原告继承周某法在被告公司的股权。但被告不同意原告成为公司的股东，拒不协助原告办理股权变更登记。原告遂提起诉讼，请求法院确认原告具有被告青岛中运荣达货柜有限公司的股东资格。

**【裁判要旨】**法院认为，自然人股东死亡后，其合法继承人可以继承股东资格；但是，公司章程另有规定的除外。本案被告青岛中运荣达货柜有限公司的股东周某法死亡后，其生前享有的50%公司股权属于周某法生前与原告唐某某的夫妻共同财产，其中25%的公司股权属于周某法的遗产。由于公司章程未对股权继承作出约定，原告提交的公证书证据已确认了四原告的继承人身份，其作为合法继承人依照《公司法》的规定可以继承股东资格，故法院确认原告具有被告青岛中运荣达货柜有限公司的股东资格。

**【案例评析】**从本案情况来看，在有限责任公司的自然人股东死亡后，如果其他股东仅仅表示不同意已故股东的继承人继承股东资格，而不能举证章程另有规定或者全体股东另有约定，此种主张不能得到法院的支持。

## 二、继承股东资格后对其他股东转让的情形

张某与周某翔股权转让纠纷再审案①

**【焦点问题】**因继承而取得有限责任公司的股权，继承人可否转让该股权并取得相应对价？

**【裁判立场】**继承人因继承取得有限责任公司的股权后，继承人可以转让该股权并取得相应对价，并且该股东对公司其他股东转让不构成对其他股东优先购买权的侵害。

**【案例简介】**2004年7月12日，周某清、张某和马某远三人出资设立三相源电力公司，出资额分别为400万元、300万元、300万元，周某清系三相源电力公司的法定代表人。周某清于2008年1月13日去世后，周某翔（系周某清与其前妻卢某燕所生独子）的监护人卢某燕代表周某翔与陈某英（周某清之

① 河南省郑州市中级人民法院（2013）郑民再终字第126号。

母，周某清之父周某益于2003年去世）达成《遗产分割继承协议》，协议约定周某清在三相源电力公司的股权由周某翔继承。2009年10月22日，张某向周某翔出具《欠条》一份，载明周某翔将股权转让给张某，张某向其支付250万的股权转让价款。周某翔诉称，张某向其出具欠条，承诺于2008年底退还股权及应得分红转让款共计250万元，届期张某以种种理由推迟还款，又于2009年10月22日重新出具欠条，承诺于2009年12月31日还款，但至今未还。故诉至法院，请求依法判令张某支付股权及应得分红转让款共计250万元，并支付逾期付款利息38万元。

**【裁判要旨】**一审法院认为，根据《公司法》第七十二条关于“有限责任公司的股东之间可以相互转让其全部或者部分股权”及第七十六条“自然人股东死亡后，其合法继承人可以继承股东资格”之规定，周某翔可以继承股东资格，且有权将其继承的该部分股权转让给作为股东之一的张某，周某翔、张某就股权转让形成合意后，被告即取得该部分股权，并应向周某翔支付约定的款项，周某翔要求被告支付股权及分红款250万元的诉讼请求，符合法律规定，应予支持。

再审法院认为，周某翔系周某清在三相源电力公司所持有股份的唯一的合法继承人，其有权处分自己的股份。股东之间转让股份，无须征得其他股东同意，其他股东也不得行使优先购买权，周某翔、张某就股权转让形成合意后，张某即取得该股权，并应向周某翔支付约定的款项。

**【案例评析】**本案中继承人周某翔继承公司股份后可以转让该股份并取得相应的对价，由于受让人系公司的股东，股东对内转让股权其他股东不享有优先购买权，无须征得公司其他股东的同意。

## 三、继承股东资格后未变更登记的情形

位某玲与王某一、王某国等股权转让纠纷案①

**【焦点问题】**有限责任公司的股东死亡，继承人取得股权后未办理相应股

① 辽宁省大连市中级人民法院（2014）大民三终字第641号。

权变更登记，能否取得相应股权？在其他股东对外转让股权时该继承人股东是否享有优先购买权？

**【裁判立场】**有限责任公司的股东死亡后，如果公司章程或者全体股东没有另行约定，该死亡股东的继承人当然取得相应股权，未办理股权变更登记不影响继承人对股权的继受取得，但是未办理变更登记不能对抗外部第三人对股权的善意取得。

**【案例简介】**大连云起有色金属制造有限公司是位某玲母亲王某兰与王某国于2004年11月4日投资成立的有限责任公司。2012年4月27日王某兰因病去世。2012年11月6日，王某国以王某兰名义伪造了与王某国女儿王某签订的“股权转让协议”，将王某兰持有的公司40，000元股权转让给王某。同时王某国在没有告知位某玲的情况下与王某一签订《股权转让协议》及《股权转让合同》，将自己持有的公司760，000元股权转让给王某一，并伪造变更登记申请手续进行了工商变更登记。位某玲获悉情况后认为王某国、王某一、王某的行为侵犯其合法权益，向法院提起诉讼。

**【裁判要旨】**一审法院认为，王某国在王某兰死后擅自伪造王某兰将其股权转让给王某的股权转让虚假协议，并依此虚假协议为基础与王某一签订将自己股权转让的《股权转让协议》及《股权转让合同》，该协议及合同的签订违反了《公司法》第七十二条的规定，侵犯了位某玲的股东优先购买权。

二审法院认为，根据《公司法》第三十二条规定“公司应当将股东的姓名或者名称向公司登记机关登记；登记事项发生变更的，应当办理变更登记。未经登记或者变更登记的，不得对抗第三人”。位某玲未登记为云起公司股东，王某一已向王某国支付了部分股权转让款并已实际经营云起公司，因此王某一善意取得受让股权，位某玲不得以优先购买权对抗王某一。

**【案例评析】**本案中，有限责任公司的股东王某兰死亡后，公司的另一股东王某国冒用王某兰名义，伪造股权转让协议将王某兰生前享有的股权转让给其女王某，该股权转让协议是无效协议，不影响王某兰的继承人位某玲对股权的继承。在公司章程或全体股东协议没有另行规定的情况下，该继承可以排除公司其他股东（王某国）的优先购买权，位某玲当然取得王某兰在公司的股权，未进行登记不影响位某玲取得公司的股权。公司办理股权变更登记不是股权转让的生效要件，仅具有对抗效力，在继承人股东未办理股权变更登记的情况下，公司股东对外转让股权时，外部第三人在满足善意取得的条件时可以善意取得该股权，此时未办理股权变更登记的继承人股东不得行使优先购买权。

## 第二篇

# 优先购买权的行使

## 专题二　同等条件的判断

《公司法》第七十一条第三款规定："经股东同意转让的股权，在同等条件下，其他股东有优先购买权"。股权转让合同通常会约定股权转让数量、价格、支付期限、新股东对公司的承诺、履行程序等诸多条件。上述条件，哪些应当视为"同等条件"的判断因素，《公司法》中并未明确，司法实践中对"同等条件"的把握标准亦不统一，《公司法解释（四）》第十八条旨在为"同等条件"的判断提供一个参考的标准。

### 核心条文

**《公司法解释（四）》**

**第十八条**　人民法院在判断是否符合公司法第七十一条第三款及本规定所称的"同等条件"时，应当考虑转让股权的数量、价格、支付方式及期限等因素。

### 关涉条文

1.**《公司法》**

**第七十一条**　有限责任公司的股东之间可以相互转让其全部或者部分股权。

股东向股东以外的人转让股权，应当经其他股东过半数同意。股东应就其股权转让事项书面通知其他股东征求同意，其他股东自接到书面通知之日起满三十日未答复的，视为同意转让。其他股东半数以上不同意转让的，不同意的股东应当购买该转让的股权；不购买的，视为同意转让。

经股东同意转让的股权，在同等条件下，其他股东有优先购买权。两个以上股东主张行使优先购买权的，协商确定各自的购买比例；协商不成的，按照转让时各自的出资比例行使优先购买权。

公司章程对股权转让另有规定的，从其规定。

**2.《最高人民法院关于适用〈中华人民共和国物权法〉若干问题的解释（一）》（法释〔2016〕5号）**

**第十条** 物权法第一百零一条所称的“同等条件”，应当综合共有份额的转让价格、价款履行方式及期限等因素确定。

## 条文理解

Ⅰ条文演变

**［表格16］《公司法解释（四）》第十八条的演变过程**

| 征求意见稿（2012） | 征求意见稿（2016） | 正式稿　法释〔2017〕16号 |
|---|---|---|
| 无相关规定 | 第二十四条（同等条件的含义）公司法第七十一条第三款所称的“同等条件”，应当综合股权的转让价格、付款方式及期限等因素确定。有限责任公司的股东向股东以外的人转让股权，其他股东主张优先购买部分股权的，不予支持，但公司章程另有规定的除外。 | 第十八条（“同等条件”的判定）人民法院在判断是否符合公司法第七十一条第三款及本规定所称的“同等条件”时，应当考虑转让股权的数量、价格、支付方式及期限等因素。 |

Ⅱ主要争议

在起草与征求意见的过程中，“应当考虑哪些因素判断条件是否同等”以及“同等是否要求绝对完全同等”等问题存在着诸多争议。

### 一、“同等条件”之“条件”包含哪些要素

有观点认为，《征求意见稿（2016）》中对“同等条件”仅采取列举式表述，且列举的因素并未完全涵盖“同等条件”，受让方可能给目标公司带来的品牌价值、潜在客户、营销渠道、先进的经营理念及管理方式等因素均可对股权转让对价产生重大影响进而成为实质的交易对价。还有观点认为，“数量”

对于股权价值有非常重要的影响，因此应至少列明“数量”因素以突出其重要性。也有观点从条文表述的技术性出发，认为应当尽量减少使用“等”字，以尽量避免由此带来的不确定性并给予各地法院更明确的指引。

考虑到“同等条件”本身就涵盖较广，解释条文不可能一一列举，仅能就其中较为常见且重要的因素加以列举，并采用“等”的概括性表述留予个案判断的空间，因此《公司法解释（四）》最终在认可了“数量”因素对于股权价值确定的重要性的基础上，加入了“数量因素”，而对于其他一些“通用性”不强但可能影响交易条件且可以被量化在“价格”要素中的其他因素，未予明确。

## 二、优先购买权能否被“部分行使”

《征求意见稿（2016）》规定了对于主张优先购买部分股权的不予支持，但《公司法解释（四）》删除了此规定，对于能否主张优先购买部分股权的问题，存在着较大争议。

有观点认为，优先购买权可以部分行使，其理由主要有：第一，公司法并未禁止优先购买权的部分行使，法无禁止即为可行；第二，优先购买权的制度目的在于保护有限责任公司人合性，保障原股东通过优先购买权的形式维持其对公司的控制权，允许部分行使符合优先购买权的立法目的；第三，有限责任公司的股权是可分的标的，部分行使不存在技术上障碍。①

相对的观点认为，除非获得转让股东的同意，否则股东的优先购买权不得部分行使，原因在于：第一，“同等条件”应当包含数量因素，第三人以特定价格在购买特定比例的股权时，是将该比例的股权视作一个整体作为标的，其价格蕴含了对该比例之下股权所能实现的控制权的估值，股东部分行使优先购买权，是对“标的”的重大变更②，标的不相同，“同等条件”便无从谈起；第二，允许其他股东部分行使优先购买权违反民法中的平等自愿原则，转让股

① 王欣新、赵芬萍：《再谈有限责任公司股权转让法律问题》，载《人民法院学报》2002年7月19日；李建伟：《公司法学》（第二版），中国人民大学出版社2011年版，第265页。

② 赵旭东：《公司法学》（第三版），高等教育出版社2012年版，第321页。

东转让其股权是一种要约，受让方只有同意全部买受才构成承诺，而优先购买权人只同意购买部分并不构成承诺，而是一种新的要约，如果允许部分优先购买，则这种转让不符合民法中关于要约与承诺的最基本的构成要件[①]；第三，允许部分行使优先购买权将损害转让股东的实质利益，股东转让的股份中蕴含着控制权的附加价值，如果允许部分行使优先购买权，转让股东将因为其股权被分化而使得转让条件中的控制权被解构，剩余部分的股权价值将因此而大大降低，这剥夺了股东出售控制权的溢价利益，损害了股东既有和应得的利益。[②]

在这一问题上，《公司法解释（四）》认可了“数量”因素对股权价值的重要影响：第一，股权转让数量作为股权转让合同中的核心条款，自然应当是“同等条件”的最重要因素之一，优先购买权不能部分行使是同等数量条件下的应有之义。第二，从维护转让股东和第三人利益的角度，第三人以特定价格在购买特定比例的股权时，是将该比例的股权视作一个整体作为标的，转让股东同样是将股权作为整体在出售，如果分割开来，就破坏了交易的同一性，改变了转让股东与第三人之间约定的条件。作为整体转让的股权比例越高，第三人购买股权后控制公司决策的可能性越大，期待利益越高，而一旦购买的股权一部分被其他股东购买，第三人可能不再愿意购买剩余比例的股权或者不愿按照约定的价格购买股权。因此，若允许对其中部分股权行使优先购买权，将严重损害转让股东与第三人的利益。当然，如果公司章程规定或者全体股东另有约定，则允许优先购买权部分行使。最终《公司法解释（四）》在第十八条第一款中加入了“数量”这一要素予以突出强调，而删掉了《征求意见稿（2016）》中的第二款。

Ⅲ条文要点

本专题重点关注的是“同等条件”的判断。《物权法司法解释（一）》第十条规定：“物权法第一百零一条所称的‘同等条件’，应当综合共有份额的转让价格、价款履行方式及期限等因素确定。”参照这一规定，在判断其他股东行使优先购买权是否满足“同等条件”时，不能要求优先购买权人购买股份的

---

① 赖淑春：《特定情形下优先购买权有无之判断》，载《山东审判》2008年第6期，第92页。

② 陈立斌：《股权转让纠纷》（第3版），法律出版社2015年版，第122页。

交易条件与第三人给出的条件完全一致，而应当进行“综合”的判断。在从数量、转让价格、价款支付方式、履行期限等方面对股权转让的条件加以具体判断时，应当注意以下方面。

## 一、对转让数量相同的判断

如前述，其他股东在行使优先购买权时，必须购买转让股东拟向第三人出让的股权数量，而不能只购买转让股东拟出让股权的部分。允许其他股东购买部分股权，实际上改变了转让股东与交易相对方进行股权买卖的交易条件，转让股东也无法通过股权转让达到退出公司的目的。在转让股东为公司控股股东的情形中，转让股东的股权被部分购买而非全部购买，股权中所包含的控制权溢价就会大打折扣，该剩余股权的价值也会降低，转让股东剩余股权再次出售的难度也会增加，转让股东的利益会因此受到损害。因此，其他股东行使优先购买权时购买的股权数量应当与转让股东拟向第三人出让的股权数量一致。

## 二、对转让价格相同的判断

一般情况下，其他股东行使优先购买权时支付的价款应当等同于第三人向转让股东支付的价款。如果其他股东愿意支付高于第三人对待给付的价款，只要是真实意思表示，也应予准许。

关于股权转让价格的确定，由于有限责任公司的股权并不存在公开的市场，无法通过市场价格机制确定股权的价格。在股权价格的确定上，可以参照美国关于封闭公司股权转让价格的约定，对价格的确定可以采取账面价值法、资本盈余法、股东一致同意、评估法、授权董事会定价等方法或者几种方法的组合确定股权转让价格。因此，其他股东应当以高于第三人或与第三人相同的价格行使优先购买权，而转让股东与第三人恶意串通虚拟高价以规避其他股东的优先购买权时，其他股东有权要求以双方之间的真实转让价格作为确定同等条件的标准。

## 三、对支付方式相同的判断

支付方式通常涉及对购买人的履约意愿与履约能力的信任情况，此时支付方式的不同所带来的风险就可能会从根本上影响到转让股东的利益。例如，转让股东基于对第三人信用的信赖，允许第三人分期付款的，其他股东如果不能取得转让股东的同意，则应一次性付款或对分期付款提供充分担保。[①] 因此，如果购买人的履约意愿和能力决定着支付方式的选择，此时考虑到支付方式对转让股东转让利益的实质影响，应当将支付方式作为一个重要要素以评价“条件”是否相同。

但是，当分期付款等支付方式仅仅作为一种交易习惯或惯例而与对付款人信用的判断无关时，付款方式不宜作为“同等条件”中的要素加以对待。

## 四、对履行期限相同的判断

根据《合同法》的相关规定，履行期限是合同的重要条款，股东转让股权可能出于急需现金等动机，这种转让具有时间上的紧迫性，履行期限直接关系到其转让目的的实现，故履行期限亦属判断同等条件的重要考量因素。原则上，除非优先购买权人与转让股东另有协议外，优先购买权人行使优先购买权的履行期限不应迟于转让股东与第三人之间股权转让合同约定或达成意向的履行期限。如转让股东要求第三人在某个具体日期之前付款，优先购买权人的付款日期应不晚于这个日期。

不过，优先购买权人与转让股东的股权转让行为毕竟成立在后，其他股东行使优先购买权时，若之前第三人与转让股东约定的履行期限届满，要求优先购买权人遵守该期限对优先购买权人不公平，此时应认定履行期限并未届至[②]，应当以合同订立之日至付款到期日的相同时间长度为标准。此外，如果转让股东基于第三人的信用而给予第三人以延期付款的优待，当优先购买权人不能同样取得转让股东的信赖时，则应按期付款，或者对延期支付提供充分担保。

---

① 参见：杜万某主编，最高人民法院民事审判第一庭编著：《最高人民法院物权法司法解释（一）理解与适用》，人民法院出版社2016年2月第1版，第280页。

② 参见常鹏翱：《论优先购买权的法律效力》，载《中外法学》2014年第2期。

## 五、对其他因素相同的判断

其他因素是否构成“同等条件”的判断因素，需要结合该因素对转让股东的利益是否有实质影响来进行判断。当其他条件无法实现完全同等时，可以采用将这些条件折算成价格以实现同等条件，而这又涉及对该“其他因素”的定价问题，需要结合个案进行具体分析。

## 典型案例

### 一、“同等条件”判断之合同的其他附属条件

杨某某等与上海气门厂有限公司等股权转让纠纷上诉案①

**【焦点问题】**有限责任公司股东对外转让股权，其他股东行使优先购买权的“同等条件”如何判断？

**【裁判立场】**本案一、二审法院存在分歧，做出生效裁判的法院认为，优先购买权的“同等条件”是指出让股东与股东以外的第三人之间合同确定的主要交易条件，如出让股东与受让人约定的投资、业务合作、债务承担等。

**【案例简介】**上海气门厂成立于1989年11月4日，公司股东为梁某某、徐某某、郝某某。2011年4月8日杨某某与梁某某签订《股权转让协议》，约定：梁某某将气门厂0.1%的股权以1万元的价格转让给杨某某，杨某某保证完成转让后10日内完成以下两项附加条件中的一项：(1) 杨某某承诺借款300万元给气门厂，利息为年息6%，期限为1年，无须抵押担保；(2) 若2011年5月15日前气门厂未能同意向杨某某借款的决定，则杨某某承诺愿意提供150万元给梁某某，期限为1年，无须利息及抵押担保，借款不能用于炒股。杨某某应于合同生效后3天内付清1万元。同日，梁某某向徐某某及郝某某寄送了召集股东会通知及《股权转让协议》复印件，告知两人可在同等条件下行使优先购买权。

① 上海市第二中级人民法院（2012）沪二中民四（商）终字第16号。

2011年5月3日，徐某某回复称：对梁某某出让0.1%股权的价格及履行方式均表示同意，但对所附条件不认可，主张行使优先购买权。

2011年5月9日，气门厂召开股东会，签到册载有梁某某、徐某某及郝某某的签名，股东会形成临时股东会会议纪要，载明：公司同意向杨某某借款300万元，但对于0.1%的股权转让，徐某某表示行使优先购买权，但不同意借款300万元给公司。临时股东会结论为无股东以借款300万元给公司和支付1万元的同等条件行使优先权购买本次转让的股权。该会议纪要仅有梁某某及郝某某的签字。2011年5月10日，梁某某将会议纪要寄送徐某某。同日，梁某某收到杨某某1万元股权转让款。

后杨某某要求气门厂的三位股东及负责人办理股权变更登记却一直未果。杨某某遂向法院起诉。

**【裁判要旨】**一审法院认为优先购买权中的“同等条件”不宜超出股权转让主体、客体及内容以外做扩大解释。杨某某向气门厂提供300万元借款用于归还高息借款属于公司经营范畴，系与气门厂之间的借贷法律关系，不应视为股权转让主体间的“同等条件”。

二审法院认为优先购买权的同等条件是指出让股东与股东以外的第三人之间的股权转让合同确定的主要转让条件，如出让股东与受让人约定的投资、业务合作、债务承担等条件，也应认定为主要条件。梁某某在向杨某某转让股份的同时，杨某某承诺向气门厂借款300万元，相当于是杨某某对气门厂的一种投资方式，是股权转让的条件之一，可视为是一种“同等条件”。

**【案例评析】**本案中转让股东与外部受让人之间股权转让协议的附加条件为转让股东与受让人之间达成的的债务承担安排，二审法院认为也构成主要交易条件，其他股东行使优先购买权时应满足该条件。当然也存在着通过附加条件而恶意阻碍其他股东优先购买权行使的情形，如果当事人能够举证证明，法院也应当结合《公司法解释（四）》第二十一条的有关规定进行判断。

## 二、"同等条件"的形成

### 丁某某、李某、冯某某与瞿某某优先认购权纠纷案[①]

**【焦点问题】**有限责任公司的股东会通过决议同意股东对外转让股权，公司股东在决议中表明行使优先购买权，此时股东行使优先购买权的同等条件是否形成？

**【裁判立场】**由于股东会决议中外部受让方尚未确定，具体的交易条件也还未与外部受让方达成一致，公司股东行使优先购买权的同等条件尚未形成。

**【案例简介】**丁某某、李某、冯某某与瞿某某为杭州盈源贸易有限公司（以下简称"盈源公司"）股东。公司注册资本为人民币300万元，共9个股东。

2006年9月10日，盈源公司召开股东会，与会的全体股东一致同意将个人所持股份以全部转让的方式、以1∶1的价格转让给第三方，并形成股东会决议。全体股东均在该股东会决议上签字，瞿某某在该股东会决议上注明：根据《公司法》和公司章程，本人决定优先受让（购买）其他股东转让之股权（股份）。

2006年9月30日，丁某某将其与曹某某于2006年9月8日签订的股权转让合同寄发给瞿某某，并限瞿某某在三十日内作出书面答复。

2006年9月30日，李某、冯某某分别与富某签订股权转让合同，并将股权转让合同寄发给瞿某某，并通知其在同等条件下可以行使优先购买权。瞿某某分别复函丁某某、李某、冯某某，主张其优先购买权已于2006年9月10日形成，要求丁某某等三人按1∶1的价格及合同签订之日起三日内支付转让款的50%、合同签订后九十日内付清余款的付款方式与其签订股权转让合同。

2006年10月10日，丁某某复函瞿某某，拒绝按瞿某某所述条件签订股权转让合同，并附丁某某与曹某某于2006年10月5日签订的股权转让合同，该股权转让合同在与2006年9月8日的股权转让合同内容一致的基础上，还增加

① 最高人民法院（2012）民抗字第32号。

了受让方于合同生效后五日内支付出让方补贴款及承担出让方应缴所得税的条款。同日，李某、冯某某分别发函给瞿某某，拒绝按瞿某某所述条件签订股权转让合同，并附其分别与富某于2006年10月6日签订的股权转让合同，该两份股权转让合同在与2006年9月30日的股权转让合同内容一致的基础上，还增加了受让方于合同生效后五日内支付出让方补贴款及承担出让方应缴所得税的条款。曹某某、富某已按合同约定数额支付了股权转让款、保证金和补贴款。

2006年10月20日，瞿某某向杭州市中级人民法院起诉，请求确认瞿某某对丁某某、李某、冯某某股权的优先购买权在2006年9月10日已经形成；判令丁某某、李某、冯某某履行将其股权依法转让给瞿某某的义务，并办理相关转让手续；判令丁某某办理瞿某某已优先购买其他股东股权的工商变更登记。

**【裁判要旨】**一审法院认为，优先购买权的前提和基础为“同等条件”。“同等条件”不仅包含转让价格，还包括付款期限、违约条款等其他对出让方股东有利的条款。优先购买权建立在“同等条件”之上，就李某、冯某某的股权转让而言，在股权转让的交易条件形成之前，瞿某某的优先购买权尚无实现的基础，在交易条件形成后，优先购买权必须在“同等条件”下行使；就丁某某与曹某某的股权转让而言，虽然瞿某某主张的转让价格等同于丁某某与曹某某约定的转让价格，但付款期限、违约条款等交易条件明显低于丁某某与曹某某约定的条件，不能视为其在“同等条件”下行使优先购买权。因此，在2006年9月10日的股东会上，瞿某某的优先购买权并未形成。二审法院认为，2006年9月10日的股东会决议中，瞿某某已明确表示决定优先受让（购买）其他股东之转让股权（股份），瞿某某行使优先购买权的条件已经具备。

最高人民法院再审认为，股东行使优先购买权的前提是，拟出让股东与股东以外的人已经就股权转让达成合意，该合意不仅包括对外转让的意思表示，还应包括价款数额、付款时间、付款方式等在内的完整对价。本案中，2006年9月10日的股东会决议上，对外转让的受让方并未确定，股东行使优先购买权的前提也未成就。瞿某某在股东会决议上签署要求行使优先购买权的意见，并非实际行使优先购买权。

**【案例评析】**本案中股东会决议对外转让股权，虽然确定了股权转让数量及价款等内容，但是股权受让方、付款期限、违约条款交易条件尚未确定，“同等条件”尚未形成，此时公司股东主张优先购买权不符合“同等条件”的要求。转让股东与外部受让人就股权转让的数额、价款、付款时间、付款方式等完整的交易条件达成合意时，同等条件才算形成，其他股东才有行使优先购买权的基础。

## 三、“同等条件”的判断

张某与狮龙公司等优先购买权纠纷案①

**【焦点问题】**有限责任公司的股东对外转让股权，其他股东主张按照同等条件行使优先购买权，却未在规定的期间履行，是否符合同等条件的要求？

**【裁判立场】**履行期限也是同等条件的一部分，其他股东未在规定的期限内履行，不满足同等条件的要求，视为放弃优先购买权。

**【案例简介】**大剑滩电力公司于2002年8月27日成立，注册资本为800万元，由狮龙公司与张某等19名自然人股东共同出资成立。2010年2月2日，狮龙公司和除张某外的其他18名自然人股东以股权转让通知书的形式通知张某，将合计持有的大剑滩电力公司96.8375%的股权以1268.57125万元人民币的价格一次性全部转让给南川区方博公司。约定受让人南川区方博公司在2010年3月31日前全部付清股权转让款，同时受让人南川区方博公司必须在2010年3月31日前替大剑滩电力公司偿还清银行相关债务人民币2400万元。该通知书要求张某自收到通知书之日起30日内给予书面答复，逾期未答复视为同意转让，并告知其享有优先购买权，在收到通知书之日起30日内未对是否行使优先购买权给予书面答复，视为放弃优先购买权。

张某书面回复按照在“股权转让书”中所述的条件行使优先购买权。后转让股东于2010年4月1日致函张某将原《股权转让通知书》中规定的2010年3月31日的付款期限延期至2010年4月20日，并告知张某逾期付款视为放弃购买。截至2010年4月20日，张某未将股权转让款汇入指定账户。

---

① 重庆市高级人民法院（2011）渝高法民终字第266号。

2010 年 4 月 22 日，南川区方博公司与上述 19 名转让股东签订股权转让协议。张某认为狮龙公司与 19 名股东的股权转让行为侵犯了其优先购买权，请求法院判决股权转让协议无效，并请求以股权转让协议确定的条件受让 19 名股东出让的股权。

**【裁判要旨】**一审法院认为，转让股东与外部第三人之间的股权转让协议在效力上具有独立性，股权转让协议是否生效应当按照该协议自身的内容根据《合同法》关于合同效力的规定加以认定，即便优先权股东行使了优先购买权，只要该协议本身符合《合同法》规定的合同生效要件，协议仍然有效。关于张某优先购买权的行使，法院认为优先购买权的行使必须以同等条件为前提，“同等条件”的内容包括价格、数量、支付方式、交易时间等合同主要条款。张某同意了价格条款，却没能在双方约定的付款时间付款，没有达到“同等条件”，应视为其放弃了优先购买权。

二审法院认为，在“同等条件”业已披露的情况下，拟转让股权的股东不可能也不应当无限期等待其他股东行使优先购买权。张某某在规定的时间内未履行付款义务应视为放弃行使优先购买权。对转让股东与外部第三人之间股权转让协议的效力，二审法院与一审法院的看法一致。

**【案例评析】**本案中，在其他股东主张行使优先购买权后，转让股东对股权转让协议约定的履行期间进行了延长，优先权股东仍未在规定的期限内履行付款义务，不满足“同等条件”的要求，应视为放弃了优先购买权。

## 专题三 优先购买权的通知及形式

《公司法》第七十一条第二款、第三款对股权对外转让需要履行书面通知程序以及在同意转让的情形下其他股东享有优先购买权进行了规定，但是实践中如何进行通知、征求股东同意与优先购买权的行使如何衔接、优先购买权行使的期间等，这些程序性问题可能会影响到股权对外转让中各方的实体权利和利益，司法实践中法院也需要根据这些程序步骤进行的具体情况对各方是否履行或遵守了程序义务或规则进行判断，以确定实体权利能否成就的基础。因此，为了给予当事人、法院更为明确的规则指引，《征求意见稿（2016）》的第二十五条对前述问题处分进行了处理，规定了股权对外转让时对其他股东的书面通知以及其他股东优先购买权的行使期间；不过最终在《公司法解释（四）》中，该条被分拆细化为了两条，即第十七条和第十九条，第十九条处理了行使期间的问题，而分离出的第十七条在《公司法》第七十一条第二款的基础上进行了细化。

从行为的逻辑顺序而言，有限责任公司股东对外转让股权理论上需要进行两次通知：第一次指在对外转让股权时，转让股东根据《公司法》第七十一条第二款的规定通知其他股东其对外转让股权的意向并征求其他股东同意；而后，在与拟受让股权的第三人确定股权转让的数量、价格等条件之后发出的“第二次”通知，告知其他股东其对外转让股权的条件，由其他股东决定是否在该等条件下行使或不行使优先购买权。然而，实践中转让股东在决定转让股权，向其他股东进行通知时，该通知中往往已包含了转让股东与第三人拟订立的股权转让合同的主要内容，其他股东在收到此类通知后，有时只回复“同意转让”

而不表明是否行使优先购买权。此种情形下，其他股东认为该通知仅仅是征求其是否同意转让的通知；而转让股东则认为其他股东在接到有明确“同等条件”的通知后同意转让而不主张优先购买权，是已经放弃了优先购买权，进而由此产生争议。实践中，因此类程序的具体实施而引发的其他争议也凸显了对有关程序的实施及其法律效果加以明确的重要性。

此外，由于《公司法》第七十一条第三款未明确规定股东行使优先购买权的期间，导致股东行使优先购买权的期间有一定不确定性，尤其是其他股东在通知载明的期间内未主张优先购买权，而在期间经过之后又主张优先购买权的，在实践中也常产生争议，裁判上也存在不确定性。

尽管《公司法解释（四）》第十七条和第十九条对《公司法》第七十一条的有关规定进行了一定程度的细化，但是《公司法解释（四）》的第十九条亦未能给出更具指导价值的规则，很多内容仅仅是对《公司法》中已有规定的重复，仍待进一步的明确。具体而言：

对于第十七条，其第一款主要对不同意转让股东的购买义务进行了规定，强制要求其收购转让股东的股权，否则视为同意转让，重复了《公司法》第七十一条第二款中的内容。第二款则对其他股东要求转让股东通知股权转让的“同等条件”做出了规定，强调了其他股东获知“同等条件”的权利。而第三款则对优先购买权的成就与《公司法解释（四）》第二十条的“转让股东放弃转让”情形下的安排进行了衔接。

第十九条针对优先购买权的行使期间问题，对《公司法》第七十一条第三款从期间的起算与期间的时长进行了补充规定。

## 核心条文

**《公司法解释（四）》**

**第十七条** 有限责任公司的股东向股东以外的人转让股权，应就其股权转让事项以书面或者其他能够确认收悉的合理方式通知其他股东征求同意。其他股东半数以上不同意转让，不同意的股东不购买的，人民法院应当认定视为同意转让。

经股东同意转让的股权，其他股东主张转让股东应当向其以书面或者其他能够确认收悉的合理方式通知转让股权的同等条件的，人民法院应当予以支持。

经股东同意转让的股权，在同等条件下，转让股东以外的其他股东主张优先购买的，人民法院应当予以支持，但转让股东依据本规定第二十条放弃转让的除外。

**第十九条**　有限责任公司的股东主张优先购买转让股权的，应当在收到通知后，在公司章程规定的行使期间内提出购买请求。公司章程没有规定行使期间或者规定不明确的，以通知确定的期间为准，通知确定的期间短于三十日或者未明确行使期间的，行使期间为三十日。

## 关涉条文

### 一、既有相关规范

**1. 《公司法》**

**第七十一条**　有限责任公司的股东之间可以相互转让其全部或者部分股权。

股东向股东以外的人转让股权，应当经其他股东过半数同意。股东应就其股权转让事项书面通知其他股东征求同意，其他股东自接到书面通知之日起满三十日未答复的，视为同意转让。其他股东半数以上不同意转让的，不同意的股东应当购买该转让的股权；不购买的，视为同意转让。

经股东同意转让的股权，在同等条件下，其他股东有优先购买权。两个以上股东主张行使优先购买权的，协商确定各自的购买比例；协商不成的，按照转让时各自的出资比例行使优先购买权。

公司章程对股权转让另有规定的，从其规定。

**2. 《最高人民法院关于适用〈中华人民共和国物权法〉若干问题的解释（一）》（法释〔2016〕5号）**

**第十一条**　优先购买权的行使期间，按份共有人之间有约定的，按照约定处理；没有约定或者约定不明的，按照下列情形确定：（一）转让人向其他按份共有人发出的包含同等条件内容的通知中载明行使期间的，以该期间为准；（二）通知中未载明行使期间，或者载明的期间短于通知送达之日起十五日的，为十五日；（三）转让人未通知的，为其他按份共有人知道或者应当知道最终确定的同等条件之日起十五日；（四）转让人未通知，且无法确定其他按份共有人知道或者应当知道最终确定的同等条件的，为共有份额权属转移之日起六个月。

**第十二条** 按份共有人向共有人之外的人转让其份额，其他按份共有人根据法律、司法解释规定，请求按照同等条件购买该共有份额的，应予支持。

其他按份共有人的请求具有下列情形之一的，不予支持：（一）未在本解释第十一条规定的期间内主张优先购买，或者虽主张优先购买，但提出减少转让价款、增加转让人负担等实质性变更要求；（二）以其优先购买权受到侵害为由，仅请求撤销共有份额转让合同或者认定该合同无效。

## 二、地方司法实践

**1.《宁波市中级人民法院关于执行中拍卖变卖的规定》（2003年）**

**第十三条** 第三人对拍卖的财产有优先购买权的，执行法院应当于拍卖日3日前书面通知其到场。拍卖时，应当依法保护优先购买权人在同等条件下的优先购买权。多个优先购买权人同时表示接受的，可在其间再进行竞价或采用抽签方式确定受让人。

优先购买权人经通知无正当理由不到场的，视为放弃优先购买权。

**2.《上海市高级人民法院关于审理涉及公司诉讼案件若干问题的处理意见（二）》（沪高法民二〔2003〕15号）**

**第四部分第一条** 有限责任公司股东对外转让股权的，应当向公司和其他股东告知拟受让人和拟转让价格条件，并征求其是否同意转让的意见。公司和其他股东应于30日内予以答复，逾期未答复者视为同意转让；公司和其他股东再起诉请求撤销该转让行为的，人民法院不予支持。

**3.《北京市高级人民法院关于审理婚姻纠纷案件若干疑难问题的参考意见》（2016年）**

**第二十五条** 《婚姻法司法解释二》第十六条中“过半数股东同意”与2013年新修改发布《公司法》第七十一条第二款中“其他股东过半数同意”冲突问题。应适用2013年新修改发布《公司法》第七十一条第二款中“其他股东过半数同意”内容。

## 条文理解

### Ⅰ条文演变

［表格 17－19］《公司法解释（四）》第十七条、第十九条的演变过程

| 征求意见稿（2012） | 征求意见稿（2016） | 正式稿　法释〔2017〕16号 |
| --- | --- | --- |
| 第二十七条（转让通知）有限责任公司股东转让股权之前虽然通知了公司其他股东，但未将受让人的有关情况、拟转让股权的数量、价格及履行方式等股权转让合同的主要内容全部告知公司其他股东的，人民法院应认定其未履行公司法第七十二条第二款规定的义务。 | 第二十五条（书面通知的内容和优先购买权的行使期间）有限责任公司的股东向股东以外的人转让股权，书面通知其他股东，通知中已经包括受让人的姓名或名称、转让股权的类型、数量、价格、履行期限及方式等股权转让合同主要内容的，其他股东在收到通知后，应当在公司章程规定的行使期间内主张优先购买；公司章程没有规定或者规定不明的，按照下列情形确定：（一）通知中载明行使期间的，以该期间为准；（二）通知中未载明行使期间，或者载明的期间短于通知送达之日起三十日的，为三十日。其他股东没有在前款规定的行使期间内主张优先购买的，或者主张优先购买，但是不符合公司法和司法解释规定的同等条件的，视为同意转让并放弃优先购买权。 | 第十七条（向股东以外的人转让股权的程序）有限责任公司的股东向股东以外的人转让股权，应就其股权转让事项以书面或者其他能够确认收悉的合理方式通知其他股东征求同意。其他股东半数以上不同意转让，不同意的股东不购买的，人民法院应当认定视为同意转让。经股东同意转让的股权，其他股东主张转让股东应当向其以书面或者其他能够确认收悉的合理方式通知转让股权的同等条件的，人民法院应当予以支持。经股东同意转让的股权，在同等条件下，转让股东以外的其他股东主张优先购买的，人民法院应当予以支持，但转让股东依据本规定第二十条放弃转让的除外。<br>第十九条（优先购买权的行使）有限责任公司的股东主张优先购买转让股权的，应当在收到通知后，在公司章程规定的行使期间内提出购买请求。公司章程没有规定行使期间或者规定不明确的，以通知确定的期间为准，通知确定的期间短于三十日或者未明确行使期间的，行使期间为三十日。 |

## Ⅱ主要争议

### 一、征求股东同意的通知与优先购买权下的通知

《征求意见稿（2016）》第二十五条中规定了需要履行“书面通知”程序，并未限定该通知的目的是什么，一种观点认为，征求股东同意抑或通知其他股东股权对外转让的条件（合同要素），因此在《征求意见稿（2016）》的规定下，征求股东同意的通知同时也可以作为告知其他股东行使优先购买权条件的通知，这是考虑到实践中可能会出现一个通知两个目的的情况。

但另一种观点认为，股权对外转让时“征求其他股东同意”与“其他股东优先购买权的行使”是不同的两个程序步骤，不适宜规定在一起，这样会弱化对其他股东的程序保障。同时在就股权对外转让征求其他股东同意时，对外转让的条件，如价格、数量、履行方式和期限等可能尚不明确，因此不宜在司法解释中做一次性规定。此外，《征求意见稿（2016）》第二十五条将两个“通知”合一规定的方式也使得有观点对其第二款产生了质疑，认为如果不同意该“通知”，仅仅意味着该股东不同意转让，并非是其要放弃优先购买权，因此“视为同意转让并放弃优先购买权”的规定也不妥当。鉴于《征求意见稿（2016）》第二十五条的表述会进一步带来其他问题，最终未被采纳，《公司法解释（四）》最终采取了更为灵活的做法，直接通过第十七条的第二款明确了其他股东有获得转让股东“通知”的权利，而不论此通知是以在征求同意的通知一并告知同等条件的形式，还是在征求同意的通知之后单独另作的通知。

### 二、对《公司法》第七十一条第三款中“其他股东”的理解

在起草过程中，目前《公司法解释（四）》第十七条的内容中曾出现过“公司法第七十一条第三款规定的‘其他股东’，既包括不同意转让的股东，也包括同意转让的股东”的表述，并就有优先购买权的“其他股东”的范围产生过争议。

一种观点主张《公司法》第七十一条第三款中享有优先购买权的“其他股

东”不包括“同意转让的股东”，仅包括不同意转让的股东，认为既然股东已经同意转让股东对外转让股权，那么自然无须赋予同意转让的股东以优先购买权。

另一种相对的观点认为《公司法》第七十一条第三款中享有优先购买权的“其他股东”包括“同意转让的股东”。其主要考虑有：第一，如果“不同意转让的股东”不主张优先购买，股权被转让给股东以外的人，则公司股权结构并未发生变化；如果“不同意转让的股东”主张优先购买，股权被转让给现有其他股东，则公司股权结构将发生变化。股权结构的变化可能导致公司控制权的变化，对“同意转让的股东”利益存在影响，而“同意转让的股东”在决定是否同意时对此难以预判。第二，征求其他股东同意与其他股东的优先购买权虽然都有维护公司人合性的功能，但是二者分属不同的阶段，也有不同的侧重，因此不宜把同意对外转让与否作为判断是否享有优先购买权的标准。第三，如果不允许“同意转让的股东”享有优先购买权，则将导致不当激励，造成其他股东为了避免丧失优先购买权而更倾向于不同意转让，给股权转让造成不合理的阻碍。

至于优先购买权的行使期限，在起草与征求意见的过程中主要存在如下争议：

## 三、是否应设置行使期间

关于第十九条，一个首要的争议是优先购买权人即公司其他股东主张优先权是否应有期间的限制。从现行法的规定来看，虽然我国《公司法》第七十二条明确规定了在法院强制执行时优先购买权的行使期间是自法院通知之日起二十天，期满不行使即视为放弃，但《公司法》第七十一条第三款并没有就股东优先购买权的行使期间作出规定，第二款仅规定“股东应就其股权转让事项书面通知其他股东征求同意，其他股东自接到书面通知之日起满三十日未答复的，视为同意转让”，该规定仅涉及其他股东同意的期间，而未明确规定优先购买权的行使期间。

考虑到法律对优先购买权的规定一方面应当维护有限责任公司的人合性，

另一方面也应不过度妨碍有限责任公司股东的退出和股权转让。从商事交易确定性、可预测性和快捷性的要求来看，为平衡转让股东和其他股东的利益，应当对优先购买权的行使期间作出要求。一方面，尊重转让股东退出公司的权利，防止其他股东滥用优先购买权拖延股权的转让；另一方面，也应当保护其他股东的权利以及公司的人合性，设置合理的期限以避免其他股东无从行使优先购买权。基于上述考虑，《公司法解释（四）》对优先购买权的行使期间进行了明确，未遵守该期间要求的股东，不得再主张行使优先购买权。

## 四、行使期间是否允许约定

实践中，转让人在向优先购买权人发出通知的时候，往往会在通知中限定优先购买权人回复并主张优先购买权的期间，并在通知中载明“过期不主张则视为放弃优先购买权”。对此种期间的法律效力，在股权转让纠纷处理的实践中存在着不同的认识。[①] 有观点认为，如果当事人对行使权利约定有期间的，约定期间可以代替法定期间，无论增长或减短。这既符合私法自治原则，也不会妨碍合同外第三人的利益。[②]

《公司法解释（四）》对优先购买权行使期间的设置充分体现了对私法自治的尊重，其表现在尊重公司自治和当事人意思自治，承认当事人在公司章程中作出的安排，没有加以时长期限的限制。如果章程没有规定或规定不明确，为了便利实践中股权转让的操作，解释规定允许转让股东在通知中载明优先购买权的行使期限；但是，为了避免转让股东在通知中规定过短的期间而导致其他股东没有充分时间考虑是否行使优先购买权或者无法筹集资金等问题，解释设置了最低期间即 30 日。对于最低期限应以多久为宜存在不同的主张，如 20 日或者 15 日等，但最终解释决定参考《公司法》第七十一条中对征求其他股东同意的期间的设定，将这一期间设定为 30 日。

## 五、起算点应以通知送达之日为准还是以其他股东知悉同等条件为准

在起草和征求意见的过程中，优先购买权行使期间的起算点也存在争议。

---

① 胡晓静：《论股东优先购买权的效力》，载《环球法律评论》2015 年第 4 期，第 39 页。

② 丁春艳：《论私法中的优先购买权》，载《北大法律评论》2005 年第 2 期，第 672 页。

从理论上来说，其他股东知悉同等条件即可以行使优先购买权，而如何获知同等条件在所不论。如此规定的优点是更符合优先购买权的法理逻辑，事实上《物权法司法解释（一）》中对按份共有人优先购买权最长期间的设置也部分考虑了这一因素，即第十一条第三、四项的规定：“（三）转让人未通知的，为其他按份共有人知道或者应当知道最终确定的同等条件之日起十五日；（四）转让人未通知，且无法确定其他按份共有人知道或者应当知道最终确定的同等条件的，为共有份额权属转移之日起六个月。”但是，如此规定的弊端在于可能导致双方举证困难，而且不利于鼓励转让股东履行通知义务。

而以其他股东收到含有同等条件的书面通知之日为起算点，优点在于可操作性更强，便于当事人及法院确定起算点，从而便于当事人了解自己的权利的现状，也避免了在诉讼中的举证困难。而且，在此种规定之下，转让股东如不通知同等条件则其他股东的优先购买权期间始终不起算，一方面更有利于保护其他股东的优先购买权，另一方面激励转让股东积极履行通知义务。

因此，《公司法解释（四）》最终规定优先购买权行使期间的起算以通知送达为准，即优先购买权的行使期间从包含受让人姓名或者名称、数量、价格等股权转让合同主要内容的书面通知送达之日起算。

## 六、对外转让过程中股权价格的确定方法

在起草与征求意见的过程中，很多意见对拟转让股权的“价格”的确定十分关注，还有观点认为应当进一步引入“竞价”机制。因各国在有限公司股权对外转让上的规则不同，各国实践中也发展出了不同的股权拟对外转让程序安排以及优先购买权行使价格的确定机制，如在转让股东拟转让股权时，依据章程的规定可能首先与其他股东进行谈判，并确定价格，之后才能考虑对外的转让；也有可能是首先与其他第三人谈判，由受让人首先出价，而后再与公司其他股东谈判的机制，因此出价顺序的不同也会影响股权价格的确定。

股权价格的确定过程是涉及多种因素的复杂机制，是商业谈判的结果，实践中章程可能对此有更多样化的安排，因此法律规则也无须过多的介入。在具体的股权定价机制上，可以参考美国法上封闭公司股权对外转让时的股权定价

机制。在确定股权转让价格时，可以运用账面价值法、资本盈余法、全体股东一致同意、第三方评估、仲裁员评估、授权董事会或者其他股东定价、受让者出价等方法或者上述方法的组合对股权进行定价。

（1）账面价值法（“book value” method）

美国许多封闭公司都使用“账面价值”或者“账面价值”的变化形式来对股份进行估价。账面价值是一个会计概念，可直接从公司的资产负债表中得出。根据普遍接受的会计准则，账面价值等于会计恒等式中的公司资产减去公司负债。[①]

账面价值法的优点在于公司的账面价值可以直接客观地从公司的会计恒等式中得出，避免了各个股东因其他定价方法产生的价格上的争执。账面价值法的缺点在于账面价值经常或高或低于公司的实际价值，因为在会计惯例下，公司的资产是以历史成本计算的，而不是对市场价值的反映。因此，股东需要提前达成一致，对公司账面价值进行调整，以尽量与现值（current values）相一致。此外，账面价值还涉及无形资产的定价问题，优先购买权条款使用账面价值法对股份定价应明确规定无形资产是否应算作资产，如果记为无形资产，则还应制定出无形资产价值计算的指导规则。[②]

（2）资本盈余（“capitalized earnings” method）

资本盈余法试图计算出公司商业的未来盈余，然后通过类似投资的折现率将未来盈余转换为现值。理论上，这种方法计算出来的股份价格最接近市场价值。[③]

资本盈余法的主要困难在于，股东与公司可能会在关于公司未来盈余和合适的投资折现率方面发生分歧。因此，大多数采用此种定价方法的协议都会通过以下方法改进：①用公司近期几年（recent past）的资本盈余预测未来盈余；②股权转让限制协议签订时，即会对折现率或者折现率的计算方法作出约定。[④]

（3）股东一致同意（“mutual agreement” method）

股东一致同意通常是分阶段的。股份转让限制协议签订之时，各股东对股

---

① Steven L. Emanuel, Corporations, 6th ed, New York: Wolters Kluwer Law & Business, 2009, p. 150.

② Steven L. Emanuel, Corporations, 6th ed, New York: Wolters Kluwer Law & Business, 2009, p. 151.

③ Steven L. Emanuel, Corporations, 6th ed, New York: Wolters Kluwer Law & Business, 2009, p. 151.

④ Steven L. Emanuel, Corporations, 6th ed, New York: Wolters Kluwer Law & Business, 2009, p. 151.

份转让达成初始的价格确认。但股东通常也会同意定期（比如每年）或不定期地调整股份价格以反映股份真实的市场价值的变化。但是如果股东不随时间调整股份价格或者对调整价格分歧很大，这种方法会产生导致争议和不公平。[①]

（4）评估法（“appraisal”）

股东在签订股份转让限制条款时，共同指定一个中立的第三方对股份转移时公司的价值进行评估。如果股东采用评估法确定股份转让价格，则选择评估者的程序就变得非常重要。通常股东应该在协议中确定好评估方或者规定选择评估方的方法，协议中还会明确评估者的多数决具有法律约束力。一个典型的评估条款通常会规定由优先购买权人选定一个评估方，再由股份转让者选定一个评估方，这两个评估方共同选定第三个评估方。有时授权独立的第三方如公司的信义义务人（fiduciary）指定评估者，或者第三位评估者由公司管理人员（office）指定。协议中还应规定评估者死亡或者拒绝提供评估服务时的替代方案。如果公司有多位优先购买权人，每位优先购买权人都有权指定一位评估者，结果将产生多个评估组，每个评估小组对股份的估值可能不一致。[②] 这些都要求股东在协议中对评估方的产生与评估方法给出指导。

（5）仲裁员定价

股东可以请求仲裁员对股份转让价格进行评估，股东协议中会规定仲裁员的选定方法以及为评估技术确定基本的指导方向。[③]

（6）授权公司董事会或者其他股东设定价格

公司董事会或者其他股东有时也会被授予权力设定公司的股份转让价格。这种方法仅仅是评估法的变化形式。授予公司董事会或者其他股东设定股份转让价款的权利通常会为法院所支持，但是前提条件是公司董事会或者其他股动在设定价格时必须遵守信义义务（act in good faith），而且通常情况下会反对利

---

① Steven L. Emanuel, Corporations, 6th ed, New York: Wolters Kluwer Law & Business, 2009, p. 151.

② Steven L. Emanuel, Corporations, 6th ed, New York: Wolters Kluwer Law & Business, 2009, p. 151. See also F. Hodge O' Neal, "Restrictions on the transfer of stock in the closely held corporations: planning and drafting", 65 Harv. L. Rev. 804 (1952).

③ Clark, Robert Charles, Corporation Law, Little Brown, 1986, p. 767.

益相关方参与确定股份转让价格。[①]

（7）以受让者的出价（best offer）定价（包括非买即卖协议 buy or sell）

公司股份定价的最常见的方法是市场定价，由于封闭公司没有一个股份买卖的自由市场，市场定价方法在封闭公司并不适用。在某种程度上，可以使用与市场定价类似的方法，即规定股份的转让价格为善意购买者愿意支付的价格。在这种情况下，如果股东想出售股份，必须通知公司或者其他股东该潜在购买者的姓名与地址、股份拟转让价款及其他股份转让条件，并告知其有权在规定的时间内以相同的条件购买出让股份。如果优先购买权人在规定的时间内不行使优先购买权，则股东有权把股份转让给出价的外部股东。[②]

该定价方法的一个弊端是，如果外部股东知道自己给出购买价格后，其他人有权优先于自己购买该股份，往往不愿意主动发出股份购买要约。对此问题的解决方式是，允许意图出售其股份的股东将其出售价款在股权证书上标明，然后向优先购买权人以该条件发出要约，如果优先购买权人不行使其权利，则应允许该股东在特定的时间内以等于或高于该转让价格的条件将股份出售给外部受让人。[③]

非买即卖协议只适用于封闭公司只有两位股东且两位股东都有充足的资金全面收购（buy out）对方股权的情况。当两位股东出现不和，无法一起经营公司时，其中一位股东设定价格，给予另外一位股东购买其股份的机会，如果对方不愿意购买，则按照该价格购买对方的股份。这种定价方法激励第一位股东既不会把价格定得过低，也不会把价格定得过高。[④]

（8）上述定价方法的组合

上述所有的股份定价方法都有一定的局限性，没有一种方法足够应对所有的情形。定价方案的选择通常需要考虑公司商业的大小与性质、股东的人数、

---

① F. Hodge O' Neal, "Restrictions on the transfer of stock in the closely held corporations: planning and drafting ", 65 Harv. L. Rev. 804 (1952).

② F. Hodge O' Neal, "Restrictions on the transfer of stock in the closely held corporations: planning and drafting ", 65 Harv. L. Rev. 801 (1952).

③ F. Hodge O' Neal, "Restrictions on the transfer of stock in the closely held corporations: planning and drafting ", 65 Harv. L. Rev. 802 (1952).

④ Franklin A. Gevurtz, Corporation Law, 2nd ed, St Paul: West, 2010, p. 549.

股东对公司管理的参与度及其他条件。定价方法的组合通常比单一的定价方法更能适应条件的要求。[①]

因为在美国法下，优先购买权明确属于一种商业安排，商业安排的灵活性也就决定了成文法不可能对优先购买权及其行使作出统一的规定，这也是我国《公司法》及其司法解释强调公司章程与其他股东协议另有约定除外的意义所在。因此，在司法实践中逐步发展出对各类型操作的审查原则与认可，可能比直接对商业安排进行干预更为妥当、有效。

Ⅲ条文要点

## 一、对“过半数同意”的理解

有限责任公司的股东对外转让股权，需要经全体股东过半数同意，对于该“过半数”作何理解，实践中曾存在两种争议。一种认为其他股东过半数同意是指直接同意，该同意的股东数不包括“视为同意”的股东数。另一种认为过半数的股东直接同意并不是股权对外转让的前提，股东对外转让股权时，即使没有过半数股东直接同意，不同意的股东不购买或者不以同等条件购买也视为同意，即“直接同意”的股东数加上“视为同意”的股东数超过全体股东半数，就符合“其他股东过半数”的要求。

第一种理解赋予了其他股东在股东对外转让股权时很大的控制力，只要没有过半数的其他股东直接同意，则转让股东无法完成股权的对外转让。第二种理解降低了同意的标准，即使没有过半数的股东直接同意股东对外转让股权，只要“视为同意”的股东与“直接同意”的股东加起来过半数，转让股东就可以对外转让股权。我们认为，在这两种情况下，转让股东都有权按照与外部第三人达成的条件转让股权。不同意的股东购买拟出让的股权，建立在同意的股东没有过半数的基础之上，此种情形下其他股东不购买或者不按照同等条件购买，使得转让股东无法将股权转让给其他股东。如果不将“视为同意”的情形算在其他股东过半数的股东数内，则实质上限制了股东转让股权的权利。因此，

① F. Hodge O' Neal, “Restrictions on the transfer of stock in the closely held corporations: planning and drafting “, 65 Harv. L. Rev. 806 (1952).

“过半数同意”包括两种情形，一是过半数的其他股东直接同意股东对外转让股权；二是直接同意股权转让的股东未“过半数”，但是“视为同意”的股东数加上直接同意的股东数达到“过半数”要求。

## 二、“同意权”与“优先购买权”的关系

在对外转让股权有关制度的设计中，为了保障处分股权的股东权利得到实现——在股东出让股权时，无论其他股东是否同意，转让股东最终都应该有途径实现退出与变现，我国目前的制度在规定了拟转让股权股东需征求其他股东同意的义务的基础上还规定了在未能过半数同意的情形下不同意股东的“强制收购义务”。其他股东的同意权已不具有阻止股东出让股权的功能，赋予其他股东以同意权有何意义？况且在其他股东过半数同意的情况下，其他股东亦可优先购买转让股权，阻止转让股东对外转让股权，在这种情况下，优先购买权实际上赋予了其他股东对“同意权”的“后悔权”。如此，同意权既缺乏实质的作用，更缺乏意思表示的稳定性与严肃性，其似乎变成了无足轻重的制度，因此起草过程中也出现了对“同意权”制度价值的质疑。

有观点认为，同时设置同意权与优先购买权造成权利重复设置，没有必要设置两个相类似的权利。[①] 如美国法上大多数州通过赋予股东制定公司章程、章程细则、股东协议等的权利以实现股权转让限制的自我约定。优先购买权有多种类型，如优先选择权[②]、优先拒绝权[③]，以及公司回购权、强制买卖条款等与优先购买权密切相关的股权转让限制，在优先购买权的行使程序上，法律并没有规定同意权。

另有观点认为，由于有限责任公司的股份不在市场上出售，不能直接通过价格机制形成一个市场价格，对其合理定价对股东来说是一个比较棘手的问题，

---

① 甘培忠、刘兰芳等：《有限责任公司股权转让纠纷研究》，北京大学出版社2009年版，第214页。

② 优先选择权是指内部股东通过优先选择条款预先拟定了股份转让条件或者价格计算方法，当公司股东转让股份时，公司或者其他股东可以按照事先约定的条件或者转让价格购买，在公司和内部股东明确放弃或者规定的时间届满而不行使权利的情况下，该出让股东才可以转让给外部人。

③ 优先拒绝权是指如果公司股东受到了外部人的要约而拟出让自己的股份时，应当将这种交易条件或交易价格通知公司或者其他股东，在公司或者其他股东明确放弃购买或者规定的时间届满而不行使权利的情况下，才可以转让给外部人。

同意权虽不能决定其他股东从出让股东购买股权的价格，但可以在其他股东被动地接受出让股东与第三人确定的价格之前，赋予其他股东谈判的机会，将股权的定价权从出让股东向其他股东适当转移和回归。[①] 也有意见认为，有限公司的股权转让不存在一个公开竞争的市场，发现合适的转让价格比较耗费成本，同意权的设置使得其他股东可以将发现价格的成本转移到公司之外的他人身上，因为其他股东完全可以首先同意股权对外转让，等待转让股东与他人确定价格后，再行使优先购买权。[②] 这些观点均从同意权对股权定价的意义出发，认为同意权是有实现价值的。

我国目前的制度属于同意权与优先购买权同时存在的双重设置。但是由于事实上股东可能采取一次性通知的方式向其他股东征求同意并告知拟转让股权的“同等条件”，因此同意权在程序的独立性上有被弱化的可能，其作为价格信息传递和谈判平台的作用可能也会受到制约。但无论通过一次性通知还是分步通知的形式，依据我国目前公司法的规定，拟转让股权的股东必须实质上履行征求同意与告知“同等条件”的程序义务，缺少其中之一，都会违反股权对外转让的程序规则，从而造成实体上的不利。

## 三、优先购买权行使期间的确定

第十九条明确了其他股东行使优先购买权的期间，主要目的是督促其他股东在期限内表明是否行使优先购买权，避免恶意拖延而损害转让股东和第三人的利益。行使期间的确定应当遵守下列顺序：第一，公司章程有明确规定的，应当遵守公司章程的规定；第二，如果公司章程没有规定或者规定不明的，则应当以通知中载明的行使期间为准，但通知中载明的行使期间短于通知送达之日起三十日的，行使期间为三十日；第三，如果通知中未载明行使期间的，期间为三十日。

如此规定的主要的考虑有：第一，尊重公司自治。公司的内部治理机制和股东在章程中的约定是股东对处理公司有关事宜的共识规则，如果章程有明确约定的，应当以章程为准。《公司法》第七十一条第四款明确规定“公司章程

① 杜军：《公司法第七十二条蕴含的商业逻辑及其展开》，载《人民司法》2013 年第 11 期，第 4 页。
② 甘培忠、刘兰芳 等：《有限责任公司股权转让纠纷研究》，北京大学出版社 2009 年版，第 214 页。

对股权转让另有规定的，从其规定”。《公司法解释（四）》第十九条的规定也贯彻了该款的精神与宗旨，维护公司章程规定的优先效力。第二，利益平衡。在行使权利的期限上，既尊重转让股东对于转让效率的合理要求和利益期待，尊重其关于行使期间的通知，防止其他股东过分拖延答复损害其期限利益；又规定最低期限，防止转让股东以过短期限限制甚至排除其他股东的优先购买权。如果章程中没有约定，实践中通常的做法是，转让股东在给其他股东的通知中载明行使优先购买权的期间，并说明逾期不行使视为放弃优先购买权，这是为了保护转让股东的利益，避免其他股东无故拖延而给股权转让带来不确定性。另外，为了保护其他股东的利益和公司的人合性，给其他股东留出合理的时间评估股权转让的条件，以便决定是否行使优先购买权，基于此点考虑，本解释将通知载明的最短行使期间确定为三十日。第三，参照确定行使期间。在最短期限的具体时间确定上，将优先购买权最短行使期间确定为三十日主要是参照《公司法》第七十一条第二款关于其他股东行使同意权的期间为三十日的规定。

## 四、优先购买权人应在行使期间内行使优先购买权

《征求意见稿（2016）》第二十五条曾对未能在行使期间内主张优先购买权的后果作出规定——“其他股东没有在前款规定的行使期间内主张优先购买的，或者主张优先购买，但是不符合《公司法》和司法解释规定的同等条件的，视为同意转让并放弃优先购买权”，虽然《公司法解释（四）》最终没有采纳此条文表述，但是违反权利行使期间的结果是不变的——优先购买权人必须在章程规定、通知告知或法定的最短期限内明确作出其是否行使优先购买权的意思表示，逾期未作出行使优先购买权的意思表示或虽然表示愿意购买但是不满足“同等条件”的要求，都会被法院认定为“视为放弃”，进而丧失优先购买拟转让股权的资格。

同时需要注意，“不同意转让”的表示并不包含“行使优先购买权”的意思，因此其他股东需要在收到拟转让股东带有询问“是否行使优先购买权”意思的通知后，明确作出是否行使优先购买权的表示，而不可误以为“不同意转让”的表示就是“行使优先购买权”的表示。

## 典型案例

### 一、对外转让之“过半数同意”

杜某某与鲁丰不锈钢制品有限公司股东资格确认纠纷、股权转让纠纷案①

【焦点问题】公司股东对外转让公司股权，外部受让人能否直接取得公司股东资格?

【裁判立场】股东对外转让股权时，该股权转让需要经全体股东过半数同意，外部第三人才能取得公司股东资格。

【案例简介】鲁丰不锈钢制品有限公司（以下简称“鲁丰公司”）成立于2003年11月28日，工商注册股东为李某甲、康某某，康某某为公司的挂名股东。实际股东为李某甲、姜某甲、李某乙、任某某、姜某乙等5人。2004年2月10日，股东李某乙出具转让证明，将公司25.1233%的股权以441201.89元的价格转让给杜某某。2003年1月31日，股东姜某乙、任某某出具证明，同意李某乙将股份转让给杜某某。公司加盖印章，向杜某某出具股本金收款凭证。后杜某某多次要求进入公司参与经营管理均被拒绝，杜某某为此请求法院确认其股东身份。

【裁判要旨】一审法院认为，根据《公司法》第七十二条规定，公司股东李某乙在向股东之外的杜某某转让股权时，应当书面通知其他股东征求意见，而本案证据仅能证明股东任某某、姜某乙同意转让，而李某甲和姜某甲并未出具同意转让的书面意见且无证据证明其二人放弃优先购买权，因此杜某某不能取得鲁丰公司的股东资格。二审法院认为，通过股权转让的方式取得有限责任公司的股东资格，须有真实有效的股权转让事实，并在受让股权后记载于公司章程或股东名册。本案的现有证据不能证明杜某某取得鲁丰公司的股东资格。再审法院认为，本案中鲁丰公司五名股东中有李某乙、任某某、姜某乙等3人同意股权转让，超过全体股东半数。李某甲知晓李某乙股权转让后并未表示不同意，也未主张购买李某乙股权，应视为其同意李某乙转让股权。杜某某取得

---

①　山东省高级人民法院（2014）年鲁民提字第154号。

李某某在鲁丰公司的股权，应确认杜某某的公司股东资格。

**【案例评析】**本案中再审法院判决股东对外转让股权是否成立，主要是根据2004年修订的《公司法》第三十五条关于全体股东过半数同意的规定，因此再审法院将李某乙也视为同意转让的股东。而在2005年修订的《公司法》下，股东对外转让股权，需要经过其他股东的过半数同意，排除了转让股东自身，提高了同意的门槛。

## 二、通知义务的履行

1. 白某某与北京龙象集团太和电影科技有限公司股东名册记载纠纷案①

**【焦点问题】**有限责任公司的股东对外转让股权时，如何才算履行了书面通知义务？

**【裁判立场】**股东履行书面通知义务时，书面通知的内容应包含股权转让的主要交易条件，具体包括拟受让人的有关情况、拟转让股权的数量、价格及履行方式等。如书面通知中缺少上述主要交易条件，或者主要交易条件不明确，或与真实转让条件不符，不符合书面通知的要求。

**【案例简介】**龙象电影公司于2010年10月29日设立，原有股东分别为董某某、王某某、李某某、赵某某。2014年下半年，李某某拟将其股权转让给白某某，在与白某某就股权转让达成初步意向后，于2014年12月26日书面通知龙象电影公司其他股东，就是否同意转让及是否行使优先购买权征求意见。

龙象电影公司及其余三位股东在法定期间内均未表示反对，也未提出行使优先购买权。2015年4月20日，白某某与李某某签订《股权转让协议书》并已履行，李某某和白某某分别将这一情况再次书面通知了龙象电影公司及其余三位股东并多次催促办理股东名册变更登记手续，但龙象电影公司一直未予办理。白某某起诉至法院，请求判令龙象电影公司将白某某记载于龙象电影公司股东名册并为白某某向公司登记机关办理股权变更的登记手续。

**【裁判要旨】**一审法院认为，股东履行书面通知义务时，书面通知的内容

---

① 北京市第三中级人民法院（2016）京03号民终2671号。

应包含股权转让主要交易条件，具体包括拟受让人的有关情况、拟转让股权的数量、价格及履行方式等。李某某向龙象电影公司其他三位股东发出的对外转让股权的书面通知中，未披露受让人情况，通知中的转让价格与李某某和白某某实际股权交易价格不符，该种不恰当履行书面通知义务的行为对龙象电影公司其他股东理性判断是否同意白某某成为公司股东以及是否行使优先购买权构成了阻碍。庭审中龙象电影公司其他三位股东均表示不同意白某某成为公司股东，白某某不具有龙象电影公司股东资格，因而法院不支持白某某的请求。

二审法院认为，转让股东在转让通知中应告知其他股东转让条件，转让条件应当包括转让价格、条件及受让人基本情况。李某某在履行通知义务时，未披露受让人情况，该通知瑕疵严重影响了龙象电影公司其他股东的理性判断，对其他股东是否行使优先购买权之决定构成严重阻碍，法院无法认定白某某有效履行了通知其他股东对外转让股权的义务。

**【案例评析】**有限责任公司的股东对外转让股权时，转让股东应就其股权转让事项书面通知其他股东，其他股东在同等条件下享有优先购买权。在转让通知中，应告知其他股东股权转让条件，转让条件应当包括转让数量、价格、履行方式以及受让人基本情况等对其他股东利益有实质影响的信息。本案中法院认为股东对外转让股权的书面通知中未披露受让人情况，该通知瑕疵影响到其他股东对是否行使优先购买权的判断，不能被视为有效履行了通知其他股东对外转让股权的义务。

2. 上海加成信息咨询服务有限公司与王某等请求变更公司登记纠纷案①

**【焦点问题】**有限责任公司公司的股东下落不明导致股权转让通知无法向其送达，股东对外转让股权是否侵害了该股东的优先购买权？

**【裁判立场】**有限责任公司中因其他股东的过错导致转让股东无法向其送达股权转让通知书，应由该过错股东承担不利后果。

**【案例简介】**加成公司于1999年7月23日成立，注册资本为人民币260万元人民币。其股东为王甲、王乙、杜某某、魏某某和张某某五人。

① 上海市第二中级人民法院（2014）沪二中民四（商）终字第1146号。

2013年10月22日，王乙分别向王甲、杜某某、魏某某和张某某发出书面通知，称其拟转让所持有的加成公司6%的股权，转让价格为50万元，要求其他股东在收到通知后的一个月内明确是否行使优先购买权，逾期视为自动放弃优先购买权，王乙有权将股权转让给其他第三方。杜某某、魏某某和张某某收到通知后未提出反对，也未提出行使优先购买权的意见。而王乙两次向王甲住所地发出的通知书均因“查无此人”被退回。

2014年1月8日，王乙与姚某某签订股权转让协议，约定姚某某受让王乙持有的加成公司6%的股权，转让价格为50万元。2014年1月28日，王乙及姚某某致函加成公司，告知二人之间股权转让的事实，并要求加成公司在30日内将姚某某登记记载于公司股东名册。

2014年3月18日，加成公司回复王乙称，因股东王甲未收到股权转让的通知，不能证明王甲已经放弃股东优先购买权。因此，不能按照要求办理股权变更。为此，王乙及姚某某共同向原审法院提起诉讼，请求判令加成公司将姚某某登记记载于公司股东名册，并到上海市工商行政管理局静安分局办理股权的变更登记手续。

**【裁判要旨】**一审法院认为，王乙出让股权的行为，应当视为其他股东已过半数同意。王乙向王甲住所地发出通知，履行了股权转让的告知义务，因“查无此人”被退回，系王乙主观意志以外的原因造成。在王乙已履行告知义务，且王乙和加成公司均联系不到王甲的情况下，限制王乙向姚某某转让股权，有失公允。加成公司应协助王乙、姚某某办理股权的工商变更登记，将姚某某登记记载于公司股东名册。二审法院认为，对股东王甲发出的股权转让通知书客观上无法送达，王甲具有过错，应当由其自己承担相应不利的法律后果，并且加成公司无权代其股东王甲提出异议。

**【案例评析】**有限责任公司的股东对外转让股份时，当转让股东已经按照要求向所有其他股东发出股权转让通知书，而股权转让通知基于其他股东自身的原因而无法送达时，该未被送达的股东应自行承担不利后果。在此种情形下，在满足其他股东过半数股东同意的条件下，转让股东有权对外转让股权，且该股权转让不损害该未被送达的股东的优先购买权。这也体现了公司法对有限公司人合性以及其他股东优先购买权的保护是有限度的，如果转让股东已经履行了法律或章程等约定的程序，那么其就不应当承担其他额外的责任。

3. 沈某某与江阴市东海加油有限公司股东资格确认纠纷案①

**【焦点问题】** 有限责任公司的股东对外转让股权时，可否根据既有事实推定其他股东知道股权对外转让的事实而免除转让股东书面通知的义务？

**【裁判立场】** 有限责任公司的股东对外转让股权，转让股东应以书面通知的方式通知其他股东，即使转让股东与其他股东是配偶关系，也不得怠于通知而推定其他股东知道股权转让事实。

**【案例简介】** 东海公司设立于2001年3月16日，股东为史某某和朱某某，史某某与朱某某系夫妻关系。2010年8月30日，史某某将其5%的股权作价50万元转让给沈某某以抵销欠款。沈某某诉请确认其为东海公司股东并请求分配股权权益。

**【裁判要旨】** 一审法院认为，有限责任公司的股东将股权转让给外部第三人时，其他股东享有同意权和优先购买权。转让股东应当书面通知其他股东有关转让事项，在转让股东怠于通知的情况下，受让人应当尽到上述通知义务。《婚姻法》上的配偶身份并不能排除《公司法》规定的通知义务与优先购买权。二审法院认为，史某某与朱某某虽是夫妻，但其二人分别持有东海公司的股权，双方对自身的股权单独享有相应的股东权利。任何一人对外转让股权均需征得其他股东的同意以保证其他股东的优先购买权，优先购买权的行使应书面通知，而不能靠事实推定。

**【案例评析】** 有限责任公司的股东对外转让股权时，其他股东享有优先购买权，转让股东应当就股权转让事项书面通知其他股东，不得未经通知就推定其他股东知道股权对外转让的事实而以该股东在规定的期间内未回复而认为该股东同意转让。不过《公司法解释（四）》对通知的方式的规定还包括“其他能够确认收悉的合理方式”，这就为实践中通过举证已通过其他能够确认收悉的方式进行通知提供了可能，而不应仅仅限于书面通知的形式。

---

① 江苏省无锡市中级人民法院（2016）苏02民终4780号。

## 三、优先购买权的行使期间

### 1. 北京永汇丰咨询有限公司诉中国冶金科工集团公司等股权转让合同纠纷案①

**【焦点问题】**其他股东在规定期间内未行使优先购买权，有限责任公司的股东将其股权转让给第三人是否构成对其他股东优先购买权的侵害？

**【裁判立场】**在转让股东已经通知其他股东同等条件，而其他股东在规定的期间内（该期间不短于三十日）未主张行使优先购买权的，视为其放弃优先购买权，转让股东有权向第三人转让股权。

**【案情简介】**中冶集团北京房地产开发有限公司（以下简称“中冶公司”）由三家股东投资设立，科工公司出资1200万元，拥有40%股权，永汇丰公司出资800万元，拥有26.67%股权，辽阳大地房地产开发有限公司（以下简称“大地公司”）出资1000万元，拥有33.33%股权。

2007年12月7日，科工公司向永汇丰公司发出通知函，拟转让其持有的中冶公司40%的股权并在产权交易所挂牌交易，要求永汇丰公司对其转让上述股权及是否有意购买上述股权进行回函，如通知函送达之日起三十日内未回函，视为永汇丰公司同意其转让股权。科工公司用EMS将该通知函快递至永汇丰公司的注册地址，并对上述送达过程全程进行了公证。12月8日，该快递送至上述地址，永汇丰公司未签收，再投/改退栏写明：“经电话联系，收件人要求退回”。

2008年4月1日，科工公司通知永汇丰公司：其转让中冶公司股权已在产权交易所公开挂牌交易，并已经产生一家意向受让方；如永汇丰公司在同等条件下行使优先购买权，请将转让价款1460万元交至产权交易所指定账户，并与科工公司签订产权交易合同；如在通知函送达之日起20日内未交付转让款，则视为其放弃优先购买权。2008年4月30日，科工公司与百诚公司就转让中冶公司40%股权达成一致，签订《产权交易合同》，科工公司将中冶公司40%的股权转让给百诚公司，价格为1460万元。

---

① 北京市海淀区人民法院（2008）海民初字第27259号。

原告永汇丰公司诉至法院，请求法院判定科工公司转让其持有的中冶公司40%股权的交易行为无效并请求法院维护永汇丰公司的优先购买权。

**【裁判要旨】**法院认为科工公司已向永汇丰公司的法定注册地址邮寄送达了通知函并经过了公证，永汇丰公司拒收通知函的事实并不能阻却该通知行为发生效力。永汇丰公司在接到该通知后30日的期限内并未作出是否同意的表示，且有关行为已经能够证明永汇丰公司在挂牌阶段已经知晓中冶公司股权被转让的详细情况，且在接到该通知后法定期限内永汇丰公司并未主张其优先购买权，可视为其已经放弃。

**【案例评析】**本案的裁判说理在思路上是正确的。转让股东已经通知其他股东同等条件，而其他股东在规定的期间内未主张行使优先购买权的，视为其放弃优先购买权。不过应当注意，本案中通知函载明的行使优先购买权的期限20日与《公司法解释（四）》第十九条的规定并不相符，《公司法解释（四）》生效后，应首先以章程中的规定为准，章程没有规定或规定不明确时以通知中载明的期间为准，但该期间不得少于30日。

2. 蔡某与徐州伟丰高强度标准件有限公司股权转让纠纷上诉案[①]

**【焦点问题】**有限责任公司的股东对外转让股权时，在对外转让通知书中规定优先购买权的行使期间短于30日时，是否侵害了其他股东的优先购买权？

**【裁判立场】**当公司章程没有规定优先购买权的行使期间、规定不明确，公司股东对外转让股权的书面通知中载明的优先购买权的行使期间不应短于三十日，通知中载明的期间短于三十日或者未载明行使期间的，应确定为三十日。

**【案例简介】**徐州伟丰高强度标准件有限公司（以下简称“伟丰公司”）的股东有15人，蔡某与周某某均系伟丰公司股东。该公司章程第二十五条规定与《公司法》第七十二条规定一致。

2011年7月，周某某拟向公司股东以外的人转让其持有的伟丰公司1%的股权。7月4日至7月6日，周某某向伟丰公司蔡某、周某某等12名股东发出关于股权转让征求股东意见的函，向各股东征求是否同意其转让股权。除蔡某

---

① 江苏省徐州市中级人民法院（2013）徐商终字第0440号。

外，周某某等11名股东均同意周某某向公司股东以外的人转让伟丰公司1%的股权。随后周某某向蔡某、周某某等12名股东发出关于股权转让征求其他股东购买的函件，告知有意购买的股东在3日内与周某某联系并一次性报价，凡不在规定期限内联系并报价的，则视为放弃享有优先购买权，周某某将向伟丰公司股东以外的人转让其所持有伟丰公司1%的股权。

2011年7月15日，周某某与李某签订股权转让协议，将周某某持有的伟丰公司1%的股权以人民币25000元转让给李某。2011年7月31日，伟丰公司召开股东会，蔡某缺席，股东会确认现股东及持股比例，并选举李某担任伟丰公司董事、董事长、法定代表人兼总经理，但未到工商登记机关办理变更登记。蔡某于2011年8月2日诉至法院，以“股权转让侵犯其优先购买权”为由，请求撤销周某某与李某所订立的股权转让协议。

**【裁判要旨】**一审法院认为，涉案股权转让虽然经过公司其他股东过半数同意，但未给蔡某留足30日的请求答复期限，违反《公司法》和公司章程的规定。即使蔡某或其他股东过半数同意转让，蔡某作为公司股东，依然享有对转让股权的优先购买权，周某某依法负有向公司其他股东通报转让对象、价格、付款方式等主要条件的义务。本案中周某某向蔡某所发关于股权转让征求其他股东购买的函件中未告知转让对象、价格、付款方式等转让条件，使得蔡某无从确定是否行使优先购买权。

二审法院认为，周某某在征求购买意见函中表述为要求股东在三日内一次性报价，这种表述方式体现了竞价的购买方式，但没有告知对外出售股权的具体条件内容，违背优先购买权关于同等条件的法律规定，使其他股东无法正常行使优先购买权。并且《公司法》明确规定股东满三十日未予答复才能推定同意转让，伟丰公司章程亦作出同样约定，公司股东均应遵守。本案中，周某某单方将是否行使优先购买权的答复期限定于短短三日，侵犯了蔡某的股东优先购买权。

**【案例评析】**本案中转让股东在书面通知中单方将优先购买权的行使期间确定为三日，该期间规定的时间过短，损害了其他股东的优先购买权。

# 专题四　股东放弃转让股权

本条是对转让股东放弃转让股权的规定。在其他股东主张行使优先购买权的情况下，转让股东在与其他股东达成书面的转让协议前，能否放弃股权转让？《公司法》对此没有规定。此外，由于转让股东能否放弃转让，即能否“反悔”，也涉及对优先购买权性质的判断，加之理论上也存在诸多争议，因而各级法院在司法实践中对股东能否放弃转让的认定存在很大的不确定性。《公司法解释（四）》第二十条就旨在明确对外转让股权的股东放弃转让时的处理，司法解释的态度选择支持转让股东可以反悔的主张，进而赋予了转让股东在其他股东主张优先购买时以放弃转让的权利，这种安排及后续司法实践可能也会反过来影响甚至改变学理上对股东优先购买权的定性。最高人民法院在本条的起草与征求意见中，从制度的目的出发考虑对优先购买权的定位，平衡对拟转让股东与其他股东的保护，而非受限于理论学说的形式桎梏，反映了现实导向的问题处理思路。

## 核心条文

**《公司法解释（四）》**

**第二十条**　有限责任公司的转让股东，在其他股东主张优先购买后又不同意转让股权的，对其他股东优先购买的主张，人民法院不予支持，但公司章程另有规定或者全体股东另有约定的除外。其他股东主张转让股东赔偿其损失合理的，人民法院应当予以支持。

【关涉条文】

**《公司法》第七十一条第三款、第四款**

经股东同意转让的股权，在同等条件下，其他股东有优先购买权。两个以上股东主张行使优先购买权的，协商确定各自的购买比例；协商不成的，按照转让时各自的出资比例行使优先购买权。

公司章程对股权转让另有规定的，从其规定。

## 条文理解

Ⅰ条文演变

**［表格20］《公司法解释（四）》第二十条的演变过程**

| 征求意见稿（2012） | 征求意见稿（2016） | 正式稿　法释〔2017〕16号 |
|---|---|---|
| 无相关规定 | 第二十六条（股东放弃转让）有限责任公司的股东向股东以外的人转让股权，其他股东主张优先购买，股东明确表示放弃转让的，对其他股东的主张不予支持，但是双方已经达成股权转让协议或者公司章程另有规定的除外。股东在诉讼中明确表示放弃转让的，诉讼费用由其负担。 | 第二十条（股东优先购买权的行使边界和损害救济）有限责任公司的转让股东，在其他股东主张优先购买后又不同意转让股权的，对其他股东优先购买的主张，人民法院不予支持，但公司章程另有规定或者全体股东另有约定的除外。其他股东主张转让股东赔偿其损失合理的，人民法院应当予以支持。 |

Ⅱ主要争议

在起草与征求意见的过程中，关于转让股东能否放弃转让，是否要赋予转让股东“反悔权”，存在着不同的主张，这些主张背后是对优先购买权性质的分歧，此处不再赘述学理争议，仅简要介绍一下有关各方的观点主张。

在不支持股东能够放弃股权转让的意见中，有观点认为，优先购买权是形成权或附条件的形成权，无论如何，既为形成权，则可因其他股东单方之意思表示而使得法律关系成立，因此一旦其他股东作出行使优先购买权的意思表示，则转让股东与行使优先购买权的公司其他股东之间的股权转让法律关系已经成立，在合同已经成立的情形下，转让股东自然不能事后反悔而放弃转让，这是禁反言原则的要求，否则有损诚实信用原则。也有观点认为，如果赋予股东“反悔权”，那么股权上的优先购买权的规定将与其他情形下的优先购买权的规则产生冲突，如《最高人民法院关于适用〈中华人民共和国物权法〉若干问题的解释（一)》第十二条规定“按份共有人向共有人之外的人转让其份额，其他按份共有人根据法律、司法解释规定，请求按照同等条件购买该共有份额的，应予支持”，可见对于按份共有人的优先购买权，《物权法司法解释（一)》第十二条采取了“优先购买权具有形成权的权能”的基本假定，只要优先购买权人主张同等条件下购买，法院就予以支持，而没有给予转让股东放弃的权利。因此，如果赋予转让股权的股东反悔权，那么股权的优先购买权与按份共有人的优先购买权的规定就会产生冲突。

但是支持股东可以放弃转让的观点认为，应当从股东优先购买权制度设计的目的出发去理解，而不能简单地以“形成权”或“请求权”等权利分类对优先购买权的制度安排进行抽象地框定。优先购买权制度的基本功能是防止外部人进入公司成为公司股东，以维护公司的人合性，其代价则是给公司股东转让股权增加额外负担（当然，股东们可以通过章程或股东协议作出其他的安排，所以在股权对外转让与优先购买权方面，是否安排其他股东优先购买也是可以选择的；在此意义上，这是每一位公司股东在按照公司法的规定设立公司、制定公司章程时便自愿接受的安排，也即优先购买权的制度安排本身并无强制性)，而非赋予其他股东一种绝对的权利。法律在权衡时，一方面要保护公司的“人合性”即其他股东关于合作经营者的合理期待；另一方面也要保护原有股东处分股权的权利，对处分权的保护既包括转让的自由，也包括选择不转让的自由。既然赋予其他股东优先于外部人受让拟转让股权的安排已足以阻止外部人的进入，那么优先购买权制度的目标便已达到，不宜再赋予其他股东过多的权利，以避免对股东处分其股权造成过多的限制。在此基础上，有观点进一步认为，即使转让股东与其他股东之间已经达成股权转让协议，转让股东仍然可以放弃转让，此种情形下应当将放弃转让的行为认定为股东在股权转让协议项下的违约行为，而不属于妨害其他股东优先权的行为，由此产生的争议应当作为股权转让协议的履行争议处理，其他股东可以要求转让股东承担违约责任，但不能直接强制性剥夺原股东的股东资格。

尽管本条在征求意见的过程中受到很多质疑，但《公司法解释（四）》仍坚持了支持转让股东可以放弃转让的观点。这种处理侧重优先购买权仅是一种“顺位上的优势”，而非从“绝对权利”的视角讨论“形成权”抑或“请求权”的类型界定，从而避开了学理争议的桎梏；这种安排弱化了“优先购买权”的权能，使其对转让股东设定的负担和限制仅阈于其目标——防止外部人受让股权进入公司，突出强调了“优先购买权”的“消极防御功能”，而非其他股东积极要求强制取得拟转让股权的功能。允许转让股东放弃转让，既实现了优先购买权制度的立法宗旨，又避免了对转让股东处分股权的过度干预。

Ⅲ条文要点

## 一、其他股东主张优先购买，并不意味着合同已成立，股东仍可放弃转让

根据本条规定，有限公司的股东向股东以外的人转让股权，其他股东有权主张优先购买。一旦转让股东作出了“放弃转让”的表示，则其他股东不得再主张行使优先购买权。在其他股东主张行使优先购买权后，转让股东又不同意转让的，其他股东也不得行使优先购买权。

但是如果转让股东已经与其他股东就优先购买股权达成了书面协议，合同已经成立而转让股东又反悔的，此种情形与优先购买权已没有直接联系，并不属于损害优先购买权的情形，而按照《合同法》有关违约情形的一般规则处理即可。

此外，“但公司章程另有规定或者全体股东另有约定的除外”的但书规定再次强调了股东对“是否享有优先受让地位”进行自主安排的权利。因此如果章程中或全体股东达成一致，约定“其他股东一旦声明其按照同等条件优先购买拟转让股权，则与转让股东达成股权转让的合同，转让股东不得放弃转让”或类似表述，那么意味着股东愿意接受更多的约束和限制，放弃了“反悔权”，那么转让股东就不得再放弃转让，而需要按照章程规定和全体股东一致达成的约定，履行已达成的股权转让合同，否则其他股东可追究其违约责任。

当然，根据“权利不得滥用”的原理，其他股东也不能利用司法解释中“股东可以放弃转让”的规则，反复通知出让而后又放弃转让以干扰公司的正常经营或影响其他股东行使权利。例如，转让股东反复在其他股东主张优先购买权后“反悔”以排除其他股东受让股权，构成权利滥用，则其放弃转让的权利应受到限制，此时应承认其他股东的优先购买权。

## 二、放弃转让给其他股东带来的损失应当予以合理赔偿

按照第二十条的规定，其他股东如果因转让股东反悔而遭受损失，可以要求转让股东进行损害赔偿。但对于该损害赔偿的范围，在不同的理论前提下有不同的结论。如果将优先购买权理解为请求权，其他股东有权要求转让股东按照“同等条件”与其缔结股权买卖合同，转让股东放弃转让时，由于股权转让合同尚未成立，其他股东只能要求转让股东承担合同未成立时在缔约过程中的信赖利益损失，而不能要求转让股东承担合同不履行时的期待利益损失。如果将优先购买权理解为形成权，在其他股东主张行使优先购买权时，其他股东即与出让股东之间成立股权转让合同，转让股东放弃转让时，其他股东有权要求转让股东承担合同不履行时的违约责任。

鉴于第二十条的规定，“形成权说”的主张已经不合时宜，因此，在合同没有成立的情形下，其他股东要求赔偿的范围需以信赖利益损失为限。

# 典型案例

## 一、转让股东与外部受让人解除股权协议的情形

周某某与张某、阎某某股权转让纠纷案[①]

**【焦点问题】** 有限责任公司的股东对外转让股权，其他股东主张行使优先购买权，在转让股东与外部受让人解除股权转让协议后，其他股东的优先购买权能否得到支持？

---

① 江苏省南京市中级人民法院（2013）宁商申字第7号。

**【裁判立场】**优先购买权系以股东对外转让股权为前提，股东与外部受让人解除股权转让合同后，其他股东的优先购买权也就无法得到支持。

**【案例简介】**周某某和张某为南京地下工程建筑设计院有限公司（以下简称“南京公司”）的股东。张某向阎某某转让公司股权，周某某不同意张某向第三人转让公司股权，并主张在同等条件下行使优先购买。但此后张某与阎某某协商解除了《股权转让协议》，张某仍系股权持有人周某某起诉主张优先购买权作为形成权，只要股东将其股权转让给第三人，公司的其他股东就可以行使优先购买权，因此被申请人之间的股权转让协议是否解除，对优先购买权并无影响。

**【裁判要旨】**原审判决认定周某某的诉讼主张缺乏事实和法律依据，周某某申请再审。再审法院认为，周某某在2009年4月21日公司股东大会上，不同意张某向第三人转让公司股权，并主张在同等条件下的优先购买权，其行为符合法律规定。但此后张某与阎某某协商解除了《股权转让协议》，张某仍系股权持有人。因该公司是有限责任公司，根据有限责任公司的人合性特征，以及股东意思自治和股权转让自由的原则，张某解除股权转让协议是其作为转让股东的自由意志，原审判决认定张某作为股权持有人享有自由处分其股权的权利并无不当。再审法院指出，其他股东行使优先购买权的前提是股东同意转让股权，如果转让股东解除与第三人的股权转让协议，其他股东行使优先购买权的基础便不存在。鉴于张某明确表示放弃转让股权，周某某主张优先购买权的前提已经丧失，原审判决认定周某某的诉讼主张缺乏事实和法律依据亦无不当。

**【案例评析】**第三人行使优先购买权需以转让股东与外部第三人就股权转让主要条款达成合意为前提，在转让股东与外部第三人解除股权转让协议的情况下，其他股东行使优先购买权的“同等条件”便不复存在，此时其他股东行使优先购买权也就失去基础。即使其他股东之前已经同意以同等条件购买转让股东的股份，在转让股东放弃转让后，这种主张也不能得到支持。

## 二、转让股东“权利滥用”的情形

### 楼某君与方某荣、毛某财、王某明、陈某强、王某满、张某兴、徐某梅、吴某灯股权转让与优先购买权纠纷案[①]

**【焦点问题】** 有限责任公司的股东对外转让股权时，转让股东多次在其他股东主张以同等条件行使优先购买权后不同意转让，其他股东的优先购买权能否得到支持？

**【裁判立场】** 转让股东在其他股东行使优先购买权后多次放弃转让，如果构成权利滥用，损害交易相对人的利益，则其他股东行使优先购买权的主张应当得到支持。

**【案例简介】** 楼某君与方某荣等八名股东均系湖南株洲天山房地产开发有限公司（简称天山公司）的股东，其中楼某君出资占天山公司注册资本的6.91%，方某荣等八名股东出资占注册资本的93.09%。2008年10月至2009年10月期间，方某荣为天山公司的法定代表人。

2009年4月16日方某荣等八名股东与伍某红、劳某武、卢某文（简称伍某红等三人）签订《资产转让协议》约定方某荣等八名股东以9480万元的价格将天山公司所有的资产转让给伍某红等三人，并约定了价款支付方式。

2009年4月29日，方某荣等八名股东与伍某红等三人签订《资产转让补充协议》一份，双方同意以股份转让方式完成资产转让，并确认的股权转让价格是以双方确认的天山公司现有资产为基础。鉴于楼某君不同意股份转让，2009年5月25日，方某荣等八名股东与伍某红等三人签订《天山公司股份转让补充协议》一份，双方将股权转让价款修改为8824万元，同时修改了价款支付方式。

2009年6月3日，方某荣等八名股东以天山公司名义在2009年6月4日的株洲日报上发布《通知》一份，通知楼某君公司将于2009年7月6日召开临时股东会，会议内容为方某荣等八名股东将天山公司的股份93.09%以8824万元

① 最高人民法院（2011）民提字第113号。

的价格对外转让，同时要求楼某君参加会议并于2009年7月6日前对是否受让其余八位股东的股权作出书面答复。

2009年6月23日，楼某君经浙江省义乌市公证处公证分别向方某荣等八名股东邮寄了《通知》一份，同意以同等条件受让天山公司的93.09%的股权，并请求八位股东自收到通知五日内与其办理股权转让有关的事宜。以上通知经特快邮递，王某明由本人签收、陈某强由其父代收、张某兴由其房客代收，方某荣等5人的邮件均未签收被退回。

2009年7月6日，天山公司召开临时股东会议，对方某荣等八名股东持有的天山公司93.09%的股份对外转让事宜进行讨论。经表决，方某荣等八名股东同意上述股权对外转让，转让价格为8824万元，付款方式为一次性付清。楼某君在股东会议上对该决议明确表示反对，并要求以《资产转让协议》《资产转让补充协议》《天山公司股份转让补充协议》及《甲方应移交乙方的材料》中约定的条件行使优先购买权。湖南株洲市国信公证处对此次股东会议进行了现场监督，并出具了公证书。

2009年7月1日，楼某君向金华中院提起诉讼，请求判令撤销方某荣等八名股东与伍某红等三人签订的股权转让协议，请求确认楼某君依法行使股东优先权，以同等条件与方某荣等八名股东的股权转让协议成立并生效，请求判决方某荣等八名股东履行与楼某君达成的股权转让协议，协议内容以方某荣等八名股东与伍某红等三人签订的《资产转让协议》《资产转让补充协议》《天山公司股份转让补充协议》的同等条件为准。

2009年7月20日，方某荣等八名股东与伍某红等三人签订《解除股权转让协议书》一份，双方约定解除《资产转让协议》《资产转让补充协议》《天山公司股份转让补充协议》。2009年9月11日，天山公司召开股东会议，讨论方某荣等八名股东所持该公司93.09%的股份不再对外转让的事宜。经表决，方某荣等八名股东同意该议题，楼某君弃权，表决结果为方某荣等八名股东所持有的公司93.09%的股权不再对外转让。

**【裁判要旨】**一审法院认为，虽然楼某君邮寄的答复通知方某荣等八名股东未全部收到，但楼某君又在方某荣等八名股东刊登转让股权通知的同一份报纸即株洲日报上刊登了通知，要求行使优先购买权，且在楼某君邮寄答复即刊登通知后，方某荣等八名股东均未提出过异议，楼某君对方某荣等八名股东对外转让的股权依法享有优先购买权。方某荣等八名股东此后在天山公司召开的股东会会议上以其所占股份的绝对优势形成决议对股权转让款的支付方式作出新的约定以及股权不再对外转让的决议，均不能撤销楼某君的优先购买权。楼某君就本案起诉后，虽然方某荣等八名股东与伍某红等三人解除了股权转让协议，但不影响楼某君的优先购买权。

二审法院认为，方某荣等八名股东刊登在株洲日报上的《通知》内容，符合《合同法》规定的要约的全部条件，是明确的要约行为，楼某君在该《通知》限定的期限内在株洲日报上以刊登通知的形式明确表示愿意以该价款受让方某荣等八名股东的股份，应认定双方已达成合意。在楼某君已明确表示在同等条件下行使股东优先购买权的情况下，方某荣等八名股东在楼某君提起本案诉讼后，与伍某红等三人签订解除股权转让协议，重新召开股东会，有违诚信原则，不应得到支持。

再审法院认为，方某荣等八名股东因转让股权，有两次签订合同的行为，第一次是在受理本案之前与伍某红等三人，第二次是在再审程序中与楼某君，又先后选择放弃合同，对其股权是否转让及转让条件作了多次反复的处理。方某荣等八名股东虽然合法持有天山公司股权，但其不能滥用权利，损害相对人的合法民事权益。作为公司其他股东的楼某君为受让方某荣等八名股东股权，继续经营公司，两次按照方某荣等八名股东的合同行为准备价款，主张行使优先购买权，但方某荣等八名股东均以各种理由予以拒绝。尤其是在本院再审期间，方某荣等八名股东已经同意将股权转让给楼某君，并将公司与股东及公司以外的其他债务均一并进行了处理，但方某荣等八名股东在签订协议后又反悔。在此情形下，本院如果支持了方某荣等八名股东的再审主张，允许方某荣等八名股东多次随意变更意思表示，不顾及对交易相对人合理利益的维护，对依法享有优先购买权的公司其他股东明显不公平，同时也纵容了不诚信的行为。因此驳回方某荣等八股东的再审申请。

**【案例评析】**一般而言，股东有权决定是否转让股权，即使在其他股东主张行使优先购买权后，也可以放弃股权的转让而排除其他股东优先购买权的行使。在本案中，法院认为当转让股东反复在其他股东主张行使优先购买权后放弃转让股权，构成权利滥用时，股东放弃转让的权利应该受到限制，因此本案法院支持了其他股东的购买请求。

由于优先购买权的存在是为了防止股权被转让给第三人以对公司的人合性造成影响，而优先购买权本身也只意味着在股东对外转让股权时受让股权的优位顺序，而非一定能够主张购买拟转让股东的股权的权利，因此在股东放弃对外转让的情形下，既然已经不会对公司的人合性造成影响，仍然支持其他股东的优先购买权就缺乏条件基础，不予支持也谈不上对优先购买权的损害。在此逻辑下，之所以会在某些情形下限制股东放弃转让的权利，是因其行为构成权利滥用而违反了更为一般性的“诚实信用”的私法原则，而非因其对优先购买权本身造成直接损害。

# 第三篇

# 损害优先购买权的救济

# 专题五　损害优先购买权的救济

## 核心条文

《公司法解释（四）》

**第二十一条**　有限责任公司的股东向股东以外的人转让股权，未就其股权转让事项征求其他股东意见，或者以欺诈、恶意串通等手段，损害其他股东优先购买权，其他股东主张按照同等条件购买该转让股权的，人民法院应当予以支持，但其他股东自知道或者应当知道行使优先购买权的同等条件之日起三十日内没有主张，或者自股权变更登记之日起超过一年的除外。

前款规定的其他股东仅提出确认股权转让合同及股权变动效力等请求，未同时主张按照同等条件购买转让股权的，人民法院不予支持，但其他股东非因自身原因导致无法行使优先购买权，请求损害赔偿的除外。

股东以外的股权受让人，因股东行使优先购买权而不能实现合同目的的，可以依法请求转让股东承担相应民事责任。

## 关涉条文

### 一、既有相关规范

1.《公司法》

**第七十一条**　有限责任公司的股东之间可以相互转让其全部或者部分股权。

股东向股东以外的人转让股权，应当经其他股东过半数同意。股东应就其股权转让事项书面通知其他股东征求同意，其他股东自接到书面通知之日起满三十日未答复的，视为同意转让。其他股东半数以上不同意转让的，不同意的股东应当购买该转让的股权；不购买的，视为同意转让。

经股东同意转让的股权，在同等条件下，其他股东有优先购买权。两个以上股东主张行使优先购买权的，协商确定各自的购买比例；协商不成的，按照转让时各自的出资比例行使优先购买权。

公司章程对股权转让另有规定的，从其规定。

2.《合同法》

**第五十四条** 下列合同，当事人一方有权请求人民法院或者仲裁机构变更或者撤销：

（一）因重大误解订立的；

（二）在订立合同时显失公平的。

一方以欺诈、胁迫的手段或者乘人之危，使对方在违背真实意思的情况下订立的合同，受损害方有权请求人民法院或者仲裁机构变更或者撤销。

当事人请求变更的，人民法院或者仲裁机构不得撤销。

**第一百一十条** 当事人一方不履行非金钱债务或者履行非金钱债务不符合约定的，对方可以要求履行，但有下列情形之一的除外：

（一）法律上或者事实上不能履行；

（二）债务的标的不适于强制履行或者履行费用过高；

（三）债权人在合理期限内未要求履行。

## 二、地方司法实践

**1.《上海市高级人民法院关于审理涉及公司诉讼案件若干问题的处理意见（一）》（沪高法〔2003〕216号）**

**第三部分** （1）股权转让合同的成立和效力应当依照《合同法》的相关规定认定。工商登记只是股权变更的公示方式，不作为股权转让合同成立和生效的要件。

（2）有限责任公司股东向他人转让股权的，根据《公司法》[①] 第三十五条的规定，应当征得公司半数以上其他股东同意；未经同意转让股权且合同签订后公司其他股东也不认可的，股权转让合同对公司不产生效力，转让人应当向受让人承担违约责任。受让人明知股权交易未经公司其他股东同意而仍与转让人签订股权转让合同，公司其他股东不认可的，转让人不承担违约责任。经其他股东同意签订的股权转让合同生

① 1999年版《公司法》。

效后，公司应当办理有关股东登记的变更手续，受让人得以股东身份向公司行使权利；公司不办理相关手续的，受让人可以公司为被告提起确权诉讼，不得向转让人主张撤销合同。

(3) 股东以优先购买权被侵害提起确认转让无效诉讼的，应列转让方为被告，受让方为第三人。

**2.《江苏省高级人民法院关于审理适用公司法案件若干问题的意见(试行)》(苏高法审委〔2003〕2号)**

**第五条** 公司违反法律或公司章程规定限制股东转让股权的，或者以股东会决议或董事会决议强制转让股权或强行代转让方决定股权转让价格、付款时间或其他条件的，权利受侵犯的股东可以公司为被告提起侵权之诉。

股东以优先购买权被侵害提起诉讼的，应列股权转让方为被告，股权受让方为第三人。

**第五十五条** 对股权转让合同的效力进行审查认定，应当依据《民法通则》《合同法》《公司法》以及其他法律、法规，并参照与《公司法》①有关的行政规章的相关规定。

**第六十二条**② 有限责任公司股东向公司以外的人转让股权，未履行《公司法》③第三十五条规定的股东同意手续的，应认定合同未生效。诉讼中，人民法院可以要求当事人在一定期限内征求其他股东的意见，期限届满后其他股东不作相反意思表示的，视为同意转让，可认定合同有效。该期限内有其他股东表示以同等条件购买股权的，应认定合同无效，受让人只能要求出让人赔偿损失。

经转让股权的股东单独书面征求意见，公司半数以上股东同意转让股权的，应视为已办理公司法第三十五条规定的股东同意手续，但章程有特别规定的除外。

其他股东不同意转让，又不购买的，应认定为同意股东转让股权。虽同意购买股权，但是所给予的购买条件劣于股东欲转让的第三人的，应视为不同意购买。

其他股东未能行使优先购买权的，可以申请撤销合同。但其他股东追认转让合同，或者所转让的股权已经登记到受让人名下且受让人已实际行使股东权利的，股权转让合同有效。

① 1999年版《公司法》。

② 本条地方司法解释性文件，由于出台时间较早，与《公司法解释（四）》存在一些立场上的分歧，比如对对外出让股权合同效力的判断规则，仅以资料的形式呈现，供参考。

③ 1999年版《公司法》。

## 条文理解

### Ⅰ条文演变

［表格21］《公司法解释（四）》第二十一条的演变过程

| 征求意见稿（2012） | 征求意见稿（2016） | 正式稿　法释〔2017〕16号 |
|---|---|---|
| 第二十九条（未通知的后果）有限责任公司股东转让股权之前未依公司法或者公司章程规定书面通知其他股东，或者书面通知内容不符合本规定或与实际转让条件不符的，公司其他股东起诉主张依照评估确定的价格或者受让方实际购买的同等条件购买股权，且其主张符合公司法和公司章程特殊约定的，人民法院应予以支持。原告起诉符合前款规定条件，但受让人在公司登记机关办理股权变更登记时间已经超过一（或两）年的，人民法院应驳回原告起诉（或驳回诉讼请求）。 | 第二十七条（损害优先购买权合同的效力）有限责任公司的股东向股东以外的人转让股权，有下列损害其他股东优先购买权的情形之一，其他股东请求确认转让合同无效的，应予支持：（一）未履行公司法和司法解释规定的程序订立股权转让合同；（二）其他股东放弃优先购买权后，股东采取减少转让价款等方式实质改变公司法和司法解释规定的同等条件向股东以外的人转让股权；（三）股东与股东以外的人恶意串通，采取虚报高价等方式违反公司法和司法解释规定的同等条件，导致其他股东放弃优先购买权，但是双方的实际交易条件低于书面通知的条件。转让合同被认定无效后，其他股东同时请求按照实际交易条件购买该股权的，应予支持。受让人交易时善意无过失，请求股东承担赔偿责任的，应予支持。 | 第二十一条（损害优先购买权的股权转让合同效力）有限责任公司的股东向股东以外的人转让股权，未就其股权转让事项征求其他股东意见，或者以欺诈、恶意串通等手段，损害其他股东优先购买权，其他股东主张按照同等条件购买该转让股权的，人民法院应当予以支持，但其他股东自知道或者应当知道行使优先购买权的同等条件之日起三十日内没有主张，或者自股权变更登记之日起超过一年的除外。前款规定的其他股东仅提出确认股权转让合同及股权变动效力等请求，未同时主张按照同等条件购买转让股权的，人民法院不予支持，但其他股东非因自身原因导致无法行使优先购买权，请求损害赔偿的除外。股东以外的股权受让人，因股东行使优先购买权而不能实现合同目的的，可以依法请求转让股东承担相应民事责任。 |
| 【演变概述】本条的改动较大，《征求意见稿（2012）》中曾仅规定了“未通知”的后果，《征求意见稿（2016）》则将此拓展为更为一般性的对损害其他股东优先购买权行为的规定，正式稿的条文表述则回避了对合同效力的问题回答，直接规定了此种情形下其他股东可主张的权利及其限制，并对股权受让人的权利救济给出了仅具指引性但缺乏具体指导的规定。 | | |

Ⅱ主要争议

如何处理转让股东未经其他股东同意转让股权及损害其他股东优先购买权的情形，在起草与征求意见的过程中一直存在诸多争议，既有对实体层面处理的不同意见，也包含很多对立法的技术性层面的不同建议。《征求意见稿（2016）》第二十七条与最终的《公司法解释（四）》第二十一条条文表述的对比，就展现了两种不同的处理思路。《征求意见稿（2016）》侧重认定“损害优先购买权合同的效力”及其后果，而最终的条文表述则回避了对合同效力的问题回答，直接规定了此种情形下其他股东可主张的权利及其限制，并对股权受让人的权利救济给出了仅具指引性但缺乏具体指导的规定。尽管最终的条文表述有回避争议问题的嫌疑，但其表述更为妥善、逻辑考虑也更为周全，更具有问题意识并体现了规则应当解决现实问题这一目的导向，也更好地衔接了《合同法》中的有关规则。

## 一、损害优先购买权的合同是否为“无效”

有限责任公司的股东向股东以外的人转让股权，损害其他股东优先购买权时，出让股东与外部第三人签订的股权转让合同的效力如何，实践中存在“合同无效”“合同可撤销”“合同有效”等多种争论。

起草过程中，更多的意见集中对《征求意见稿（2016）》中“合同无效”的反对，主要理由有：第一，《公司法》第七十一条第二款、第三款和第四款规定：“公司章程对股权转让另有规定的，从其规定”，我国公司法更多地把优先购买权条款视为法定的缺省条款，即在公司章程没有规定的情况下，直接适用《公司法》关于优先购买权的规定。立法上，基于公司自治与股东自治精神，《公司法》允许有限责任公司章程对股权转让自由予以限制或鼓励。因而，将《公司法》对优先购买权的规定认定为强制性规定并不妥当。第二，其他股东行使优先购买权必须满足“同等条件”的要求，当合同被认定无效时，其他股东以同等条件行使优先购买权也就失去基础。第三，直接认定合同无效不利于对外部第三人的保护。在外部第三人是善意第三人的情形中，认定合同无效，第三人只能请求出让股东承担缔约过失责任，而不能请求出让股东承担违约损害赔偿，对第三人的利益保护不周。第四，股权转让合同的成立和生效并不必然导致股权发生变动，第三人仅享有请求出让股东交付股权的权利（债权效力），而无法根据股权转让合同直接取得股权（物权效力），因而也就不必然损害到其他股东的优先购买权。

而主张“合同无效”的少数观点，主要建立在将《公司法》第七十一条认定为强制性规范的基础之上。出让股东损害其他股东的优先购买权而与第三人签订股权转让协议构成对《公司法》第七十一条的违反，根据《合同法》第五十二条第五款规定，违反法律、行政法规强制性规定的合同无效，因此出让股东与第三人之间的股权转让合同无效。

## 二、损害优先购买权的合同是否为“可撤销”

认为合同可撤销的观点赋予了其他股东对转让股东与第三人股权转让合同的撤销权，这种观点同样建立在将《公司法》第七十一条认定为强制性规范的基础上，认为优先购买权是法定权利，出让股东与外部第三人签订的股权转让合同构成对出让股东法定权利的侵犯，构成对法律强制性规定的违反。但是考虑到其他股东是否行使优先购买权具有不确定性，其他股东可能放弃行使优先购买权，因此赋予其他股东撤销权，[①] 其他股东有权撤销转让股东与第三人之间的股权转让合同。对此观点的反对意见认为，这种观点亦未看到优先购买权条款可以由章程另行约定的意定性因素，否认了物权行为和债权行为的区分，忽视合同被撤销归于无效后对其他股东优先购买权行使和第三人利益保护的不利影响。

## 三、损害优先购买权是否必然导致合同效力瑕疵

除去将损害优先购买权与出让股权合同的效力直接关联的理解方式。还有意见认为，合同效力与损害优先购买权，应属相互独立的事由，建议对《征求意见稿（2016）》第二十七条的整体思路及表述作出调整。最终出台的正式稿，

① 例如，刘俊海：《论有限责任公司股权转让合同的效力》，载《暨南学报（哲学社会科学版）》2012 年第 12 期，第 6 页。

也确实或多或少吸收了此类意见。即仅规定了损害优先购买权的救济方式而未直接涉及合同效力的评价。

此类意见之下，较为突出一类观点是，本条的解释思路应与《物权法司法解释（一）》第十二条的规定相一致，“共有人以其优先购买权受到侵害为由，仅请求撤销共有份额转让合同或认定该合同无效的，法院不予支持”，换言之，当事人之间签订的股权转让合同，如果意思表示真实，并且不存在《合同法》第五十二条的情形，应认定为合同有效，只是不发生股权变动的法律效果。[①]但采取如此思路，即需对侵害优先购买权情形下，是否可以适用善意取得，建议予以明确[②]；如果适用善意取得规则，还需对“受让人交易时善意无过失”进一步作出明确界定，或可参照《物权法司法解释一》对于动产受让人重大过失的规定。但如前文所述，股东的优先购买权无论从权利性质到制度目的，都与承租人的优先购买权有着本质差别，因而此种意见存在的基础不成立。

## 四、即使对外转让股权的合同无效，其他股东是否仍有权受让

还有零星意见，是从优先购买权的性质及其权利属性出发的，认为其他股东的“优先购买权”的权利等级不应高于拟转让方的“财产处置权”，原条款规定有法院过度介入强制交易的嫌疑。对于损害优先购买权的情形，原则上应参照《征求意见稿（2016）》第二十六条的规定，这种情形下同样允许拟转让方放弃转让，如果允许其他股东受让，其逻辑和法律依据都有问题。对于转让方而言，在其与第三方的转让合同被认定为无效的情况下，允许该转让方放弃转让理应是其财产处置权的应有之义。这种情况下，如果连国家基于公共利益进行征收的法律基础都尚不存在的话，反而却允许基于“优先购买权”的行使而介入的其他股东按同等条件强行购买，逻辑上存在欠妥之处。

如果从维护交易的安全性及禁止反言（equitable estoppel）原则来看，原条款内容的逻辑前提同样不存在。因为与第三方的交易已经被认定为无效了，而

① 持类似立场的裁判案例：最高人民法院在公报案例（2003）民二终字第143号。

② 既有的司法解释性文件，可参见《上海市高级法院民二庭关于审理涉及有限责任公司股东优先购买权案件若干问题的意见》（沪高法民二〔2008〕1号）第九条：争议的股权已被处分，导致股东优先购买权无法实现，出让股东或公司有过错的，应当对享有优先购买权的股东承担相应的损害赔偿责任。

与行使优先购买权的其他股东又尚未达成协议，这种情况下由法院硬撮合出来一个不情不愿的所谓“交易”，实质上并不是维护交易的安全。因为这里并无“交易”是经过合意而达成的。另外，禁止反言也是有相对性的。被否定的前序交易中的“言”是针对已报价的第三方的，而该等交易既然已被认定为无效了，那么对于其他股东而言，拟转让方不见得会发出同样的“言”。既然如此，也就无“言”可反，就没有禁止反言原则的适用基础。仔细看来，《征求意见稿（2016）》第二十七条第二款支持“其他股东同时请求按照实际交易条件购买该股权”，其理论基础可能是目前相对较为普遍接受的关于优先购买权从性质上讲是一种“形成权”的学界观点（即可以按照优先购买权的权利主张人的单方意志—同等条件/实际条件—而改变法律关系）。但是，这一规定实际上是混淆了优先购买权语境（context）下的“同等条件”。除非公司章程有更详细具体的操作性规定另有所指，《公司法》第七十一条项下的优先购买权实质上更接近于英美法项下的优先受让权（Right of first refusal）（按《布莱克法律词典》的解释，该等权利是一种与第三方出价进行配对 match/meet 的权利），而不是一种优先报价权（Right of first offer）。至少在目前的《公司法》第七十一条规定的框架下，股权转让时，除非公司章程另有明确规定，优先购买权并不是要求必须先通知其他股东而给该股东一个优先出价权；而是指当第三方出价后再通知其他股东，以给其他股东一个按第三方报价的同等条件进行出价购买的机会。也就是说，此处的“同等条件”实际上是在第三方出价时由拟行使优先购买权的“其他股东”提出的 match/meet 配对条件，而不是反过来由拟转让方向其他股东主动来提出的。股权转让交易中，除了与已报价的第三方是主动交易并形成“合意”以外，拟转让股权的股东并未主动向任何其他方（包括其他股东）提出所谓的“同等条件”。因此，在先前的主动交易被认定为无效的前提下，拟转让方也不应受到所谓的“同等条件”的约束或禁止反言，因为这个条件并不是该转让方所提出来的。

简言之，即便由于影响其他股东行使优先购买权的一些瑕疵而导致转让方与第三方的交易被确认为无效，这种情况下，也应充分尊重拟转让方的财产处置权，同样允许其放弃转让。显然，最终出台的《公司法解释（四）》对优先购买权的保护走得更远一些，并未采纳此种意见，仅仅停留在对外转让行为有效与否的评判上。

## 五、是否对只“主张无效而不主张购买”的情形作出限制

有意见认为，有限责任公司的股东向股东以外的人转让股权，其他股东有权请求确认转让合同无效，但同时提起确认转让无效的股东应当作出按同等条件购买的意思表示，否则，应当裁定驳回起诉。如果其他股东只主张无效但不购买，是滥用诉权、违反诚信的表现，而且对转让股东权利是伤害。

该意见最终被《公司法解释（四）》正式稿所采纳，见于第二十一条二款。

Ⅲ条文要点

## 一、损害优先购买权的情形

1. 未履行通知义务

转让股东未就其股权转让事项通知其他股东征求意见，一般是指转让股东未按照公司法和司法解释的规定或章程约定的其他程序通知其他股东股权转让事宜、征求其他股东同意并询问其他股东是否行使优先购买权等事项而直接将股权转让给外部第三人，导致其他股东未能行使优先购买权。

2. 欺诈、恶意串通

涉及欺诈的情形，主要是指转让股东告知其他股东转让股权的“同等条件”，并不是其与第三人交易的真实条件，通常表现为转让股东通知其他股东的条件远高于其与外部受让人达成的股权转让条件，如虚假性地报高股权交易价款或附加其他限制性的交易条件，使其他股东因无法满足这些并不真实的交易条件而放弃了行使优先购买权的机会。

恶意串通的情形，是指转让股东与第三人为了达到致使其他股东放弃优先购买权的目的，双方串通抬高转让股权的交易价格或者其他交易条件的行为。如转让股东与外部第三人恶意串通，约定很高的股权转让价格，致使其他股东无法满足该同等条件而放弃优先购买权，但双方真实的股权转让价格远低于书面通知中约定的股权转让条件。与欺诈不同的是，欺诈是转让股东单方的行为，

外部受让人并不知情与参与，而恶意串通涉及转让人与外部受让人双方共谋的行为。

3. 其他损害优先购买权的情形

本条第一款在欺诈、恶意串通后有一个“等”字，该“等”字表明前三项系不完全列举，即损害其他股东优先购买权的情形不限于未书面或者其他能够确认收悉的合理方式通知其他股东征求意见、欺诈、恶意串通的情形，转让股东或者转让股东与外部受让人以其他手段损害其他股东优先购买权，其他股东主张按照同等条件购买该转让股权的，法院也应当支持，法院判断的核心在于“损害其他股东优先购买权”，具体情形需要结合个案进行分析。

## 二、出让股东与第三人签订的股权转让合同的效力

如前述，按照《公司法解释（四）》的解释思路，损害优先购买权与合同效力问题并未一定纠缠在一起判断，优先购买权的未能实现并不必然导致合同无效。所以，应当认为，对外转让股权的合同其效力判断也应遵循《合同法》中关于效力判定的一般规则框架，损害优先购买权的情形纳入其中一并考虑。因为，股东优先购买权的行使目的在于通过保障其他股东优先获得拟转让股份而维护公司内部信赖关系，因此法律所要否定的是非股东第三人优先于公司其他股东取得公司股份的行为，而不是转让股东与第三人间成立转让协议的行为。①

具体而言，第一，合同有效看到了签订股权转让合同的债权效力与股权转移的物权效力的区分，通过否认股权转让的物权行为的效力即可以保护其他股东的优先购买权，而不必否认转让股东与外部第三人股权转让合同的效力。第二，认定合同有效有利于保障其他股东优先购买权的实现和善意第三人的利益。其他股东行使优先购买权需要按照“同等条件”行使，承认合同有效也就为他股东行使优先购买权确认了同等条件。第三，只有承认合同有效，第三人才有权要求转让股东承担违约责任，而非缔约过失责任，第三人的利益在违约责任

① 潘福仁：《股权转让纠纷》，法律出版社2007年版，第100页。

的保护下获得更为周全的保护。此外，《最高人民法院关于审理城镇房屋租赁合同纠纷案件具体应用法律若干问题的解释》第二十一条规定："出租人出卖租赁房屋未在合理期限内通知承租人或者存在其他侵害承租人优先购买权情形，承租人请求出租人承担赔偿责任的，人民法院应予支持。但请求确认出租人与第三人签订的房屋买卖合同无效的，人民法院不予支持。"承认合同有效与最高院关于一物二卖的司法解释相符合。反对这种观点的主要意见为，当合同本身存在无效原因或者被撤销时，此时不宜认定转让股东与外部受让人之间的合同有效。

应当认为，基于债权的平等性与相对性，出卖人与第三人之间的股权转让合同与出卖人与其他股东之间的股权转让合同两者之间相互独立，其效力也应根据《合同法》的相关规定分别进行判断。

而就《公司法解释（四）》第二十一条下所列三种情形下，对外转让股权的合同效力判断，具体分析如下：

1. 未履行通知义务

转让股东仅未就其股权转让事项书面通知其他股东征求意见而将股权转让给外部受让人，而没有其他欺诈或恶意串通行为时，此种情况下不存在合同无效、可撤销事由，应认定转让股东与外部受让人之间的股权转让合同有效。

2. 欺诈

转让股东告知其他股东的转让股权的同等条件不是其与第三人交易的真实条件导致其他股东因受欺诈而放弃行使优先购买权时，转让股东与外部受让人之间达成的股权转让合同系转让方与外部受让人之间真实、有效的意思表示，不存在无效、可撤销事由，转让股东与外部受让人之间的股权转让合同仍然是有效的。

如果基于转让股东的欺诈，其他股东以该非真实的"同等条件"与转让股东签订了股权转让合同，那么对于该合同，其他股东可以根据《合同法》第五十四条规定，请求法院或仲裁机构予以撤销，并主张按照转让股东与外部受让人之间的股权转让合同或达成的初步意向所确定的"同等条件"行使优先购买权。但即便其他股东请求撤销自己与转让股东之间的股权转让合同，如果转让股东与外部受让人之间真实股权转让合同并不存在其他效力瑕疵的情形，那么转让股东与外部受让人之间合同的效力不受影响。

3. 恶意串通

转让股东与第三人为了达到使其他股东放弃优先购买权的目的，串通抬高转让股权的交易价格或者其他交易条件时，根据《合同法》第五十二条第二款规定，恶意串通，损害国家、集体或者第三人利益的合同无效，其他股东可以请求法院或者仲裁机构确认转让股东与外部受让人之间的股权转让合同无效。

若转让股东与外部受让人在虚假的股权转让合同之外另有一个真实的股权转让合同，则该股权转让合同有效，其他股东可以该真实合同确立的“同等条件”行使优先购买权。若转让股东与外部受让人在虚假的股权转让合同之外并未另外约定股权转让条件，其他股东按照该恶意串通的合同确立的条件行使了优先购买权并因此受到损害，其他股东在请求确认转让股东与外部受让人之间的股权转让合同无效的同时，亦可主张损害赔偿。

## 三、对优先购买权的救济

1. 主张行使优先购买权的期间限制

在股权没有发生变动的情形下，其他股东可以自知道或者应当知道行使优先购买权的同等条件之日起三十日以内主张优先购买，超过期限提出主张的不予支持。在股权发生变动的情形下，其他股东在股权变动之日起的一年以内，知道或者应当知道同等条件的，应当在三十日以内提出优先购买的主张；超过一年以后提出优先购买权主张的，法院不予支持。

对优先购买权的损害救济之所以规定权利的行使期间是由于股权转让及股权变动以后如果达到一定期间，则新股东与其他股东的人合性和公司经营管理都进入了一个新的稳定状态，此时如果支持其他股东行使优先购买权将破坏公司的稳定经营。

2. 主张合同无效股东的购买义务

其他股东在提出确认股权转让合同及股权变动效力等请求时，须同时主张按照同等条件行使优先购买权。这是因为当转让股东与外部受让人之间的的股权转让合同被确认为有效而股权转让行为被确认为无效或者被撤销时，转让股东无法实现股权的对外转让，此时如果其他股东不按照同等条件行使优先购买权，则转让股东无法通过转让股权退出公司或者减持股份，这损害了转让股东股权转让的自由，构成了权利的滥用。

3. 如何确定行使优先购买权的“同等条件”

此处需做区分，在出让股东未履行通知义务、仅有程序瑕疵情形下，应当认为其他股东有依照该合同中所载“同等条件”行使优先购买权、直接缔约的权利。而在欺诈、恶意串通的情形之下，对外转让股权合同被确认为无效或者被撤销后，合同确立的股权转让条件，即其他股东行使优先购买权的“同等条件”便不复存在，其他股东也就无法直接行使优先购买权。

第二十一条未区分对外转让的程序瑕疵和实质瑕疵，因而在实质瑕疵的情形下，如何行使优先购买权存有制度空缺。对此，比较合理的理解的是，既有的对外转让确定无效，至于诉争股权是按照优先购买权的规则重新出让，抑或股东可以选择放弃转让（适用《公司法解释（四）》第二十条），则有待司法实践的进一步探索。

4. 优先购买权确定无法行使的救济

优先购买权受到损害的其他股东，如果不是因为自身原因导致无法行使优先购买权，可以请求损害赔偿。如其他股东在转让股东将股权转让给外部受让人超过一年才发现优先购买权被侵害，此时其他股东已经不能再行使优先购买权而只能就其受到的损害请求损害赔偿。如果其他股东因为自身原因没有行使优先购买权，如其他股东在知道或者应当知道行使优先购买权的同等条件之日起三十日内没有主张，则其他股东除不能行使优先购买权外，其损害赔偿的请求也无法得到支持。

## 四、对外部受让人的权利救济

《公司法解释（四）》第二十一条第三款，是关于外部受让人的权利救济的规定，外部受让人的权利救济需要以转让股东与外部受让人之间的股权转让合同为依据，因而需据股权转让合同的效力情形分别处理。

当股权转让合同被确认为有效时，外部受让人因其他股东行使优先购买权而不能取得相应股权，外部受让人有权要求转让股东承担违约责任。当股权转让合同被确认为无效或者被撤销时，外部受让人请求转让股东承担违约责任的基础不复存在，此时其受到的损害只能请求转让股东承担缔约过失责任。

在对外部受让人的权利进行救济时，还需要考虑到外部受让人自身是否具有过错，在其有过错的情况下需要按照双方的过错程度对损害进行分配。

## 典型案例

### 一、未履行通知义务的情形

1. 陈某与罗某生、张某立、湖南水调歌头房地产开发有限公司、陈某坤股东资格确认纠纷案①

**【焦点问题】** 有限责任公司的股东未征求其他股东同意而对外转让股权，其他股东可否主张股权转让合同无效?

**【裁判立场】** 本案法院认为，有限责任公司的股东未征求其他股东同意而对外转让股权，损害了其他股东的优先购买权，但是《公司法》关于优先购买权的规定不是效力性强制规定，对此违反不能认定合同无效。并且股东只主张合同无效而不行使优先购买权，导致转让股东无法实现股权的对外转让，法院对此不予支持。

**【案例简介】** 2006 年 12 月，陈某与罗某生、张某立三股东共同设立水调歌头公司，并于同年 12 月 21 日经益阳市工商行政管理局进行有限责任公司（私营）注册登记，注册资本为人民币 2000 万元，实收资本 600 万元，其中罗某生认缴出资 1500 万元，占注册资本的 75%，实缴 500 万元，实收资本占注册资本的 25%；张某立认缴出资 300 万元，占注册资本的 15%，实缴 50 万元，实收资本占注册资本的 2.5%；陈某认缴出资 200 万元，占注册资本的 10%，实缴 50 万元，实收资本占注册资本的 2.5%。

2007 年 7 月 19 日，陈某与罗某生签订股份转让协议，转让其中 190 万元的

① 湖南省益阳市中级人民法院（2014）益法民二终字第 36 号。

股份，对于剩余10万元股份，双方未就转让价款达成合意。2008年后，罗某生、张某立为公司发展进行融资，吸纳新股东进入公司，将公司的部分股权转让给陈某坤，股东之间的股权比例也相应发生变动。对于之前陈某的10万元股份，陈某与陈某坤签订了一份股权转让协议，但该协议系罗某生代签陈某的名字后再提供给陈某坤签名，而陈某坤以为是陈某所签，亦在协议上签字。

后陈某提起诉讼请求确认其股东身份并请求确认罗某生、张某立与陈某坤签订的股权转让协议无效。

**【裁判要旨】**二审法院认为，罗某生虚构陈某签名，与陈某坤签订的2011年10月31日的股权转让协议，不是陈某的真实意思表示，属无效合同，股权转让行为亦无效。陈某坤在罗某生冒充陈某签名签订股份转让协议时，对合同相对方的身份和签名未尽到合理必要的审查义务，且其也没有提供证据证明直接向陈某实际支付了该10万元股份的转让款，故陈某坤就该10万元股份不构成善意取得，该10万元股份仍为陈某所有，应确认陈某在水调歌头公司的股份份额为0.5%。

审理法院还认为，罗某生、张某立与陈某坤签订股权转让协议，将拥有的水调歌头公司部分股权转让给陈某坤，未书面通知股东陈某征求同意，侵害了陈某的优先购买权，但《公司法》关于股东优先购买权的规定并不属于效力性的强制性规定，而是为了保障股权转让顺利进行的程序性设计，罗某生、张某立与陈某坤签订的股权转让合同不应被认定为无效合同。同时，现实中可能出现股东主张股权转让合同无效而事后不提起优先购买之诉，进而导致股权处于被悬空的不利状态，故对优先权股东只主张合同无效，而不主张优先购买的请求，人民法院应不予支持。另外，本案罗某生、张某立与陈某坤的股权转让合同已经履行完毕，并于2011年11月4日进行了股权变更登记，对外产生了公示及对抗的效力，并且已经过一定期间，从维护交易安全，稳定社会秩序，保护公司债权人利益的原则出发，也不应当支持陈某关于罗某生、张某立与陈某坤股权转让无效的主张。如果陈某认为其优先购买权被侵害造成经济损失，可另行向有过错的转让方追偿。

**【案例评析】**本案中，作出生效裁判的法院认为《公司法》关于股东优先购买权的规定不属于效力性的强制性规定，而是为了保障股权转让顺利进行的程序性设计，因而转让股东与外部受让人签订的股权转让合同不应被认定为无效合同，这一分析思路与《公司法解释（四）》的思路是较为一致的。法院认为股东主张股权转让合同无效而事后不提起优先购买之诉，会导致股权处于被悬空的不利状态，故对其他股东只请求确认合同无效而不行使优先购买权的主张不予支持，但实际上在确认股权转让合同无效后，其他股东行使优先购买权的同等条件就不存在了，其他股东也无法行使优先购买权，法院只有在合同有效的情况下才能支持其他股东优先购买权的行使，因此法院的此点理由存在问题。本案中若其他股东行使优先购买权，根据本解释的规定，应在股权变动之日起一年内行使，超过该期间，从维护交易安全的角度出发，其行使优先购买权的主张不能得到支持。

2. 秦某与陈某一、程某裕，因陈某、广西元盛投资发展有限公司股权转让纠纷案①

**【焦点问题】**有限责任公司的股东在未告知其他股东的情况下对外转让股份，其他股东可否以优先购买权受到侵害为由撤销转让股东与第三人之间的股权转让合同？

**【裁判立场】**有限责任公司的股东在未告知其他股东的情况下对外转让股份，其他股东可以请求撤销该股权转让合同，在合同撤销后其他股东不能再行使优先购买权。

**【案例简介】**元盛公司为有限责任公司由陈某和陈某一出资设立，陈某出资占注册资本的51%，陈某一出资占注册资本的49%。2012年9月2日，陈某、陈某一与秦某共同签订一份《合同书》，陈某将占注册资本25%的股份按1:1的价格转让给秦某，陈某一将占注册资本27%的股份以1:1的价格转让给秦某。

2012年10月22日，陈某一与程某裕签订一份《股权转让协议书》，约定陈某一将其持有元盛公司22%的股权转让给程某裕。陈某一、程某裕、元盛公

① 广西壮族自治区南宁市（地区）中级人民法院（2014）南市民二终字第379号。

司和广西远信投资有限公司（以下简称“远信公司”）于当日又签订一份《确认书》，确认陈某一转让给程某裕的元盛公司22%的股权价格为1761.76万元，程某裕应付给陈某一的1761.76万元股权转让款已从元盛公司应退还远信公司的3400万元投资款中抵扣，陈某一确认已收到1761.76万元股权转让款。

在同日的元盛公司股东会决议中，决议内容为同意上述股权转让事宜，其他股东放弃优先购买权。陈某、陈某一、程某裕均在决议上签名，但署名为“秦某”的签名并非秦某本人所签。元盛公司于当日在广西壮族自治区工商行政管理局办理了股东变更登记。

后秦某认为陈某一在未告知的情况下向股东以外的人转让股权，侵犯了其对涉案股权的优先购买权，诉至法院请求撤销2012年10月22日陈某一与陈某、程某裕签订的《元盛公司股东会决议》及陈某一与程某裕签订的《元盛公司股权转让协议书》，请求在同等条件下行使对涉案股权的优先购买权。

**【裁判要旨】**一审法院认为，陈某一在未告知秦某的情况下向股东以外的程某裕转让其持有的元盛公司22%的股权，该股权转让事宜未取得股东秦某同意，相关股东会决议也没有秦某签名认可，陈某一在未经过其他股东过半数同意的情况下对外转让股权，侵害了秦某作为公司股东的优先购买权，法院对秦某请求撤销2012年10月22日的股东会决议及陈某一与程某裕签订的《股权转让协议书》的诉请，予以支持。股权转让协议撤销后，陈某一是否继续转让股权，应由当事人自行协商确定，法院对秦某要求以1761.76万元的转让价受让元盛公司22%股份的请求不予支持。

二审法院认为，当股东对外转让其股权时，应当履行通知其他股东的义务，没有履行通知义务，即侵害了其他股东的优先购买权，其对外转让股权的行为是可撤销的。股东对外转让股权的行为被依法撤销后，已转让的股权应当返还，股东可以选择继续转让或者终止转让，股权转让一旦终止，其他股东不能主张行使优先购买权。本案中，陈某一与程某裕之间产生的股权转让行为侵害了秦某的优先购买权，被依法撤销后，陈某一选择继续转让，秦某即可行使优先购买权，陈某一选择终止转让，是陈某一的自由意志，不受制于秦某行使优先购买权的意愿，秦某不能行使优先购买权。

【案例评析】其他股东撤销股权转让合同后，合同中确认的同等条件就不存在了，其他股东也就无法行使优先购买权。其他股东若要行使优先购买权，应当在转让股东与外部第三人之间股权转让合同有效的前提下行使，只有在该股权转让合同确定的“同等条件”之下，其他股东才能行使优先购买权。

## 二、欺诈、恶意串通的情形

沈某明等诉浙江康桥汽车工贸集团股份有限公司股权转让纠纷案[①]

【焦点问题】有限责任公司的股东通过两次转让将股权转让给外部受让人，其中第一次以畸高的价格转让很少一部分股权，第二次以正常价格转让大部分股权，该股权转让是否构成对优先购买权的侵害?

【裁判立场】有限责任公司的股东与外部受让人的两次股权转让应当视为一个整体，该转让是为了排除其他股东的优先购买权，构成对其他股东优先购买权的侵害。

【案例简介】沈某明与万银公司于2013年4月26日签订了三份股权转让协议，将江铃公司0.15%的股权以270万元（与注册资本相比溢价30倍）转让给股东以外的受让人万银公司。在万银公司成为江铃公司的股东后，2013年6月20日，沈某明又将江铃公司89.535%的股权以5372.1万元价格转让。

【裁判要旨】再审法院认为，先以畸高价格转让少量股权，使受让方取得股东资格，再将大部分股权予以转让的做法，系为了规避《公司法》有关股东优先购买权的规定。沈某明并未向公司其他股东如实告知真实交易的数量和价格，其他股东亦不了解交易的“同等条件”，无法评估是否行使优先购买权。沈某明系构成对其他股东优先购买权的恶意侵害。万银公司对股权转让真实交易的数量和价格应当是明知的，其难以认定为善意受让方，一审法院判决撤销案涉股权转让协议并无不妥。

【案例评析】本案中公司股东与外部受让人通过签订两个合同转让股权，第一份股权转让合同以畸高的价格转让极少的股权，提高其他股东行使优先购

① 浙江省高级人民法院（2016）浙民申3249号。

买权的门槛，目的是让外部第三人进入公司，在外部受让人成为公司股东后又以正常价格将大部分股权以正常价格转让给该受让股东，以此达到规避其他股东的优先购买权。法院认定这种做法侵害了其他股东的优先购买权，并认定外部受让人对于真实交易的数量和价格明知，难以认定为善意受让方，撤销股权转让协议，具有合理性。

## 三、对外部受让人的权利保护

北京新奥特公司诉华融公司股权转让合同纠纷案①

**【焦点问题】**有限责任公司股东以外的受让人明知其他股东存在优先购买权而与转让股东签订股权转让协议进行股权转让，因公司其他股东行使优先购买权导致股权转让协议终止履行，违约责任如何分配？

**【裁判立场】**应当认定股权转让方与受让方在股权转让协议签订和履行过程中存在过错，双方均需在各自过错范围内承担责任；对于过错比例的裁量，由法院审理决定。

**【案例简介】**2002年6月28日，华融公司与案外人比特科技控股股份有限公司（以下简称“比特科技”）、新奥特集团签订关于北京北广电子集团有限责任公司（以下简称“北广集团”）的股权转让协议，协议主要内容是：比特科技、新奥特集团共同组成收购团收购华融公司持有的北广集团55.081%的股权，股权转让的最终价格不低于3亿元。股权转让款的支付采取分期付款形式，协议签订起3日内，比特科技、新奥特集团按照华融公司提供的账户支付1亿元，余款在协议签订起3个月内或评估报告经国家主管部门备案之日起7日内付清。

比特科技、新奥特集团依约支付1亿元后，华融公司协助办理股权转让的过户手续。受让方完全知悉其他股东不配合办理股权变更工商登记手续的风险，并承诺不为此向出让方提出任何抗辩，不影响受让方支付股权转让价款，出让方已经收到的股权转让价款不予返还。此外，协议还约定了股权质押、违约责

① 最高人民法院（2003）民二终字第143号，载《最高人民法院公报》2005年第2期（总第100期）。

任、适用法律等内容。2002年6月28日，经华融公司提议召开北广集团2002年度第一次临时股东会会议，拟就华融公司将其持有的北广集团全部股权一次性转让给比特科技和新奥特集团组成的收购团的相关事项作出决议。北广集团的另一股东北京电子控股有限公司（以下简称“电子公司”）未在相关决议上签章认可。

同年9月27日，华融公司与新奥特集团、比特科技分别签订《关于股权转让相关问题的协议书》(一)、(二)，协议书约定，因北广集团的另一股东已经以华融公司侵犯其优先购买权为由提起仲裁程序，新奥特集团、比特科技同意对继续履行同年6月28日的股权转让协议作出承诺。即如华融公司在仲裁案件中败诉，造成转让的股权不能过户，股权转让协议不能继续履行时，新奥特集团、比特科技不得追究华融公司因签订上述协议而应当或可能负有的对2亿元的资金所产生的利息、融资成本、可预期利益、赔偿等相关责任。同时还约定了在上述条件下，新奥特集团、比特科技应向华融公司履行的其他义务。

2002年9月23日，电子公司作为申请人，以华融公司为被申请人，向北京仲裁委员会提起仲裁，申请就电子公司作为北广集团股东有权享有优先购买权作出相关裁决。同年12月9日，北京仲裁委员会作出终局裁决，裁决的主要内容为：“2002年12月31日前，电子公司有权行使作为北广集团股东所享有的同等条件对华融公司拟转让的北广集团55%股权的优先购买权。2002年12月31日前一次性将转让的总价款3亿元付给华融公司。”依据上述裁决，同年12月20日，电子公司与华融公司签约；同年12月23日，电子公司向华融公司付款。

因华融公司与新奥特集团、比特科技签订的股权转让协议未能继续履行，新奥特集团于同年12月19日向原审法院提起诉讼，请求判令华融公司继续履行股权转让协议，赔偿因违反股权转让协议造成的损失19816077元，并承担诉讼费和律师费用。

**【裁判要旨】**法院认为，华融公司与新奥特集团、比特科技签订的股权转让协议是当事人的真实意思表示，且不违反相关的法律、行政法规的禁止性规定，属有效合同。电子公司实际行使优先权的行为，使华融公司与新奥特集团签订的股权转让协议的标的不复存在，继续履行已不可能。

关于股权转让协议终止履行后，给新奥特集团造成的损失如何承担。由于华融公司与新奥特集团在签约时，应当预见该合同可能因电子公司行使优先权而终止，但没有预见，造成合同终止履行，对此双方均有过错。新奥特集团因准备合同履行及实际履行中产生的损失应由华融公司、新奥特集团各自承担50%。

**【案例评析】**本案中，股权转让方与受让方在明知公司其他股东享有优先购买权的情况下仍然签订股权转让协议，在第三人行使优先购买权的情况下，股权转让协议仍然有效，但是陷入履行不能或者履行被撤销的状态，对于所造成的损失，法院按照双方的过错进行分配，符合合同法的规定。

# 第五部分　股东代表诉讼

## 引　言

一般认为，于股东而言，公司法上的主要救济方法包括：(1) 股东直接诉讼，即股东基于自己或自己所属的一类股东的名义，起诉公司或公司管理人员，指控被告的违法行为侵害了自己作为股东的权利；(2) 股东代表诉讼，或称间接诉讼、派生诉讼，虽然这些不同表述背后的原理和机制设计略有不同，但都指向“公司由于某种原因没有就其所遭受的侵害提出诉讼时，公司股东代为提起的旨在使得公司获得救济的诉讼”；(3) 特殊救济，例如，公司终止，用于对压迫或其他错误行为的救济，或者用于解决公司僵局。具体而言，直接诉讼并不属于公司法所特有，特殊救济也并非常规方式，股东代表诉讼[①]则被视为公司诉讼，是公司治理机制中最具争议的难题之一。

---

① 本书暂用“股东代表诉讼”代指间接诉讼、派生诉讼等语词共同指向的这类公司诉讼机制，是考虑到我国的制度特性且与最高人民法院的释法方式相一致，参见杜万华主编：《公司法司法解释（四）理解与适用》，人民法院出版社 2017 年版，第 520 ~ 637 页。

股东代表诉讼肇始于英国1843年福斯诉哈波特尔（Foss v. Harbottle[①]）案，后经美国最高法院霍斯诉奥克兰市（Hawes v. City of Oakland[②]）案发扬光大，并在全球范围内得到了广泛接受。2005年我国《公司法》修订时，也明确地在第一百五十二条引入了该制度，一方面，出于不断凸显的权利救济的需要考虑，股东代表诉讼在各地法院的司法实践中已有运用；另一方面，从公司法原理角度出发，股东因公司利益受损而以自己名义提起诉讼的主体地位也需要得到肯定。2013年《公司法》修订时沿用了该规则。

上述修订意味着我国公司法对中小股东的保护在程序法与司法救济方面迈出了重要的一步，但程序和实体等方面的具体规则仍然付诸阙如，加之股东代表诉讼与直接诉讼在一般法理上的不同，以及我国民事诉讼制度较为粗梳的现状[③]，我国派生诉讼在实践中面临诸多困境。例如，在股东代表诉讼的前置程序中当事人的诉讼地位如何安排、在诉讼进行过程中各方当事人的诉讼地位如何、谁才是公司最适当的代表（典型的如法定代表人制度与公司公章的控制问题）、胜诉利益如何处置、诉讼费用如何分摊等。以上问题一直不甚明晰，甚至不同法院存在不同做法，这严重阻碍了股东权利保护、制约着公司治理的进步。基于此，《公司法解释（四）》有针对性地对以上问题作出了回应。

与征求意见稿相比，最终出台的《公司法解释（四）》相对比较保守，公司替代原告、诉讼中的和解、母公司股东对子公司的起诉权等问题，在《公司法解释（四）》中都未能得到体现。而从比较法的经验来看，股东代表诉讼制度在公司治理之中所能发挥的作用，与其复杂的机制安排密切相关[④]，是鼓励

---

① 2 Hare 461, 67 E. R. 189（1843）.

② 104 U. S.（14 otto）450, 26 L. Ed. 827（1881）.

③ 在2012年民事诉讼法修订起草和调研过程中，公司法理论及实务界都曾对公司诉讼略式程序的确立怀有期待并提出过诸多建议，民事诉讼法学界对此也有详细讨论，但最终稿仅就公司诉讼案件的管辖问题作出了规定，而未对公司诉讼的程式有所触及。参见傅郁林：《民事诉讼法修改的价值取向论评》，载《华东政法学报》2012年第4期（总第83期）；潘剑锋：《中国民事审判程序体系之科学化革新——对我国民事程序及其相互关系的反思》，载《政法论坛》2012年9月；李建伟：《公司非讼程序之适用研究——公司纠纷解决的民事行政路径分析》，载《中国法学》2010年第5期。

④ 朱芸阳：《全球化与本土化互动中的股东派生诉讼》，法律出版社2015年版；李小宁：《公司法视角下的股东代表诉讼——对英国、美国、德国和中国的比较研究》，法律出版社2009年版。

股东提起代表诉讼以促进公司的良性治理，还是更多地着眼于防止股东滥诉的机制，本质上是司法政策的选择，不同的政策选择也造就了不同立法域规则选取上的不同。

**表 3 – 主要法域股东代表诉讼制度的简要比对**

| 比较事项 | 中国 | 英国 | 美国 | 德国 | 日本 |
|---|---|---|---|---|---|
| 适用范围 | 公司 | 公司、非法人团体、工会 | 公司、非营利组织 | 股份公司 | 公司 |
| 诉因 | （1）董事、高管人员、监事执行公司职务，违反法律、行政法规规定或章程规定，造成公司损失，应当承担赔偿责任；（2）他人侵犯公司合法权益，给公司造成损失的 | 针对归属公司的诉因；只能针对由涉及公司董事（董事包括前董事，影子董事视为董事）的过失、失责、违反义务或违反信托的实际或拟议作为或不作为所产生的诉因而被提起 | 区分直接诉因和派生诉因（权利标准或损害标准）；公司受到损害或存在对公司义务的违反 | 对董事的损害赔偿请求 | 落于董事承担责任的法令范围内即可（比较广泛）——追究责任时则基于过错责任的分类（业务执行中的过错；违反监事义务的过错，后者较为常见） |
| 提起资格 | （1）有限责任公司的股东；（2）股份有限公司连续180日以上单独或者合计持有公司百分之一以上股份的股东 | 公司成员（包括不是成员但是因法律实施而已经向其转让或传送公司股份的人） | （1）股权证券的持有人（符合当时持有和同时持有规则，有例外）；（2）董事可以成文法获得授权 | 持有注册资本金百分之一或者持有股份的票面额在10万欧元以上的股东（需在董事违法行为公布之前取得股份） | 股东需在诉讼提起6个月（公司章程可以作出缩短时间的规定）前连续持有股票，且审理过程中一直保持股东身份 |
| 前置程序 | 向公司机构（监事会、董事会）进行书面请求，设定了30日的等待期 | 向法院申请“诉讼许可” | 正式请求规则（诉讼委员会机制） | 请求公司起诉（一般2个月的等待期），然后向法院申请“诉讼许可”，取得申请后还需再次请求公司 | 向公司进行请求，需经30日等待期 |

续表

| 比较事项 | | 中国 | 英国 | 美国 | 德国 | 日本 |
| --- | --- | --- | --- | --- | --- | --- |
| 原告 | | 股东 | 公司成员 | （1）股权证券的持有人、（2）董事 | 股东 | 股东（已退出的股东，有限的起诉权） |
| 被告 | | 董事、高管人员、监事以及他人（控制股东等） | 公司（名义被告）和实际侵权人（公司董事和他人） | 公司（名义被告，一般不具有抗辩权）和实际侵权人（主要是公司机关） | 主要适用于董事、监事（排除了对控制股东不当行为的适用） | 除董事外还包括监事、高级主管、会计参与、审计人员、发起人、清算人等 |
| 公司诉讼地位 | | 第三人 | 名义被告，事实原告 | 名义被告，事实原告 | 诉讼辅助人（列席权；可以在诉讼中随时介入） | 被告方的诉讼辅助人（公司选择是否参加，法院有最终决定权） |
| 其他人的加入 | 时间 | 一审法庭辩论终结前 | 法院裁量 | “及时”原则，一般在判决前，但存在例外，甚至允许超过诉讼时效的加入，只要本诉是在时效期间内提出的 | 诉讼开始后不再允许其他人加入，认为提起诉讼的股东类似于民事合伙 | 不会造成“诉讼程序不当延迟或给法院造成过重的事务负担” |
| | 方式 | 申请，必要共同诉讼当事人 | 申请，变更或追加当事人程序 | 申请，类似于集团诉讼，但无退出机制 | —— | 申请，共同诉讼人或原告方的诉讼辅助人 |
| | 条件 | 同原告 | 需经原当事人同意；其中一方不同意成为原告，将其列为被告 | 同原告但可以不经过前置程序 | —— | 无须满足6个月的连续持股要件 |
| 费用补偿规则 | | 公司承担合理费用 | 法院裁量是否要求公司承担合理费用（“补偿指令”） | 公司承担合理费用 | 诉讼许可阶段被驳回，由股东承担；进入派生诉讼由公司承担 | 低受理费，公司补偿 |
| 一些特殊机制 | | 暂无 | 补偿指令 | 特别诉讼委员会 | 股东论坛（Aktionärforum） | “股东巡视员” |

在股东代表诉讼得到较多运用的美国，代表诉讼被视为“公司管理的主要校准器”①，美国公司法在程序法、实体法中均发展出了一系列针对派生诉讼的具体规则，判例中也沉淀出了诸多关于派生诉讼的原理和标准，例如，诉讼委员会制度、费用补偿的不同规则、和解协议的审查标准等。《联邦民事诉讼规则》《标准商事公司法》《公司治理原则：分析与建议》等也都以专门章节作出了规定。相对的，作为派生诉讼制度源头的英国，却更多地采用不公平损害救济的方式对股东进行救济，派生诉讼较少得到运用②。同时，在同为大陆法系的德日，派生诉讼在制度细节上也有所差别。

① Cohen v. Beneficial Indus. Loan Corp. , 337 U. S. 541, 548 (1949).

② 葛伟军：《英国公司法要义》，法律出版社 2014 年版；林少伟：《英国现代公司法》，中国法制出版社 2015 年版；李小宁：《公司法视角下的股东代表诉讼——对英国、美国、德国和中国的比较研究》，法律出版社 2009 年版。

# 专题一　股东代表诉讼及其前置程序

## 核心条文

《公司法》

**第一百五十一条**　董事、高级管理人员有本法第一百四十九条规定的情形的，有限责任公司的股东、股份有限公司连续一百八十日以上单独或者合计持有公司百分之一以上股份的股东，可以书面请求监事会或者不设监事会的有限责任公司的监事向人民法院提起诉讼；监事有本法第一百四十九条规定的情形的，前述股东可以书面请求董事会或者不设董事会的有限责任公司的执行董事向人民法院提起诉讼。

监事会、不设监事会的有限责任公司的监事，或者董事会、执行董事收到前款规定的股东书面请求后拒绝提起诉讼，或者自收到请求之日起三十日内未提起诉讼，或者情况紧急、不立即提起诉讼将会使公司利益受到难以弥补的损害的，前款规定的股东有权为了公司的利益以自己的名义直接向人民法院提起诉讼。

他人侵犯公司合法权益，给公司造成损失的，本条第一款规定的股东可以依照前两款的规定向人民法院提起诉讼。

## 关涉条文

### 一、既有相关规范

1.《公司法》

**第四十六条**　董事会对股东会负责，行使下列职权：

（一）召集股东会会议，并向股东会报告工作；

（二）执行股东会的决议；

（三）决定公司的经营计划和投资方案；

……

（八）决定公司内部管理机构的设置；

……

**第四十九条** 有限责任公司可以设经理，由董事会决定聘任或者解聘。经理对董事会负责，行使下列职权：

（一）主持公司的生产经营管理工作，组织实施董事会决议；

（二）组织实施公司年度经营计划和投资方案；

（三）拟订公司内部管理机构设置方案；

（四）拟订公司的基本管理制度；

（五）制定公司的具体规章；

（六）提请聘任或者解聘公司副经理、财务负责人；

（七）决定聘任或者解聘除应由董事会决定聘任或者解聘以外的负责管理人员；

（八）董事会授予的其他职权。

公司章程对经理职权另有规定的，从其规定。

经理列席董事会会议。

**第五十三条** 监事会、不设监事会的公司的监事行使下列职权：

（一）检查公司财务；

（二）对董事、高级管理人员执行公司职务的行为进行监督，对违反法律、行政法规、公司章程或者股东会决议的董事、高级管理人员提出罢免的建议；

（三）当董事、高级管理人员的行为损害公司的利益时，要求董事、高级管理人员予以纠正；

……

（七）公司章程规定的其他职权。

## 二、地方司法实践

### 《江苏省高级人民法院关于审理适用公司法案件若干问题的意见（试行）》（苏高法审〔2003〕2号）

**第七十四条** 股东代表公司利益提起诉讼前，应当将诉讼事项告知公司，并请求公司董事会和监事会代表公司提起诉讼。公司董事会和监事会拒绝或者在合理期限内不提起诉讼的，股东可以代表公司利益提起诉讼。

## 条文理解

### 一、股东派生诉讼

股东诉讼通行的划分是分为直接诉讼和派生诉讼，前者是基于股东的个体性权利，后者是针对集体性权利。直接诉讼满足诉讼的条件，包括适格当事人、具体的诉讼请求、与本案有利害关系等就可以。而派生诉讼（derivative suit），也翻译为衍生诉讼，大陆法系上与之对应的概念是代表诉讼，两者间的差别，稍后另作交代。

按照学者的总结，派生诉讼的存在基于三个前提性规则：（1）公司独立于股东的主体地位；（2）债权人的优先索取权利；（3）管理层义务。[①] 首先，因为公司的独立地位，管理层向公司负责，而不是向股东直接负责。从而导致管理人员并不和股东发生直接的关系，一切都必须在公司的名义下完成。其次，由于债权人存在着对公司资产的优先权，这就导致管理层不能直接为股东服务，也意味着管理层应当考虑公司的独立利益而不是直接为股东的利益考虑，否则，只要认定股东和董事的代理关系就可以解决。最后，因为管理层有义务看护公司，而在管理层违反了该义务时，公司不能自我提起救济。因此，派生诉讼的提起是为了公司的利益，这在理论上至少包括全体股东和债权人的利益。

派生诉讼在理论上有两个问题：第一，为什么不给予所有股东以完整、统一的诉权而要基于个体性权利和集体性权利的划分来区分直接诉讼与派生诉讼并采用不同的诉讼程序和机制？第二，为什么要采用派生诉讼的方式来事后追究责任而不采用其他的机制解决问题？对于第一个问题，前面提到的三个前提规则，尤其是公司的独立人格带来的法律技术原因是一个直接解释。但这不过是一个逻辑和名义的问题，为什么不能通过法律直接地、强行地赋予呢？比如，按照公司的合同理论来赋予股东完整的诉权。Bainbridge 教授认为核心原因是权威和公共责任，即基于集体利益的诉讼需要加上一些程序的限制，以维护公司

---

① See Cox & Hazen Corporation, Vol. 2, Op. Cit. , p. 891.

管理机关的权威。[①] 第二个问题涉及对公司管理层不当行为的其他替代性监督机制。按照经济理论，对董事和经理人员的最好激励、监督和控制机制是控制权市场。如果存在着控制权市场、经理市场，存在着股东“用脚投票”的资本市场，股东提起派生诉讼的必要性何在呢？按照 Cox 和 Hazen 的观点，委托代理关系中存在着管理层的机会主义行为，而股东提起派生诉讼，不仅仅是一个分配性的法律机制，即不只是利益在不同的当事人之间的转移，它也有助于整体市场中的投资损失风险的降低，从而提高整体市场的投资收益。而相对控制权市场，派生诉讼要便宜一些。故而派生诉讼有着独立存在的价值。[②]

## 二、集团诉讼与股东派生诉讼

简言之，派生诉讼的核心是基于对公司利益的考虑，或者说，派生诉讼是基于股权中的集体性权利提起的，而不是基于个体性权利提起的。在某一个或一些股东基于公司的利益（如果不是很严格地说，全体股东一致的利益）而提起的诉讼中，公司利益是一个完整的利益。因此，这有必要和集团诉讼[③]作出区分。集团诉讼的核心是由于多个诉讼，当原告的诉讼请求具有一致性或者近似性时，集团诉讼对多个“同质”的诉讼出于节省诉讼成本的目的而进行加总，因此，公司法中的集团诉讼也是基于股东的个体性权利。[④] 在派生诉讼中，个别或者少数股东提起诉讼的依据是其依照法律和章程、遵照程序规则而获得的完整代表公司利益的身份，和全体股东没有关系，无须在诉讼中追加原告。但是也有学者对此不予赞成，毕竟“一个完整的利益”和“所有同质的利益”很难区分，目前“公司利益”和“全体股东利益”的重叠在公司理论中还是主流。由于派生诉讼机制复杂和成本高昂，其被集团诉讼所替代也是有可能的。[⑤]

---

① See Bainbridge Corporation Law & Economics, Op. Cit., p. 365.

② See Cox & Hazen Corporation, Vol. 2, Op. Cit., p. 882 ~ 890.

③ 对于人数众多的诉讼，学理上常用的词语有：集团诉讼（class action），肇始自衡平法的美国诉讼制度；代表诉讼（representative action），发源于英国；英国和德国共存的团体诉讼（group litigation），两者内涵不同；选定当事人诉讼，日本和我国台湾地区扩大原有的共同诉讼制度的适用；代表人诉讼，我国借鉴域外法经验而确立的群体性诉讼制度。一般认为，群体性诉讼、集体诉讼、多数人诉讼并不是学理上约定俗成的概念，其含义不甚明确。本处选取了美国法上的表述。

④ See Cox & Hazen Corporation, Vol. 2, Op. Cit., p. 894 ~ 895.

⑤ See Bainbridge Corporation Law & Economics, Op. Cit., p. 364.

## 三、股东代表诉讼与股东派生诉讼

与派生诉讼相对应，大陆法系将对公司管理层的不当管理责任追究的诉讼，称为股东代表诉讼。股东代表诉讼与派生诉讼在相关制度安排上虽然类似，但原理并不相同。代表诉讼是和代表或委任理论联系在一起的。在委任理论下，公司具有独立主体地位，董事和高管人员代表公司作出意思表示和行为而其自身并不具有独立的主体地位。公司和董事之间的关系是一种代表和委任关系，其意思表示或行为更多地来自法定，而不是受托地位。当意思表示或行为不当的时候，董事或公司管理层，尤其是法定代表人，就在本质上丧失了代表能力或者资格，公司的所有者——股东以实质标准来暂时在争议事项上接管了代表能力或者资格，故此时由股东代表公司起诉董事或管理层。这种原理本质上是对代表权的争夺。

代表诉讼的前提是股东取得对公司的代表权，是基于管理公司的共益权；而派生诉讼则不同，派生诉讼是公司由于价值下降而导致股东权益的受损，故而表面上是基于股东自益权。两者存在着权利依据上的不同。

这种理论和权利依据的不同导致派生诉讼的门槛较低，而代表诉讼的较高。这种区别表现在原告的资格限制上，大陆法系各国一般规定，持有5%～10%以上股份，并且持股达到一定期限的股东才能提起代表诉讼，而英美法上则无此限制。我国公司法的规定与大陆法系国家类似，对股份有限公司而言，既有持股期限（180天）的要求，也有持股比例（合计1%以上）的要求。两者的不同还表现在公司的诉讼地位上，代表诉讼因为股东代表公司，公司处于原告地位，董事和管理人员处于被告地位；而派生诉讼受到诉因的制约，公司作为被告[①]，董事、管理人员或者第三人可能作为被告，也可能作为独立第三人。

## 四、股东直接诉讼与股东代表诉讼的区分

我国公司法的理论及实践，对直接诉讼与股东代表诉讼的区分一向不甚明

① See Corporations Law & Policy, Op. Cit. , p. 913.

了，这与我国对股东诉权的规定集中于代表权的判断有关，也与股东派生诉讼的运用不足、裁判案例的平面化有关。在《公司法解释（四）》对股东诉讼的类型及股东代表诉讼的配套制度，作出进一步区分和细化的情况下，选择不同的诉讼方式会导致程序规则适用上的不同甚至诉讼结果的差异，因而有必要对两者的区别加以明确。

（一）诉因及区分标准

区分直接诉讼与股东代表诉讼，首先要理解诉因，也即我国《民事诉讼法》第一百一十九条第一款所称的“直接利害关系”，通常情况下，提起诉讼的原告需对与诉争事项有直接利害关系。但在公司法中，当董事和高管人员不当行为导致公司损失，公司由于控制权在董事和管理人员手中，没有能力提起诉讼——由于法人人格作用，这并不一定被视为股东利益的受损，比如，公司价值虽然降低了，但并没有涉及公司的股息分配等自益权，股东并不能主张自己的利益受到了损失。同时，公司的董事和股东之间不存在合同、代理等直接关系，董事只是直接向公司负责而不是向股东集体负责。尤其是这种行为不当和第三人联系造成公司利益损失的时候，公司的对外交易行为和股东并没有直接利害关系，与股东直接发生关系的是公司，在理论上很难直接认定股东享有对涉及第三人的交易行为的诉权。在这种困境下，赋予股东为公司利益而提起诉讼的权利，即认为公司的行为不当（董事和管理人员的不当管理，并且责任属于社团）而可能遭到股权利益损失的诉讼，借助于“公司利益受损”，避免了侵害股东财产利益的“直接利害关系”的困难。

中国法上对诉因的区分是不足的。以下仅以美国法上直接诉讼与派生诉讼的区分进行说明。

在理论上，可以简单地按照股权的个体性权利还是集体性权利对两类诉讼进行划分，但实际上却非常困难。比如，《公司法解释（四）》第十五条涉及的强制分红之诉，美国法上存在不同处理。联邦法援引了宾夕法尼亚州的做法，认为股息分配的权利对应着所有权，因而属于个体性权利和直接诉讼。相反，纽约州在开始的时候认为这一诉讼应归于派生诉讼，因为这是基于董事对公司负有义务而产生的诉讼。尽管此后纽约州通过成文法对此进行了变更，但这一理由显然是成立的。按照美国法学会的主张，只要：（1）不公平暴露公司或者被告进入多个诉讼；（2）不构成对公司债权人利益的实质性损害；（3）不会影响到所有利益关系人对恢复利益的公平分配，法官可以将大多数诉讼列入直接诉讼。[①]

有一些美国法院尝试发展新的划分尺度。在 Jones v. H. F. Ahmanson & Company[②] 一案中，大法官 Tranynor 指出，“必要的支持股东诉讼的管理者个人错误，（其导致的伤害）并不一定需要对原告是独特的。相同的伤害可能会影响相当数量的股东。但如果这种伤害并不等同于对公司的伤害，个人就有理由提起诉讼”。按照这一标准，对公司的伤害属于派生诉讼，而对个体的伤害，尽管可能是普遍的，也属于直接诉讼。1993 年特拉华州法院在 In re Tri - Star Pictures, Inc. Litig[③] 中发展出另外的标准：原告提起直接诉讼应当是受到了“特别伤害”（Special Injury），否则应当属于派生诉讼。在这种边界模糊的时候，普通法的优点就表现出来了，可以通过案例不断地找到合理的边界。

### （二）常见的直接诉讼的诉因

按照美国法学会的总结，以下诉讼请求属于那些被大多数现代判例认定为能产生直接诉讼的诉讼请求：（1）分红的诉讼请求；（2）检查公司账册及会议记录的权利；（3）表决权；（4）主张某一交易将不当地削弱股东在公司中相应的利益或者损害股东优先购买权的诉讼请求；（5）指控公司官员通过“强化”自己的作用或地位（“entrench” themselves）或者操纵公司机构，从而妨碍原告代表或控制公司的企图的诉讼请求；（6）请求禁止公司拟进行的越权、欺诈或旨在损害特定股东利益的行为的诉讼请求；（7）指控少数股东受到压制的诉讼请求，申请解散公司或者类似的衡平法的救济的诉讼请求；（8）指控拟议中的公司控制权交易、资本调整、回赎或者其他类似的防御性交易不公平地影响了原告股东利益的诉讼请求。[④]

---

① See Cox & Hazen Corporation, Vol. 2, Op. Cit. , p. 905 ~ 906.

② 1 Cal. 3d 93, 460 P. 2d 464, 81 Cal. Rptr. 592 (1969).

③ 634 A. 2d 319 (Del. 1993).

④ 参见楼建波等译：《公司治理原则：分析与建议》，法律出版社 2006 年版，第 540 ~ 544 页。

（三）直接诉讼与股东代表诉讼的重叠

美国法上，股东提起直接诉讼或提起派生诉讼的选择权，已得到判例法充分支持。参见 Snyder v. Epstein① 案（办公楼的出售，既可以引发直接诉讼，也可以引发派生诉讼），Bennett v. Breuil Petroleum Corp. ② 案（出于不正当目的的股票发行可引发直接诉讼，以不足价格则可引发派生诉讼）。原告股东可以同时提起两种诉讼的规则也为法院所支持，参见 In re TransOcean Tender offer Securities Litigationm③ 案（股东有权同时提起直接诉讼和派生诉讼，这是确定无疑的）。由于在美国法上两种诉讼可能采取极端不同的损害计算方式，并且一旦公司得到补偿，股东通过直接诉讼得到的个人补偿就应相应减少，因此在平行诉讼情况下，发生重复救济的可能性很小。当然，如果两个诉是由不同原告提起并由不同法院各自审理，重复救济的可能性会大一些。存在一些案例认定当原告同时作为直接诉讼中公司的诉讼对方和派生诉讼中公司的代表时，两种身份间这种显而易见的利益冲突并不是太重要，例如，Bertozzi v. King Louie International, Inc. ④ 案。

中国法上引入股东代表诉讼制度的出发点主要是司法实践的需要。此外，股东代表诉讼在实践中的争议并不突出，学界既有的讨论也大多集中于股东代表诉讼机制的分析和公司利益受损的判断层面，而诉因区分、以及不同诉讼方式之间的交叠问题较少得到关注。

（四）域外立法例参考

美国法学院《公司治理原则：分析与建议》§7.01⑤

§7.01 直接诉讼与派生诉讼的区别

（a）派生诉讼是指符合7.02（提起和进行派生诉讼的资格）规定条件的公司股东［1.22］以公司名义或者依公司之权利提起的，旨在弥补公司所受损失或强制履行对公司之义务的诉讼。在这一诉讼中，如果股东只能证明公司受到

① 290 F. Supp. 652, 655 (E. D. Wis. 1968).
② 34 Del. Ch. 6, 99 A. 2d 236, 241 (1953).
③ 455 F. Supp. 999, 1014 (N. D. Ill. 1978).
④ 420 F. Supp. 1166, 1179 ~80 (D. R. I. 1976).
⑤ 以下部分转引自楼建波等译：《公司治理原则：分析与建议》，法律出版社2006年版。

损害或存在对公司义务的违反才能胜诉，则该诉讼应当被视为派生诉讼。

（b）直接诉讼是股东以本人名义或者依本人的权利提起的，旨在弥补本人所受损失或者强制他人履行对自己的义务的诉讼。在这一起诉中，如果股东无须证明公司受到损害或存在对公司义务的违反就能胜诉，该诉讼应当被视为直接诉讼。股东可以以个人身份提起直接诉讼。

（c）在涉及封闭公司（a closely held corporation）[ §1.06] 的案件中，法院可以依其自由裁量把以派生诉讼请求提起的诉讼直接视为直接诉讼，免于适用只针对派生诉讼的限制与辩护理由，并判决对个人进行补偿，但法院必须确定这样处理不会：（I）不公平地使公司或被告重复诉讼之累；（II）使公司债权人利益受到实质性损害；（III）妨碍补偿在全体利害关系人间的公平分配。

［**评注**］c. 具体诉讼的归类

法院在具体案例中的决定与（a）（b）两款对直接诉讼和派生诉讼所做的根本区别基本一致：损耗公司资产的不正当行为，虽然也间接地损害了股东利益，但对股东利益的损害是通过对公司的损害造成的，从而本质上具有派生性。与此相反，未对公司利益造成任何损害的不当行为，如否认或妨碍股份所有权附带权利的行使，就应通过直接诉讼救济。有时候，法院采取“损害”（injury）检验来决定一个不当行为的诉讼应该是直接诉讼还是间接诉讼；有时候，法院通过对公司权益及股东权益的区分来决定；但无论法院采取何种区分方式，它们得到的结果在本质上大体一致。①

根据特拉华州和纽约州的判例，即使某一行为主要侵害的是公司利益，如果该行为“同时对股东个人造成特别的侵害”（special injury），有关诉讼仍可视为直接诉讼。② 在早期的案例中，这一原则适用于原告与被告存在特殊的双重关系如合同关系，或被告有损害原告利益的故意的情况。特拉华州后来把这一原则扩大到某一股东单独地受到其他股东没有受到的特别损害的情形。③ 作

---

① See Welch. Shareholder individual and derivative action: underlying rationales and closely held corporation (1984).

② See Elster v. American Airlines, Inc., 34 Del. Ch. 94, 100A. 2d 219, 222 (1953); 126 Flechers Cyclopedia Corps., 5912, P. 431 (Perm. Ed., Rev. Vol. 1984).

③ See Bokat v. Getty Oil Company, 262 A. 2d 246, 249 (Del. 1970).

为这一原则的一个重要适用，当董事会采取行动减损某一股东合法取得的股票的价值或该股东合法取得的对公司的控制权时，该股东就有权提起直接诉讼。[①] 同样，当公司的自卫行为限制了股东固有的其他基本权利（如转让权）时，股东也有权提起直接诉讼。

d. 相关标准

本条并未穷尽所有直接诉讼或派生诉讼的种类。评注家们认为很难判定某一特定的权利或主张更多的是属于公司还是公司的股东。在处理那些介乎两者的案件时，法院在决定有关诉讼是派生诉讼还是直接诉讼时，必须考虑以下政策性因素：

首先，与直接诉讼相比，派生诉讼获得的赔偿在分配上不仅比较平均而且分配面也比较广泛。由于派生诉讼获得的赔偿属于公司，因此那些不能从直接诉讼中获益的公司债权人及其他有权对公司主张利益的人就能从派生诉讼中获益。同样，一旦派生诉讼胜诉，所有的股东对公司所获赔偿享有平等的权利；但在直接诉讼中，除非该诉讼是以所有受损害的股东的名义提起的集团诉讼，否则，除原告外的其他受损害的股东无权分享获得的补偿。

其次，一经作出终审判决，派生诉讼可以使公司或被告免受重复诉讼之累。

最后，在派生诉讼中，胜诉的原告有权要求公司支付其律师费；但在直接诉讼中，原告就只能获得败诉方支付的补偿（如果他胜诉）。

e. 封闭公司

即使在一个主张公司受到实质性损害的诉讼中，支持原告采取派生诉讼形式的政策性理由也不总是那么充分（甚至有可能不存在）。在一个重要的判决中，马萨诸塞州最高法院认定封闭公司实质上等同于法人型合伙（incorporated partnership），并据此允许一名小股东以个人名义提起诉讼。[②] 7.01（d）实质上采纳了第九巡回法院在 Waston v. Button[③] 一案中所持的立场。在该案中，法院认定那些主张把主要声称对公司造成损害而提起的诉讼看成派生诉讼的一般政

① See Condec Corp. v. Lunkenheimer Co., 43 Del. Ch. 353, 230 A. 2d 769 (1976).

② Donahue v. Rodd Electrotype Company of New England, 367 Mass. 578, 328 N. E. 2d 505 (1975).

③ 235 F. 2d 235, 9th Cir. 1956.

策理由，并不总是适用于封闭公司。Waston 一案的事实十分典型：由于只有两个股东，重复诉讼根本不能发生；因为每个股东都已同意对公司债务承担个人责任，债权人也不能受到损害；最后，个人补偿不会损害其他任何股东的权利。法院对 Waston 案的判决在其他案件中得到了进一步的发展：在一些案件中，即使公司股东较多，法院也允许股东提起直接诉讼。尽管 7.01（d）并未完全采取 Donahue 案的意见，即当案件涉及封闭持股公司时将所有通常被定性为派生诉讼的公司内部争议转换成直接诉讼。一般而言，当直接诉讼是代表全部受害股东而提起并且公司的偿还能力没有问题时，就没有理由坚持股东只能提起派生诉讼。因此，在有关封闭公司的案件中，法院就应该有衡平法上的权力将诉讼作为直接诉讼来处理，以避免那些本非为该类案件而设计的程序性障碍。如果必要的话，法院可以指令从股东所得补偿中拿出一部分作为准备金，从而为公司的债权人提供保障。

f. 直接诉讼和间接诉讼的重叠

在许多案件中，不法行为可能既减少公司的资产，又剥夺了股东的个人股权。一个常见的例子是原告既指控其表决的权利被侵犯，又指控该与该表决有关的交易对公司不公平的情况。另一个例子是在理论上既可以被定性为直接诉讼又可以被定性为间接诉讼的不法行为（如可能发生的越权行为或者持续的越权行为）；在该场合，原告既有权通过直接诉讼中请求禁止令（injunction），又有权通过派生诉讼中请求金钱补偿。没有司法政策规定原告必须在上述两种救济中进行选择。本条（c）小节采纳了多数决定原则（majority rule）：不能仅因为案件事实可能导致派生诉讼就直接排除直接诉讼的适用。在当事人同时提起直接诉讼和派生诉讼（平行诉讼）的情况下，派生诉讼的驳回不应妨碍直接诉讼的继续进行。7.01c 对在平行诉讼的情况下，在一个诉讼中所得的补偿是否应该与其他诉讼中的补偿相互抵销的问题，没有作出规定。

理论上，由同一股东同时提起的直接诉讼和派生诉讼存在潜在的利益冲突（这种利益冲突同时发生在原告及原告的律师身上）。因为（在这种情况下），同一股东既在直接诉讼中起诉公司，又试图在派生诉讼中代表公司。大多数的联邦法院判决认定这种潜在的冲突与其说是现实的，不如说是理论上的；但这些判决都承认：如果原告的双重身份间存在真实利益冲突，法院就可以以原告此时不能“公正和充分地”代表公司利益。然而，一般而言，把直接诉讼和派生诉讼结合起来，既可以节约司法资源，又有利于保护未参加直接诉讼的股东的利益。更为重要的是，合并诉讼可以防止判决不一致的风险。因为在不合并诉讼的情形下，如果直接诉讼认定公司承担责任（或者承受直接或间接损失，保护诉讼费用开销），则除非随后的派生诉讼也判定公司承担此类责任；否则，公司的开销和责任就无法转移给有责任的公司官员承担。将两种诉讼——直接诉讼和派生诉讼结合起来可以减少这种危险，从而降低法律实施的交易成本。

## 五、股东代表诉讼的前置程序

不论是股东代表诉讼还是派生诉讼，也不论是英美法系还是大陆法系，均对提起此类诉讼作出了一些前置性的限制。这是与公司的独立地位相关的，公司默认的对外意思表示机关是董事会及管理层，而非股东个人。因而，一般来说，提起此类诉讼一般需要满足四个前提条件：（1）公司受到不法侵害；（2）公司怠于或拒绝追究侵害人责任；（3）股东以自己名义起诉；（4）为公司的利益或全体或者大多数股东的利益。我国《公司法》第一百五十一条的规定基本包含了前述四个条件，程序上也要求股东对公司作出前置性的请求，仅在公司“怠于或拒绝”起诉时股东才享有代表权。

一般认为，对公司的前置请求主要是为了达到以下几个目的：首先，前置请求使法院免予不必要地审理尚有机会通过公司内部协调机制处理的案件，或董事会将予以进一步讨论的案件。其次，前置请求使得董事会有机会决定是否寻求其他救济或采取其他适当的改正措施（包括内部惩戒，诸如对某位被告雇员进行解雇或降职）①。再次，前置请求允许公司接手案件并控制诉讼程序②，尽管公司行使这种选择权情形不常见，但必须认识到，公司有理由担心不当和解会妨碍其寻求进一步的法律救济的可能性。最后，前置请求使公司有机会拒绝关于提起

① See Cramer v. General Telephone & Electronics Corp., 582 F. 2d 259, 275 (3d Cir. 1978), cert. denied, 439 U. S. 1129, 99 S. Ct. 1048, 59 L. Ed. 2d 90 (1979).

② See Elfenbein v. Gulf & Western Industries, Inc. 590 F. 2d 445, 450 (2d Cir. 1978).

诉讼的建议。[①] 这些目的都是合理的，但对于哪一个目的最为重要是存在分歧的，比如，特拉华州认为前置请求主要是为了赋予董事会反对派生诉讼的实体权力，而有些州则将前置请求看作是一种鼓励公司内部争议解决的程序性手段。

我国《公司法》第一百五十一条对前置程序的规定为，除非“情况紧急”或“难以弥补”，股东需经过30日的等待期，这和美国《标准商事公司法》第7.42节[②]的规定相类似。采取这一进路有两个原因：（1）即使在法定代表人、董事会等丧失独立性的情形下，由于存在诉讼的可能，作出要求的行为给予了（且一定程度上迫使）董事会或监事会重新审视股东诉求并且更正的机会，可以充分发挥公司内部的调节、救济机制；（2）消除了诉讼带来的时间和成本消耗，也免去了法院审查要求是否已经作出的麻烦。一般认为所有案件都以“请求”作为前置程序并不会施加一个繁重的负担，因为设定了30日的短暂等待期间并且这一期间可因“公司将遭受难以弥补的损失”而缩短。更重要的是，因“难以弥补”的危急情况而豁免“请求”的案件是较为少见的。

这里需要明确和具体化的问题有四：“请求”的形式、“请求”应向谁作出、30日等待期与“情况紧急”“难以弥补”的豁免、公司的答复。

1. “请求”的形式

《公司法》第一百五十一条仅规定“请求”应当是书面的。但按照一般原理而言，作出“请求”的同时也应当阐明与股权所有、足够具体对公司提起诉讼的评估以及提起诉讼的依据（以便评估“请求”）相关的事实[③]。“请求”并不需要如同起诉书一样列明具体事项，因为公司可以随时就任何疑问与股东联系。所以在满足前述关于前置请求的目的的情形下，公司不应以股东“请求”的相关事实的细节性、全面性而拒绝认可“请求”的作出。

2. “请求”应向谁作出

根据《公司法》第一百五十一条的规定，有资格提起股东代表诉讼的股东

---

① Spiegel v. Buntrock, 571 A. 2d 767, 773 (Del. 1990).

② §7.42 正式请求规则只有具备下列条件，股东才能启动一项派生程序：（1）已向公司书面要求采取恰当的行为；并且（2）该要求提出后经过90日，除非在此之前公司已经通知股东其要求被拒绝，或者等待90日期限结束将会使得公司遭受难以弥补的损失。

③ 例如，Allison v. General Motors Corp., 604 F. Supp. 1106, 1117 (D. Del. 1985).

应当首先向公司机关提起书面请求，要求其向人民法院提起诉讼。这里的公司机关因诉讼对象的不同而有所不同，如果是在董事、高级管理人员执行公司职务时违反法律、行政法规或者公司章程的规定，给公司造成损失的情形下，有资格提起股东代表诉讼的股东，可以书面请求监事会或者不设监事会的有限责任公司的监事向人民法院提起诉讼；如果不当行为人是公司监事，则股东可以书面请求董事会或不设董事会的有限责任公司的执行董事向人民法院提起诉讼。但是对于第三款中所规定的“他人”，请求作出的对象是未予规定的，按照本条第一款的规定方式并结合公司治理的一般结构来看，向董事会作出“请求”，应该是不存在争议的。可能略有争议的是，经理或其他公司管理人员可否成为“请求对象”。从比较法来看，美国《标准商事公司法》第 7.42 节的评注显示，“7.42 节规定请求应向公司作出。这种请求并不仅限于对董事会提出，在很多情形下，也可以指向公司管理人员。例如，当公司损害来自第三方时，是否起诉的决定权落于管理人员的权限范围。然而，对于大部分案件来说，董事会仍被认为是审查‘请求’的最适当主体。为保证‘请求’及于适当的审查人员，要求应向主营业地的董事会、首席执行官或者公司秘书作出”。也就是说，应当以股东诉求落于哪部分人的权限范围作为判断标准，而随着公司治理结构的下沉①，经理或其他公司管理人员显然更多地直接从事业务管理，因而处于适当的、可以被请求的地位。

3. 30 日的等待期

《公司法》第一百五十一条规定，股东代表诉讼只能在 30 日后作出。虽然立法当时设定期间长度的原因无从得知，但可以认为 30 日是较为合理的期间，足够让董事会（执行董事）或监事会（监事）对诉求进行必要的调查、得出结果并作出决定。与美国《标准商事公司法》所设定的 90 日等待期（甚至在具体案情下仍可延长②）相比，这一等待期的长度显然是更有效率的。设定固定期间，消除了诉讼中处理“合理等待时间”问题的麻烦。

---

① 楼建波等译：《公司治理原则：分析与建议》，法律出版社 2006 年版，第 3 部分。

② 许多情形下，会要求一个更长的等待期，可参考 Mozes v. Welch, 638 F. Supp. 215 (D. Conn. 1986)（但 8 个月后才回复被认为是不合理的）。

但也存有两个例外：(1) 股东在30日之内收到了公司拒绝“请求”的通知；(2) 待30日后起诉公司将遭受难以弥补的损失[①]，即《公司法》第一百五十一条中所用的“情况紧急”“难以弥补”的表述。

至于何为“情况紧急”“难以弥补”[②]，从我国既有的裁判案例来看，基于此种理由获得法院支持的案例不多，例如，公司法定代表人由可能损害公司利益的股东担任，并且第三人已经就仲裁裁决向公司主张执行公司财产时，法院认为属于“情况紧急，不立即提起诉讼将会使公司利益遭受难以弥补的损害”的情形。并且，获得支持的这些案例中还夹杂着本质上并非情况紧急的无须或无法请求的情况，包括：(1) 原告既是股东又是监事；(2) 被告中既有董事又有监事；(3) 没有请求对象，比如，公司进入破产程序但清算组尚未成立，公司破产程序结束后清算组已经解散等。

值得一提的是，我国前置程序的既有研究显示，前置请求的应用并不充分，黄辉 (2014)[③] 对60件股东代表诉讼的实证研究表明，有一半的案件并未向公司作出请求：

**表4　派生诉讼前置程序实施情况**

| 是否向公司做出请求 | 案件数量（件） | 百分比（%） |
|---|---|---|
| 是 | 19 | 32 |
| 公司拒绝请求 | 5 | |
| 公司30日未答复 | 14 | |
| 否 | 30 | 50 |
| 法院认为应当请求 | 9 | |
| 法院豁免请求 | 21 | |
| 不清楚 | 11 | 18 |
| 总数 | 60 | 100 |

① 比较法上也有类似案例，可对比 Gimbel v. Signal Cos., 316 A. 2d 599 (Del. Ch. 1974) 和 Gelco Corp. v. Coniston Partners, 811 F. 2d 414 (8th Cir. 1987).

② 关于前置请求应在任何可能产生难以弥补损失的情况下收到免除的论证，可参考 Demand on Directors and Shareholders as a Prerequisite to a Derivative Suit, 73 Harv. L. Rev. 746, 754 (1960).

③ 黄辉：《中国股东派生诉讼制度：实证研究及完善建议》，载《人大法律评论》2014年第1辑。

4. 公司的答复

公司并不负有回应"请求"的义务，但公司在收到"请求"之后决定提起诉讼或在诉讼开始后成功接手，股东起诉或继续诉讼的权利因而终止，至于当股东能证明公司不能充分地进行诉讼时，能否再次要求参与诉讼，我国目前的法律及司法解释都未作出规定，该问题仍有待实践探索。如 Lewis v. Graves 案[①]所表明的："'请求'规则旨在给公司机会来接管最初代其提起的诉讼，因而允许作为公司管理者的董事在该事项中也按照其本来的角色行事。"允许公司接手诉讼还有很多实践上的优势：（1）公司管理层处于寻求代替性救济、解决股东不满且免受诉讼负担的有利位置；（2）尊重董事的决定可能会终止一些无意义的仅为和解或扰乱公司而提起的诉讼；（3）更重要的是，诉讼行为正当的情形下，鉴于公司掌握财务和诉争交易的信息，因而处于提起或承担诉讼更有利的位置。

## 典型案例

### 一、股东直接诉讼、股东代表诉讼的区分

1. 刘某等诉咸阳明瑞达电光源有限公司等公司利益责任纠纷案[②]

**【焦点问题】**在公司董事、监事、高级管理人员侵害公司利益使其他股东遭受间接损失的情形下，公司股东应当如何起诉？

**【裁判立场】**本案法院认为，董监高人员不法侵害公司利益，使股东间接遭受损失的，股东应以董监高为被告提起股东派生诉讼，要求董监高向公司赔偿。

**【案情简介】**咸阳明瑞达电光源有限公司于2008年1月16日成立，股东为刘某安、刘某琴、刘某、刘某一和刘某二，后经过股东变更，公司持股情况为刘某安持有34%的股份、刘某琴持有33%的股份、刘某持有33%的股份。刘某、刘某一和刘某二起诉称，刘某琴作为公司法定代表人，对公司的管理置之不理，任由公司的情况加速恶化，管理混乱，财务账目不清，股东刘某安伙同

① 701 F. 2d 245, 247 ~48 (2d Cir. 1983)。
② 陕西省咸阳市秦都区人民法院（2015）秦民重字第00005号。

刘某琴利用本用于咸阳明瑞达电光源有限公司的技术另行开设了一家同咸阳明瑞达电光源有限公司业务完全相同的公司，刘某安和刘某琴的行为违反相关法律规定，应对其他股东进行赔偿，请求法院判令被告公开公司账务，赔偿原告在咸阳明瑞达电光源有限公司的财产损失35万元，同时请求法院判令被告赔偿原告的利润损失40万元。

**【裁判要旨】**一审法院认为，咸阳明瑞达电光源有限公司（以下简称“明瑞达电”）在工商部门登记股东为原告刘某和被告刘某安、刘某琴，原告刘某一、刘某二不属于法律规定的股东，不享有股东权利；原告刘某本次诉讼为股东代表诉讼，依据《公司法》第一百五十二条的规定，刘某作为明瑞达电的股东有权为了公司的利益以自己的名义直接向人民法院提起诉讼，诉讼请求的内容依法应当是要求董事、监事、高级管理人员赔偿公司的损失。但本案中刘某的主张却是要求利益受损的咸阳明瑞达电光源有限公司与其他被告向其作为股东的个人赔偿损失，该诉讼请求不符合法律规定，判决驳回原告的诉讼请求。

**【案例评析】**提起股东代表诉讼需要在起诉时有满足《公司法》要求的股东身份，股东提起股东代表诉讼的目的是使公司的合法权益得到救济，损失得到赔偿，因此诉讼利益应当直接归属于公司，股东只能从公司损失的弥补中间接受益。本案中，法院认为刘某提起的是股东代表诉讼，以刘某请求向自己进行赔偿为由驳回了诉讼原告刘某的诉讼请求，符合股东代表诉讼的基本原理。

但需要注意的是，本案中明瑞达电被作为了被告，刘某等原告也未声明是代表公司提起的诉讼，因此，刘某与其他两名原告提起的是否属于股东提起的直接诉讼也是可争议的。

## 二、前置请求的作出与法院审查

### （一）徒劳例外[①]

福建亚通新材料科技股份有限公司诉刘某敏等损害公司权益纠纷案[②]

**【焦点问题】**公司未设置监事，被告又为公司董事的情形下，股东是否可以不经前置请求直接提起股东代表诉讼？

**【裁判立场】**可以。

**【案情简介】**2005年1月24日宝通公司经辽宁省工商局核准登记成立，公司类别是合资经营，经营范围为生产销售PE双壁波纹管，PVC/PC塑钢复合塑钢复合缠绕管及带材等。宝通公司由原告福建亚通新材料科技股份有限公司、辽宁福耀汽车玻璃实业有限公司、伟升（香港）有限公司共同出资成立，各股东分别委派两名人员作为董事，辽宁福耀汽车玻璃实业有限公司委派的刘某敏任宝通公司董事长兼总经理。2005年7月27日合资三方签订《关于宝通公司合资协议的补充协议》，约定：各股东或股东代表及其直系亲属在本公司业务区域内不得从事或参与与本公司有竞争性的生产和销售事务，否则对宝通公司所造成损失，承担赔偿责任。

富裕管业于2005年7月26日经沈阳市工商局核准登记成立，公司经营范围为管件、管材、板材生产销售。2005年11月25日修订公司章程，股东为刘某敏、黄某珊等人。该公司埋地钢肋复合缠绕排水管材已于2006年1月14日通过辽宁省经济委员会新产品新技术鉴定，使用于沈阳市市政建设工程公司等单位，开发人员包括刘某敏、黄某珊等人。

原告认为宝通公司董事刘某敏、黄某珊未经董事会同意，二人共同与他人注册成立富裕管业，与所任职宝通公司从事同类业务，已违反了《公司法》第一百四十九条规定，构成违背公司忠实义务的行为，损害股东福建亚通的利益，

---

① 译自美国法上的“the futility exception”规则，与“情况紧急、不立即提起诉讼将会使公司利益受到难以弥补的损害”相区分，后者主要是实质性判断，前者则是在董事会与被质疑的交易关联达到一定程度时，进行形式判断而直接给予的前置程序的豁免。在我国公司法实践中，较多地表现为公司治理结构不完整，如不存在监事会、法定代表人即为侵权人等情形。

② 辽宁省沈阳市中级人民法院（2006）沈中民四权初字第1号。

因而提起诉讼。

**【裁判要旨】**法院认为，本案的争议焦点为：（1）原告在本案中是否享有诉权。（2）被告刘某敏、黄某珊是否违反竞业禁止义务，损害了公司或股东的利益。（3）被告富裕管业在本案中是否应承担连带责任。

针对第一个焦点，根据本案原告提出的诉讼请求，其真实意思表示为代表合资公司宝通公司行使诉权，即为股东代表诉讼。《公司法》[①]第一百五十二条规定，公司董事、高级管理人员在执行公司职务时违反法律、行政法规或章程的规定，给公司造成损失的，有限责任的股东可书面请求监事会或者不设监事会的有限责任公司的监事向人民法院提起民事诉讼，如监事会或监事怠于行使该权利时，股东有权提起诉讼，即股东代表诉讼的前置程序为提请监事或监事会。而本案双方当事人均认可宝通公司没有设立监事会或监事，刘某敏本人又身为该公司董事长，故原告作为该公司的股东，为了保护公司及自身的利益，通过诉讼方式代表公司行使权利，并不违反法律的规定，应认定其有诉讼主体资格。

**【案例评析】**本案属于公司治理结构不完整情况下的前置程序豁免。作为该案被告的两名董事存在竞业禁止行为，其中一名被告还同时担任公司的董事长、总经理和法定代表人。原告股东对竞业禁止行为提起派生诉讼，但是由于公司事实上没有设立监事会，也没有任命监事，因此原告股东不能依法履行前置程序。

（二）情况紧急、不立即提起诉讼将会使公司利益受到难以弥补的损害

董某康等诉张某娟公司利益责任纠纷案[②]

**【争议焦点】**何种情形下可以认为情况紧急，股东可不经前置“请求”而直接提起诉讼？

**【裁判立场】**在公司监事不能实际履行职责，公司法定代表人由可能损害公司利益的股东担任，并且第三人已经就仲裁裁决向公司主张执行公司财产时，

① 本案裁判适用的是2005年《公司法》。

② 江苏省高级人民法院（2015）苏商终字第00511号。

可以认为属于“情况紧急，不立即提起诉讼将会使公司利益遭受难以弥补的损害”的情形，此时可以豁免公司股东提起代表诉讼的前置程序，直接提起股东代表诉讼。

**【案情简介】**张某娟一审诉称：蔷薇公司成立于2004年，原始股东为徐某梁、金某、张某强、罗某利、羊某海。2007年，蔷薇公司股东变更，徐某梁持有公司49%的股权，董某康采用欺骗手段取得蔷薇公司51%的股权。董某康于2007年6月25日炮制公司人事任命决定，任命自己担任蔷薇公司的执行董事、法定代表人，任期3年。2011年4月15日，董某康和张某敏冒用张某娟的签名召开股东会，修改蔷薇公司章程，选举董某康为公司执行董事、法定代表人，选举王某担任蔷薇公司监事。同日，董某康聘任自己为蔷薇公司总经理，任期3年。2012年11月18日，董某康以蔷薇公司法定代表人的身份与戴某平恶意串通，虚构蔷薇公司与戴某平的债务结算清单。该《结算单》确认，截至2012年11月18日，蔷薇公司尚欠戴某平本金246万元。2012年12月6日，戴某平向宿迁仲裁委员会申请仲裁。仲裁开庭审理中，董某康答辩称《结算单》上的借款属实。2013年11月19日，宿迁仲裁委员会作出仲裁裁决书（以下简称“101号仲裁裁决”），裁决蔷薇公司在裁决生效后10日内给付戴某平借款236万元及利息。该裁决生效后，戴某平持该裁决书向法院申请执行。张某娟认为董某康和戴某平的行为侵害了蔷薇公司及张某娟的合法权益，给蔷薇公司造成实际财产损失，故提起股东代表诉讼。董某康、戴某平共同答辩称：张某娟未向公司的监事提出请求，也没有向公司的董事会及执行董事提出请求，故不符合提起本案诉讼的条件。且101号仲裁裁决在本案诉讼很早之前即已作出，张某娟有足够的时间提起诉讼，但其拖了很久才诉讼，故也不存在“情况紧急，可能造成公司利益损失难以弥补”的情形。董某康、戴某平之间无恶意串通行为。

**【裁判要旨】**一审法院认为：根据审理查明的事实，101号仲裁裁决已经生效，戴某平依据该仲裁裁决向原审法院申请强制执行，原审法院作出准予强制执行的裁定，并对蔷薇公司的资产进行委托评估，属于“情况紧急、不立即提起诉讼将会使公司利益受到难以弥补的损害”的情形，因此，张某娟作为蔷薇公司的股东，认为戴某平与公司董事董某康恶意串通损害蔷薇公司的利益，其有权为了公司的利益以自己的名义直接向人民法院提起诉讼。

二审法院认为：本案中，张某娟提起诉讼符合条件。一则，蔷薇公司于2011年4月15日制定的章程载明“公司不设监事会，设监事一人，由股东会选举产生，监事的任期为三年，任期届满，可连选连任”。同日形成的蔷薇公司股东会决议重新确认王某为公司监事。因此，至2014年4月王某的公司监事任期已届满，而其后蔷薇公司未能再次召开股东会，重新选举其连任，故至2014年11月张某娟提起本案诉讼时，王某已经无法履行监事之职。二则，本案诉讼是因蔷薇公司的股东张某娟认为身为公司股东及法定代表人的董某康损害公司利益而提起，即董某康是对公司实施侵害行为的加害人，而董某康是公司法定代表人并持有公司印章，其不可能启动以蔷薇公司名义向其本人提起的诉讼，在此情况下，张某娟既无法提出要求公司监事提起诉讼的书面请求，公司本身也不可能提起损害赔偿诉讼。三则，戴某平已持生效的101号仲裁裁决申请法院强制执行，法院已受理并对蔷薇公司的资产进行委托评估，也即蔷薇公司的资产即将被处置，如果张某娟坐视不管无疑将导致公司资产被拍卖而无法回转致公司利益受损的情况出现，此符合“情况紧急、不立即提起诉讼将会使公司利益受到难以弥补的损害”的条件。因此，针对本案实际情况可豁免张某娟提起股东代表诉讼的前置程序，董某康、戴某平认为张某娟无权提起股东代表诉讼的上诉理由，不能成立。

**【案例评析】**本案法院关于何为“情况紧急、不立即提起诉讼将会使公司利益受到难以弥补的损害”的裁判说理，可资借鉴。

（三）股东未做前置请求的程序性后果

1. 香港联合资源实业有限公司与杜某峰、常州恒丰化工有限公司公司的控股股东、实际控制人、董事、监事、高级管理人员损害公司利益赔偿纠纷案①

**【焦点问题】**股东提起代表诉讼前，未履行“请求”程序的后果如何？

**【裁判立场】**股东未履行前置“请求”，也未证明情况紧急、不立即提起诉

① 江苏省无锡市中级人民法院（2008）锡民三初字第176号。

讼将会使公司利益受到难以弥补的损害的，不符合股东代表诉讼的法定条件，裁定驳回。

**【案情简介】**原告香港联合资源实业有限公司（下面简称“联合公司”）是江阴瑞昊化工有限公司（以下简称“瑞昊公司”）股东，被告为杜某峰、常州恒丰化工有限公司。

**【裁判要旨】**当公司的董事、监事、高级管理人员等主体侵害了公司权益，而公司怠于追究其责任或情况紧急时，符合法定条件的股东可以以自己的名义代表公司提起诉讼。本案中，原告联合公司以其瑞昊公司股东的名义提起诉讼，但未提供证据证明其已书面请求瑞昊公司监事会（监事）或董事会（执行董事）提起诉讼且前述人员收到书面请求后拒绝或怠于提起诉讼，也未证明情况紧急、不立即提起诉讼将会使公司利益受到难以弥补的损害，故联合公司的起诉不符合股东代表诉讼的法定条件。裁定驳回原告联合公司的起诉。

**【案例评析】**本案的裁判思路是符合《公司法》第一百五十一条的机制设计的。

2. 张某与林某姣等股权确认纠纷上诉案①

**【焦点问题】**在公司清算过程中，清算组未成立的情况下，股东可否不经前置程序而直接提起股东代表诉讼?

**【裁判立场】**本案法院的立场是，股东不可以不经前置请求而直接提起股东代表诉讼。

**【案情简介】**原告张某系杭州明达工程安全检测检验服务有限公司（以下简称“明达某某”）的股东，诉称明达某某以邵某生的名义向被告浙江泰达工程咨询有限公司（以下简称“泰达某某”）出资225000元，而要求将有关权益确认（支付）给明达某某，系其为维护明达某某的利益，提起股东代表诉讼。张某诉称：(1) 明达某某的股东为张某、劭某某、方某某，而劭某某和方某某同时也是被告的股东。张某是明达某某的监事，在该特殊情况下是唯一维护明达某某利益的股东，有权利提起股东代表诉讼。(2) 在提起代表诉讼前先请求

---

① 浙江省杭州市中级人民法院（2010）浙杭商终字第890号。

公司甲机构向危害公司乙的不正当行为主张甲，并作为明达某某监事对危害公司乙的不正当行为主张公司权利符合《公司法》规定的受理条件。(3) 邵某某因车祸于2009年5月13日死亡，方某某是泰达某某利害关系人，在此情况下，不立即起诉将会使公司乙受到难以弥补的损害，故张某提起代表诉讼符合受理条件。被上诉人林某某答辩称张某未履行股东代表诉讼的前置程序，且本案不属于情况紧急，不立即起诉将会使公司利益遭受难以弥补的损害的情况。被上诉人泰达某某答辩称：(1) 邵某某和方某某的投资入股与明达某某无关，明达某某与本案没有直接利害关系，不是本案适格的诉讼主体。(2) 明达某某已被吊销营业执照，清算组是明达某某唯一合法代理人，以股东名义提起诉讼违反法律规定。(3) 张某未履行法定的前置程序且本案不属于紧急情况。(4) 本案与明达某某无关。

**【裁判要旨】**本案中明达公司已被吊销营业执照，进入清算程序，清算组作为公司在清算阶段的代表机构有权代表公司参与民事诉讼活动。张某提起代表诉讼的前提应为公司明确拒绝直接诉讼，而由于明达公司未依法成立清算组，故明达公司对本案诉讼的意思表示无法体现。在此情形下，张某直接提起代表诉讼不符合法律规定的提起代表诉讼的前置条件。故维持原判，驳回张某的诉讼请求。

**【案例评析】**总体而言，本案裁判法院对前置程序要求有过于苛刻之嫌。对于公司清算的场合，由于不存在请求对象，大部分法院采取了豁免的态度，但本案法院则坚持要求股东作出前置请求。主要理由是，公司已被注销，但未成立清算组，所以公司对侵害行为的意思表示无法明确，即不能证明公司怠于行使权利。

# 专题二　股东代表诉讼的当事人

## 核心条文

**《公司法解释（四）》**

**第二十三条**　监事会或者不设监事会的有限责任公司的监事依据公司法第一百五十一条第一款规定对董事、高级管理人员提起诉讼的，应当列公司为原告，依法由监事会主席或者不设监事会的有限责任公司的监事代表公司进行诉讼。

董事会或者不设董事会的有限责任公司的执行董事依据公司法第一百五十一条第一款规定对监事提起诉讼的，或者依据公司法第一百五十一条第三款规定对他人提起诉讼的，应当列公司为原告，依法由董事长或者执行董事代表公司进行诉讼。

**第二十四条**　符合公司法第一百五十一条第一款规定条件的股东，依据公司法第一百五十一条第二款、第三款规定，直接对董事、监事、高级管理人员或者他人提起诉讼的，应当列公司为第三人参加诉讼。

一审法庭辩论终结前，符合公司法第一百五十一条第一款规定条件的其他股东，以相同的诉讼请求申请参加诉讼的，应当列为共同原告。

## 关涉条文

### 一、既有相关规范

1.《公司法》

**第一百四十九条** 董事、监事、高级管理人员执行公司职务时违反法律、行政法规或者公司章程的规定，给公司造成损失的，应当承担赔偿责任。

**第一百五十一条** 董事、高级管理人员有本法第一百四十九条规定的情形的，有限责任公司的股东、股份有限公司连续一百八十日以上单独或者合计持有公司百分之一以上股份的股东，可以书面请求监事会或者不设监事会的有限责任公司的监事向人民法院提起诉讼；监事有本法第一百四十九条规定的情形的，前述股东可以书面请求董事会或者不设董事会的有限责任公司的执行董事向人民法院提起诉讼。

监事会、不设监事会的有限责任公司的监事，或者董事会、执行董事收到前款规定的股东书面请求后拒绝提起诉讼，或者自收到请求之日起三十日内未提起诉讼，或者情况紧急、不立即提起诉讼将会使公司利益受到难以弥补的损害的，前款规定的股东有权为了公司的利益以自己的名义直接向人民法院提起诉讼。

他人侵犯公司合法权益，给公司造成损失的，本条第一款规定的股东可以依照前两款的规定向人民法院提起诉讼。

2.《民事诉讼法》

**第五十六条** 对当事人双方的诉讼标的，第三人认为有独立请求权的，有权提起诉讼。

对当事人双方的诉讼标的，第三人虽然没有独立请求权，但案件处理结果同他有法律上的利害关系的，可以申请参加诉讼，或者由人民法院通知他参加诉讼。人民法院判决承担民事责任的第三人，有当事人的诉讼权利义务。

前两款规定的第三人，因不能归责于本人的事由未参加诉讼，但有证据证明发生法律效力的判决、裁定、调解书的部分或者全部内容错误，损害其民事权益的，可以自知道或者应当知道其民事权益受到损害之日起六个月内，向作出该判决、裁定、调解书的人民法院提起诉讼。人民法院经审理，诉讼请求成立的，应当改变或者撤销原判决、裁定、调解书；诉讼请求不成立的，驳回诉讼请求。

**第一百一十九条**　起诉必须符合下列条件：

（一）原告是与本案有直接利害关系的公民、法人和其他组织；

（二）有明确的被告；

（三）有具体的诉讼请求和事实、理由；

（四）属于人民法院受理民事诉讼的范围和受诉人民法院管辖。

## 二、地方司法实践

### 1.《浙江省高级人民法院民事审判第二庭关于公司法适用若干疑难问题的理解（2002年）》（浙法民二〔2002〕21号）

**第十五部分**　公司拒绝或者怠于通过诉讼程序追究公司管理层成员或第三人对公司所负的义务或者责任时，股东能否依据法定程序为了公司利益以自己的名义提起诉讼？

《公司法》（1999）第六十三条规定，董事、监事、经理执行公司职务时违反法律、行政法规或者公司章程的规定，给公司造成损害的，应当承担赔偿责任。在这里，赔偿请求权的主体是公司，而公司的控制权由董事、监事、经理们把持，其不可能以公司的名义对自己提起诉讼。在这种情况下，公司股东是否有权为公司的利益以自己的名义提起诉讼，这就是所谓的'股东代表诉讼'，或称'派生诉讼''衍生诉讼''传来诉讼'和'代位诉讼'。在股东代表诉讼中，作为原告的股东应举证证明公司怠于通过诉讼保护公司的合法权益，才可以自己的名义提起诉讼。……公司应参加诉讼，因为作为原告的股东胜诉后，其所得利益归公司所有，因此，公司宜以第三人的身份参加诉讼。

### 2.《江苏省高级人民法院关于审理适用公司法案件若干问题的意见（试行）》（苏高法审委〔2003〕2号）

**第十七条**　公司高级管理人员或控股股东等以不当行为侵害公司利益，公司在不当行为控制之下不能或怠于以自己名义主张权利，公司股东代表公司利益对不当行为人提起诉讼的，人民法院应予受理。提起诉讼的原告应是公司现任股东，被告应是作出不当行为的董事、监事、经理等高级管理人员、控股股东以及相关交易的相对人，公司应作为第三人参加诉讼，以及，第七十六条，股东代表诉讼的第一次开庭审理之前，如果有其他股东要求作为原告参加股东代表诉讼，应予准许。

**3.《北京市高级人民法院关于审理公司纠纷案件若干问题的指导意见（试行）》（京高法发〔2004〕50号）**

**第一部分第八条** 股东以公司利益受到股东或公司管理人员不当行为的侵害提起诉讼如何确定当事人？

该类诉讼属于股东代表公司利益提起的诉讼，公司股东可以作为原告，被告作出不当行为的股东或公司管理人员以及相关交易的相对人，公司应当作为第三人参加诉讼。

**4.《山东省高级人民法院关于审理公司纠纷案件若干问题的意见（试行）》（鲁高法发〔2007〕3号）**

**第七十六条第一款** 股东提起代表诉讼，未将公司列为诉讼当事人的，人民法院应当通知公司作为第三人参加诉讼。

**5.《深圳市中级人民法院关于审理股东代表诉讼案件的裁判指引》**

五、股东依据《公司法》第一百五十一条的规定提起股东代表诉讼后，公司的其他股东在第一次开庭前以与原告相同的事实和理由申请参加诉讼的，人民法院应当准许。已经进行的诉讼程序，对参加诉讼的公司其他股东发生法律效力。

公司的其他股东以与原告相同的事实和理由重新起诉的，人民法院应不予受理。

七、股东根据《公司法》第一百五十一条第一款及第三款的规定，将侵犯公司合法权益给公司造成损失的董事、监事、高级管理人员、其他股东、实际控制人、关联关系人或者其他民事主体作为被告的，人民法院应予准许。

八、人民法院审理股东代表诉讼案件，应当通知公司作为第三人参加诉讼。

公司以与股东代表诉讼相同的事实和理由重新起诉的，人民法院应不予受理。

十二、符合《公司法》第一百五十一条第一款规定持股条件的股东在申请参加诉讼后，依法增加诉讼请求的，人民法院可以合并审理。股东申请增加的诉讼请求与原诉讼请求不属于同一法律关系的，人民法院应告知其另行起诉。

十三、股东依据《公司法》第一百五十一条的规定提起股东代表诉讼后，被告以原告股东恶意起诉侵犯其合法权益为由对原告提出反诉的，人民法院应裁定不予受理，并告知另行起诉。

股东依据《公司法》第一百五十一条第三款规定提起股东代表诉讼后，被告以公司在涉案纠纷中应承担侵权或违约等责任为由对公司提出反诉的，人民法院应裁定不予受理，并告知另行起诉。

十四、人民法院审理股东代表诉讼案件，当事人达成的调解协议，应当经公司股东会（股东大会）或者董事会根据公司章程决议通过。

十七、人民法院对股东代表诉讼案件作出的判决、裁定、调解书生效后，持股时间和比例符合《公司法》第一百五十一条第一款规定的公司股东依照民事诉讼法第五十六条第三款规定提起诉讼的，人民法院应予受理。

**6.《江苏省高级人民法院关于审理适用公司法案件若干问题的意见（试行）》（苏高法审〔2003〕2号）**

74. 股东代表公司利益提起诉讼前，应当将诉讼事项告知公司，并请求公司董事会和监事会代表公司提起诉讼。公司董事会和监事会拒绝或者在合理期限内不提起诉讼的，股东可以代表公司利益提起诉讼。

75. 对提请公司董事会和监事会代表公司提起诉讼可能超过诉讼时效的，股东可以直接代表公司利益向人民法院提起诉讼。

## 条文理解

### Ⅰ条文演变

**［表 23—24］《公司法解释（四）》第二十三条、第二十四条的演变过程**

| 征求意见稿（2012） | 征求意见稿（2016） | 正式稿　法释〔2017〕16号 |
|---|---|---|
| 第四十九条（原告和被告）<br>股东依据《公司法》第一百五十二条之规定提起的股东代表诉讼案件，主张公司董事、高级管理人员给公司造成损失应承担赔偿责任的，应列公司董事、高级管理人员为被告；主张他人侵犯公司合法权益的，应列他人为被告；主张公司董事、高级管理人员与他人共同侵犯公司合法权益的，应列公司董 | 第三十条（诉讼地位）<br>监事会、监事或者董事会、执行董事依据《公司法》第一百五十一条第一款起诉的，应当列公司为原告，由监事会负责人、监事或者董事长、执行董事担任诉讼代表人。<br>人民法院受理股东依据公司法第一百五十一条第二款、第三款的规定提起诉讼的案件后，应当通知公司作为第三人参加诉讼。 | 第二十三条（公司直接诉讼的当事人）<br>监事会或者不设监事会的有限责任公司的监事依据公司法第一百五十一条第一款规定对董事、高级管理人员提起诉讼的，应当列公司为原告，依法由监事会主席或者不设监事会的有限责任公司的监事代表公司进行诉讼。 |

续表

<table>
<tr>
<td>事、高级管理人员与他人为共同被告。<br>第五十条（公司诉讼地位）<br>人民法院受理股东代表诉讼案件后，应通知公司以第三人身份参加诉讼。被告反诉的，应列公司为反诉被告，但公司的诉讼权利由原告股东行使。<br>公司以与股东代表诉讼相同事实和理由重新起诉的，人民法院应不予受理。<br>第五十二条（董事会、监事会、董事、监事提起诉讼的处理）<br>公司董事会、监事会或者不设董事会、监事会的公司董事、监事依据《公司法》第一百五十二条第一款之规定提起诉讼的案件，董事会、监事会为原告的，应提交公司董事会或者监事会决议及董事会或者监事会为公司现任组织机构的书面证明材料；董事、监事为原告的，应提交公司任命其为董事、监事的书面证明材料和个人身份证明。<br>董事会或者监事会参加诉讼的，应由董事长或者监事会主席或者其授权的董事、监事代表董事会行使诉讼权利。</td>
<td>第三十一条（董事、高级管理人员、监事会、监事、他人的含义）<br>《公司法》第一百五十一条第一款、第二款所称的“董事、高级管理人员”“监事会”“监事”包括全资子公司的董事、高级管理人员、监事会、监事。<br>《公司法》第一百五十一条第三款所称的“他人”，是指除公司或者全资子公司的董事、监事、高级管理人员以外的其他人。<br>第三十二条（其他股东参加诉讼）<br>人民法院审理股东依据《公司法》第一百五十一条第二款、第三款规定提起诉讼的案件，其他股东在一审法庭辩论结束前以相同的诉讼请求申请参加诉讼的，应当列为共同原告。已经进行的诉讼程序，对参加诉讼的其他股东发生法律效力。判决对未参加诉讼的股东发生法律效力。<br>第三十三条（公司替代原告）<br>人民法院审理股东依据《公司法》第一百五十一条第二款、第三款规定提起诉讼的案件后，公司申请替代股东诉讼的，应当征得股东的同意。股东同意的，其已实施的诉讼行为有效；另行提起诉讼的，不予受理或者驳回起诉。</td>
<td>董事会或者不设董事会的有限责任公司的执行董事依据公司法第一百五十一条第一款规定对监事提起诉讼的，或者依据公司法第一百五十一条第三款规定对他人提起诉讼的，应当列公司为原告，依法由董事长或者执行董事代表公司进行诉讼。<br>第二十四条（股东代表诉讼的当事人）<br>符合公司法第一百五十一条第一款规定条件的股东，依据公司法第一百五十一条第二款、第三款规定，直接对董事、监事、高级管理人员或者他人提起诉讼的，应当列公司为第三人参加诉讼。<br>一审法庭辩论终结前，符合公司法第一百五十一条第一款规定条件的其他股东，以相同的诉讼请求申请参加诉讼的，应当列为共同原告。</td>
</tr>
<tr>
<td colspan="3">【演变概述】正式稿的第二十三条、第二十四条，都是与股东代表诉讼的当事人相关的规定。正式稿相较于两份征求意见稿是较为简略的，母公司股东对全资子公司提起代表诉讼、公司在诉讼中有条件地接替股东、代表诉讼的可诉范围，这三个主要问题都在正式稿中都未能体现。“公司的第三人身份”和“其他相同请求的股东以共同原告身份参与诉讼”，为三稿的共同规定。</td>
</tr>
</table>

Ⅱ主要争议

针对《公司法》第一百五十一条所涵盖的各类诉讼，包括前置程序中提起的诉讼以及股东提起的代表诉讼，如何安排有关当事人的诉讼地位、如何对该条下的各类诉讼程序进行协调、衔接乃至股东代表诉讼可以涵盖的各类主体的范围等问题，学界争论不断，司法解释在起草过程中也经历了多次反复。公司法的制度安排如何与现行的民事诉讼程序框架相结合，这一问题直接关涉制度的具体实施，本解释在有关问题的解决上采取了更为谨慎的态度。在征求意见稿中出现的诸多开拓性规定，或因不够成熟，或因异议较多以及其他复杂原因而未写入最终的版本中。

## 一、前置程序中的诉讼主体安排——是否赋予公司机关独立的诉讼主体资格

《公司法》第一百五十一条一款仅仅规定了股东代表诉讼需要履行的前置程序，但在前置程序中，如果董事会或执行董事、监事会或监事这些法定的公司机关应股东的请求而提起了诉讼，此时应该怎样安排当事人的诉讼地位，起草过程以及有关意见中存在着不同的主张。

一种主张认为，公司机关应股东请求选择提起诉讼，理应当以公司的名义提起诉讼，法院应以公司为原告。该种观点认为，公司的董事会、执行董事、监事会及监事均是公司的法定机关，不管具体为哪一个公司机关，其提起诉讼无非是履行法定的职责，公司内部职能的分工并不影响这类诉讼本身仍属于公司对相对人提起了诉讼，当以公司为原告，无须单独赋予公司内部机关以诉讼主体资格。

另一种主张认为，公司董事会或执行董事以及监事会或监事事实上已具有或应当具有独立的诉讼主体资格，其提起诉讼应以自己的名义而非公司的名义。其中，有观点认为公司董事会、执行董事、监事会及监事的诉讼主体资格已内含于《公司法》第一百五十一条的规定中，其认为《公司法》第一百五十一条本身赋予这些公司机关代表公司提起诉讼的资格的同时就已经肯定了这些公司机关具备原告主体资格本身，因此不应在新的公司法司法解释中另立公司为原告。还有观点认为，承认公司内部机关的诉讼主体资格更有利于一些情形下问题的解决，例如，在法定代表人损害公司利益的情形下，尤其是公司公章被法定代表人控制时，此时让公司作为原告将存在难于操作的问题，因为这些公司

机关没有实际控制公司公章，而根据现行的民事诉讼规则，对有关主体诉讼代表资格的授予均需要法定代表人签字并加盖公司公章方能表彰其被合法授权的资格，这使得这些公司机关及具体负责人在法院难以证明自己是公司意思的真正代表，此时赋予这些公司机关独立的诉讼主体资格，可避免此等证明困难。

本解释肯定了第一种主张的意见，但是第二种主张中所提出的问题仍待法院实践进一步解决，因为司法解释引入了除法定代表人以外的其他可代表法人进行诉讼的主体，如监事会主席、非法定代表人的董事长等，这突破了现行民事诉讼规则下法定代表人的单一代表制，此时如何判断法定代表人及这些主体何者能真正代表公司意思，不仅关涉谁能代表公司的理论问题，更考验法院对此类问题的判断与处理能力。

## 二、股东代表诉讼中公司是否应是“第三人”

股东代表诉讼下公司的诉讼地位如何安排，受限于我国目前的民事诉讼制度框架以及民事诉讼理论，似乎不大可能存在过多法律条文表述层面的争议，因为似乎找不到比“第三人”更妥当的位置以安放公司这个本来应该作为原告的主体。但是对于公司是否真的符合“无独立请求权的第三人”或“有独立请求权的第三人”的特征，以及诉讼第三人理论被用于对股东代表诉讼中公司地位的解释的恰当性仍存在很大的争议。

如有意见认为，在股东派生诉讼中，公司既非“有独立请求权的第三人”（有不同于原被告的主张），亦非“无独立请求权的第三人”（对诉讼标的无独立的请求，仅与案件的处理结果有法律上的利害关系）。公司的诉权作为股东代表诉讼的权利来源，公司不可能仅是“无独立请求权的第三人”；而公司尽管可能有不同于原被告的自己的主张，但实际上公司更有可能在诉讼中仅仅是同意原告一方的主张或同意被告一方的主张，此时其也非“有独立请求权的第三人”。甚至有意见认为，传统的第三人理论并不能满足股东代表诉讼中对于民事诉讼制度适用性与解释力的要求，应当提出新的诉讼主体理论或解释来应对这种复杂情形。还有意见认为应避免采用第三人的表述，而通过具体规定对公司参加诉讼的方式予以暂时应对，但是受制于目前民事诉讼程序上参与诉讼的主体必须通过特定的主体类型参与到诉讼中，公司需要在现行民事诉讼制度中有一个“名分”也是无法回避的问题。

### 三、是否应当删除“双重股东代表诉讼”的安排

《征求意见稿（2016）》第三十一条第一款（《公司法》第一百五十一条第一款、第二款所称的“董事、高级管理人员”“监事会”“监事”包括全资子公司的董事、高级管理人员、监事会、监事）曾通过对《公司法》第一百五十一条中董监高人员的扩大解释，意图实现母公司的股东对全资子公司的董监高提起股东代表诉讼的机制——双重股东代表诉讼，这是相对于股东直接对本公司的董监高提起的“单层”的股东代表诉讼而言的。对于是否应对股东代表诉讼进行范围上的扩张，以及规定双重股东代表诉讼机制是否会导致滥诉等问题，存在着不同的看法与主张。

在征求意见的过程中，很多人质疑双重代表诉讼会引发一系列问题，如可能造成滥诉，可能对法人的“独立人格”造成冲击等，故而对该机制从整体上持否定态度。其中有观点认为，在不存在法人人格否认的情形下，根据《公司法》第一百五十一条的规定，母公司股东没有权利“穿透”下层子公司对相关人员提起诉讼。也有观点认为在子公司的董监高或他人损害子公司利益时，单层的股东代表诉讼机制可以直接为其提供救济途径。

另一种主张则倾向于从整体上肯定《征求意见稿（2016）》对双重股东代表诉讼的引入。该种主张认为，首先，《征求意见稿（2016）》中所引入的双重股东代表诉讼是有范围限制的，即限于全资子公司，因此，母公司的股东并非对所有的子公司都可以提起股东代表诉讼，因此大可不必过于担心滥诉问题。其次，对全资子公司规定双重代表诉讼是非常有现实意义的，因为在全资子公司只有一个股东——母公司，如果该母公司决定不利用股东代表诉讼机制对全资子公司的董监高或他人追究责任，也不会有其他股东能提起该诉讼对子公司受损的状态进行救济。但另一方面全资子公司受损的状态势必会影响母公司，也会影响母公司股东的利益，因此规定母公司股东可以对全资子公司的受损情况提起诉讼就非常必要，这既是解决实务问题的需要，也是保护母公司小股东

的需要。但是也有观点提出，上述问题完全可以通过强化董事责任的路径解决，促使母公司的董事尽职尽责，并尽快形成提起股东代表诉讼的决议，对导致子公司利益受损的有关责任人进行追责，而非通过损害公司人格的独立，授予母公司股东穿透式地行使股东代表诉权的方式。

即便是整体上赞同双重代表诉讼机制的意见中，也还存在着一些质疑。有意见认为《征求意见稿（2016）》通过对《公司法》第一百五十一条规定的董监高人员进行范围扩张解释的方法来规定双重代表诉讼，并不足以明晰双重派生诉讼在程序上应当如何实施，而且这种表达方式在实践中会产生理解上的歧义与适用上的混乱。如在子公司的董事、高级管理人员损害公司利益时，母公司的股东在前置程序中应当选择向母公司的监事会或执行监事请求还是向子公司的监事会或执行监事请求，抑或皆可，此类实操问题还有待进一步完善。

面对以上的诸多争议，《公司法解释（四）》最终选择删掉了有关双重派生诉讼的内容。

## 四、如何对诉讼中调解、和解等情形进行程序控制

《征求意见稿（2016）》的第三十四条原本规定了股东代表诉讼中原被告双方达成调解协议的情形，但最后的司法解释删除了该条。对于该条的具体实施方式以及类似的情形该如何处理存在着一些争议。

股东派生诉讼中当事人之间的调解或和解，须公司或公司其他股东认可，并且通常还要接受法院的严格审查，这已成为防范原被告私下串通或被告给予原告补偿而损害公司及其他股东利益的重要程序控制机制，并已成为很多国家的股东派生诉讼的重要内容。因此多数意见对《征求意见稿（2016）》第三十四条中的此类机制的作用表示认可。

也有观点进一步认为《征求意见稿（2016）》第三十四条不够完善：首先，《征求意见稿（2016）》第三十四条仅仅规定了调解的情形，但对更可能出现的原被告恶意串通损害公司或公司其他股东利益的和解并撤诉或直接撤诉情形而未予规定。其次，应当在第三十四条中增加先经过“法院的审查”并“经法院同意”，然后再提交股东会或股东大会去决议，进行更加严格的程序控制。同

时，还有意见认为对于股东会或股东大会的相关决议，应当引入“关联股东回避”机制，并且对决议通过比例（普通多数还是特别多数等）也应进一步明确。

但有少数主张认为，该条的规定基本等同于法院在组织召开股东会，是对商事行为的过度介入，因此不同意该条的规定。

## 五、是否应当删除“公司替代原告”的机制

《征求意见稿（2016）》第三十三条规定了“公司替代原告”的机制，但对该机制存在的必要性则有着诸多质疑。

反对的声音认为，公司替代原告的机制设计根本没有存在的必要。首先，公司本可随时提起诉讼，但在股东代表诉讼的情形下，公司在前置程序中已经作出了不起诉的意思，由此才引发了股东代表诉讼的提起；况且股东代表诉讼中胜诉利益仍归属于公司，因此该机制没有太大的意义。其次，公司已经享有了被列为诉讼第三人的权利，公司作为第三人可以通过加强原告主张，或者反对原告主张等方式行使权利，也没必要去代替原告。再次，在公司替代原告机制下，还可能出现公司替代原告股东后又撤诉的情形，特别是当被告涉及董事、高管或者他人中的大股东、实际控制人时，可能蕴含着极大的公司与被告合谋的风险，过于宽松的替代股东诉讼的规定，无疑与股东代表诉讼制度的目的相悖，而且此种问题的防范又会导致更多不必要的问题与麻烦，使问题的解决更加复杂。

## 六、如何处理股东提起代表诉讼以追究他人违约责任时公司与该他人存在“仲裁协议”的情形

在起草与征求意见的过程中，有学者与实务界人士提出在股东代表诉讼中，当公司与该他人存在“仲裁协议”时，如何处理案件的管辖的问题。

当公司与第三人之间存在仲裁协议时，就排除了法院对二者之间争议的管辖。而如果该第三人违约给公司带来损失而公司又不愿或不能提起仲裁时，股东依据《公司法》第一百五十一条可以提起“股东代表诉讼”，而当股东起诉

到法院时，面对公司与第三人之间的“仲裁协议”，法院因受限于“仲裁协议已将有关纠纷排除出了法院管辖范围”而不予受理，而另一方面仲裁机构面对“仲裁协议”的相对性以及被申请人提出的“股东非适格申请人”的抗辩，也对自己是否有管辖权的状况不甚明晰。此种不明确的状态，使得法院与仲裁机构面对此类争议无所适从，均不敢轻易对案件纠纷进行管辖，由此也使得股东代表诉讼机制在公司与他人存在“仲裁协议”时无法有效发挥其作用，从而使公司利益一直处于无法救济的状态。因此亟待相关法律对此类案件的管辖问题进行明确。

有意见认为此种情形下应该由法院进行管辖，不能因存在仲裁协议而架空了股东代表诉讼，当然也有学者主张应当创立仲裁中的“股东代表仲裁”制度，允许公司股东代表公司依据“仲裁协议”对合同相对方提起仲裁纠纷解决程序。虽然有人注意到了该问题，但由于其还不属于股东代表诉讼制度中最核心、最亟待解决的争议焦点，因此未能在整个起草过程中得到充分重视。

## III 条文要点

### 一、公司接手诉讼：公司诉讼的当事人

我国《公司法》第一百五十一条第一款，是对公司接受股东“请求”的情形下，公司作为原告直接提起诉讼的当事人的规定。而《公司法解释（四）》第二十三条即是对这一款的具体化，明确了股东代表诉讼针对的被告不同，相应的诉讼中享有公司对外代表权的意思机关也不同。本条解释的背景是我国的法定代表人制度，几乎是对既有法律的再叙述，因而无须赘言。唯一可待探讨的问题是监事会或监事的地位问题，即监事是否享有独立诉权?

从我国《公司法》第五十一条至第五十六条、第一百一十七条至第一百一十九条的规定来看，我国公司法对监事会或监事的定位是，向股东会负责，与董事会平行，享有监督、建议和纠正的权力，但并不存在直接制约董事会行动的权力。从《公司法》第五十三条的表述来看，监事会或监事享有的权力仅限于“提出罢免的建议”“进行监督”“要求予以纠正”“检查公司财务状况”等，对公司利益并不享有独立的诉权，因而在董事、高级管理人员存在《公司

法》第一百五十一条的规定的情形下，监事无权直接对其提起诉讼，而需依赖股东对其进行“请求”，其代表公司起诉违规的董事、高级管理人员的权力只能从股东处转而享有。那么当监事同时具有股东身份时，是否可以直接提起诉讼呢？这个问题本质上与前一专题所涉及的“请求前置”的豁免最为相关。从原理上看，这个问题不能一概而论，在公司治理结构较为简单的情况下，并无监事会设置，股东与监事系属一人，直接提起诉讼自然没有什么障碍，至于此种诉讼到底是公司接手的直接诉讼还是股东代表诉讼，也并无太大区别；在公司治理结构较为复杂的情况下，监事会不止该股东一人时，股东仍应履行对公司的“请求”前置程序，如果公司接受该请求，则代表公司诉讼的具体人员由监事会集体决定，如果公司拒绝该请求，则该诉讼行为属于股东代表诉讼无疑。

## 二、股东代表诉讼中的原告及其他股东的加入

1. 提起股东派生诉讼的原告资格

首先，作为原告的股东的适格性与公司类型有关：有限责任公司的股东都是适格原告，但股份有限公司的股东只有在连续180日以上单独或合计持有公司1%以上股份的情况下才有资格提起股东代表诉讼。至于是否需要在损害公司利益的行为发生时即持有股权（即美国法上要求的“同期持有规则”），我国法上并无规定，也无对满足对公司利益的“充分和正当”代表的实体性标准。但股东代表诉讼的原告对公司整体利益的恰当代表，应当是内含于此种制度设计之中的，以下仅以美国法上的类似规定作对照。

美国《标准商事公司法》（§7.41及其评注）[①]

7.41节　股东身份的持续性

股东不能启动或继续任何一项派生程序，除非该股东：

（1）在被控诉的作为或者不作为发生时为公司股东或通过合法的转让从一名当时股东手中受让股票而成为公司的股东且；

① 本部分转引自沈四宝编译：《最新美国标准公司法》，中国法制出版社2006年版。

（2）在行使公司权利时公正、充分得代表了公司的利益。

**[评注]**《标准商事公司法》和许多州的立法都采用了“同期持有规则”，即原告必须在诉争交易发生时已经成为公司股东。这一规则因过度限制、技术性地、不必要地阻止购买或者转移诉讼而受到批评。California，Cal. Corp. Code section 800（B）（West 1977 & Supp. 1989）已经放松了该规则，在有限的情形下认可了股票后续受让人的原告资格。基于“当时持有规则”的简单、清晰和易适用性，本法予以保留。相对的，加州公司法的进路可能鼓励为提起诉讼而进行的股票购买，这导致诉讼中需要解决许多无关紧要的问题，比如，在原告购买股票时对诉争交易的知悉程度。进一步讲，并不存在有说服力的证据表明“同期持有规则”阻碍了对实质事项提起诉讼，至少对于公众公司而言，即使后续购买者不具有诉讼资格，仍然有大量适格原告可以提起诉讼。7.41 要求原告必须是股权所有人，因而排除了债权人，期权、认购权、转换权的所有人提起派生诉讼的可能。7.41（2）遵从了联邦民事诉讼程序 23.1 的例外规则，原告必须公平且充分地代表公司利益而非仅仅是符合法条规定的类似情形的股东。就此问题，该条文表述的清晰性在 Nolen v. Shaw – Walker Company[①] 一案中受到了质疑，此外，7.41（2）被认为更能体现派生诉讼的本质。

关于 7.41 条的介绍性描述，反映了诉讼程序的开始以及继续，明确了如果程序开始后，原告不再是股权持有人或并非公正且适当（足够）的代表人，那么该诉讼应当被驳回，比如，原告起诉是为个人获利的情形。如果原告不再具有诉讼资格，法院通常会给予其他股东介入的权利。

美国法学会《公司治理原则：分析与建议》（§ 7.02 及其评注）[②]

§ 7.02　提起和参加派生诉讼的资格

（a）股权证券（equity security）［1.20］的持有人［1.22］可以提起和参加派生诉讼，如果该持有人：

（1）（A）在被指控的不法行为的实质性事实（material facts）被公开披露前，或者在知道或被特别告知有关不法行为的实质性事实之前就取得了公司的

① 449 F. 2d 506, 508 n. 4 (6th Cir. 1972).

② 本部分转引自楼建波等译：《公司治理原则：分析与建议》，法律出版社 2006 年版。

股权证券；（B）直接或间接地从依前述（A）之规定获得股权证券的持有人手中直接依法律规定（by devolution of law）取得公司的股权证券。

（2）在判决之前继续持有该股权证券，除非公司不顾该持有人的反对采取行动致使其不能继续持有该股权证券，并且（A）派生诉讼的提起先于公司终止其持有人地位的行为，或者（B）法院裁定该持有人比其他提起诉讼的持有人更能代表股东的利益。

（3）遵循了7.03（用尽公司内部救济；正式请求规则）规定的正式请求要求或被免予遵循该条的要求，并且

（4）能公平地、充分地代表股东的利益。

（b）只要及时申请，法院应该允许股权证券的持有人加入（进行中）的派生诉讼，除非法院认定申请人所要代表的利益已经得到公平且充分的代表或者该申请人不能公平充分地代表股东利益。

（c）公司的董事［1.13］有资格提起并参加派生诉讼，除非法院裁定该董事不能公平充分地代表股东的利益。

［**评注**］a. 与现行法律之比较

7.02（a）规定的股东提起派生诉讼四个资格要求中的每一个都是大家普遍认可的。原告必须：（1）持有股权证券；（2）曾经是一个“同期所有人”（contemporaneous owner），即在不法行为被披露之前取得股票，或者从一个“同期所有人”处依法受让股票；（3）符合“继续持有”（continuing ownership）标准，即在整个诉讼过程中持有公司普通股票（除少数例外情形）；（4）“能公平地和充分地代表股东的利益”。另外，7.02（a）（3）援引了正式请求义务，该义务将在7.03中专门讨论。

7.02仅在两个重要的方面偏离了现行法：第一，7.02（a）参照了宾夕法尼亚州和加利福利亚州的做法，允许法院使用披露的日期，而不是不法行为实际完成的日期，来决定一名股东和原告是否满足同期持有原则的要求；而没有参照大多数州的做法。第二，7.02（a）（2）对继续所有规则采用两个有限的例外，即或者诉讼的提起先于股东权益的非自愿终止，或者法院认定持有人比任何其他提起诉讼的持有人更能代表受侵害的股东的利益。尽管涉及上述问题

的判决是零散和不一致的，但是上述两个例外参照了成熟的先例。

7.02（b）也与大多数判例法一致，未给予诉讼参与人设定与最先提起诉讼的原告一样的先决条件，结果，7.02（b）仅规定了“公正的”和“充分的”代表标准。

b. 实施

7.02 可以通过司法判决或规则实施，但在存在相反的成文法规定的问题上，必须通过立法来实施。

c. 所有权要求

为取得 7.02 规定的资格，原告必须符合三个条件：原告必须持有股权证券；在不法行为被披露前取得股权证券（或者在知道不法行为或得到不法行为的特定通知前就持有股权证券），或者根据法律（如遗赠或法定继承）从该类持有人手中取得股权证券；并且在整个诉讼过程中继续持有股票。对这三个条件逐条讨论。7.02（a）的引言条款包含两个层面不同的意思：第一，它否定了对所有权的任何登记要求；第二，它否定那些纯粹债权人的起诉或参诉资格。因为 1.22 对“持有人”的定义包括“一个股权证券享有……实质上的受益权益的人”，而“持有人”这一术语则清楚地包含了受益持有人。然而，该条款要求持有人享有“实质上受益权益”（substantial beneficial interest）。这意味着，例如，仅在一个大型公共养老基金中拥有利益的人就没有资格根据 7.02（a）的规定起诉（即使已经确定的养老金利益构成其个人财产净值的主要部分）。准确地说，在这种情况下“实质上的受益权益”这一术语应从该人的个人权益在整个基金或信托中的比例来理解。

其次，应当已经穷尽公司内部的救济途径，即已经对公司履行过前置“请求”程序，关于该程序的具体分析可参见前文。

2. 其他股东的加入

对于诉讼中要求加入的股东，应当考虑的问题有三：

一是原告资格的问题，即应具有股东身份，这是毋庸置疑的，至于前置请求的履行则非必须，因为提起诉讼的股东已经向公司作出过请求，机制设计的目的已经实现。

二是基于相同请求，即在诉讼中要求加入的股东应当和既已提起诉讼的股东是同类主张，如果两者之间存在实质分歧，则应考虑另诉或作为第三人参与诉讼。事实上，此处可能涉及对“谁是公司最恰当的代表”的判断，如前述，我国法上目前对此并无实体性规则，可能有待司法实践的进一步探索。

三是加入诉讼的时间，应于“一审辩论终结前”，这是与我国现行的民事诉讼规则相一致的。

## 三、股东代表诉讼中公司的诉讼地位

由于我国《公司法》中对公司在股东代表诉讼中的地位并无明确规定。学者以不同国家的立法为参照，并结合我国当事人制度设计，形成了以下几种对比性比较强的学说：第一，共同诉讼原告说[①]。该观点主张，公司应作为原告方与起诉股东共同进行诉讼，其核心理由是股东提起代表诉讼是为了救济公司损害，公司参加诉讼也是为了维护自身利益，股东与公司的目的存在一致性。第二，名义被告说[②]。该观点主要支持借鉴英美立法例，技术更为方便。第三，无独立请求权第三人说[③]。该观点认为，置于我国民事诉讼法当事人规则之下，无独立请求权的第三人与公司的诉讼地位最为相称。第四，诉讼参加人说[④]，该观点主张，我国现行法律框架内无法解决公司诉讼地位问题，公司应该被作为股东代表诉讼中不可缺少的当事人，以“诉讼参加人”的身份参与诉讼。

学界对这一问题的探讨存在较大分歧，列公司为原告、被告、第三人、诉讼参与人等各种观点大相径庭。但从地方法院的司法实践来看，已经形成一些较为普遍的认识和做法。对地方法院指导意见和既有案例的梳理表明，公司作

---

① 甘培忠：《论股东派生诉讼在中国的有效适用》，载《北京大学学报（哲学社会科学版）》，2002年第5期；刘桂清：《公司治理视角中的股东诉讼研究》，中国方正出版社2005年版，第137页；奚晓明：《公司诉讼的理论与实务问题研究》，人民法院出版社2008年版，307页。

② 杨路：《股东代表诉讼提起权》，载《人民司法》2003年第4期；刘俊海：《股份有限公司股东权的保护》，法律出版社，第321页；陈群峰：《审判视野下的公司诉讼研究》，法律出版社2013年版，第109页；

③ 丁巧仁主编：《公司案件判解研究》，人民法院出版社2003年版，第172～173页；胡滨、曹顺名：《股东代表诉讼的合理性基础和制度设计》，载《法学研究》2004年第4期。

④ 罗培新：《股东派生诉讼若干问题探讨》，载《学术交流》1999年第3期；齐奇主编：《公司法疑难问题解析》，法律出版社2004年版，150页；周友苏：《新〈公司法〉论》，法律出版社2006年版，第613页；彭春莲：《股东权利救济机制研究》，法律出版社2009年版，第180页。

为第三人被广泛接受。地方法院一般均根据《民事诉讼法》第五十六条关于“对当事人双方的诉讼标的，第三人认为有独立请求权的，有权提起诉讼。对当事人双方的诉讼标的，第三人虽然没有独立请求权，但案件处理结果同他有法律上的利害关系的，可以申请参加诉讼，或者由人民法院通知他参加诉讼。人民法院判决承担民事责任的第三人，有当事人的诉讼权利义务”的规定，在股东代表诉讼中将公司列为无独立请求权第三人。

如果将公司视为无独立请求权第三人，那么《征求意见稿（2016）》中规定的公司替代原告制度，其存在的合理性就值得怀疑。因为从表面上看是原告、被告、第三人享有何种权利的问题，但真正的逻辑却是进行了某一行为的人或行使了某一权利的人被赋予相应的法律上的身份。所以，如果将公司视为不同于股东、董事、监事利益而独立存在的实体，从公司将承担股东代表诉讼结果的角度来看，公司积极参与整个诉讼，甚至要求替代原告也无可厚非。虽然前述主要争议部分，已经列明大部分观点均持反对立场，理由似乎也相对充分，即，既然是公司代表权的归属问题，那么在前置请求阶段已经拒绝起诉的董事或监事自然无权再要求加入已经提起的诉讼，更无权要求接替股东进行诉讼。但是，随着诉讼的进行，公司形成自己的意思机关来参与诉讼，更符合股东代表诉讼的制度目的，对于此点，美国法上的特别诉讼委员会制度可供参考。

§7.12　专门小组和特别委员会[①]

（a）为处理以其名义或权利提起派生诉讼或向其提交正式请求的公司所提出的申请，法院可以任命一个或几个人组成专门小组来代替董事委员会，被任命的人不得在诉讼中有利害关系或与公司高级主管存有重要关系或与任何被告或原告存在任何类似关系。被任命的小组应该遵循（请求驳回派生诉讼的程序）所规定的程序（对派生诉讼）进行审查和评估，并就终止诉讼是否可取提交报告或其他书面材料。以这种方式提出报告或其他书面材料，应与董事会或由董事会适当授权的委员会所提出报告或其他书面意见具有同样的（法律）地

① 本部分转引自楼建波等译：《公司治理原则：分析与建议》，法律出版社2006年版，第720—721页。

位。除非法院另有指示，调查及报告或其他书面材料的费用应由公司承担。

（b）法院根据公司的申请，可以不任命§7.12（a）规定的小组，而是任命一名或多名的个人担任公司根据§7.05（b）（1）［（如果原告）以某公司名义或权利提起派生诉讼，则该公司的董事会有权：授权一个由董事（组成的）委员会采取7.05（a）规定的任何行动］的规定设立的委员会的成员。这些人必须符合§7.12（a）规定的资格，而且不能是公司董事。

如主要争议部分所述，在我现有的民事诉讼的制度框架下，除“第三人”外并不存在更为适合公司的当事人地位安排。但值得注意的是，公司的诉讼地位虽然是“第三人”，但作为事实上的原告，诉讼利益归属于公司集体而非代为诉讼的具体个人。这个问题将在下一专题具体分析。

## 四、股东代表诉讼的可诉范围

### 1.“他人”的范围是否包括外部人

关于《公司法》第一百五十一条三款所称“他人”的范围，学界一直存在争议。持狭义解释的观点认为，本着公司的代表诉讼主要应当是针对公司内部关系，尤其是针对董事和高管人员等，因此是否应当仅限于公司内部人中除了董事和高管人员之外的人。持广义解释的观点则认为，现有公司法理论和实践关于区分公司内部关系和外部关系的标准并不明确。严格说，公司内部人只包括董事、监事和高级管理人员，而股东、职工等均属于外部人，但他们侵犯公司合法权益并给公司造成损失的行为，显然可以纳入股东代表诉讼的诉因。因此，用公司内部人或者外部人的概念来界定“他人”本身可能造成边界不清晰，不具有可操作性。

并且，从既有的司法解释性文件来看，最高人民法院民二庭关于《公司法》的司法解释一贯不认为《公司法》第一百五十一条所称“他人”仅指公司内部人。有《公司法解释（二）》第二十三条的条文释义可兹验证，“清算组成员从事清算事务时，违反法律、行政法规或者公司章程给公司或债权人造成损失，公司或债权人主张其承担赔偿责任的，人民法院应予支持。有限责任公司的股东、股份有限公司连续一百八十日以上单独或合计持有公司百分之一以上股份的股东，依据《公司法》第一百五十二条（2013 年《公司法》第一百五十一条）第三款的规定，以清算组成员有前款所述行为为由向人民法院提起诉讼的，人民法院应予受理。公司已经清算完毕，上述股东参照公司法第一百五十二条（2013 年《公司法》第一百五十一条）第三款的规定，直接以清算组成员为被告、其他股东为第三人向人民法院提起诉讼的，人民法院应予受理”。清算组成员从事清算事务时因故意或重大过失给公司造成损失的，股东有权不经过请求程序（此时公司的清算状态符合“紧急”“难以弥补”的情形，同时，本可代表公司起诉的董事或监事已不再执行职务）而对作为“外部人”的清算组成员提起股东代表诉讼。这一条在本质上被视为代表公司诉讼（准确说是代表全体股东诉讼）——尽管此时公司已经消灭，形式上不再满足代表诉讼的特点。①

同时，从既有的实证研究（黄辉 2014）来看，已有的审判案例也未仅将被告限制在公司内部人员的范围内：

**表 5　股东代表诉讼的被告类型②**

| 被告类型 | 案件数量（件） | 百分比（%） |
|---|---|---|
| 董事和高管（同时也是控股股东） | 20 | |
| 董事和高管（但不是控股股东） | 34 | |
| 董事和高管 | 54 | 46 |
| 监事（同时也是控股股东） | 0 | |
| 监事（但不是控股股东） | 4 | |
| 监事 | 4 | 3 |
| 控股股东或实际控制人（不担任公司任何职务） | 23 | |
| 其他人（公司的交易方和竞争对手） | 30 | |
| 其他人 | 53 | 45 |
| 不清楚 | 7 | 6 |
| 总数 | 118 | 100 |

① 最高人民法院民事审判第二庭编著：《最高人民法院关于公司法司法解释（一）、（二）理解与适用》，人民法院出版社 2015 年版，第 492 ~ 493 页。

② 黄辉：《中国股东派生诉讼制度：实证研究及完善建议》，载《人大法律评论》2014 年第 1 辑。

2. “他人”侵犯公司合法权益是否仅指侵权行为

有观点认为，他人可能与公司发生的常见法律关系包括侵权和违约两种类型，而如果与公司签订了合同，则公司应当属于合同的主体，无须股东为了公司的利益以自己的名义来提起诉讼。这种观点是有失妥当的，第一，该观点与股东代表诉讼中由股东代表公司行使权利的特征不符，在逻辑上不周延。照此逻辑，他人的侵权行为也应当由公司主张。第二，与“他人侵犯公司合法权益”类似的表述，在其他法律法规之中均包括了合同和侵权的两层含义，而且实际上合同和侵权的划分也不清晰。第三，实际上各国均存在着类似的情形，即股东通过对董事、高管人员的诉讼试图否定与第三人之间签订的合同关系。第四，股东代表诉讼制度的立法本意并不是去处理合同或者侵权，而是通过对董事的过失和责任的判断，解决对董事、高管人员的监督和制约问题。同时，对既有裁判案例的统计研究，也呈现同样结论。

**表6　股东代表诉讼的诉由类型①**

| 诉由 | 案件数量（件） | 百分比（%） |
|---|---|---|
| 违反注意义务 | 11 | 9 |
| 违反忠实义务 | 45 | 38 |
| 信义义务（针对董监高） | 56 | 47 |
| 违反合同（针对交易方） | 21 | 18 |
| 滥用控制权（针对控股股东和实际控制人） | 33 | 28 |
| 不清楚 | 8 | 7 |
| 总数 | 118 | 100 |

① 黄辉：《中国股东派生诉讼制度：实证研究及完善建议》，载《人大法律评论》2014年第1辑。

## 典型案例

### 一、公司直接诉讼中的代表权

1. 北京艺进娱辉科技投资股份有限公司监事会与王某等损害公司权益纠纷上诉案①

**【焦点问题】** 监事会是否可以以自己的名义进行诉讼？

**【裁判立场】** 前置程序中，公司接受股东提起诉讼的请求而进行的诉讼是公司直接诉讼，应列公司为原告。

**【案情简介】** 北京艺进娱辉科技投资股份有限公司（以下简称“艺进娱辉公司”）监事会（以下简称“艺进娱辉公司监事会”）于2008年6月23日收到公司股东刘旭发出的《关于要求监事会履行职责提起诉讼维护公司合法权益的请求》（以下简称“起诉请求”），刘某在起诉请求中称其发现公司董事王某、汪某涌、林某荻违反《公司法》及公司章程的规定，共同出资设立瑞星信息公司并经营管理该公司，从事与本公司相同的开发、销售业务，不但违反同业竞争原则获取非法利益，而且利用瑞星信息公司通过关联交易侵吞本公司资产。同时，刘某还称王某、汪某涌、林某荻利用实际控制艺进娱辉公司公章的便利条件，擅自许可瑞星信息公司使用“瑞星”字号，并将“瑞星”商标、域名擅自转让，严重损害了公司利益，监事会必须立即行使职责，对上述人员及关联公司提起诉讼。艺进娱辉公司随后召开监事会，全体到会监事一致同意由艺进娱辉公司监事会向王某、汪某涌、林某荻、瑞星信息公司提起诉讼。艺进娱辉公司监事会依据《公司法》第五十四条、第一百一十九条和第一百五十二条的规定，请求判令王某、汪某涌、林某荻立即停止利用同业竞争和关联交易损害公司利益的行为，由王某、汪某涌、林某荻和瑞星信息公司共同赔偿公司损失100万元。

**【裁判要旨】** 一审法院认为，公司监事会是法定的公司机关，依法有权代表公司行使权力。但是，公司监事会仅是公司的内设机关，其并不具备独立的

① 北京市第一中级人民法院（2009）一中民终字第14724号。

诉讼主体资格，股东针对上述违法行为向监事会提出书面起诉请求的实质就是股东请求公司对上述违法行为提起诉讼；据此，在公司董事、高级管理人员违反忠实和勤勉义务，给公司利益造成损害时，监事会可代表公司行使诉权，但此种代表行为并不是指监事会以自己名义向人民法院提起诉讼，而是指监事会应作为公司代表机关以公司名义来行使诉权，其行权后果及行权取得的利益均归于公司，故艺进娱辉公司监事会作为本案原告，诉讼主体资格不适格。因此，一审法院裁定驳回艺进娱辉公司监事会的起诉。

二审法院则认为，依法对公司董事和高级管理人员提起诉讼是公司监事会的一项法定职权，即作为公司监督机关的监事会，可以根据股东的请求而代表公司提起诉讼。这里的“代表公司”并非专指“以公司名义”。公司监事会可以以自己的名义提起诉讼，这样既可以保护公司的利益，也可以保护股东自身的利益。因此，二审法院认为一审法院作出的艺进娱辉公司监事会作为本案原告“诉讼主体资格不适格”之认定不当，撤销了一审法院的民事裁定，指定一审法院对本案进行审理。

**【案例评析】**关于本案中艺进娱辉公司监事会能否以自己名义进行诉讼，一审法院与二审法院作出了不同的认定，也集中体现了在股东代表诉讼前置程序中，公司监事会或不设监事会的监事在应股东请求而代表公司起诉有关董事、高管人员或他人情形下，司法实践对诉讼当事人如何安排以及诉讼主体适格性方面的争议及不同处理方式。《公司法解释（四）》第二十三条第一款实际上承认了一审法院对此类情形中当事人诉讼主体资格认定的处理。《公司法解释（四）》第二十三条一方面肯定了公司法所赋予的监事（会）代表公司提起诉讼的权力与资格，另一方面也明晰了监事（会）依据《公司法》第一百五十一条提起诉讼时并不具备独立的诉讼地位，其仅仅是代表公司具体实施诉讼程序的公司机关，该诉讼也非股东代表诉讼，而是公司的直接诉讼，原告是公司，而非监事（会）。

2. 青海碱业有限公司与冯某成与华夏银行股份有限公司杭州和平支行一般损害公司权益纠纷审判监督案①

**【焦点问题】**法定代表人为公司侵权人时，具体进行诉讼的代表人，如何确定？

**【裁判立场】**法定代表人侵害公司权益的，公司起诉可以突破《民事诉讼法》第四十八条“法定代表人代表法人诉讼”的规定，由监事会或董事会等其他公司机关来起诉。

**【案情简介】**冯某成是青海碱业有限公司（以下简称“青海碱业”）的法定代表人，同时也是青海碱业股东浙江玻璃股份有限公司（以下简称“浙江玻璃”）的法定代表人。青海碱业提起诉讼称冯某成利用担任青海碱业法定代表人身份，冯某成因以青海碱业名义为其控制的关联公司浙江玻璃在华行杭州和平支行的12610万元借款提供连带保证责任，侵害了公司的合法权益，请求判令冯某成停止侵权，确认由冯某成签订的对外担保协议无效。而冯某成则称青海碱业诉讼主体不适格，其认为根据《公司法》第一百五十二条（《公司法(2013)》第一百五十一条），公司董事、高管损害公司利益纠纷的原告必须是受损害公司的监事会或监事，或者是公司股东，而不可以是公司自己；即便是青海碱业的监事、监事会由于出现僵局而不提起诉讼，自认为权益遭到侵害的股东——新湖集团可以以股东身份提出诉讼，而不应当由青海碱业来提起诉讼；另根据《民事诉讼法》第四十九条规定：法人由其法定代表人进行诉讼，本案原告的法定代表人是冯某成，但冯某成没有委托任何人代表原告参加本案诉讼，因此，原告出庭人员的代理资格有问题。

**【裁判要旨】**一审与二审法院均认可青海碱业作为诉讼主体的适格性。一审、二审法院认为冯某成与青海碱业的其他两个股东董某华、冯某珍存在特殊的亲属关系，形成了冯某成直接控制公司股东会、监事会的事实，冯某成利用其对青海碱业的控制从事的对外担保行为损害了青海碱业及其他小股东的权益，公司内设的监事会、股东会等机构也出现严重僵局，已不能根据《公司法》第

① 最高人民法院（2014）民提字第144－1号。

一百五十二条的规定维权，冯某成作为公司法定代表人既不可能主动停止损害公司的行为，更不可能授权他人代表青海碱业以原告名义对自己提起诉讼。冯某成以《公司法》第一百五十二条为据，对青海碱业的主体资格提出异议并不适当，本案系青海碱业自行提起诉讼，不适用《公司法》第一百五十二条关于股东代表诉讼的规定；青海碱业是企业法人，依法独立享有民事权利、承担民事义务，冯某成损害公司利益的行为与其有直接利害关系，青海碱业起诉冯某成具备《民事诉讼法》规定的原告资格。

最高法院在再审裁定中认为，据我国《公司法》的规定，在董事给公司造成损失的情况下，公司可以作为原告起诉董事；但在董事长作为公司法定代表人给公司造成损失的情况下，由于我国《民事诉讼法》第四十八条第二款规定，只有法定代表人才能代表公司进行诉讼，因此不会出现法定代表人代表公司起诉法定代表人的情况发生；为此，股东可以通过《公司法》第一百五十一条寻求救济。在本案中，青海碱业的股东没有书面请求监事会起诉冯某成，公司股东也没有起诉冯某成，青海碱业是以自己的名义起诉其法定代表人冯某成的，青海碱业的起诉状虽加盖有青海碱业的公章，但该起诉行为没有经过法定代表人同意，没有经过股东会讨论通过，不能认定为青海碱业的意思表示，因此青海碱业的“代理人”的授权委托取得不合法，无权代理本案诉讼，其以青海碱业名义提起的诉讼不能认定为是青海碱业的意思表示，因此，本案的起诉既不符合《民事诉讼法》第四十八条第二款的规定，也不符合《公司法》第一百五十一条的规定，应予驳回。

**【案例评析】**根据我国《公司法》的规定，公司的法定代表人可由董事长、执行董事或者经理担任，《民事诉讼法》第四十八条第二款规定“法人由其法定代表人进行诉讼。其他组织由其主要负责人进行诉讼”。在公司法定代表人侵害公司利益的情形下，即便公司董事会或监事会意图起诉法定代表人，也往往会因为民事诉讼法关于法定代表人代表公司进行诉讼的规定而陷入困境，因为法定代表人往往不会主动起诉自己。针对这种情形，《公司法解释（四）》第二十三条规定，可“依法由监事会主席或者不设监事会的有限责任公司的监事代表公司进行诉讼”或“依法由董事长或者执行董事代表公司进行诉讼”，这就使得能够代表公司进行诉讼的主体不局限于“法定代表人”的身份，使得在法定代表人侵害公司利益时，其他公司机关能够依法代表公司寻求救济。

3. 郭某山诉海安万和实业有限公司等责任纠纷案①

**【焦点问题】**同时具备股东身份的监事，是否需要履行“请求”程序？提起的诉讼性质为何？

**【裁判立场】**公司股东以监事身份提起诉讼的，不存在诉讼请求被拒绝的可能，应认定为公司直接诉讼，列公司为原告。

**【案情简介】**万和实业公司于2004年9月30日申请设立，张某君持股44%，郭某山持股56%，郭某山任公司执行董事，张某君任公司监事，谢某华任公司财务总监。后张某君将其所持万和实业公司22.5%的股权转让给海安天源纺织有限公司，郭某山将其所持全部股权转让给江苏双楼万和投资有限公司（以下简称“双楼万和公司”），双楼万和公司系郭某山设立的一人有限责任公司。同时，郭某山也是江苏双楼建设集团有限公司（以下简称“双楼集团公司”）持股68%的股东，并任该公司董事长。张某君作为万和实业公司的诉讼代表人向法院提起诉讼，称郭某山与谢某华向银行谎称法定代表人印鉴章遗失（实际上该印鉴章按公司设立之初的约定应由张某君派人保管），私自刻印一枚法定代表人印鉴章并将预留在银行的法定代表人印鉴章样本更换，同时二人通过对万和实业公司的控制，在无任何实际交易的情况下，将万和实业公司账户上的3000万元擅自转入双楼集团公司，违反了《公司法》和公司章程的规定，侵害了万和实业公司及股东的利益，因此请求双楼集团公司将3000万元归还给万和实业公司，并提出郭某山、谢某华将万和实业公司的公章、财务印章及法定代表人印鉴章交付监事张某君指定的工作人员保管等诉讼请求。

**【裁判要旨】**二审法院认为，张某君既是万和实业公司的股东，也是万和实业公司的监事，故不存在其拒绝提起诉讼的情形，张某君系以监事身份提起本案诉讼；监事（会）作为公司的监督机关，依照《公司法》② 第一百五十二

---

① 江苏省高级人民法院（2013）苏商终字第0235号。

② 本案裁判适用的是2005年《公司法》。

条（现第一百五十一条）对董事、高管提起诉讼，监事（会）行使监督职权实际是维护公司利益的公司行为，应当以公司的名义进行。同时，董事、高管执行公司职务时得以违反法律、行政法规或者公司章程的规定的条件，往往是利用其对公司的控制权，该情形往往是在公司内部权力分配和制衡机制失效的情形下发生，如果监事（会）以自己的名义提起诉讼，则可能会出现董事、高级管理人员所控制的公司作出有违事实的陈述，即公司主张其利益并未受到损失，而使得诉讼难以继续、《公司法》这一关于监事监督职权的特殊方式的规定实际落空。本案中，在万和实业公司公章实际为法定代表人、执行董事郭某山控制的情形下，作为本案被告，郭某山显然不可能为张某君以万和实业公司的名义提起诉讼提供便利。一审期间，张某君提供了证据证明其是万和实业公司的监事，故原审法院认可其公司代表地位，具有事实和法律依据。二审法院认为将万和实业公司列为原告合法适当。

**【案例评析】**本案中二审法院对张某君作为万和实业公司监事以公司名义起诉公司执行董事和高管人员作了充分的分析，明确了监事（会）作为公司治理体系中监督机关的地位和角色，及其所拥有的通过代表公司提起诉讼的形式行使职责的资格。在公司法定代表人、董事属于公司侵权人的情况下，唯有赋予监事代表公司以公司名义提起诉讼的资格，才能使公司获得司法救济的途径。

## 二、股东代表诉讼中的公司地位

既有的有关股东代表诉讼的裁判，当事人地位安排很少成为审判的焦点，以下仅列举对公司诉讼地位的两种不同安排。

1. 张某荣诉于某等股东代表诉讼案①

**【焦点问题】**公司在股东代表诉讼中的地位如何？

**【裁判立场】**本案将公司列为第三人。

**【案情简介】**本案裁判文书对各方当事人列明如下：

原告：张某荣，男，汉族，北京食品公司职工。

---

① 北京市朝阳区人民法院（2004）朝民初字第15966号。

被告：于某，男，汉族，北京市荣马吸音防火材料有限责任公司经理。

第三人：北京市荣马吸音防火材料有限责任公司（以下简称“荣马公司”）。

法定代表人：于某，经理。

1996年10月，荣马公司经工商部门核准登记，注册资本为50万元。荣马公司章程载明，张某荣与于某（二人系翁婿关系）作为荣马公司股东，各自出资25万元，执行董事为公司法定代表人，行使召集主持股东会议，检查股东会议的落实情况，代表公司签署有关文件……于某担任荣马公司执行董事，张某荣担任荣马公司监事。2004年2月，于某从荣马公司取走了公章、合同专用章、财务专用章、北京市纳税单位代码章、朝阳地税税务计算机代码章、张某荣人名章、营业执照、税务登记证副本、中华人民共和国组织机构代码证、荣马公司转账支票9张、荣马公司空白现金支票19张、空白账册6本、支出凭单2张，置放在于某家中。2004年2月，张某荣因于某擅自将公司证、章等物品取走置于家中，到派出所报案，派出所未作处理。

**【裁判要旨】**于某从荣马公司取走的荣马公司公章、合同专用章等印章和营业执照等证照，以及支票、支出凭单等财务单据，均属荣马公司所有，而非执行董事或公司股东个人所有。现于某将上述物品取走并置放于其家中的行为，显属不当，并致使荣马公司的经营活动无法正常开展，故于某的行为已构成对荣马公司的侵权。张某荣作为荣马公司股东，在荣马公司利益遭受于某不当行为损害，且穷尽了请求救济的渠道而未果的情况下，为防止荣马公司利益遭受进一步的损害，代表荣马公司提起诉讼，符合公司法法理，本院对其请求予以支持。

**【案例评析】**根据公司法理论，股东代表诉讼是指在公司受到公司董事会或处于控制地位的大多数股东行为的损害时，为保护公司利益，由公司股东代表公司向法庭提起诉讼，要求法庭强制董事或控制性股东对公司承担法律责任的诉讼制度。股东代表诉讼的设置目的是防止在董事或者控股股东等独断专行或者公司管理陷入僵局时保障公司利益。法定代表人从公司取走公章、合同专用章等印章和营业执照等证照，以及支票、支出凭单等财务单据等致使公司经营活动无法展开，显属不当，其行为严重损害公司利益。此时，公司股东有权在公司利益遭受损害，又与法定代表人自行协商不成情况下，为防止公司利益遭受进一步的损害，有权代表公司提起诉讼，要求其返还。

本案的当事人对各自的诉讼地位安排并无争议。

2. 大连盛道集团有限公司诉珠海市华丰集团食品工业（集团）有限公司股东代表诉讼案①

【焦点问题】公司在股东代表诉讼中的地位如何?

【裁判立场】本案将公司列为被告。

【案情简介】本案裁判文书对各方当事人列明如下:

原告：大连盛道集团有限公司。法定代表人：刘某春，董事长。

被告：珠海市华丰集团食品工业（集团）有限公司（以下简称“第一被告”）。法定代表人：萧某荣，董事长。

被告：珠海市华丰塑料包装材料厂有限公司（以下简称“第二被告”）。法定代表人：周某玉，董事长。

原告与第一被告是合资企业第二被告的合法股东。从1993年至1999年间，第二被告一直为第一被告提供包装产品，2000年4月21日，第一被告与第二被告进行了对账，结果第一被告欠第二被告人民币5149497.08元，对账后，除其中第一被告所欠200万元双方同意冲抵账外，第一被告仅于2000年4月19日、5月19日、6月27日分三次共偿还人民币110万元，余款2049497.08元一直未付。原告多次找第一被告协商，要求第一被告将欠款及时返还给第二被告。原告与第一被告还于2000年4月25日召开董事会，双方就合资企业第二被告对外的债权问题达成共识，就第一被告欠第二被告的债务可以通过起诉解决。但第二被告起诉后，第一被告的原法定代表人周某玉利用其作为第二被告法定代表人的特殊身份，推翻董事会上已达成的共识，不同意起诉。2000年8月16日，原告作为第二被告的合法股东，向珠海市香洲区人民法院起诉，请求判令第一被告偿还人民币2049497.08元及其利息给第二被告。

① 广东省珠海市香洲区人民法院（2000）珠香经初字第1506号。

**【裁判要旨】**本案法院认为，《公司法》第四条规定：公司股东作为出资者按投入公司的资本额享有所有者的资产受益、重大决策和选择管理者等权利。公司享有由股东投资形成的全部法人财产权，依法享有民事权利，承担民事责任。由于原告与第一被告是合资企业第二被告的合法股东，而第一被告尚欠第二被告的款项，由于第二被告怠于行使诉权而直接损害了作为股东之一的原告的合法权益。原告根据我国公司法有关保护股东合法权益的基本原则，依法行使代位诉权以保护其合法权益，符合公司法的规定，本院予以支持。第一被告对尚欠第二被告的款项无异议，第一被告应将该欠款支付给第二被告，并应支付该款的相应利息。第一被告珠海市华丰集团食品工业（集团）有限公司应于本判决发生效力之日起10日内向第二被告珠海市华丰塑料包装材料厂有限公司支付尚欠的款项人民币2049497.08元及其利息（利息从2000年3月31日起算至还清之日止，按中国人民银行一年期的正常贷款利率计算）

**【案例评析】**本案法院将公司列为第二被告，损害公司利益的被告列为第一被告。但由于该案判决于我国《公司法》正式引入“股东代表诉讼”之前，其对当事人诉讼地位的安排于今已不具实际参考价值。

### 三、股东代表诉讼的范围及被告：他人

1. 郭某海、郭某龙诉儋州市人民政府土地行政登记案①

**【焦点问题】**如何理解“他人侵犯公司合法权益，给公司造成损失的”中的“他人”？

**【裁判立场】**本案法院认为，这里的“他人”包含公司外部人。股东可凭借公司法上的股东代表诉讼机制提起以行政机关为被告的行政诉讼。

**【案情简介】**某祥公司的法定代表人郭某龙于2002年12月30日与某港公司的法定代表人吴某贤签订《转让合同》；2003年1月22日，吴某贤授权王某绩与郭某龙重新签订《股权转让协议》变更了原《转让合同》的内容，约定郭某龙将其在某祥公司的90%的股权以90万元的价格转让给王某绩。郭某龙履

① 海南省第二中级人民法院（2012）海南二中行终字第13号。

行了合同，协助将其在某祥公司的90%的股权以及法定代表人的身份变更登记为王某绩，王某绩以显名股东及法定代表人的身份管理某祥公司。吴某贤为了转移财产、逃避债务，于2007年9月3日以《转让合同》和由其掌管的某祥公司的公章向儋州市国土环境资源局申请将某祥公司享有的某地段9782.048平方米国有土地使用权变更登记为其为法定代表人的某港公司所有。郭某海、郭某龙作为该公司的股东和利害关系人于2007年9月6日向儋州市国土环境资源局提出异议，异议不被采纳后，二人申请了行政复议并提起行政诉讼，但儋州市人民政府在2009年5月5日一审行政诉讼期间将该土地变更登记为某港公司享有。郭某海、郭某龙知悉该变更登记情形后，向某祥公司的法定代表人王某绩提出以公司的名义向法院提起诉讼的申请，被王某绩予以拒绝。于是郭某海与郭某龙起诉请求撤销被告儋州市人民政府为某港公司颁发儋国用（2009）第300号《国有土地使用证》的国有土地登记行为。本案中，法院将某祥公司列为第三人参加诉讼。

**【裁判要旨】**一审法院认为：郭某龙转让其在某祥公司的股份并辞去法定代表人后，就不再与某祥公司具有利害关系，土地使用权登记的变更也不会损害郭某龙的合法权益，因此郭某龙无原告起诉资格，对郭某龙的起诉依法予以驳回；郭某海虽然是某祥公司的股东，但儋州市人民政府某港公司颁证的行为涉及的利害关系人是某祥公司与某港公司，郭某海只是某祥公司的股东之一，其与该颁证行为没有法律上利害关系，无权越过某祥公司主张权利撤销该颁证行为，因此郭某海也无原告诉讼主体资格，对其起诉也予驳回。

二审法院采纳了一审法院对郭某龙无原告起诉资格的认定，但是认可了郭某海的原告起诉资格，二审法院认为：郭某海作为某祥公司的股东之一，其有权参与公司的重大资产处理。但王某绩作为公司的法定代表人，在既未通知郭某海，也未召开股东会进行表决的情况下，以某祥公司名义将公司名下土地转让给了某港公司，明显侵害了郭某海的权益。儋州市政府向某港公司颁发儋国用（2009）第300号《国有土地使用证》的主要依据——《土地转让协议》——已被儋州市人民法院（2010）儋民行初字第1084号民事判决确认为无效合同，故儋州市政府依据该协议颁发《国有土地使用证》的行为，已侵害了某祥公司及其股东的合法权益。郭某海作为公司的股东之一，在某祥公司不以公司名义诉请撤销颁发行为的情况下，为维护股东的合法权益，以个人名义提起行政诉讼并无不妥，应予支持。

**【案例评析】**在司法实践中，与具体行政行为有法律上利害关系的公民、法人或者其他组织，均可依法提起行政诉讼。根据《公司法》第一百五十一条的规定，当公司的合法权益受到不法侵害而公司却拒绝或者怠于通过诉讼手段追究有关侵权人的责任时，具有法定资格的股东为了公司利益，可以依据法定程序，以自己的名义代表公司对侵权人提起诉讼，追究其法律责任。可知，在公司及其股东合法权益受到侵害的情况下，如果公司拒绝或者怠于诉讼的，具有法定资格的股东是有权以自己名义提起诉讼的，此时，该股东系法律上的利害关系人。因此，政府所作出的具体行政行为侵犯了公司及其股东合法权益，但公司并不以其名义诉请撤销的，股东完全可以以个人名义提起行政诉讼。

2. 深圳市中泰来投资控股股份有限公司与黄某皓损害公司利益责任纠纷上诉案①

**【焦点问题】**第三人侵害公司合法权益且公司董事、监事涉及其中的，公司董事、监事是否需要对第三人对公司的债务承担补充责任？

**【裁判立场】**公司董事和监事与侵害公司合法权益的行为有关，但是无证据证实由此造成公司利益受损，故公司董事和监事不承担第三人对公司债务的补充责任。

**【案情简介】**2011年5月27日，黄某皓向原审法院起诉称：2010年10月9日，深圳建筑公司召开第三届董事会第四次会议，马某来、马某深、李某健等十位董事和监事张某奕、刘某钢、陈某芬出席会议，会议决定借给中泰来公司1.78亿元，借款日期为一年。中泰来公司与作为深圳建筑公司之董事的本案自然人被告明知企业间借贷属违法行为，且深圳建筑公司在银行尚欠贷款本金高达2.816亿元，为筹集公司流动资金仍不得不向招商银行、平安银行额外举

① 广东省高级人民法院（2013）粤高法民四终字第28号。

债6.1亿元的情况下，仍违反法律规定和公司章程的规定作出向中泰来公司借款1.78亿元的决定且无任何担保，显然违反了国家法律的禁止性规定和公司章程的规定，客观上严重损害了深圳建筑公司的利益。作为深圳建筑公司之监事的被告张某奕、刘某钢、陈某芬，在明知董事会决议行为和内容违法和违反公司章程的情况下，列席董事会却未提出任何异议，也并未采取任何有效措施阻止损害公司的行为发生，更是在黄某皓书面催促其依法行使法定监事权利和履行法定监事职责，通过起诉权维护公司利益的不断要求下不作为，具有重大过错。作为深圳建筑公司的董事（含同时兼任总经理和财务总监的高级管理人员董事）和监事，对深圳建筑公司负有忠实义务和勤勉义务。中泰来公司与马某来等其他被告的行为，已严重损害了深圳建筑公司的利益，应依法承担返还借款本金和赔偿利息损失等法律责任。黄某皓作为深圳建筑公司的股东，有权提起代表诉讼，维护公司利益，故请求判令：中泰来公司立即向深圳建筑公司返还款项本金1.58亿元及赔偿占用该款项期间的利息损失，马某来等董事和张某奕等监事对该债务承担补充责任。

中泰来公司答辩称：中泰来公司与深圳建筑公司之间，并没有发生借贷款行为，深圳建筑公司的出借款事实不存在，中泰来公司不存在违反法律和公司章程的行为。中泰来公司对深圳建筑公司有负债，是基于中泰来公司的股权重组，以及收购深圳建筑公司属下子公司股权所形成的欠债，并不是由于企业间借贷所形成的欠债。对于两个独立法人的正常债务关系，黄某皓作为股东无权提出请求。马某来等董事和张某奕等监事共同答辩称：诉讼标的1.58亿元不是借款而是公司改制遗留的欠债，不涉及企业间相互拆借资金的违法问题。黄某皓主张的1.78亿借款是董事会决议中的内容，属于文字表述上的错误，与客观事实不符，该决议内容于2011年6月30日经深圳建筑公司的监事提议已被撤销和变更。诉讼标的1.58亿元的债务因当事人已在自觉履行还款义务，并有还款担保和承诺，不存在要诉请法院判决中泰来公司履行的问题。

**【裁判要旨】**一审法院认为：黄某皓作为公司股东，起诉前已经致函公司监事会，请求监事会就“借款给中泰来公司1.78亿元”等事宜，依法行使法定监事权利和履行法定监事职责，行使起诉权追回相关财产。监事会收到请求后在法定期间内不起诉，黄某皓有权提起股东代表诉讼。根据现有证据证实中泰来公司欠深圳建筑公司1.58亿元的事实，债务应当清偿。根据审计报告涉案债务属于公司整合过程中的历史债务，原告主张的1.78亿元的债务内容的公司决议已被后来的公司决议予以纠正，且深圳建筑公司并未放弃向中泰来公司主张涉案债务，现有证据不足以证明上述董事、监事的涉案行为对公司利益造成了损害。故不支持黄某皓要求深圳建筑公司的董事、监事承担补充责任的主张，判决中泰来公司向深圳建筑公司还本付息。

二审维持原判，认为在深圳建筑公司利益受损的情况下，黄某皓提起诉讼，要求中泰来公司还款1.58亿元及利息符合公司法关于股东代表诉讼的规定。

**【案例评析】**本案比较典型地体现了《公司法》第一百五十一条所规定的“他人”不只限于公司内部人。

## 专题三　股东代表诉讼的胜诉利益归属

### 核心条文

**《公司法解释（四）》**

**第二十五条**　股东依据公司法第一百五十一条第二款、第三款规定直接提起诉讼的案件，胜诉利益归属于公司。股东请求被告直接向其承担民事责任的，人民法院不予支持。

**第二十六条**　股东依据公司法第一百五十一条第二款、第三款规定直接提起诉讼的案件，其诉讼请求部分或者全部得到人民法院支持的，公司应当承担股东因参加诉讼支付的合理费用。

### 关涉条文

#### 一、既有相关规范

**1.《民事诉讼法》**

**第五十六条**　对当事人双方的诉讼标的，第三人认为有独立请求权的，有权提起诉讼。

对当事人双方的诉讼标的，第三人虽然没有独立请求权，但案件处理结果同他有法律上的利害关系的，可以申请参加诉讼，或者由人民法院通知他参加诉讼。人民法院判决承担民事责任的第三人，有当事人的诉讼权利义务。

前两款规定的第三人，因不能归责于本人的事由未参加诉讼，但有证据证明发生法律效力的判决、裁定、调解书的部分或者全部内容错误，损害其民事权益的，可以自知道或者应当知道其民事权益受到损害之日起六个月内，向作出该判决、裁定、调解书的人民法院提起诉讼。人民法院经审理，诉讼请求成立的，应当改变或者撤销原判决、裁定、调解书；诉讼请求不成立的，驳回诉讼请求。

2.《民事诉讼法司法解释》

**第八十二条** 在一审诉讼中，无独立请求权的第三人无权提出管辖异议，无权放弃、变更诉讼请求或者申请撤诉，被判决承担民事责任的，有权提起上诉。

**第一百五十条** 人民法院调解民事案件，需由无独立请求权的第三人承担责任的，应当经其同意。该第三人在调解书送达前反悔的，人民法院应当及时裁判。

**第二百四十九条** 在诉讼中，争议的民事权利义务转移的，不影响当事人的诉讼主体资格和诉讼地位。人民法院作出的发生法律效力的判决、裁定对受让人具有拘束力。

受让人申请以无独立请求权的第三人身份参加诉讼的，人民法院可予准许。受让人申请替代当事人承担诉讼的，人民法院可以根据案件的具体情况决定是否准许；不予准许的，可以追加其为无独立请求权的第三人。

**第二百五十条** 依照本解释第二百四十九条规定，人民法院准许受让人替代当事人承担诉讼的，裁定变更当事人。

变更当事人后，诉讼程序以受让人为当事人继续进行，原当事人应当退出诉讼。原当事人已经完成的诉讼行为对受让人具有拘束力。

## 二、地方司法实践

1.《山东省高级人民法院关于审理公司纠纷案件若干问题的意见（试行）》（鲁高法发〔2007〕3号）

**第七十八条** 股东代表诉讼中，人民法院支持原告诉讼请求的，应将诉讼请求的利益判归公司。

2.《江苏省高级人民法院关于审理适用公司法案件若干问题的意见（试行）》（苏高法审委〔2007〕2号）

**第十七条** 公司高级管理人员或控股股东等以不当行为侵害公司利益，公司在不当行为控制之下不能或怠于以自己名义主张权利，公司股东代表公司利益对不当行为人提起诉讼的，人民法院应予受理。提起诉讼的原告应是公司现任股东，被告应是作出不当行为的董事、监事、经理等高级管理人员、控股股东以及相关交易的相对人，公司应作为第三人参加诉讼。

## 条文理解

### I 条文演变

[表25—26]《公司法解释（四）》第二十五条的演变过程

| 征求意见稿（2012） | 征求意见稿（2016） | 正式稿　法释〔2017〕16号 |
| --- | --- | --- |
| 第五十五条（胜诉利益处置）<br>原告提起的股东代表诉讼，其诉讼请求成立的，人民法院应当判令被告直接向公司承担民事责任，并可依据原告股东的请求，判令公司对于原告参加诉讼支付的合理费用予以补偿。 | 第三十五条（胜诉利益处置）<br>股东依据公司法第一百五十一条第二款、第三款规定请求被告直接向其承担民事责任的，不予支持。<br>股东因公司的全资子公司利益受到损害，依据公司法第一百五十一条提起诉讼，请求被告向全资子公司承担民事责任的，应予支持；请求被告向公司承担民事责任的，不予支持。<br>股东胜诉后，请求公司承担合理的律师费以及为诉讼支出的调查费、评估费、公证费等合理费用的，应予支持。 | 第二十五条（股东代表诉讼胜诉利益的归属）<br>股东依据公司法第一百五十一条第二款、第三款规定直接提起诉讼的案件，胜诉利益归属于公司。股东请求被告直接向其承担民事责任的，人民法院不予支持。<br>第二十六条（股东代表诉讼费用负担）<br>股东依据公司法第一百五十一条第二款、第三款规定直接提起诉讼的案件，其诉讼请求部分或者全部得到人民法院支持的，公司应当承担股东因参加诉讼支付的合理费用。 |
| 【演变概述】本条的变化主要体现在两个方面：一是体例安排上，两份征求意见稿均是将胜诉利益归属和费用分担规则规定在一条，而正式稿是分别规定在不同条文；二是公司对诉讼后果的承担上，正式稿仅对胜诉利益归属于公司作出了规定，未明确败诉情形下的诉讼后果承担。 | | |

### II 主要争议

#### 一、利益归属于公司

从股东代表诉讼或股东派生诉讼的设计目的来看，胜诉利益归属于公司本就内含于诉讼制度的内在逻辑中，因此这一点在起草过程中并无太多争议，仅有一些词句表述或条款分布上的意见，在此不再赘述。但曾有意见指出，在股东代表诉讼审理结束后，虽然胜诉利益属于公司，但由于控制权问题，公司可能不会去申请强制执行，因此司法解释应当进一步明确在此种情形下，适格的股东有权向法院申请强制执行。对于这一点，可能是考虑到现行的民事诉讼法已经能够给出解决路径——作为判决原告的股东当然可以去要求强制执行，于是司法解释未对此予以进一步规定。

## 二、是否需对合并审理作出规定

该争议主要是围绕是否有必要规定原告股东关于由公司补偿其诉讼费用（本解释第二十六条）请求与股东代表诉讼合并审理。大多数观点认为，虽然原告股东请求被告向公司承担责任和请求公司补偿费用，属于不同主体间的两种不同性质的请求，但为便利当事人诉讼、提高审判效率，应当允许合并审理。

对该两方面的诉讼请求是否合并审理不可一概而论，但作为一个基于民事诉讼一般原理就可以判断的事项，可以由人民法院根据具体案情和相关规定决定，无须在司法解释中进行特别规定。

## 三、是否应当适用诉讼调解

股东代表诉讼是一种“准公益诉讼”，股东提起的诉讼是为了纠正董事和高管人员的错误行为，胜诉的受益归属于公司，而不属于原告股东或者任何单个或部分股东。在诉讼中可能会出现原告和被告私自和解，由原告股东获得个人利益，而损害公司和全体股东的合法权益的情形。因此，起草过程中曾拟规定“依据《公司法》第一百五十一条的规定提起诉讼的案件，当事人达成调解协议的，应当向人民法院提交股东会或者股东大会通过调解协议的决议。有限责任公司未提交股东会决议的，全体股东应当在调解协议书上签名、盖章或者向人民法院出具同意调解协议的书面意见”，目的在于维护股东代表诉讼作为准公益诉讼的特点，防止公司被原告股东通过个别诉讼的方式“敲诈”，导致其未参加诉讼，或者虽然参加诉讼但合法权益被损害。起草过程中，就该规定形成了不同观点。

反对调解的观点认为如果在股东代表诉讼中适用诉讼调解，并要求股东会或者股东大会通过调解协议，则在公司拒绝召集股东会或者股东大会的情况下，在司法实践中可能导致法院必须强制公司召开股东会或者股东大会，属于对公司自治的过度干预。因此，在股东代表诉讼中不应当适用调解。但就某一类案件禁止适用调解，并非司法解释的权限范围。

区分不同类型进行规定的观点认为有必要进一步细化：其一，应规定将调解协议内容通知其他股东的通知义务主体。其二，应当就股东会或者股东大会就该议题作出决议的召集程序和表决方式作出特别规定，应当采用普通决议还是特别决议等。理由为《公司法》并没有规定股东会的最低出席人数，提交给法院的可能仅仅是少数股东参与的股东会决议；如果股东代表诉讼是由持股比较集中的股东提起的，股东会决议还可能代表多数股东；如果是持股比例比较少的股东提起的，而董事、高管人员和控股股东的身份重合的话，或者董事和高管人员可能受到控股股东的实质控制的话，就可能会出现少数比例的股东会决议与原告所主张的公司利益之间不契合的情形，通过调解协议的可能性非常低。后一种可能性在公司实践和股东代表诉讼实践中更为常见。其三，调解协议除了应当得到股东会的批准之外，还涉及是否必须经过原告的同意，这又包括两个层面，一是原告参加了股东会会议并进行了表决；二是原告在调解协议上签字。如果原告参加了股东会，并对调解协议投出了赞成票，在调解协议上签字与否并不是一个问题；如果原告在股东会上对调解协议投出的是反对票，在最终的调解协议上签字可被视为认可；如果原告既在股东会上投出了反对票，也没有在最终的调解协议上签字，这样的调解协议不应当被视为达成，而是诉讼中出现了一个新的股东会决议。其四，根据民事诉讼法规定，人民法院应当实质审查调解协议的内容，但审查的标准并不明确，如法院是否应当审查召集人和会议程序是否符合公司章程或者公司法要求、是否符合全体股东的利益等等，这仍有赖法院自行探索和裁量。

鉴于有待细化的问题颇多，司法解释最终未对此作出规定，但这并不意味着股东代表诉讼不能以和解结案，也不意味着《民事诉讼法》第八章授予人民法院的广泛调解权在股东代表诉讼案件中受到限制。鉴于股东代表诉讼涉及多方利益的协调平衡，法院对于和解结案，应当更为慎重，在程序和实体方面均充分进行考量，也可以基于具体案情对和解做出不予确认的裁判。从既有的司法实践来看，股东代表诉讼的和解并不罕见，并且已经发展出大致的规则。最为典型的案例即和信电力等与通和置业等损害公司权益纠纷案，该案被认为是以裁判形式确立了股东代表诉讼的和解规则 ，即和解方案除原告股东及公司董事会外，还要由公司中提起代表诉讼股东之外的其他股东同意，最高人民法院对浙江和信电力开发有限公司、金华市大兴物资有限公司、通和置业投资有限公司、广厦控股创业投资有限公司之间的和解协议予以确认，并制作了调解书。与之相对的，《江苏省高级人民法院关于审理适用公司法案件若干问题的意见（试行）（苏高法审委〔2003〕2 号）》第七十七条规定，“当事人在诉讼（指股东派生诉讼）中提出调解的，若经查实该调解方案损害其他股东利益或公司利益的，人民法院应不予确认”。

Ⅲ 条文要点

## 一、胜诉利益归属于公司

如前述，股东代表诉讼的利益归属于公司是内含于制度目的之中的，无须赘述。值得一提的是，如何理解公司败诉的情况？本条虽未对此作出规定，但一体两面的，应当认为，败诉的后果也由公司承担，理由同前。早期的征求意见稿中也曾出现过，“公司承担股东代表诉讼的后果”这样的表述。至于在败诉的情形下，公司是否可以要求提起诉讼股东进行赔偿，是存有争议的。

认为公司受到案件裁判的约束，是指不论公司是否参加开庭审理，亦不论裁判结果如何，裁判均对公司发生法律约束力。公司的诉讼地位虽然为第三人，但与公司作为原告参加其他类型的诉讼并受裁判约束并无区别，主要包括以下几个方面的权利义务：

第一，在股东胜诉或者部分胜诉的情况下，公司享有依据生效裁判向人民法院申请强制执行的权利。从公司治理的角度说，公司怠于申请强制执行，仍然会构成董事和高级管理人员违反信义义务的问题。

第二，在股东败诉的情况下，公司须承担败诉的不利后果。如果被告提出反诉并胜诉，公司须履行生效裁判确定的给付等义务。

第三，公司享有上诉以及申请再审的权利。股东代表诉讼中，虽然公司被列为无独立请求权第三人，但属于实质原告，因此在股东放弃上诉或者申请再审权利的情况下，可依据《民事诉讼法》第五十六条第二款享有当事人的权利，提起上诉或者申请再审。

公司受股东代表诉讼案件裁判约束并享有上述权利，并不影响股东作为名义原告所享有的诉讼权利义务。

## 二、原则：不支持“股东请求被告直接向其承担民事责任”

股东代表诉讼的本质是股东为公司利益代表公司提起诉讼，因此对股东在股东代表诉讼中请求被告直接向其承担民事责任的，应当不予支持。“不予支持”在不同的诉讼阶段对应不同的处理方式，如股东在起诉时提出该请求，人民法院应当作出不予受理的裁定；如果在案件审理阶段股东提出该请求或者发现存在该问题，则人民法院应当作出驳回起诉的裁定。

如果仅仅是股东基于自身合法权益寻求救济，其应当通过直接诉讼提起，即我国《公司法》上规定的其他六种诉权（可参见《公司法》第二十三条的列举）。但在董事、高级管理人员或者监事的侵权行为既给公司造成损失，又直接损害股东合法利益的时候，可能存在股东既有权提起股东代表诉讼，又有权提起股东直接诉讼的情形。比如，本解释第十二条规定的公司未制作和保存会计账簿等公司文件材料的情形下，即可能出现股东和公司合法权益同时受到董事、高级管理人员侵犯的情况；在股东表决权受到侵犯的同时，也可能因违法违章通过决议进行损害公司合法权益的交易的可能。此时如果股东同时提起直接诉讼和股东代表诉讼，人民法院应当依法决定是否合并审理或者分开审理，而非简单驳回股东关于董事、高级管理人员向其承担民事赔偿责任的请求。

本条规定强调不支持股东请求被告直接向其承担民事责任具有较强的现实指导意义。首先，诉讼当事人对制度的理解不足，诉因区分不明、无法确定适格原告。例如，在最高人民法院受理的中国科学院软件研究所与湖南湘投控股集团有限公司、中科软件集团有限公司损害公司利益纠纷案中①原告股东既可以提起直接诉讼也可以提起派生诉讼，但其诉由与适格被告之间存在错位而被驳回。其次，在司法审判中也存在对直接诉讼与股东代表诉讼区分不明的情形，例如，江苏南通二建集团长信建设工程有限公司等诉上海沙家浜铮友实业有限公司等股东出资纠纷案②中，一审法院认定原告的诉讼请求应经过代表诉讼提

---

① 最高人民法院（2006）民二终字第227号。

② 上海市第一中级人民法院（2015）沪一中民四（商）终字第929号。

起，因而越过公司直接起诉的行为被驳回，二审法院予以纠正。最后，股东知情权诉讼、股东代表诉讼、解散公司诉讼等应当首先穷尽公司内部的救济途径，司法干预是最后的救济手段，当事人起诉前未履行《公司法》规定的前置程序，但股东与公司纠纷动辄即诉诸于法院，根本没有行使内部救济的手段，凸显诉讼不理智和法律知识的欠缺，因而有必要通过否定性的表述加以引导。此种表述，既可以通过明示无法直接给予补偿的方式提醒当事人慎重诉权的行使，也可以在一定程度上防范滥诉的危险。

## 三、例外：对股东的直接补偿

虽然，股东代表诉讼在我国司法实践中绝对数量并不大，但正在随着公司的数量增加和股东权利意识的增强而逐年上升。当事人在提起诉讼时，应正确行使诉讼权利，准确加以识别。同时，在受理以及审理此类案件过程中，人民法院也应适当加强释明工作，对前述一些股东代表诉讼和直接诉讼并存的情况，应避免错误地不予受理或者驳回起诉。

对于股东提起股东代表诉讼并提出利润或者剩余财产分配请求如何处理的问题，在美国，存在允许股东直接请求被告向其给付的判例。我国公司法对公司清算过程中股东对清算组成员的诉讼，有此类例外规定。即使公司已经注销登记，股东的诉权仍然被承认，该种诉讼是对股东代表诉讼的参照适用，股东起诉清算组成员不仅是为了自己利益，而且是为了全体股东的利益，因而清算组成员承担的赔偿责任应当是对全体股东的，具体规定见于《公司法解释（二）》第二十三条。在诉讼安排上，原告股东提起诉讼时，应当将其他所有股东列为第三人，原告股东未将其他股东列为第三人的，人民法院受理上述案件后应当通知其他股东参加诉讼，至于其他股东以何种身份参加诉讼，应当视其他股东自己的意志确定。如果其他股东主张清算组成员对其承担责任的，应当以共同原告身份参加（明确表示放弃诉权股东的可以不参加诉讼）。公司其他股东作为共同原告参加诉讼的结果，实际上是对清算组成员赔偿损失部分进行了剩余财产的补充分配。

## 四、域外立法例参考

### （一）英国法

在英国法上，如果是股东的权利受到侵害或公司董事会违反的是对股东的义务，受到侵害的股东可以提起直接诉讼，要求对他的损失进行直接赔偿；反之，则应提起公司诉讼或派生诉讼，诉讼利益归属于公司。这一利益归属的划分标准看似明晰，但在实践中却有诸多模糊地带。其原因是多方面的：首先，英国法传统上缺少对股东权利的详细定义，尤其是在股东基于章程享有的权利和其他股东、董事对股东负有的个人义务这两个问题上，不甚明了。其次，受限于 Foss 规则，英国的派生诉讼很少被运用[①]，其他多种公司治理措施也为股东提供了更为直接的救济方式，特别是对少数股东的不公平损害救济制度，应用非常广泛，事实上就形成了公司损害既可以通过直接诉讼（不公平损害救济）又可以通过派生诉讼提起的局面。更为模糊的是，不公平损害的救济并不一定直接给予股东，也存在给予公司的判例，由于提起不公平损害诉讼的低门槛以及给予救济的方式灵活公正，现行英国法下不公平损害救济甚至有着替代股东派生诉讼的可能性。[②] 最后，从股东派生诉讼的发展过程看，股东派生诉讼和股东代表诉讼（直接诉讼）的区分也一直不太明朗，学者对于应该存在两种诉讼形式还是一种诉讼形式也没有达成共识。

概而言之，英国法上对股东提起的诉讼所给予的救济是非常灵活且个案性的，不公平损害（直接）的诉讼后果也可能归于公司。

1. 从代表人诉讼到股东派生诉讼

公司成员所提起的代表人诉讼是由英国衡平法院（the court chancery）在 18 世纪和 19 世纪初创设的一种诉讼制度。按照当时的观点，对于公司的损害，必须由全体成员提起诉讼。此后，为了程序上的方便，逐渐出现了代表人诉讼和以公司名义提起的诉讼（proceedings in the name of the company）。无论是以代表人诉讼的方式还是以公司名义提起的诉讼，他们的目的都是对那些使公司遭受损害的

① Hirt (2004b), p. 18; Sealy (1987), p. 1.

② Law Commission CP 142 (1996), para. 16. 3.

人提起诉讼，要求他们对公司承担责任。由于“以公司名义提起的诉讼往往会受到被告董事或大多数股东的这样的抗辩：公司成员无权以公司名义提起诉讼，在此种抗辩情况下，法庭会中止诉讼程序而要求提起诉讼的成员取得公司的批准。而被告往往就是公司大多数股东、董事，只要他们坚持反对公司成员以公司名义起诉他们，法庭就会驳回起诉”。因此，在为公司利益而提起诉讼的时候，代表人诉讼要比以公司名义提起诉讼更优越。①

Foss 规则确立以后，公司成员的权利被分为两大类：个人性权利和团体性权利。虽然这两种权利之间的界限难以划清，但是它基本上确立了这样的一般性原则：对个人性权利的侵犯可以使受侵犯的成员提起个人性诉讼，对团体性权利的侵犯则由公司作为原告提起诉讼和公司成员以公司名义提起派生诉讼。在此种情况下，代表人诉讼实质上是一种个人诉讼，它是为了维护公司成员的个人权益而对公司或公司董事会提起的诉讼。如果在前一章中论述的个人性权利受到损害，并且此种个人性损害的受害人又众多，则受到此种损害的成员可以代表他本人和其他受到同种损害的人对公司提起诉讼。②

所以，代表人诉讼在英国法上起初是一种派生诉讼，因为其提起是因为公司利益遭受损害，而那时法院允许成员以归属于公司的诉因，以其本身及其他成员的名义提起诉讼，而后来代表人诉讼变成了直接诉讼的一种，本质上是个人诉讼，因为代表人诉讼只能因成员个人性权利的侵害而以自己或其他同样遭受损害的成员的名义提起。但无论怎样，代表人诉讼的后果均是如果一个股东提起的诉讼成功，“则提起诉讼的原告就获得了董事不适行为已被证明了的宣告，每个遭受同样损害的股东在无须更进一步证明不适行为的情况下可提出损害赔偿的请求，这就是代表人诉讼裁判的确定性效力”。③

2. 股东派生诉讼的利益应当归于公司

如果股东选择并成功提起派生诉讼，则公司为被告，利益归属于公司，

---

① Lindley M. R. 法官即指出，“在这些具体情况下，由公司某些股东代表他本人和其他人对被告提起诉讼是与权威案例的原则一致的，是不能在形式上加以反驳的诉讼方式……以此种方式提起的诉讼优于以公司名义提起的诉讼，并且也是对有关使用公司名义起诉权利的一种反击”。

② 张民安：《现代英美董事法律地位研究》，法律出版社 2007 年 4 月版，第 460 ~ 463 页。

③ 张民安：《公司少数股东的法律救济》，载《法制与社会发展》1995 年第 3 期，第 40 页。

Spokes v Grosvenor Hotel Company（1897）案即为例证。Chitty L. J. 法官指出，“对于此种诉讼而言，公司是必要的被告。其理由是显而易见的，原告起诉的不适行为（wrong）是对公司实施的，并且公司必须成为此种诉讼的一方当事人，以便公司对此种诉讼的后果承担责任和取得因该种诉讼从不适行为人那里取回金钱。如果公司不对此承担责任，在此种诉讼失败时，他们可以基于同样的诉讼原因而提起新的诉讼，并且，公司在事后也会变更董事会及其投票力量。显然，在此类诉讼中，原告不会对公司提出具体的法律救济，并且，同样显而易见的是通过诉讼从被告那里取得的钱财也不能给付于代表公司起诉的原告，而必须归于公司”。①

3. 股东派生诉讼与不公平损害救济之间的模糊地带

（1）对公司的损害可以提起任一诉讼

不公平损害救济出现在1985年《公司法》第459条，后经1898年修改，立法者进一步增加了对公司受到损害时小股东的保护，在第459条的措辞中将不公平损害救济的适用范围扩大到“对股东利益普遍”造成不公平损害的情况，自此，在公司受到损害时向小股东提供保护也成为了不公平损害救济的事项之一。所以，股东可以绕过Foss规则的严格限制而在公司受到损害的情况下提起不公平损害救济之诉。但对于这一救济方式的适用界限，并无明确的标准。但从既有的案例来看，（a）独立于公司损害的其他损害并不是提起不公平损害救济的必要条件，因为在公司损害的情况下，股东利益也可能被不公平损害；（b）但是，为了满足提起不公平损害救济的要求，申诉人仅仅提出侵害人违反了对公司的义务是不够的，他还必须证明他的利益也遭受了侵害人的不公平损害。②

（2）诉讼利益归属的再判断

首先，公司受到损害时的不公平损害救济提供的补救措施有三种：对股份进行评估时考虑对申诉人进行补偿；直接向申诉人提供补偿；对受害公司进行赔偿。后两种救济涉及到诉讼利益承担主体的确认，简述如下：

当公司受到损害时，不公平损害救济中能否就申诉人股东因此遭受的间接损

① 张民安：《现代英美董事法律地位研究》，法律出版社2007年4月版，第471~472页。
② Re Charnley Davies Ltd. （NO. 2），（1990）B. C. L. C. 760，p. 784.

失向其提供补偿一直是一个有争议的问题。[①] 英国公司法并没有对法院的权力作出限制，同时既有的判例呈现了不同态度。在爱尔兰 Irish Press plc. v. Ingersoll Irish Publication Ltd. [②] 一案中，爱尔兰最高法院拒绝了被申请人向申请人直接进行赔偿，理由是这种直接赔偿超越了法院根据爱尔兰 1963 年《公司法》第 205 条第 3 款所享有的权力。但英国高等法院对类似案件采取了更灵活的态度，认为申诉人股东可以在不公平损害救济中就其间接损失得到补偿，而法院可以灵活决定是采取命令购买其股份的方式还是直接向其提供赔偿的补救方式。[③]

另一个存在争议的问题即不公平损害救济中是否可以直接给予公司赔偿，对此，不仅法院的立场不同，学者也持不同意见。Hoffmann 法官在 Re A Company（No. 005287 of 1985）案[④]中的观点是可以灵活处理的，“从实务的角度来看，（为了对公司进行救济而要求申诉人在一个胜诉的不公平损害救济中另外提起派生诉讼）在我看来并不方便。这意味着必须通过令状提起单独的诉讼程序并就大体重复（如果不是一模一样）的事项提起单独的请求……我不认为这种重复是必要的，除非很明显根据第 459 条至第 461 条的规定整个事项并不属于这些条款管辖”。学者 Poole 和 Roberts 也持同样的立场，认为如果不公平损害救济可以针对公司损害，那么仅仅以“不公平损害救济不适合提供此种救济”而拒绝对公司进行赔偿是可笑的，同时，如果可以对公司进行赔偿，其他股东、债权人等利害关系人也可以随之受益。[⑤] 但 Hirt 持反对观点，认为在不公平损害救济中直接给予公司赔偿并不合适，这与 Foss 规则的法理相矛盾，股东派生诉讼所涉及的股东个人能否行使公司诉权这一基本问题不应当通过提起不公平损害救济来规避。[⑥]

由于两种诉讼形式在处理公司损害问题上的交叠，是否应该坚持两种诉讼形式并存有过讨论，法律委员会认为，“仍然存在这样的案例，其中股东代表诉讼是唯一的或者最合适的救济途径，两种诉讼在原则上是不同的”[⑦]。英国法上的主

---

① Law Commission CP 142 (1996), para. 10. 27.

② (1995) 2 ILRM 270.

③ Atlasview v. Brightview, 2004 WL 741783, para. 63.

④ (1986) 1 W. L. R. 281.

⑤ Poole & Roberts (1999), pp. 119 ~ 122.

⑥ Hirt (2003a), pp. 106, 108 ~ 109.

⑦ Law Commission CP 142 (1996), paras. 9. 44 – 9. 48.

流观点是，应当维持股东派生诉讼，然而在不公平损害救济的适用上应当采取灵活的态度。所以，不论诉讼形式是直接还是派生，公司都可能成为股东诉讼的利益承担主体。法院救济的给予是视案情及一系列政策考虑而定的。

4. 具体条文

《英国2006年公司法》① 第30部分　保护成员免受不公正歧视

**第994条　公司成员的诉状**

（1）基于下列理由，公司成员可以通过诉状向法院申请本部分之下的法令——

（a）公司事务以不正当妨碍所有成员或一部分成员（至少包括他自己）之利益的方式正或已经被处理，或，

（b）实际或拟议的公司作为或不作为（包括代表其作为或不作为）构成或将构成这样的妨碍。

（1A）为了第（1）款第（a）项之目的，基于下列理由罢免公司审计师的职务——

（a）对会计处理或者审计程序的意见分歧，或者，

（b）任何其他不正当的理由，

应当视为对公司一部分成员的利益构成不正当妨碍。

（2）本部分条款适用于不是公司成员但是公司股份因法律实施已经向他转让或转移的人，如同它们适用于公司成员。

（3）在本条以及为本条之目的的本部分其他条款可适用的范围内，"公司"是指——

（a）符合本法含义的公司，或者，

（b）不是该公司但是符合《1991年法定水份公司法》含义的法定水份公司的公司。

**第996条　本部分之下的法院权力**

（1）如果法院认为本部分之下的诉状有合理理由，其可以颁布其认为合适的法令，对被诉称事项授予救济；

① 葛伟军：《英国2006年公司法（2012年修订译本）》，法律出版社2012年版，第647~648页。

（2）在不影响第（1）款之一般性的情况下，法院法令可以——

（a）调整将来公司事务的处理；

（b）要求公司

（i）不得做或持续被诉称的行为，或者，

（ii）做提出诉状人诉称其不作为的行为；

（c）授予该个人或数人以公司名义并代表公司以及以法院所指导的条款提起民事诉讼；

（d）要求公司未经法院同意不得对章程作出任何或任何指定的修改；

（e）规定其他公司成员或公司自己购买公司任何成员的股份，并且对于公司自己购买，据此减少公司资本。

（二）美国法

1. 封闭公司与程序豁免

即使在一个主张公司受到实质性损害的诉讼中，支持原告采取派生诉讼形式的政策理由也并不总是那么充分（甚至有可能不存在），美国法学会《公司治理原则：分析与建议》§7.01（d）赋予了法院在一定前提下，对封闭公司诉讼定性的自由裁量权，参照了 Donahue① 案。该案中，马萨诸塞州最高法院认定封闭公司实质上等同于法人型合伙企业（incorporated partnership），并据此允许一名小股东以个人名义提起直接诉讼，该案的理论基础是合伙和封闭公司实质上属于可以相互转换的商业组织形式，两者的法律待遇不应该有很大区别。对该案逻辑的讨论，呈现出正反面的论据。一方面，封闭公司（firm）中不太可能有无利害关系的董事会，因为控股股东往往同时担任公司的经理人员，同样，在只有几个股东的公司中，对公司所受损害和股东所受损害的区分近乎虚构，此外那些为了保护公众公司免受诉累而适用的派生诉讼的程序规则，在处理这类（实质上）属于“合伙人”之间的纠纷时，意义不大。另一方面，那些反对 Donahue 案判决结果的观点，强调公司所获赔偿对公司债权人的好处，不能从股东直接诉讼所获赔偿中受益。在此后的 Waston② 案中，第九巡回法院采

① Donahue v. Rodd Electrotype Company of New England, 367 Mass. 578, 328 N. E. 2d 505 (1975).

② Waston v. Button, 235 F. 2d 235, $9^{th}$ Cir. 1956.

取了折中的立场，认定那些主张把那些主要声称对公司造成损害而提起的诉讼看作派生诉讼的一般政策理由并不总是适用于封闭公司，Waston 的案件事实非常典型，只有两个股东重复不可能发生，每个股东都同意对公司承担个人责任，债权人不可能受到损害，个人补偿不会影响到任何其他股东的权利。

2. 以归属于公司为一般原则

“除非特殊情形，派生诉讼（被告）的赔偿应由公司专有。任何以公司的名义或权利提起诉讼（或威胁提起诉讼）的原告或（其）律师，通过对实际（或威胁）提起的派生诉讼进行和解、互相了结、终结或者撤销而从公司或被告处获得的财产或金钱（包括补偿费用），都必须就此向公司说明，除非原告或其律师是根据法院令或法院批准的和解而获得该金钱或财务的”，这一表述摘自美国法学会《公司治理原则：分析与建议》7.16，且已被部分州法典化，比如，《纽约州商事公司法》6.26（e），在判例上也有所支持，典型案例如 Mokhilber ex rel. Ford Motor co. v. Cohn[①]。

3. 按比例受偿原则为例外

在派生诉讼中判决由部分股东直接按比例受偿，是派生诉讼被告的赔偿应归公司所有这一一般规则的一个例外。一般来说，当一个公司的大部分股份的持有者是协助或唆使被告违反信义义务的人，或者是在公司的股价已经因为被告的违法行为而下跌时购入股份的新股东时，法院就很有可能裁定由其他有资格受偿的股东按比例受偿。但是，这并不意味着只要违反或者协助违反信义义务的人是公司的股东，法院就应该裁定按比例受偿。这一规则的设立是为了避免被告的不当得利，这种情形不会发生时，则不适用。

按比例受偿还可能适用于因公司结构性变动而削减部分股东的股份的情况，如果股份被削减的这部分股东曾因不法行为受损，并且尚未得到适当的补偿。在这情况下，派生诉讼相比于评估性补偿而言，是一种更可行的解决问题的方法，因为评估补偿只能向公司提出（从而间接地向公司现有股东提出），不能向不法行为人提出。

---

① 608 F. Supp. 615（S. D. N. Y. 1985）.

4. 立法例概览

(1) 美国法学会《公司治理原则：分析与建议》（§7.16、§7.18）①

§7.16 派生诉讼所得赔偿的处分

除§7.18（e）（按比例受偿）规定的特殊情况外，派生诉讼（被告）的赔偿应由公司专有。任何以公司的名义或权利提起诉讼（或威胁提起诉讼）的原告或（其）律师，通过对实际（或威胁）提起的派生诉讼进行和解、互相了结、终结或者撤销而从公司或被告处获得的财产或金钱（包括补偿费用），都必须就此向公司说明，除非原告或其律师是根据法院令或法院批准的和解而获得该金钱或财务的。

§7.18 违反义务的赔偿：一般原则

（e）审理股东派生诉讼案件的诉讼案件的法院可以根据案件的具体情况，裁定被告将赔偿金的全部或部分按比例给付给（利益受损）的股东。但是，这种支付不应该影响对债权人的清偿。

**[评注]** 7.18（e）授权法院根据衡平法原则，判决将赔偿金按比例在股东中分配。尽管在公司法领域这方面的案例为数不多，但这些案例都明确指出法院有权阻止违法人不当得利获得公司应得的赔偿。报告人注释中列举了法院判定按比例受偿的一些情况，但并没有穷尽应该按比例受偿的所有情况。

(2) 统一法律委员会《统一有限责任公司法》[§806（a）]

§806 程序和费用

（a）除（b）款另有规定外：

（1）派生诉讼的任何所得或其他利益，不论是基于判决、互相了结或和解，均归属于有限责任公司，而不是原告人；并且（2）如原告人收到任何所得，原告人须立即返还公司。

(3)《纽约州商事公司法》[§626（e）]

§626 为公司利益而寻求裁决的股东派生诉讼

（e）如果派生诉讼全部或部分胜诉，或者原告因判决、互相了结或和解而

---

① 本部分转引自楼建波等译：《公司治理原则：分析与建议》，法律出版社2006年版，第768页、第795页。

收到所得，法院可判付原告合理的诉讼费用（包括合理的律师费），且须指示他或他们必须就此向公司作出说明。本款不适用于仅为受害股东的利益而作出的任何判决，仅限于恢复其所受损失或损害。

（三）德国法

德国法上的股东代表诉讼主要是为了代公司行使损害赔偿请求权，故不论胜诉与否，其诉讼结果由公司承担，效力及于公司、股东。具体规则见于《股份法》的第147～149的若干条款：《股份法》第147条2款“法院应选任依据第78条、第112条或者依据第1句（为主张赔偿请求权，股东大会可以选任特别代理人）委任的代理公司的人以外的其他人作为主张损害赔偿请求权的公司代理人”；第148条第1款4项“没有公司利益方面的重要理由与主张损害赔偿请求权相冲突”；第148条第5款“该判决的效力及于公司及其他股东，即使起诉结果被驳回亦然。此规定准用于依据149条应公布的和解；该和解只有在诉讼被准许后才对公司发生效力”；第149条第2款“程序终结的公告中应包含终结的形式、所有与终结有关联的协议连同补充协议的全文以及参加人的姓名。可能的公司给付和可归属于其的第三人给付，应分别描述并予以强调”。[①]

（四）日本法

日本法上，股东代表诉讼的利益应该归属于公司是确定且无例外的。同时，利益归属于公司这一指导思想，也体现在董事在股东代表诉讼中对公司承担的责任上。

1. 股东代表诉讼的目的与特性

股东代表诉讼的直接目的是挽回公司的损失，即股东追究损害公司利益的董事的责任，认定该责任，在此基础上判决董事向公司作出赔偿［昭和25年（1950）修法后商法中商法第266条第1项中1～3号是偿还责任，4号和5号是损害赔偿责任］。而通过弥补公司损害使得股东间接受益是股东代表诉讼本来的基本功能。此外，股东代表诉讼的另一个目的是基于董事惧怕股东提起代表诉讼追究其责任，而使得董事在运营公司的过程中自觉地避免实施违法

① 法条译文参见胡晓静，杨代雄译：《德国商事公司法》，法律出版社2013年版，第143～144页。

行为，起到对违法行为的“抑制效果”。根据2001年修改后商法第268条第4款、公司法第849条第4款，公司必须及时将诉讼事宜公告或者对股东进行通知，这种通知通常会受到社会关注，因而极大地提高了对董事违法经营的抑制效果。

根据日本民事诉讼法的规定，只有和事件相关的特定人才可以成为损害赔偿诉讼的当事人。普通诉讼中，当司法机关作出司法判断后，一般由胜诉者直接获得经济利益，所以利益归于公司。这被认为是股东代表诉讼区别于其他诉讼的一个显著特性。法院认定董事责任，判决其向公司而不是股东赔偿损害，公司的损害得到弥补，原告股东在内的全体股东间接受益（股价上涨等）。但如果不是持有相当数量的股票，那么每一个股东所获得的间接利益是难以察觉的，特别是在大型公开公司中，由于发行的股票总数庞大，这种情况更为明显。因此，（特别是大型公开公司）股东提起股东代表诉讼，往往被认为其意图并不是追究经济价值而是出于其他目的。①

2. 董事在股东代表诉讼中的责任范围

日本商法下规定的董事责任共有5项，对于董事违反法令而在股东代表诉讼中承担责任的范围，有限定说和非限定说的争论。但学界通说和法院判决都倾向于限定说，即以董事对公司承担的责任为目标，以图公司可得到损害恢复。例如，在“野村证券股东代表诉讼案”中，东京地方法院一审认为：“证券公司对客户进行的损失补偿虽然违反了反垄断法，但在与公司的关系上，不能因此认定公司发生了损害”，最终驳回了原告股东的诉讼请求。②

---

① 参见［日］高桥均著：《股东代表诉讼的理论与制度改进》，梁爽，［日］佐藤孝弘等译，法律出版社2013年版，第31～32页。

② 参见东京地方法院判决平成5年（1993）9月16日判决时报第1469号第25页。转引自［日］高桥均著：《股东代表诉讼的理论与制度改进》，梁爽，［日］佐藤孝弘等译，法律出版社2013年版。

## 典型案例

### 一、股东代表诉讼中的和解及利益归属

1. 浙江和信电力开发有限公司、金华市大兴物资有限公司与通和置业投资有限公司、广厦控股创业投资有限公司、上海富沃企业发展有限公司、第三人通和投资控股有限公司损害公司权益纠纷案①

**【焦点问题】**股东代表诉讼和解的要求，以及和解利益的归属。

**【裁判立场】**股东代表诉讼是指，当违法行为人因其违法行为给公司造成损失，公司拒绝或怠于向该违法行为人请求损害赔偿时，公司股东有权为了公司的利益以自己的名义提起诉讼，请求违法行为人赔偿公司损失。根据《公司法》第一百五十一条第二款规定，在情况紧急、不立即提起诉讼将会使公司利益受到难以弥补的损害的情形下，有限责任公司的股东有权为了公司的利益以自己的名义直接向人民法院提起诉讼。在诉讼过程中，发起诉讼的股东与被告方达成调解协议，但因为其无权代表公司以及未提起诉讼的公司股东，调解协议需要公司以及未参与诉讼的公司股东予以书面认可，法院才可以确认此调解协议的效力。如果调解协议不被公司以及未参与诉讼的公司股东认可，法院应当依法作出判决。

**【案情简介】**和信公司、大兴公司作为通和控股的股东，在公司怠于行使权利的情况下，依照《公司法》第一百五十二条的规定，提起股东派生诉讼。在本案中，和信公司、大兴公司提起的诉讼分别涉及利润补偿款、股权转让款的支付以及解除委托关系等三项请求。

**【裁判要旨】**一审法院认为和信公司、大兴公司作为通和控股的股东，在公司怠于行使权利的情况下，依照《公司法》第一百五十二条的规定，有权提起股东派生诉讼，其具备原告的主体资格。和信公司、大兴公司在本案中提起的诉讼分别涉及利润补偿款、股权转让款的支付以及解除委托关系等三项请求，而请求的对象虽涉及三个不同的主体，但由于原告的请求是以实现股权转让款

---

① 最高人民法院（2008）民二终字第123号，《最高人民法院公报》2009年第6期（总第152期）。

这一同一标的作为其事实上的牵连而构成了必要的共同诉讼，该案可以合并审理。

通和置业未按股权转让框架协议的约定在公司取得盈利的情况下，向通和控股支付补偿款，应就其盈利的部分承担支付补偿款的民事责任。富沃公司未按股权转让协议及还款协议的约定，如数向通和控股支付股权转让款，应按实际欠款额承担付款并赔偿损失的民事责任。广厦创业在接受通和控股委托当时，未如实告知其与通和置业之间存在的关联关系，且在接受委托后，也未积极履行委托人的义务，原告在通和控股怠于行使任意解除权的情况下，提起代位诉讼，理由正当。一审基本支持了原告的诉讼主张。

二审审理期间，经本院主持调解，本案各方当事人基于自愿、合法原则，经友好协商，于2009年3月17日达成如下调解协议：

一、关于和信公司、大兴公司、通和控股与通和置业、广厦创业间权利义务的协议

第一条，通和置业应支付利润补偿款的数额及支付方式

1.1 和信公司、大兴公司、通和控股与通和置业经过友好协商，一致确认：通和置业实际产生的净利润已经超过了2.5亿元，通和置业应当支付通和控股总利润补偿款贰亿叁仟柒佰伍拾万圆（23750万元）。各方一致同意通和置业以追加利润分配的形式向通和控股支付该利润补偿款，即通和置业在23750万元的基础上扣除所交25%企业所得税后向通和控股支付壹亿柒仟捌佰壹拾贰万伍仟圆（17812.5万元）。

……

第二条，通和置业支付利润补偿款的时间

2.1 通和置业应于2009年3月31日前向通和控股支付柒仟壹佰贰拾伍万圆（7125万元），其余壹亿零陆佰捌拾柒万伍仟圆（10687.5万元）应于2009年6月30日前向通和控股支付。协议各方一致确认通和置业已经向通和控股支付了叁仟万圆（3000万元），该叁仟万圆（3000万元）从前述价款中相应扣减。

2.2 若通和置业在2009年3月31日前向通和控股支付的税后利润补偿款不足柒仟壹佰贰拾伍万圆（7125万元），则和信公司、大兴公司、通和控股有权

要求通和置业及其保证人立即向通和控股支付壹亿柒仟捌佰壹拾贰万伍仟圆（17812.5万元）全款，并有权申请人民法院强制执行通和置业及其保证人的财产，不受上述分期支付约定的限制。

……

**【案例评析】**本案中股东代表诉讼虽以和解的形式结案，但和解协议的内容和签署方均体现了“胜诉利益归属于公司”这一要点。

2. 河北顺驰房地产开发有限公司与PEP基金亚太地区管理机构（香港）有限公司等董事、监事、经理损害公司利益纠纷上诉案[①]

**【焦点问题】**股东代表诉讼中，股东与被告是否可以私下作出和解?

**【裁判立场】**股东代表诉讼以和解结案的，需在法院的主持下作出。

**【案情简介】**一审被告河北顺驰公司因与被告田某东、原告PEP公司，第三人慧谷公司关于董事、监事、经理损害公司利益纠纷一案，不服提起上诉。在二审审理过程中，当事人达成调解协议，并经法院确认制作调解书。

**【裁判要旨】**调解协议的内容为：1. 2006年9月8日，PEP公司以慧谷公司股东身份提起诉讼，诉称田某东等人在担任慧谷公司高管期间，陆续将慧谷公司的巨额资金转至河北顺驰公司，诉请河北顺驰公司返还慧谷公司借款人民币1.5亿元及利息，田某东承担连带赔偿责任。一审判决后，河北顺驰公司不服上诉。2. 各方认可会计师事务所作出的“截至2007年10月31日，石家庄慧谷科技城开发有限公司与河北顺驰房地产开发有限公司两个单位之间往来账余额为零”的审计结论。河北顺驰公司已经与慧谷公司结清资金往来账目，因此无须返还慧谷公司1.5亿元人民币、利息及其他任何款项。3. 涉案各方均就此再无其他争议并互不追究任何责任。4. 当事各方请求在二审法院主持下进行调解，以调解书的形式结案，调解书的内容与和解协议完全一致，调解书由各方即时签字实现送达后，原审判决依法视为撤销。

**【案例评析】**和前一案例相似，和解协议的内容均是关于公司事务的安排，且同样是在法院的主持下作出的。本案的和解协议中并无对原告进行补偿的安排。

---

① 河北省高级法院（2008）冀民三终字第00060号。

## 二、股东代表诉讼胜诉的情形

谢某明与叶某盘、庞某清、新疆博乐市三洋化工有限公司损害公司利益纠纷二审民事判决书[①]

**【焦点问题】**股东代表胜诉利益的处置。

**【裁判立场】**胜诉利益归属于公司。

**【案情简介】**2004年5月1日，原告谢某明、叶某盘与被告庞某清共同设立新疆博乐市三洋化工有限公司（以下简称“三洋公司”），企业类型为有限责任公司。被告庞某清任公司董事长、法定代表人，负责原材料的采购。原告谢某明任公司总经理，负责公司财务及产品销售。叶某盘任公司副总经理，负责车间生产及设备维修。2005年5月23日，公司对外销售的酸化油因含油量不符合要求与客户产生质量赔偿争议，双方达成赔偿协议，之后原告对酸化油自行检验，发现油品质量不合格。2005年9月22日，原、被告三人开会达成一致意见：公司解散，宣布破产；清理内外账；结账完再分配。2005年11月13日，原、被告三人召开股东会议，达成协议：1. 2005年11月13日一切费用停止。2. 从公司成立2004年3月18日起，清查一切费用。3. 如销售货物不报收入或少报收入者，公司加倍处罚，另赔偿股东一切损失。4. 以上均以赔偿股东一切损失为准。2008年11月，三洋公司委托会计师事务所对公司的收入、支出及财务进行清算审计，该审计报告结果：庞某清尚有115000元销售收入未交回公司。故谢某明、叶某盘以股东身份代表公司对董事长庞某清提起诉讼，一审宣判后双方均上诉。

**【裁判要旨】**股东代表诉讼是指当公司合法利益受到不法侵害，而公司怠于诉讼时，股东可为维护公司利益，依法定程序以自己的名义提起诉讼，所得诉讼利益归于公司。本案中，原告谢某明、叶某盘发现庞某清违反法律规定，给公司造成损失时，两次召集全体股东开会协商无果后又向公安机关报案，在公安机关尚未作出结论时，直接以股东身份代表公司对董事长庞某清提起诉讼，

---

① 新疆维吾尔自治区高级人民法院（2011）新兵民二终字第00008号。

目的是维护公司的合法权益，制止被告损害公司利益的行为。原告代表公司起诉，符合股东代表诉讼前置程序的要求，其起诉合法有效，作为本案原告适格。根据现有证据能够证明被告在缺乏财务监督和检验环节的情况下，以少报多，其行为已侵害了三洋公司的利益，给三洋公司造成了购货款损失237460元。同时，被告收取115000元售货款未交回公司。故一审判决被告庞某清于本判决生效之日起十日内返还第三人三洋公司货款237460元、销售收入115000元，合计352460元。二审裁判意见和一审相同，维持原判。

**【案例评析】**本案从诉讼当事人的地位安排到最终胜诉利益的归属，都是符合《公司法解释（四)》的解释思路的。

### 三、股东代表诉讼败诉的情形

1. 上海中山晟世投资管理有限公司等诉海南隆凯投资管理有限公司公司利益责任纠纷案[①]

**【争议焦点】**股东代表诉讼败诉的情形下，诉讼后果的承担规则如何?

**【裁判立场】**本案法院未作出具体说明，仅驳回了原告股东的诉讼请求。

**【案情简介】**晟盛公司成立于2002年1月30日，原股东为隆凯公司与俪晶公司，其中隆凯公司持股70%，俪晶公司持股30%。原告中山公司起诉称：被告隆凯公司为第三人晟盛公司股东，一直控制晟盛公司的经营和管理。原告中山公司在2012年通过增资成为晟盛公司股东。2014年，原告经对晟盛公司进行审计发现，被告在2012年12月1日之前，占用晟盛公司资金共计1.5597亿元；2014年，被告又使用晟盛公司资金1500万元，用于其向上海五色石房地产开发有限公司（以下简称五色石公司）支付股权转让款。被告作为股东一直违规占用晟盛公司的巨额资金，导致晟盛公司的项目无法正常建设，公司无法正常运营，严重损害了晟盛公司的权益。因为寻求公司内部救济无果，故提起股东代表诉讼，请求判令被告向第三人归还其占用第三人的资金1.7097亿元。被告隆凯公司和第三人晟盛公司都否定了原告的主张，认为原告所主张的被告

---

① 海南省高级人民法院（2016）琼民初2号。

的行为与事实不符，并未实质性地损害晟盛公司的利益。

**【裁判要旨】**（1）中山公司提起本案诉讼前已经书面请求晟盛公司董事会起诉被告向晟盛公司偿还1.7097亿元占用款。根据中山公司的举证，晟盛公司董事长黄某源已经收到该书面请求，应当视为晟盛公司董事会已经收到该书面请求。在晟盛公司的董事会自收到请求之日起三十日内未提起诉讼的情况下，本案已经满足提起股东代表诉讼的前置条件，中山公司有权对隆凯公司提起股东代表诉讼。（2）关于隆凯公司是否占用晟盛公司1.5597亿元和是否使用晟盛公司1500万元用于其向五色石公司支付股权转让款问题，法院经调查核实发现无事实和法律依据，不予支持。因此，中山公司的诉讼请求没有事实和法律依据，驳回中山公司的诉讼请求。

2. 烟台市三维饲料有限公司等诉嘉吉投资（中国）有限公司等公司利益责任纠纷案①

**【焦点问题】**股东代表诉讼败诉的情形下，诉讼后果的承担规则如何？

**【裁判立场】**本案法院认为股东的关联交易并未损害公司利益，因而驳回了股东的诉讼请求，不存在明显的败诉责任的承担问题。

**【案情简介】**三维公司一审诉称：三维公司、嘉吉公司为普瑞纳公司的股东，其中嘉吉公司占60%股权。嘉吉饲料泰安公司由嘉吉公司与农标国际有限公司出资成立，其中嘉吉公司占90%股权。1998年12月，三维公司与嘉吉公司达成协议，将普瑞纳公司销售区域限定为烟台、青岛和潍坊。2008年11月，嘉吉饲料泰安公司单方面在潍坊设立饲料工厂并在潍坊等区域销售饲料，与普瑞纳公司专属销售区域形成利益冲突。经三维公司与嘉吉公司协商，嘉吉饲料泰安公司于2008年12月8日出具《承诺函》承诺：其租赁的潍坊饲料厂在普瑞纳公司所属市场区域销售的饲料产品销量及收益，归属于普瑞纳公司。同月，三维公司与嘉吉公司以普瑞纳公司董事会决议的形式同意执行上述《承诺函》。但自2010年12月至2011年11月财务年度，嘉吉公司操纵嘉吉饲料泰安公司与普瑞纳公司违背上述承诺函和董事会决议，使普瑞纳公司未能获得约定的收

① 山东省高级人民法院（2016）鲁民终849号。

益，损害了普瑞纳公司的利益和公司小股东的利益。且三维公司多次通过普瑞纳公司董事会会议、函件、电话等方式，向嘉吉公司与嘉吉饲料泰安公司提出交涉、磋商均被拒绝，故提起诉讼，请求法院判决嘉吉公司与嘉吉饲料泰安公司承担连带赔偿责任，共同赔偿普瑞纳公司519万元并计算利息。

嘉吉公司辩称：(1) 三维公司的起诉不符合法律规定的受理条件，其起诉应当被驳回。首先，三维公司既请求判决嘉吉饲料泰安公司向普瑞纳公司支付"约定的收益"，又主张嘉吉公司滥用股东权利及利用关联交易损害普瑞纳公司的利益，混淆了上述公司内部及外部两种不同的法律关系。其次，三维公司在本案中提起的"股东代表之诉"没有履行法律规定的前置程序。三维公司用以证明其履行了"股东代表之诉"前置程序的唯一证据是其出具的一份《请求函》，若经鉴定《请求函》形成的时间为后补的，则不能证明其履行了前置程序。同时，《请求函》的内容只能显示普瑞纳公司的董事长谢某卿收到该函，不能证明三维公司书面通知了普瑞纳公司董事会。(2) 三维公司依据普瑞纳公司董事会决议和《承诺函》主张普瑞纳公司对嘉吉饲料泰安公司的债权，没有事实和法律依据。(3) 普瑞纳公司早已通过两份审计报告审计确认了诉争财务年度（2010年12月至2011年11月）的税后利润，而普瑞纳公司也以董事会决议的形式认可了利润总额及分配，三维公司和普瑞纳公司没有任何理由反悔，三维公司已无权代表普瑞纳公司再行主张权利。(4) 三维公司指控嘉吉公司滥用股东权利，毫无事实依据。

**【裁判要旨】**一审法院认为：第一，对于三维公司是否已经履行股东代表诉讼的前置程序。三维公司提起的是股东代表公司诉讼。在我国，公司作为企业法人，有独立的人格，该独立人格重要的表现之一是公司的诉权，公司股东必须最大限度地尊重公司独立的人格，尊重公司的诉权。公司股东代表公司提起诉讼为公司主张权利，必须先向公司的监督机关——监事会或经营决策机关——董事会提出书面的请求，要求公司提起诉讼，使公司有机会考虑是否应提起诉讼，只有公司监事会或董事会拒绝起诉或三十日内未提起诉讼的，公司股东才可以为了公司的利益以自己的名义直接向人民法院提起诉讼。这个程序就是股东代表诉讼的前置程序。由于普瑞纳公司没有设立监事会，因此三维公司应向普瑞纳公司董事会提出书面的申请。本案中，在新任董事长选举产生前，三维公司将《请求函》提交给了普瑞纳公司时任董事长谢某卿，三维公司已经向普瑞纳公司董事会提出了书面请求，履行了股东代表诉讼的前置程序，在普瑞纳公司未提起诉讼的情况下，可以直接向原审法院提起诉讼。故三维公司提起诉讼符合法律规定。第二，嘉吉公司是否滥用关联交易及股东权利损害了普瑞纳公司的利益。嘉吉公司作为普瑞纳公司的大股东、在董事会中占多数席位是基于其对普瑞纳公司的出资决定的，符合公司法的基本原则，更符合普瑞纳公司章程的约定，应当得到尊重。根据现有证据无法证实三维公司主张的嘉吉公司操纵普瑞纳公司的利润分配，普瑞纳公司董事会作出决议的程序也完全符合法律规定。第三，嘉吉饲料泰安公司在关联交易中是否损害了普瑞纳公司的利益。根据现有证据嘉吉饲料泰安公司并未损害普瑞纳公司的利益。故，原审法院判决驳回三维公司的诉讼请求。

二审法院裁判意见和一审法院相同，认为上诉人三维公司就此主张嘉吉公司滥用关联交易及股东权利损害普瑞纳公司利益，应当承担赔偿责任的上诉理由均不能成立，维持原判。

# 专题四　股东代表诉讼的费用分担规则

## 核心条文

《公司法解释（四）》

**第二十五条**　股东依据公司法第一百五十一条第二款、第三款规定直接提起诉讼的案件，胜诉利益归属于公司。股东请求被告直接向其承担民事责任的，人民法院不予支持。

**第二十六条**　股东依据公司法第一百五十一条第二款、第三款规定直接提起诉讼的案件，其诉讼请求部分或者全部得到人民法院支持的，公司应当承担股东因参加诉讼支付的合理费用。

## 关涉条文

### 一、既有相关规范

（一）民事诉讼规则

《民事诉讼法》

**第一百一十八条第一款**　当事人进行民事诉讼，应当按照规定交纳案件受理费。财产案件除交纳案件受理费外，并按照规定交纳其他诉讼费用。

（二）诉讼费用规则

《诉讼费用交纳办法》

**第六条**　当事人应当向人民法院交纳的诉讼费用包括：案件受理费；申请费；证人、鉴定人、翻译人员、理算人员在人民法院指定日期出庭发生的交通费、住宿费、生活费和误工补贴。

**第十五条**　以调解方式结案或者当事人申请撤诉的，减半交纳案件受理费。

**第二十二条** 原告自接到人民法院交纳诉讼费用通知次日起7日内交纳案件受理费。

**第二十九条第一款、第二款** 诉讼费用由败诉方负担，胜诉方自愿承担的除外。部分胜诉、部分败诉的，人民法院根据案件的具体情况决定当事人各自负担的诉讼费用数额。

（三）律师费用规则

**《律师服务收费管理办法》**

**第十条** 律师服务收费可以根据不同的服务内容，采取计件收费、按标的额比例收费和计时收费等方式。

计件收费一般适用于不涉及财产关系的法律事务；

按标的额比例收费适用于涉及财产关系的法律事务；

计时收费可适用于全部法律事务。

**第十二条** 禁止刑事诉讼案件、行政诉讼案件、国家赔偿案件以及群体性诉讼案件实行风险代理收费。

**第十三条** 实行风险代理收费，律师事务所应当与委托人签订风险代理收费合同，约定双方应承担的风险责任、收费方式、收费数额或比例。

实行风险代理收费，最高收费金额不得高于收费合同约定标的额的30%。

## 二、地方司法实践

**1.《上海市高级人民法院关于审理涉及公司诉讼案件若干问题的处理意见（一）（2003年6月）》（沪高法〔2003〕216号）**

**第五部分** ……原告诉请成立的，可以判令撤销有关的交易行为，或判令不当行为人与有关交易的相对人对公司承担损害赔偿责任，并判令公司对原告予以适当补偿。

**2.《江苏省高级人民法院关于审理适用公司法案件若干问题的意见（试行）》（苏高法审委〔2003〕2号）**

**第七十八条** 人民法院支持股东代表诉讼请求的，应当将诉讼请求的利益判归公司，诉讼费用由被告方负担，因诉讼发生的其他合理费用如律师代理费、差旅费等由公司负担；人民法院不支持股东代表诉讼请求的，与诉讼相关费用均由提起诉讼的股东负担；部分支持的，按比例确定上述费用的负担。

**3.《山东省高级人民法院关于审理公司纠纷案件若干问题的意见（试行）》（鲁高法发〔2007〕3号）**

**第七十八条** 股东代表诉讼中，人民法院支持原告诉讼请求的，应将诉讼请求的利益判归公司。上述情形，股东因为诉讼所支出的合理费用，除判令由被告承担的外，可以向公司主张承担。

**4.《北京市高级人民法院民二庭关于新〈公司法〉适用中若干问题的调查研究（2007年11月）》**

**在第三部分（当前审理公司诉讼案件的困难和问题）中特别提出了诉讼费用标准确定难的问题**

首先，实践中对于某些公司诉讼案件是否属于财产案件不好确定，如股东代表诉讼、司法解散公司、申请法院指定清算组等案件，在诉讼费用收取上做法不一。如有的法院对司法解散公司案件作为非财产案件收费，有的法院则按照公司注册资金数额计算案件受理费。其次，一些案件虽然没有争议的财产标的额，但审理难度较大，如股东资格确认纠纷、解散公司案等，这些案件所耗费的司法成本往往较大，严格按非财产案件收取50元诉讼费与司法成本极不相称。

**5.《青海省人民法院诉讼费用管理办法》（青财行字〔2016〕56号）**

**第二条**　本办法所称诉讼费用，是指民事、行政案件的当事人向人民法院为进行诉讼所必须交纳的法定费用。包括：案件受理费，申请费，证人、鉴定人、翻译人员、理算人员在人民法院指定日期出庭发生的交通费、住宿费、生活费和误工补贴。

## 条文理解

### Ⅰ条文演变

[表格25—26]《公司法解释（四）》第二十五条、第二十六条的演变过程

| 征求意见稿（2012） | 征求意见稿（2016） | 正式稿　法释〔2017〕16号 |
|---|---|---|
| 第五十五条（胜诉利益处置）原告提起的股东代表诉讼，其诉讼请求成立的，人民法院应当判令被告直接向公司承担民事责任，并可依据原告股东的请求，判令公司对于原告参加诉讼支付的合理费用予以补偿。 | 第三十五条（胜诉利益处置）股东依据公司法第一百五十一条第二款、第三款规定请求被告直接向其承担民事责任的，不予支持。股东因公司的全资子公司利益受到损害，依据公司法第一百五十一条提起诉讼，请求被告向全资子公司承担民事责任的，应予支持；请求被告向公司承担民事责任的，不予支持。股东胜诉后，请求公司承担合理的律师费以及为诉讼支出的调查费、评估费、公证费等合理费用的，应予支持。 | 第二十五条　股东依据公司法第一百五十一条第二款、第三款规定直接提起诉讼的案件，胜诉利益归属于公司。股东请求被告直接向其承担民事责任的，人民法院不予支持。<br>第二十六条　股东依据公司法第一百五十一条第二款、第三款规定直接提起诉讼的案件，其诉讼请求部分或者全部得到人民法院支持的，公司应当承担股东因参加诉讼支付的合理费用。 |

续 表

| |
|---|
| 【演变概述】<br>本条的变化主要体现在两个方面：一是体例安排上，两份征求意见稿均是将胜诉利益归属和费用分担规则规定在一条，而正式稿是分别规定在不同条文；二是公司对诉讼后果的承担上，正式稿仅对胜诉利益归属于公司作出了规定，未明确败诉情形下的诉讼后果承担。 |

II 主要争议：股东应以何种方式请求公司进行费用补偿

对于合理诉讼费用的补偿问题，不论是从公平性上考虑，还是基于激励股东积极运用股东代表诉讼机制维护公司利益的政策立场，对胜诉后股东参与诉讼的合理费用进行补偿都比较有说服力，因此该规定的价值本身在起草过程中并未受到太多质疑，主要的争议集中在具体的实现机制上。

对于胜诉后，股东如何请求公司进行合理费用的补偿，存在着不同意见。一种意见认为，为了避免股东与公司之间对律师费、调查费、评估费、公证费等合理费用的分担发生纠纷而另行诉讼，应当在《公司法解释（四）》中明确股东如果对其所支出合理费用一并主张的，法院应予以支持。这种观点主要考虑到股东为了维护公司利益提起诉讼，如果再要求股东另行起诉主张费用补偿，会增加股东诉累，也会造成司法资源的浪费。同时，根据民事诉讼法的规定，第三人是可以被判决承担民事责任的，因此公司作为股东代表诉讼的第三人，直接判令公司承担责任没有法律障碍。

与上述“股东可以一并主张、法院一并处理”相对的路径是“另行起诉”模式。主张股东应当“另行起诉”的观点认为，股东代表诉讼的被告本是董监高或他人，其解决的争议也是公司与这些主体之间的，而股东请求公司承担合理诉讼费用是一个独立的费用请求之诉，这是两个完全不同的“诉”，不宜同案解决，应当另案起诉。因此主张，司法解释应当明确股东对公司的“费用补偿”之请求需另案起诉。

对于上述争议，司法解释未予以处理，一定程度上意味着《公司法解释（四）》认为上述两种途径并非“非此即彼”进而必须择一明确的关系。这种处理不管对股东还是法院都留下了充分自主的空间，以便法院能够根据实际案件中的具体情形进行处理。如果股东一并主张了对合理费用的补偿，那么基于便利性地解决问题的考虑，法院可以进行一并处理；但如果股东在代表诉讼中没有对费用问题提出要求，那么胜诉后，股东仍可另行向法院提起主张合理费用补偿的诉讼。

另有意见提出，应当在费用补偿条款中加入股东可以请求从公司实现的权益中优先受偿这些费用的规定，但对于此种问题，司法实践中已经有此类操作，无须司法解释对如此细节性问题做详细规定。

Ⅲ条文要点

## 一、费用补偿的基础原理

一般而言，个人股东把单个股东组织起来进行诉讼，并分摊胜诉必需的诉讼费用是缺乏动力且可操作性较低的，因此，股东代表诉讼胜诉的原告可以要求公司补偿律师费和其他诉讼费用是股东代表诉讼得以进行的前提条件。这已成为一条公认的规则。事实上，该规则代表了普通法对众所周知的“搭便车者”（free rider）问题——这种问题在为自己所在的团体谋利而个人必须承担费用时就会出现——的解决方法。除非该团体具有根据每个股东所获利益的比例分摊这些开支的机制，否则，个人（此处指原告股东）就不会有足够的诉讼动机。①

## 二、获得补偿的基本条件

根据本条的规定，股东仅在诉讼全部或部分得到支持的情况下，才可以获得费用补偿，且以合理为限。股东代表诉讼以和解结案，公司实质上获益的，对原告股东进行补偿也应当被认为是适当的。至于原告股东败诉时，公司是否有权向原告股东主张赔偿因此遭受的损失，本条未做规定。由于在提起代表诉讼的股东败诉的情形下，被列为第三人的公司事实上可能会因此而承担不利后果，因而股东败诉时需向公司赔偿损失的机制设计，也有域外立法例可供参考。《公司法解释（四）》未明确规定这一制度，可能也是考虑到股东败诉对公司进行赔偿，并不是无限制的，大多数的赔偿规则或判例，均发生在股东存在“恶意”或者“滥诉”的前提之下。

---

① 参见楼建波等译：《公司治理原则：分析与建议》，法律出版社2006年版，第772页。

## 三、诉讼费用补偿

一般认为，费用补偿主要涉及两部分：一是诉讼费用，二是律师费用。

根据《民事诉讼法》的第七十四条、第一百一十八条、第二百六十二条的规定，诉讼费用中至少包括：案件受理费、证人费用、翻译费用。更为细致的列举和计算方法，更多见于地方性司法文件，例如，《青海省人民法院诉讼费用管理办法（青财行字〔2016〕56号）》第二条规定，“本办法所称诉讼费用，是指民事、行政案件的当事人向人民法院为进行诉讼所必须交纳的法定费用。包括：案件受理费，申请费，证人、鉴定人、翻译人员、理算人员在人民法院指定日期出庭发生的交通费、住宿费、生活费和误工补贴”。此外，诉讼费用还可能包含审判中发生的其他支付，只要是相关且合理的，也应包含在内。

按照我国现行民事诉讼规则的规定，在原告股东胜诉的情况下，上述诉讼费用大部分应当由被告承担，因而不在本解释第二十六规定的范围之内。

## 四、律师费用补偿

就股东代表诉讼的另一部分费用而言，在我国现有的制度框架下，主要应当以《律师服务收费管理办法》为依据。根据该办法，律师服务收费可以根据不同的服务内容，采取计件收费、按标的额比例收费和计时收费等方式。需要指出的是，对于风险代理费用，只要符合办法规定的，也应当视为合理。从《公司法解释（四）》第二十六条的规定来看，为避免滥诉，仅在股东代表诉讼请求全部或部分得到支持时，给予股东以合理的费用补偿。这与域外法上的规定是相类似的，例如，英美法上实质获益的判断标准、德国法上股东如果在“诉讼许可申请”阶段败诉需自行负担费用等规则。一体两面的，当股东败诉时则应当自行支付诉讼费用，这种机制安排，有利于敦促股东积极、谨慎地行使诉讼实施权。

关于股东胜诉情形下，诉讼费用和律师费用的审理问题，应当注意到，股东代表诉讼中公司为第三人，而诉讼费用的支付主体是被告，在一定情形下进行合并审理时可能造成审理的不便。但人民法院也可以出于效率上的考虑，进行合并审理，属于法院自由裁量的范围。

## 典型案例

### 一、股东代表诉讼胜诉的费用补偿

陆某某等诉上海新誉化工有限公司损害公司利益责任案①

**【焦点问题】**提起股东代表诉讼的股东，是否可以获得费用补偿？

**【裁判立场】**可以获得费用补偿。虽然股东胜诉可以从侵权行为人对公司的赔付中获得间接利益，但如果不对巨额的诉讼成本进行补偿，对股东来说仍然是缺乏激励的，且由个人为全体利益买单，这显然也是不公平的。

**【案情简介】**五名原告是本案被告上海新誉化工有限公司（以下简称“新誉化工”）的股东，五名原告曾以被告公司的法定代表人、执行董事曹某某在担任被告的执行董事期间，违反公司章程规定，未经股东会同意，以借款为名随意挪用被告的资金，且长期占用资金未予归还为由，原告于2011年2月11日向闵行区法院提起股东代表诉讼，要求曹某某归还本案被告公司款项200万元。闵行区法院于2011年3月18日判决曹某某归还被告款项200万元。曹某某不服，提起上诉，二审法院于2011年6月8日判决驳回上诉，维持原判。原告为进行上述诉讼，聘请律师并支付了一审律师费6万元和二审律师费4万元，共10万元。事后原告曾要求被告支付上述律师费但却遭到被告法定代表人曹某某的拒绝，故原告诉至法院要求判令被告支付由原告垫付的律师代理费10万元。被告辩称，原告没有向被告提出过口头或书面的申请，也没有向被告其他两位大股东提出过口头及书面申请，且原告在支付上述律师费用时，并没有告知被告。

**【裁判要旨】**法院认为，《公司法》没有对股东代表诉讼的费用承担作出明确规定，但从股东代表诉讼的诉讼目的而言，股东提起诉讼之目的是保护被告公司利益不受损害，进而保护其本身以及其他众股东的利益。虽然股东胜诉可以从侵权行为人对公司的赔付中获得间接利益，但如果不对巨额的诉讼成本进

---

① 参见 http：//www. pkulaw. cn/case/pfnl_ 1970324838398843. html？ keywords = % E9% 97% B4% E6% 8E% A5% E8% B5% 94% E5% 81% BF&match = Exact。

行补偿，对股东来说仍然是缺乏激励的；此外，由原告股东个人承担诉讼费用，但胜诉结果却由全体股东共享，这显然也是不公平的，故法院认为提起代表诉讼的股东在案件胜诉之后，理应对公司享有合理费用的补偿请求权。在本案中，法院进一步认为，按照上海市发展和改革委员会、上海市司法局颁布的《上海市律师服务收费管理实施办法》的规定，结合上述股东代表诉讼案件中的标的额，原告实际支付的一审律师费用甚至略低于政府指导价的收费标准的下限（标的额100万元以上至1000万元的比例为3%～5%），故法院认为原告主张的律师费用是合理的。

**【案例评析】**在本案中，法院对“股东是否有权要求公司补偿”以及“费用是否是合理的”问题分别进行了说明。其中关于费用是否合理的判断，法院采取了简单参照政府指导价进行判断，认为原告支付的律师费用甚至略低于政府指导价，故可以判断为费用是合理的，这是较为简单的情形。在复杂的案件中，股东请求公司赔偿的费用可能包含多种类型，对于每一类型以及每一类型下的每一项费用是否合理以及请求的总额是否合理，需要在费用支出确实存在凭证证明的基础上，参照该笔费用支出时的具体市场情形、股东代表诉讼中请求得到支持的程度与比例等进行综合判断，合理分配诉讼费用。

## 二、股东代表诉讼和解的费用补偿

浙江和信电力开发有限公司、金华市大兴物资有限公司与通和置业投资有限公司、广厦控股创业投资有限公司、上海富沃企业发展有限公司、第三人通和投资控股有限公司损害公司权益纠纷案①

**【焦点问题】**原被告以和解结案的股东代表诉讼，原告是否可以获得补偿？

**【裁判立场】**股东代表诉讼中，一审法院认可了原告股东的诉讼请求，并判令公司承担部分诉讼费用。二审中，原被告以和解结案，法院认可了和解协议中，公司承担股东为此诉讼支出的全部费用的大部分。

**【案情简介】**和信公司、大兴公司作为通和控股的股东，在公司怠于行使

---

① 最高人民法院（2008）民二终字第123号，载《最高人民法院公报》2009年第6期（总第152期）。

权利的情况下，依照《公司法》第一百五十二条的规定，提起股东派生诉讼。在本案中，和信公司、大兴公司提起的诉讼分别涉及利润补偿款、股权转让款的支付以及解除委托关系等三项请求。

**【裁判要旨】**

……

第5条，诉讼费用承担

5.1 本案一审判决和信公司、大兴公司承担的901380元，通和置业承担的630966元，共计1532346元（该诉讼费已全部由和信公司、大兴公司垫付），由通和置业承担佰分之柒拾（70%），和信公司、大兴公司共同承担佰分之叁拾（30%），即通和置业承担1072642.2元，和信公司、大兴公司共同承担459703.8元。

5.2 和信公司、大兴公司的二审诉讼费由通和置业承担佰分之柒拾（70%），和信公司、大兴公司共同承担佰分之叁拾（30%）。和信公司、大兴公司共已缴纳二审诉讼费2570870元，根据调解案件诉讼费减半收取的原则，和信公司、大兴公司的二审诉讼费暂按1285435元计算，故通和置业应承担899804.5元，和信公司、大兴公司共同承担385630.5元。

5.3 按本协议第5.1、第5.2款确定的原则综合计算，通和置业应承担和信公司、大兴公司已支付的一审、二审诉讼费中壹佰玖拾柒万贰仟肆佰肆拾陆圆柒角（1972446.7元）。通和置业应于本协议签订之日起5日内向和信公司、大兴公司偿付诉讼费壹佰玖拾柒万贰仟肆佰肆拾陆圆柒角（1972446.7元）。

5.4 如最高人民法院最终裁定和信公司、大兴公司的二审诉讼费数额与本协议第5.2款估算的数额（1 285 435元）不一致，对于和信公司、大兴公司的二审诉讼费以最高人民法院裁定的数额为准，由通和置业承担佰分之柒拾（70%），和信公司、大兴公司共同承担佰分之叁拾（30%）。

5.5 通和置业、广厦创业的二审诉讼费由通和置业、广厦创业分别自行承担。

……

二、关于和信公司、大兴公司、通和控股与富沃公司间权利义务的协议

第4条，诉讼费用的支付

鉴于本案一审判决富沃公司负担的诉讼费270414元（贰拾柒万零肆佰壹拾肆圆整）已由和信公司、大兴公司预缴，富沃公司应于本协议签订之日起5日内向和信公司、大兴公司偿付诉讼费270414元（贰拾柒万零肆佰壹拾肆圆整）。

本院经审查认为，以上调解协议是各方当事人在自愿基础上的真实意思表示，不违反法律、行政法规的禁止性规定。调解协议的内容不仅经过了提起代表诉讼的股东即和信公司、大兴公司以及作为诉讼第三人的公司即通和控股的同意，而且也已经经过了通和控股中的其他所有股东的书面同意，所以调解协议没有损害通和控股及其股东的利益。本院对以上调解协议予以确认。

本调解书与判决书具有同等法律效力。

本案一审案件受理费1802760元，浙江和信电力开发有限公司、金华市大兴物资有限公司共同负担459703.8元，通和置业投资有限公司负担1072642.2元，上海富沃企业发展有限公司负担270414元。本案二审为调解方式结案，案件受理费减半收取为640917.75元，浙江和信电力开发有限公司、金华市大兴物资有限公司共同负担192275.33元，通和置业投资有限公司负担448642.42元。

……

**【案例评析】**本案是较为典型的，在以和解结案的股东代表诉讼中，仍对股东作出费用补偿的案例。由于案涉标的较大，涉及的诉讼费用及律师费用均相应较高，和解协议专门以一节对此作出安排，是非常值得称道，也符合股东代表诉讼的机制安排，与《公司法解释（四）》的解释思路相一致。

### 三、股东代表诉讼败诉的费用补偿

从既有的案例来看，败诉的情形下，股东一般不会主张公司补偿其为诉讼花费的费用，法院也未作出此类裁判，所以我国法并未查询到可供参考的案例。

但从比较法的经验来看，虽然股东代表诉讼以败诉结案，但如果股东的诉讼行为对公司提供了实质性服务或者被视为是有益的，如产生“公司治疗学”

（corporate therapeutics）的价值时，获得合理的费用补偿，也可以被支持。

例如，在美国法上的典型案例 Mills v. Electric Autolite Co.[①] 一案中，最高法院强调了非金钱救济对公司的重要意义，在先承认了“以确定这种金钱价值也许是不可能的”后，法院指出：“然而，国会对（股东）在充分了解情况后参与公平的公司表决的重要性的强调促使我们得出这样的结论——通过对立法政策的维护，请求人已经向公司及其股东提供了实质性的服务。”[②]

因此，尽管对股东的合理补偿以胜诉为条件，但这似乎并不能够完全排除对特定情形下败诉的股东进行合理补偿的可能性。

---

① 396 U. S. 375, 90 S. Ct. 616 24 L. Ed. 2d 593（1970）.

② 转引自楼建波等译：《公司治理原则：分析与建议》，法律出版社 2006 年版，第 775～777 页。

**图书在版编目（CIP）数据**

最高人民法院公司法解释（四）理解适用专题讲座／邓峰，许德峰，李建伟主编．—北京：中国法制出版社，2017.12

ISBN 978－7－5093－8830－3

Ⅰ．①最… Ⅱ．①邓…②许…③李… Ⅲ．①公司法－法律解释－中国②公司法－法律适用－中国

Ⅳ．①D922.291.915

中国版本图书馆CIP数据核字（2017）第226944号

策划／责任编辑　陈兴（cx_legal@163.com）　　封面设计　蒋怡

**最高人民法院公司法解释（四）理解适用专题讲座**

ZUIGAO RENMIN FAYUAN GONGSIFA JIESHI（SI）LIJIE SHIYONG ZHUANTI JIANGZUO

主编／邓峰，许德峰，李建伟

经销／新华书店

印刷／三河市紫恒印装有限公司

开本／730毫米×1030毫米　16开　　印张／34.5　字数／451千

版次／2018年1月第1版　　2018年1月第1次印刷

中国法制出版社出版

书号ISBN 978－7－5093－8830－3　　定价：98.00元

北京西单横二条2号

邮政编码100031　　传真：010－66031119

**网址：http：//www.zgfzs.com**　　**编辑部电话：010－66010405**

**市场营销部电话：010－66033393**　　**邮购部电话：010－66033288**

（如有印装质量问题，请与本社编务印务管理部联系调换。电话：010－66032926）